国家社科基金
后期资助项目

企业创新的内外部治理：
激励机制和价值效应

INTERNAL AND EXTERNAL
GOVERNANCE OF ENTERPRISE INNOVATION:
Incentive Mechanism and Value Effect

孙自愿　著

中国社会科学出版社

图书在版编目（CIP）数据

企业创新的内外部治理：激励机制和价值效应/孙自愿著. —北京：中国社会科学出版社，2021.3
ISBN 978-7-5203-9257-0

Ⅰ.①企⋯ Ⅱ.①孙⋯ Ⅲ.①企业创新—研究 Ⅳ.①F273.1

中国版本图书馆 CIP 数据核字(2021)第 205055 号

出 版 人	赵剑英
责任编辑	车文娇
责任校对	周晓东
责任印制	王 超
出 版	中国社会科学出版社
社 址	北京鼓楼西大街甲 158 号
邮 编	100720
网 址	http://www.csspw.cn
发 行 部	010-84083685
门 市 部	010-84029450
经 销	新华书店及其他书店
印 刷	北京君升印刷有限公司
装 订	廊坊市广阳区广增装订厂
版 次	2021 年 3 月第 1 版
印 次	2021 年 3 月第 1 次印刷
开 本	710×1000 1/16
印 张	20.5
字 数	368 千字
定 价	108.00 元

凡购买中国社会科学出版社图书，如有质量问题请与本社营销中心联系调换
电话：010-84083683
版权所有 侵权必究

国家社科基金后期资助项目
出 版 说 明

后期资助项目是国家社科基金设立的一类重要项目，旨在鼓励广大社科研究者潜心治学，支持基础研究多出优秀成果。它是经过严格评审，从接近完成的科研成果中遴选立项的。为扩大后期资助项目的影响，更好地推动学术发展，促进成果转化，全国哲学社会科学工作办公室按照"统一设计、统一标识、统一版式、形成系列"的总体要求，组织出版国家社科基金后期资助项目成果。

全国哲学社会科学工作办公室

序

王化成*

创新作为引领发展的第一源动力,被摆在国家发展全局的核心位置。在供给侧结构性改革的有序推进下,政府出台一系列创新驱动政策,加大科技创新投入,深化科技体制改革,不断强化国家创新体系建设,建立以企业为主体、以市场为导向、产学研深度融合的科技创新体系,以期促进科技成果转化,并取得了巨大的成就。目前,中国高新技术企业的创新能力相较以往已经有了大幅提升,但仍存在与转型升级目标不相匹配的驱动能力不足和创新质量不高等问题。因此,详细探究如何通过内外部机制激励企业创新,通过完善内外部治理机制,推动高新技术企业创新发展水平与创新质量的提升,已经成为国家创新驱动发展战略的重要环节。

已有文献多从内部或外部治理的单一角度研究企业创新相关问题,而未系统梳理内外部治理机制对企业创新产生的影响。孙自愿老师的这部专著将内部公司治理机制、外部政府治理机制及市场治理机制同时纳入企业创新激励效应的研究框架,尝试以中国高新技术企业作为研究对象,基于企业生命周期、政企关系重建、税收优惠政策细化、货币政策不确定性、环境规制工具异质性及外部市场营商环境等视角,多维度考察内外部治理机制对企业创新的"激励效应"及经济后果。而且,该专著认为内外部治理机制对企业创新活动的影响是一个动态的系统过程,通过检验内外部治理机制作用于企业创新的传导路径,从动态角度论证内外部治理机制对企业创新是否存在实质性激励效应,这不但有助于全面认识创新过程中内外部治理机制的地位和作用,而且通过多层次研究内容的构建,深化了内外部创新治理过程的科学研究体系。

---

* 王化成,中国人民大学商学院博士生导师。兼任全国会计专业硕士学位教育指导委员会委员兼秘书长、中国会计学会财务成本分会副会长、中国会计学会副秘书长、中国总会计师协会常务理事、中国成本研究会理事。2013年入选财政部"会计名家培养工程"。

区别于以往研究中高新技术企业基于"是"或"否"的判定而忽略"真"与"伪"的辨析,该专著将企业创新激励迎合行为与高新资质认定相结合,研究高企资质认定过程中企业对外部创新激励的迎合行为,验证了企业存在以信息优势,为实现个体私利,发送创新利好信号,表面迎合政府部门创新激励政策,实质降低经济绩效的"伪创新"行为,验证了企业创新激励迎合行为的存在性及其影响后果的内部作用机制,同时进一步考察了外部治理环境的调节作用。这为部分高新技术企业假借"创新"以寻求政府"补贴"激励的行为做出了恰当解释。

孙自愿老师的这部专著,研究框架科学创新,综合运用多种研究方法,围绕企业面临的内外部环境变化,对内外部治理机制是否激励、如何激励以及激励企业创新的经济后果进行了系统性分析,逻辑层次分明,重点凸显了内部公司治理、外部政府治理及市场治理三种情境下内外部治理机制对企业创新的激励效应。该专著的理论价值在于综合了内部公司治理机制及外部治理机制的研究基础,尝试从多角度、多层次探索内外部治理机制对企业创新激励效应的存在性及其经济影响。该专著的实践价值在于为激励企业创新、助力企业可持续发展提供实践指导:为企业完善内部治理结构以及应对外部创新治理政策提供对策建议;为政府创新激励政策的修订和执行提供决策参考;为市场创新主体优化产品创新及消费者感知产品创新提供指导意见。

综观该专著,所述主题逻辑关系清晰、论述充分、鞭辟入里、观点新颖、创新点突出,实现了规范研究与实证研究相结合、理论框架与实践情景相融合。同时,这部专著对中外文献引用充分且恰当,体现了作者扎实的专业功底、深厚的理论水平和严谨的治学态度。为此,我欣然为之作序,希望这部专著的出版能为我国高新技术企业创新治理效能的提升起到积极的促进作用。

摘　　要

中国经济进入结构性转型升级的关键阶段，传统要素驱动的粗放型经济发展方式失去了增长潜力，科技创新正逐步成为驱动中国经济增长方式从高速增长到高质量转型的关键力量。为了提高中国创新发展的速度和质量，通过完善内外部治理机制，推动高新技术企业创新发展水平与创新质量的提升无疑是国家创新驱动发展战略的重中之重。

为实现创新主体"量质齐升"，本书综合运用委托代理理论、激励理论、信息不对称理论、融资约束理论、技术创新理论等，以中国高新技术企业作为研究样本，将公司内部治理机制、政府外部治理机制及市场外部治理机制同时纳入企业创新激励效应的研究框架，对内外部治理机制是否激励企业创新、内外部治理机制如何激励企业创新以及内外部治理机制激励企业创新的经济后果进行系统性分析。

本书的具体研究内容包括：①将内部治理机制细分为股东治理、董事会治理、管理层治理三个层面，从企业生命周期理论出发，从多个维度分别检验了不同生命周期下股权制衡、独董比例、管理层薪酬激励三种公司内部治理机制对企业创新产生的作用；②论证政企关系重建的动因、途径及对企业研发活动的创新效应，深入分析税收优惠政策、政府货币政策及其不确定性、环境规制工具对企业创新的激励作用；③利用门槛回归模型实证检验中国高新技术企业认定过程中对创新激励迎合行为的存在，并求出相对应的迎合区间，采用 Bootstrap 中介效应方法检验研发投入和政府研发补助的共同中介作用及其经济后果；④论证市场化程度与企业创新投入、创新效果、创新质量的关系，并详细阐述市场化治理机制对以下两种典型创新活动的激励效应："产—学—研—用"一体化过程中的科技成果转化成功率问题和消费者（用户）购买意图。

研究发现：①内部治理机制对高新企业创新绩效的激励效果具有结构和周期异质性，科学的内部治理机制直接显著提升高新企业的创新绩效，内部治理机制在不同生命周期对高新企业创新的激励效果具有异质性。

②政府外部治理机制的不完备，影响创新资源配置。其中，政企关系有助于企业获得研发补助，增大创新投入并提升创新质量；间接、直接税收优惠政策均激励高质量创新产出，且存在互补效应；货币政策不确定性影响企业创新资源的重新配置；环境规制工具异质性对企业创新绩效的激励效果存在显著差异，其中命令控制型环境规制不能显著促进企业创新产出，市场激励型和自愿型环境规制工具促进企业创新产出，但不同类型环境规制工具不存在交互效应。③创新激励政策迎合行为易引发"伪高新"企业的低效率创新，环境制度会影响高新技术企业在认定过程中的创新迎合行为，企业创新激励迎合行为通过研发投入和研发补助的中介作用来影响企业创新效率。④在市场化程度高的地区，企业更重视创新产出，且创新投入在市场化程度与创新产出之间具有中介效应，外部市场化机制有助于提升创新成果转化成功率和消费者创新感知。

本书基于企业面临的内外部环境变化，从公司内部治理、政府外部治理及市场外部治理三个视角检验了内外部治理机制对企业创新的激励效应，系统地检验了内外部治理机制作用于企业创新的传导路径，从动态角度论证政企关系重建对企业创新并未发挥实质性激励效应，辨析不同创新治理机制中企业创新的动力所在和相关经济后果，验证了企业对创新激励的迎合行为及其影响后果的内部作用机制，不仅有助于全面认识创新过程中内外部治理机制的地位和作用，而且通过多层次研究内容的构建，深化了内外部创新治理过程的科学研究体系。

通过以上研究，本书提出以下对策建议：完善多层次、不同周期的内部治理机制，使其对企业创新激励效应最大化；强化创新宏观激励约束机制，使其对政府创新资源配置最优化；以企业自身为出发点，助推企业主动谋求提升创新效率；提升市场化程度，激励企业实质性创新。

关键词：公司内部治理；政企关系重建；税收优惠；货币政策不确定性；环境规制工具；营商环境；创新激励迎合

目　　录

第一章　绪论 …………………………………………………………… 1

　　第一节　研究背景 ………………………………………………… 1
　　第二节　问题的提出 ……………………………………………… 8
　　第三节　研究意义 ………………………………………………… 9
　　第四节　研究思路及技术路线图 ………………………………… 11
　　第五节　研究方法 ………………………………………………… 15
　　第六节　创新点 …………………………………………………… 16

第二章　文献综述 ……………………………………………………… 19

　　第一节　公司内部治理与企业创新 ……………………………… 19
　　第二节　政府外部治理与企业创新 ……………………………… 21
　　第三节　政府创新政策与企业迎合行为 ………………………… 33
　　第四节　市场外部治理与企业创新 ……………………………… 36
　　第五节　研究述评 ………………………………………………… 39

第三章　公司内部治理对企业创新的激励机制及其价值效应 …… 43

　　第一节　理论基础 ………………………………………………… 43
　　第二节　理论分析与研究假设 …………………………………… 46
　　第三节　样本选择与数据来源 …………………………………… 48
　　第四节　变量定义 ………………………………………………… 49
　　第五节　方法介绍 ………………………………………………… 52
　　第六节　模型构建 ………………………………………………… 54
　　第七节　实证分析 ………………………………………………… 55

第四章 政府外部治理对企业创新的激励机制及其价值效应 …………… 71

第一节 理论基础 ………………………………………………………… 71
第二节 研究假设 ………………………………………………………… 76
第三节 变量定义 ………………………………………………………… 79
第四节 样本选择与数据来源 …………………………………………… 83
第五节 方法选择 ………………………………………………………… 84
第六节 模型构建 ………………………………………………………… 87
第七节 政治关联对企业研发补助、融资约束影响的实证研究 … 89
第八节 政治关联、企业研发补助和融资约束对技术创新行为的
实证研究 ………………………………………………………… 99

第五章 税收优惠政策治理对企业创新的激励机制及其价值效应 …… 111

第一节 理论基础 ………………………………………………………… 111
第二节 理论分析与研究假设 …………………………………………… 113
第三节 变量定义 ………………………………………………………… 121
第四节 模型构建 ………………………………………………………… 124
第五节 实证分析 ………………………………………………………… 125

第六章 货币政策治理对企业创新的激励机制及其价值效应 ………… 139

第一节 理论基础 ………………………………………………………… 139
第二节 研究假设 ………………………………………………………… 142
第三节 样本选择与数据来源 …………………………………………… 146
第四节 变量定义 ………………………………………………………… 147
第五节 研究方法 ………………………………………………………… 152
第六节 货币政策对企业创新产出的影响分析 ………………………… 153
第七节 货币政策不确定性对企业研发投入的影响分析 ……………… 159

第七章 环境规制治理对企业创新的激励机制及其价值效应 ………… 176

第一节 理论基础 ………………………………………………………… 176
第二节 研究假设 ………………………………………………………… 181
第三节 研究设计 ………………………………………………………… 183
第四节 环境规制治理对企业创新的影响分析 ………………………… 187

第八章　创新迎合行为对企业创新的激励机制及其价值效应 …… 199

第一节　理论基础 …… 199
第二节　理论分析和研究假设 …… 201
第三节　企业创新激励迎合行为的存在性及特征分析 …… 208
第四节　企业创新激励迎合行为与企业创新效率的
　　　　关系研究 …… 215

第九章　市场外部治理对企业创新的激励机制及其价值效应 …… 221

第一节　关键概念界定和理论基础 …… 221
第二节　市场外部营商环境治理对企业创新的激励机制 …… 226
第三节　市场外部治理对技术转移成功率的影响分析 …… 238
第四节　市场外部治理对顾客购买意图的影响分析 …… 254

第十章　研究结论与政策建议 …… 266

第一节　研究结论 …… 266
第二节　政策建议 …… 277
第三节　研究不足与未来展望 …… 285

参考文献 …… 287

第一章　绪论

第一节　研究背景

一　创新驱动发展背景下的经济转型升级

（一）创新是驱动高质量经济增长的关键

创新强则国运昌，创新弱则国运殆。当前中国经济进入结构性转型升级的关键阶段，传统要素驱动的粗放型经济发展方式失去了增长潜力，科技创新正逐步成为驱动中国经济增长方式从高速增长到高质量转型的关键力量。

创新作为引领发展的第一动力，被摆在国家发展全局的核心位置。2018年3月5日，李克强总理在政府工作报告中指出，实体经济是中国发展的根基，要以创新引领实体经济转型升级，加快建设创新型国家，深入实施创新驱动发展战略，不断增强经济创新力和竞争力，以企业为主体加强技术创新体系建设，涌现出更多具有国际竞争力的新型研发机构和创新型企业。2019—2021年的政府工作报告均提出：依靠创新推动实体经济高质量发展，培育壮大新动能；促进科技创新与实体经济深度融合，更好发挥创新驱动发展作用。

从研发投入来看，2018年中国研发人员总量稳居世界首位，按折合全时工作量计算的中国研发人员总量为419万人/年，早已在2013年超过美国，连续6年稳居世界第一位。从图1-1可以看出，我国研发经费投入持续快速增长，2018年中国R&D经费支出19657.00亿元，比2017年增长11.65%。按汇率折算，我国已成为仅次于美国的世界第二大研发经费投入国家，其为中国企业创新活动提供了强大的资金保证。

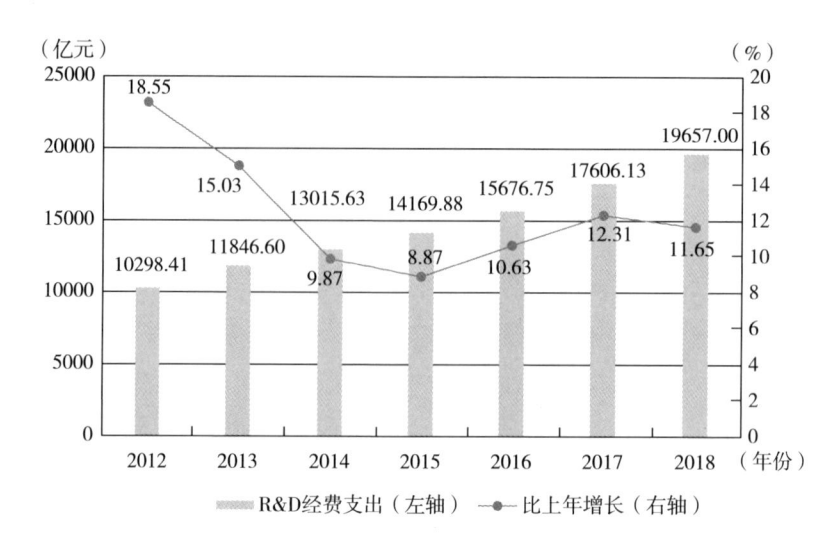

图 1-1　2012—2018 年中国研发投入之 R&D 经费支出及其增长速度

资料来源：国家统计局的国民经济和社会发展统计公报。

从研发产出来看，专利数量和质量大幅提升（见图 1-2）。国家统计局官网数据显示，2016 年中国发明专利申请数量达到 133.9 万件，同比增长 21.5%，连续 6 年居全球第一位，技术交易额同比增长 15.97%，首次突破万亿元大关，达到了 11407 亿元；2017 年中国发明专利申请数量持续增长，达到 138.2 万件，国际专利申请数较上年增加 13.4%，总数升至 48882 件，首次超过日本，居全球第二位；2018 年中国专利申请数和授权数分别为 432.3 万件和 244.8 万件，发明专利申请数达 154.2 万件，占专利申请数的比重为 35.7%，创新的质量大幅提高。

2019 年 7 月公布的《全球创新指数报告》显示，中国创新指数排名由 2018 年的第 17 名攀升至第 14 名，创新实力不断提高。同时，国家工商总局的数据显示，全社会创业创新热情高昂，2017 年日均新设企业由 5000 多户增加到 16000 多户；2018 年超过 1.8 万户，市场主体总量超过 1 亿户。高新技术变革引发的新动能正在深刻改变生产生活方式，打造经济增长新格局，塑造中国发展新优势。

（二）中国创新驱动力不足

发达国家的经验证明，科技创新主体企业化是推动社会科技进步的有效方式。近年来，我国各类企业作为科技创新投入和产业化活动的主体，其创新主体地位虽然得到全面提升，但是中国企业整体的创新能力与世界发达国家仍存在一定的差距。2014 年中国 R&D 投入经费占 GDP 的比重为

2.02%，首次突破2%，2018年达到2.18%。而早在1995年，美国、日本以及瑞典的研发投入强度就已经分别达到2.40%、2.92%和3.28%。因此，中国的创新投入强度还有待进一步提高。从创新产出来看，在美国《福布斯》杂志披露的2018年全球最具创新力企业百强榜中，中国企业仅有7家上榜，数量上远不如美国的51家上榜企业。

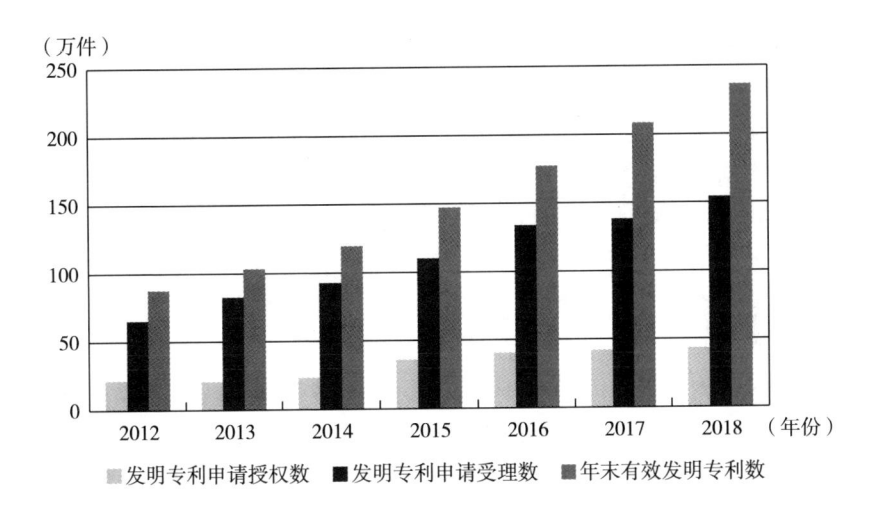

图1-2　2012—2018年中国研发产出之发明专利趋势
资料来源：国家统计局官方网站。

企业的技术创新活动成本高、风险大，且具有正外部性，致使其进行研发活动的成本代价有时过高，产生的社会效益大于其获得的私人收益。企业因其天然的逐利性，往往创新动力不足，创新投入与产出水平难以达到社会的要求与期待。因此，如何进一步提升中国企业自主创新能力，打造企业核心竞争力是需要持续关注的热点问题。高新技术企业作为国家创新发展的中坚力量，不仅对提高国家核心竞争力和优化产业结构产生显著影响，而且对国家整体经济发展水平的提升发挥着至关重要的作用。因此，为了提高中国创新发展的速度和质量，通过完善内外部治理机制，推动高新技术企业创新发展水平与创新质量的提升无疑是国家创新驱动发展战略的重中之重。

二　创新驱动发展背景下的公司内部治理

（一）公司内部治理机制影响企业创新产出

公司治理机制是伴随现代企业制度建立，协调组织内部股东、董事会、管理层之间利益冲突的一种制度安排，在微观企业制度方面扮演着重要的角色。弗里德曼指出，科技创新不是简单的技术更新换代，而是通过制度优化促进企业技术创新的可持续性。公司治理的主体是企业创新文化的建设者、信息的传递者、研发活动的决策者和创新项目的执行者，其对创新活动的态度和决策将对企业的创新水平产生直接影响。良好的公司内部治理机制可以缓解治理主体间的委托代理矛盾，提升企业治理效率，优化企业资源配置，从而提高企业的创新能力。

（二）公司内部治理效率偏低

多年来，学者围绕着治理结构的一系列问题开展了大量的研究，公司治理理论得到不断的发展，涉及的领域日渐宽泛。但这些研究中，考察公司治理机制与企业技术创新之间关系的文献并不丰富，也没有形成统一的结论。通过总结以往研究，可以看出中国上市公司治理结构和治理水平差异很大，整体治理有效性偏低，治理结构的不完善被众多学者认为是制约创新水平的重要因素。一些学者从不同的角度分析了影响企业创新的因素，包括内部治理结构因素和外部环境因素，发现外部环境因素对企业技术创新活动的影响是通过内部因素的传导发挥作用的，而且面临着相同外部环境的企业的创新能力往往有着很大差别。因此，公司内部治理机制对企业创新的影响是最直接、最根本的，其研究的意义和重要性也就不言而喻。

三 创新驱动发展背景下的营商环境

改革开放以来，我国经济发展保持了较高水平。2018年国内生产总值突破90万亿元，比上年增长6.6%，实现了6.5%的预期发展目标。这一现象引起了许多专家学者的关注，并被称为"中国奇迹"。经过对中国经济发展背后原因的种种探索，专家学者的目光逐渐聚焦于中国特殊的政治环境和宏观政策变化。与其他发达国家或发展中国家不同，中国独特的政策背景对中国经济运行有着特殊的影响，因而尤其引人注目。

（一）新型政企关系促进企业创新投入

自20世纪90年代中后期，政企关系已逐步向庇护主义模式转变。政府官员为了完成自己的政绩，往往与地方企业保持密切联系，将更好的资源或者融资机会给予发展势头较好的企业；而对于那些无法给政府带来明显财政收入的企业，政府可能选择忽视或者少作为，因为这些企业的生存并不会为其"政绩"提供条件。

近年来，政府以"亲"和"清"两大原则定调，正逐渐肃清政府与企业的利益关系问题。2012年12月，中央政治局通过了关于改进工作作风、密切联系群众的八项规定。这一规定对官员的作风建设提出明确要求，为政企关联起到一定的约束作用。中央对党政官员在企业兼职、任职的行为曾三令五申地予以限制，但政商之间从来不存在与权力彻底切割的"纯粹"的自由市场。2018年11月，习近平总书记在民营企业座谈会中的讲话指出，"营造良好营商环境，构建亲清新型政商关系"。尤其当地方发生官员更替时，这意味着政治权力主体发生了变更，企业越可能采取行动来维护和巩固与政府之间的关系，以期获得更多的政府资源。经济体制改革的核心问题是处理好政府和市场的关系，简政放权、转变政府职能、更好地发挥政府作用，建立适当的政企关系成为新一轮改革突破口。

营商环境目前正成为政府和企业共同关注的焦点，而构建良好政企关系又是构建良好营商环境中至关重要的一环。因此，企业通过与政府建立密切关联能否获取更多的政府研发补助，能否缓解自身的融资约束，是否又能进一步促进企业的研发投入，进而提高创新产出？对这些迫切需要解决的问题的研究将有助于政府与企业改善、优化营商环境，加快建设创新型国家。

（二）税收优惠政策引导企业创新

政府的"有形之手"可以有力地弥补市场机制失效带来的种种问题。其中，税收优惠是政府利用财税政策工具调控经济并扶持企业创新活动的重要方式。税收优惠是指国家运用税收政策对特定企业和课税对象给予减轻或免除税收负担的一种措施。根据公共经济学相关理论，税收优惠政策工具可矫正企业创新活动的外部性与风险性，增加企业创新投入的内部收益，从而调动纳税主体的创新动力和热情。

自20世纪80年代开始，中国逐渐加大对科技创新税收优惠的重视，先后制定并颁布了大量税收优惠政策，涵盖企业所得税、个人所得税、关税、增值税、印花税等多个税种，切实减轻企业负担。尤其是针对高新技术企业给予了优惠税率、职教经费扣除等多方面的税收优惠，鼓励高科技企业重视并增加在创新活动中的投入，成为创新大军中的先锋。经过近年来不断的发展，中国的税收优惠政策种类不断丰富、范围不断拓宽、力度不断增强，随着创新驱动发展战略的推进初步建立起引导企业创新的税收优惠政策体系。在这样的背景下，深入研究中国现行税收优惠政策对企业创新的激励效应有着重要的时代价值。

（三）外部货币政策影响企业研发创新

货币政策是中国政府调控宏观经济的一种重要手段，企业的创新活动是否会受到货币政策的影响则是检验货币政策有效性的一个核心问题。2008年国际金融危机爆发后，中国政府出台了一系列货币政策，以使经济走出持续低迷。虽然货币政策的颁布确实减轻了中国经济的不利影响，但也带来了货币政策不确定性的增加。企业作为一个微观经济实体，必然会受到宏观外部环境的影响。这种政策外部环境的变化将对微观企业的研发决策产生巨大影响。因此，从外部货币政策环境出发，从宏观和微观两个层面来研究企业特别是高新技术企业创新决策的传导机制意义重大。

（四）政府环境规制"倒逼"企业创新

自改革开放后，我国经济发展迅速，但环境污染问题也愈加严重，许多地区仍存在以破坏环境为前提来推动经济发展的现象。由于环境污染治理存在很强的外部性，加之治理环境污染的成本高、难度大，企业出于自身利益，不会主动去治理环境污染。因此，市场机制无法完全解决复杂的环境污染治理问题。而政府通过实施环境规制政策这种外部治理机制，能够有效约束企业污染环境，并能对企业承担环保责任起到鼓励作用。因此，从长远来看，我国的环境污染问题仍需要靠外部环境规制来解决。20世纪80年代以来，我国出台了多项环境保护政策。根据党的十八大提出的"五位一体"总体布局，政府先后出台了《生态文明体制改革总体方案》和《关于加快推进生态文明建设的意见》。我国逐步实现了环境保护机构的垂直管理，并建立了生态环境损害责任追究、排污许可等制度。此外，各种环境规制工具也逐渐兴起，例如"三同时"制度、环境行政处罚、环境保护目标责任等。从企业层面来看，国家"十三五"规划（2016—2020年）提出，要强化企业创新的主体地位和主导作用。但由于企业在获取创新资源以及转化创新成果方面存在一些困难，所以我国企业技术创新发展进度缓慢。此外，相较于发达国家，长期以来，我国企业普遍存在研发水平偏低以及研发效率低下的问题，并且企业缺乏开展科技创新活动的动力。因此，在日益增长的环保压力下，技术创新成为企业平衡政府环境规制与自身经营成本及经营绩效的重要决定性因素之一。

四　创新驱动发展背景下的市场环境

（一）企业创新由技术导向转向市场导向

在市场经济发展的过程中，如何通过市场机制，解决资源配置和协调企业的创新活动，使企业高效运转，是现代企业共同面临的问题。由于高新技术企业创新效率的提高不仅要依靠自身的研发活动，往往还需要得到外部支持，其所面临的问题不仅是企业的内部治理问题，还包括外部市场环境。

中国企业创新还处于政府主导下的技术导向阶段，国家通过对具有前瞻性的创新战略进行布局，遴选高校、科研院所、创新性大企业联合进行技术攻关，实施了产学研落地政策。此阶段，相关政策措施激发企业技术创新，企业以技术导向完成技术项目设计，实现技术产业化。下一步的发展趋势是，企业技术创新更多以市场为导向，政府则主要发挥市场监管职能。

（二）市场治理导向促进企业创新效率提高

国内外技术创新理论与实践表明，市场导向可利用市场机制优化企业技术创新要素配置效率，决定了创新活动的效率在市场导向下比单纯的技术导向更高。这是因为市场对创新资源配置的作用更有效。市场治理导向下，企业创新活动趋于成熟、稳定。在市场治理导向的阶段，企业是绿色技术创新的主体，市场是要素配置的主要力量，而政府的职责更多的是建立、维护公平和谐的市场环境。市场治理导向机制是未来促进企业技术创新的重要动力，行政命令则被弱化，主要用以应对市场失灵。企业技术创新激励包括经济效益最大化、企业家精神和企业文化等内部驱动因素，以及政策激励、市场竞争和市场需求等外部驱动因素。随着经济社会的不断发展，企业创新激励的内外部驱动因素也随之发生了巨大的变化，即从最初的政府主导型转变为现在的市场主导型，并且市场需求和市场竞争是激励企业创新的主要内部驱动因素。

五 创新驱动发展背景下的高新技术企业创新激励政策

（一）高新技术企业创新激励政策发展历程

1985 年，政府颁布了《中共中央关于科学技术体制改革的决定》，此后高新技术产业正式进入国家扶持产业行列；1988 年，政府引导实施"火炬计划"，成为高新技术产业发展的指导；2008 年，政府出台《高新技术企业认定管理办法》（以下简称《认定办法》）及其配套政策，使高新技术产业的发展有了新突破；2016 年，政府重新修订完善《认证办法》及其附件政策，从法律法规角度完善了高新技术产业激励政策，为今后高新技术企业的蓬勃发展奠定了坚实的基础。

（二）现有高新技术企业创新激励政策扭曲资源配置

由于政企之间存在信息不对称和逆向选择问题，现有的创新激励政策无法收到预期成效。这不仅扭曲了资源配置，更是对资源的浪费。依靠政府出台的相关产业政策，为获取更多政府补助，各地掀起了一股创建高新企业的热浪。然而,随着"伪高新"案件的频频出现,如贝因美(002570)、兰丰生化(002513)等,这让笔者意识到高新技术企业资质已经沦为部分"伪高新"企业钻政府创新激励产业政策空子以获取政策优惠及政府补助的工具。这些企业通过管理非生产性活动,如利用成本操纵、盈余管理、"寻租"或政治关联等手段对政府进行迎合。这种迎合性创新行为,实质上只是一种创新资源的转移,与政府创新激励产业政策初衷完全相悖,"伪创新"企业通过迎合手段"掠夺"了本该属于"真创新"企业的资源,使这部分企业并未及时获得相应的创新激励,最终便有可能致使企业发生逆向选择。

(三)"伪高新"企业的"伪创新"问题

国家的政策支持能给企业带来可观的利益。因此,为了获取政府的政策支持资源,大多数徘徊在高新技术企业资质认定边缘的企业都会想尽一切办法去努力认定为高新技术企业。其中,就不乏部分投机企业,从政府各部门间存在的信息不对称入手,通过向相关鉴定部门报送虚假创新信息,来获取政府政策支持资源。然而,这些企业在获取到政府的政策支持资源后,并没有将其真正用于创新生产。相反地,它们只是为了利用高新技术企业资质去获取政府的资源,并没有从长远角度去考虑到公司的未来发展。这种"鼠目寸光"的做法,导致了在高新技术企业资质认定中的"造假—牟利—再造假"的现象。国家实施创新激励政策的初衷是希望通过政策优惠来提升高新技术企业的自主创新能力,从而有助于产业结构成功转型升级。然而,高新技术企业资质认定源头上存在的"造假"现象已然侵占了公共资源并拉低了政府形象,使真正的高新技术企业由于得不到该有的资源而迅速没落,进一步造成这部分企业为了获取相应资源而不得不加入"伪创新"行列的恶性循环。

因此,在国家实施创新驱动发展战略的背景下,只有严格把关高新技术企业资质认定过程中的每一个环节,防止"伪创新"企业钻空子,确保政府政策支持资源得到最优配置,才能促进企业进行创新,从而推动高新技术企业的发展。

第二节 问题的提出

通过以上分析可以发现,目前中国高新企业的创新能力相较以往已经有了大幅提升,但仍存在与转型升级目标不相匹配的驱动力不足和创新质量低下的问题。要从根源上解决创新驱动不足的问题，需要详细探究如何通过内外部机制"刺激"企业创新。要从根本上解决创新质量不高的问题，不仅要从正面分析内外部治理机制对企业创新是否存在激励效应以及激励的效果问题，而且要转换思路，考察企业是否会对创新激励政策进行迎合。因为现有关于高新企业创新的研究仅停留在对其是否拥有高新技术企业认定资质的研究，却没有关注到这些企业被认定为高新技术企业后所进行的创新活动的真伪性，而后者会实质性降低创新的质量。

因此，本书尝试以中国高新技术企业作为研究对象，立足于通过辨析不同创新治理机制中企业创新的动力所在和相关经济后果评价，探讨内外部治理机制对企业创新的影响机理和经济后果，以及企业为获取或维护高新技术企业资质认定而实施迎合行为的现象。具体而言，本书尝试解答以下三个问题：

（1）内外部治理机制对高新企业创新的激励效应是否存在？

（2）内外部治理机制通过何种途径对企业创新产生激励效应，其经济后果如何？

（3）企业对创新激励是否存在迎合行为，迎合行为的作用机理及其经济后果如何？

第三节 研究意义

一 理论意义

本书的理论价值在于，综合了公司内部治理机制及外部治理机制的研究基础，区别于以往研究单从内部治理或者外部治理中的某一个视角去验证对企业创新影响的思路，尝试从多角度、多层次探索内外部治理机制对企业创新激励效应的存在性及其经济影响。

（一）弥补了内外部治理激励机制的理论不足，丰富了创新治理的理论内涵

本书综合运用委托代理理论、激励理论、信息不对称理论、融资约束理论、技术创新理论等，将企业内部治理微观情境因素与政府外部宏观政策因素相结合，考察了内外部治理机制对企业创新激励效应的影响，弥补了内外部治理机制与企业创新关系研究的理论不足，丰富了创新治理理论的内涵。

（二）拓宽了内外部治理机制对企业创新激励效应的研究视野

本书基于企业面临的内外部环境变化，首先从企业生命周期理论出发，从多个维度分别检验了不同生命周期下股权制衡、独董比例、管理层薪酬激励三种公司内部治理机制对企业创新产生的作用，科学论证政企关系重建的动因、途径及对企业研发活动的激励效应，接着深入分析税收优惠政策、政府货币政策及其不确定性对企业创新的影响，最后在此基础上研究了环境规制工具与外部市场治理机制对企业创新的激励作用，为企业创新激励的研究视野提供了有益拓展与补充。

（三）深化了内外部创新治理过程的多层次科学研究体系

现有研究多数只关注公司治理结构特征的某一方面或是政府创新激励的某一政策效果，较少考虑内外部治理机制的动态调整过程。本书认为，内外部治理机制对企业创新活动的影响是一个动态的系统过程，所以在考察内外部治理机制对创新产出的影响后，又进一步研究内外部治理机制对创新激励效应的内在作用路径，并通过整体视角研究企业创新活动。这不仅有助于全面认识企业创新活动全过程中内外部治理机制的地位和作用，而且通过多层次研究内容的构建，深化了内外部创新治理过程的科学研究体系。

二 实践意义

本书的实践意义在于为激励企业创新、助力企业可持续发展提供实践指导。具体而言，本书的实践意义有以下三点。

（一）为企业完善内部治理结构以及应对外部创新治理政策提供对策建议

本书从提升高新企业的创新治理水平这一紧迫问题出发，研究了内部治理机制激励企业创新的有效路径和经济后果，为企业提供了从公司治理视角完善企业创新的制度建设基础，并结合外部创新治理政策红利，为企业把握创新机遇，提升创新效率，推动高新技术产业增长，全面提高创新发展质量提供参考意见。

（二）为政府创新激励政策的修订和执行提供决策参考

创新激励、创新投入及创新产出是企业与股东、企业与政府、企业与市场之间相互博弈的结果，本书辨析不同创新治理机制中企业创新激励的动力和相关经济后果评价，平衡并完善科技与经济的治理制度安排，推动内外部创新治理绩效的提高，并通过考察当前中国高新技术企业认定过程中企业的创新激励迎合行为及其对企业创新效率的影响，为政府对中国高新技术企业创新激励政策的修订和执行提供借鉴参考。

（三）为市场创新主体优化产品创新及消费者感知产品创新提供指导意见

通过深入剖析外部市场视角下企业创新行为的治理问题，分析科技成果转化过程中的各利益相关者的稳定均衡策略和演化过程，为实现高效率创新转化提供建议。同时，结合消费者感知产品创新的具体特征，重点探讨消费者对企业创新行为的引导机制，通过真实的调研数据，论证消费者感知创新后的态度和购买意愿，为企业优化产品结构从而促进消费者感知产品创新提供指导意见。

第四节 研究思路及技术路线图

一 研究思路

本书共由十个章节构成，各章节的具体安排如下。

第一章为绪论。重点介绍了本书的研究背景，提出研究问题，归纳了研究目的、意义、主要思路及创新点。

第二章为文献综述。对内外部治理机制与企业创新激励的相关文献进行综述，并在此基础上进行了研究述评，归纳总结现有文献的不足。

第三章为公司内部治理对企业创新的激励机制及其价值效应。将内部治理机制细分为股东治理、董事会治理、管理层治理三个层面，论证其对企业创新效果和创新质量的激励作用，并论证不同的内部治理结构在企业不同生命周期对企业创新发挥的不同影响作用。

第四章为政府外部治理对企业创新的激励机制及其价值效应。以地方政治权力转移影响政企关系为起点，检验政企关系的政治环境影响因素，以及政治关联对企业获得研发补助以及自身融资约束的影响，并且在此基础上分析高新技术企业创新投入对创新产出异质性的激励效应。

第五章为税收优惠政策治理对企业创新的激励机制及其价值效应。结合我国激励高新企业创新的税收优惠政策现状，检验了整体税收优惠强度和具体税收优惠政策（加计扣除与优惠税率）对企业创新产出的激励作用，并基于制度环境异质以及企业特征异质，检验税收优惠政策对创新产出的激励效应。

第六章为货币政策治理对企业创新的激励机制及其价值效应。检验了货币政策对企业创新投入与创新产出的影响，以及企业创新投入在货币政策与企业创新产出间的中介作用，并且验证了信用资源在货币政策不确定性和创新投入之间的中介作用及其在异质性企业中的不同表现。

第七章为环境规制治理对企业创新的激励机制及其价值效应。以环境规制工具异质性为视角，从环境规制工具类型出发，探讨了不同类型环境规制对企业创新投入的作用，探究不同类型环境规制对企业创新效果和质量的影响及其作用机制。

第八章为创新迎合行为对企业创新的激励机制及其价值效应。结合《高新技术企业认定管理办法》对研发强度的客观性认定门槛，利用门槛回归模型等方法，验证了我国高新企业存在创新激励迎合行为，论证了企业对创新激励机制的迎合行为及其经济后果。

第九章为市场外部治理对企业创新的激励机制及其价值效应。检验市场化程度与企业创新投入、创新效果、创新质量的关系，并详细分析了"产—学—研—用"一体化过程中的科技成果转化成功率问题和消费者（用户）购买意图这两种典型的市场化治理机制对创新活动的激励效应。

第十章为研究结论与政策建议。总结了本书的研究结论，提出了相应的对策建议，并对研究不足与未来研究展望进行了分析。

二 技术路线图

根据研究思路，本书的技术路线见图1-3。

本书主要研究重点包括以下四个内容。

（一）公司内部治理对企业创新的激励机制及其价值效应

公司内部治理是企业经营实践中缓解企业创新活动中代理问题的重要手段。因为企业的高效运行离不开公司治理机制的保障，而企业的创新发展更需要合理高效的公司内部治理机制保驾护航。本书从提升高新企业创新产出这一紧迫问题出发，论述了以下问题：①从公司内部治理中的股权制衡、独董比例与管理层薪酬激励三个层面，论证其对企业创新产出的影响机制，探求企业创新投入在其中的中介效应。②探寻企业生命周期的不同阶段，内部治理机制对企业创新产出的影响，以期从动态视角为企业完善内部治理机制和实现自身长远发展提供全方位的决策参考。

第一章　绪论　13

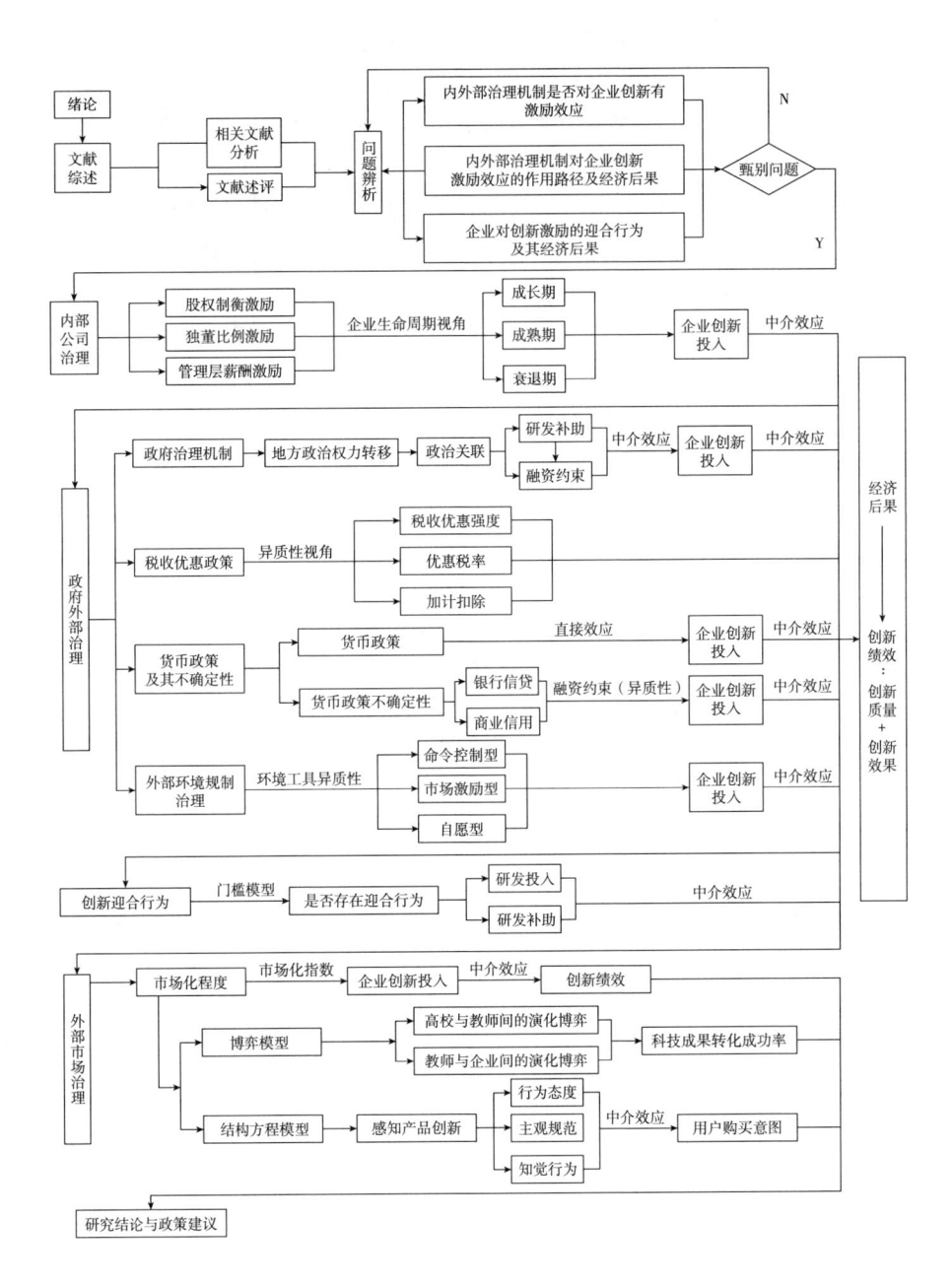

图 1-3　技术路线

（二）政府外部治理对企业创新的激励机制及其价值效应

企业创新的顺利进行需要企业外部和内部的协同支持，企业与政府之间的密切联系能够为企业带来更多的研发补助,并且在一定程度上能够缓解自身的融资约束,但其对企业创新行为的影响绝非单一传导。大多文献只关注某一因素与企业创新的关系研究,本书针对政府外部政策因素的变化综合性地研究了以下问题:①在关注企业建立政治关联对企业创新资源影响的同时,实证分析地方政治权力转移对政治关联强度的变化,及该变化与技术创新的内在作用机理。②引入倾向得分匹配法(PSM),通过对政治关联企业与无政治关联企业的匹配,研究企业政治关联对研发补助的激励效应以及对融资约束的抑制作用,并且使用多重多步中介模型(Bootstrap法)分析研发补助与融资约束的遮掩效应以及融资约束的中介作用。③构建分位数回归模型论证税收优惠强度及不同税收优惠政策类型与企业创新产出的作用关系,并基于企业所处的制度环境异质和企业自身特征异质进行分组回归分析,探究这些因素对税收优惠政策创新激励效果的影响。④探讨货币政策是否影响企业创新投入与创新产出,并且是否会通过创新投入影响企业创新产出,并且进一步探讨货币政策不确定性是否从银行信贷和商业信用两个方面影响企业的创新投入决策,以及这两种信用资源传导渠道在融资约束程度不同的企业中,是否有差异性进而理顺货币政策不确定性通过创新投入影响创新产出的传导机制。⑤基于环境规制工具异质性,研究不同类型规制工具对企业创新投入和产出是否存在激励效应,然后将不同类型环境规制两两交互,判断当控制其中一种环境规制工具时,其他环境规制工具是否仍然对企业创新存在激励效应。

(三)企业对内外部创新激励治理机制的迎合行为及其经济后果

基于资源依赖、信息不对称和信号传递理论,遵从"外部激励治理→企业对创新投资的迎合→激励效应及经济后果"的思路,论证高新技术企业认定过程中创新投入迎合行为的存在性和特征,结合《高新技术企业认定管理办法》对研发强度的客观性认定门槛,利用门槛回归模型等方法,验证中国是否存在创新激励迎合行为及其特征,随后分析企业创新激励机制迎合行为对于企业创新效率的影响,剖析企业创新投资迎合行为的内部作用机理。

(四)市场外部治理对企业创新的激励机制及其价值效应

为实现创新资源的集中优化配置,利用市场化创新治理的结构和机制,建立委托代理各方激励兼容的市场机制,明确各创新主体和利益相关者的权力安排和收益分配。①从西方国家市场化创新治理中成果转化资助政策等多个角度探讨西方国家创新治理的相关制度设计,总结中国市场化治理所处的政策法律环境特征、面临的问题和挑战。②理论分析方面从大学等科研机构（科技成果权属人）、科研人员（科技成果发明人）、企业（科技成果受让方）、政府（科技政策管理方）以及技术转移中心（TTC）等参与主体出发，建立激励契约模型，探究不同合作创新模式对各主体行为的影响。③以不同利益主体诉求为案例研究切入点，从规模总量和质量的提升方面分析科研机构的技术培植和科技成果资本化与产业化的经济后果，并实例分析校企合作技术转移许可、教师自主创业及专业化 TTC 在市场化创新治理中的角色与运作特点。④通过结构方程和多元回归模型，在计划行为理论（TPB）模型基础上，引入感知产品创新和消费者创新性，探究影响用户高新技术产品购买意图的主要因素。⑤融合外部市场机制创新治理的思路，厘清科技创新投入和成果转化、产业结构转型升级的交织关系，探索提升市场化创新治理激励效应的政策解决方案。

第五节 研究方法

在明确主要研究问题的基础上，本书采用文献分析、规范分析、实证分析、演化博弈与数值仿真模拟、案例分析等方法研究内外部治理机制对企业创新的激励效应及其经济后果。具体使用的研究方法如下。

一 文献分析法

本书依托知网、Elsevier、EBSCO 等数据库，就内外部治理机制及企业创新等领域的文献进行了大量的收集整理分析等工作，然后细化研究对象，明晰各种内外部治理机制对企业创新的影响过程以及其经济后果的研究现状，梳理探究不同形式创新治理激励效应的文献资料，掌握研究的薄弱点和最新进展。

二 规范分析法

本书采用规范分析法对内外部治理机制与企业创新的相关理论基础进行阐述，为后文实证研究奠定基础。重点对委托代理理论、技术创新理论、融资约束理论、税收激励理论、信息不对称理论、外部性理论、信号传递理论、多重螺旋理论等相关理论基础进行阐述分析，并结合研究对象进行理论分析，归纳总结出内外部治理机制对企业创新投入和创新产出的影响机理，提出合理的假设。

三 实证分析法

本书以中国 2012—2017 年 A 股上市的高新技术企业为研究样本，利用国泰安（CSMAR）数据库及公司年报披露的数据，运用 Excel 2016 和 Stata15.0 分析软件，综合运用 OLS 回归、Bootstrap 中介效应、面板回归和双重差分等方法探究各种治理机制影响企业创新的全过程，重点通过建立广义自回归异方差模型、固定效应模型和门槛模型进行了回归分析等，实证检验了内外部治理机制对企业创新的激励效应及其经济后果。

四 演化博弈与数值仿真模拟法

本书根据市场化治理中企业创新行为的具体行为特征，在设定不同情景的基础上，构建演化博弈模型，求解各情景下的演化均衡策略，观察其演化轨迹，并结合仿真模拟、灵敏度分析得出最终结论。演化博弈与数值仿真模拟法主要运用于第九章。

五 案例分析法

本书以所调研的典型高校科技成果转化情况及用户对无人驾驶汽车的购买意图为案例分析内容，描述其具体特征及实施过程，进而研究外部市场治理机制对技术转移成功率和顾客购买意图的影响规律，以此来剖析外部治理机制对企业创新的影响机制。

第六节　创新点

本书综合多种研究方法，对内外部治理机制是否激励、如何激励以及激励企业创新的经济后果进行了系统性分析。主要创新点如下。

（1）从公司内部治理、政府外部治理及市场外部治理三个视角检验了内外部治理机制对企业创新的激励效应。已有文献多从内部或外部治理的某一角度研究企业创新相关问题，未系统梳理内外部治理机制对企业创新产生的影响。本书将公司内部治理机制、政府外部治理机制及市场外部治理机制同时纳入企业创新激励效应的研究框架，透过企业生命周期、政企关系重建、税收优惠政策细化、货币政策不确定性、环境规制工具异质性及外部市场营商环境等角度，多维度地考察内外部治理的运行机制对企业创新的激励效应。

（2）采用中介效应系统检验内外部治理机制激励企业创新的传导路径。本书认为，内外部治理机制对企业创新活动的影响是一个动态的系统过程。课题在考察内外部治理机制对创新产出的直接影响后，验证了以下传导路径：①将创新投入作为中介变量，验证了公司内部治理机制对创新产出的内在作用机制；②以政治关联、研发补助、融资约束及创新投入为主要中介变量，利用多重多步中介模型（Bootstrap 法）检验了研发补助与融资约束在政治关联影响创新投入过程中的"遮掩效应"，并进一步验证融资约束在政治关联对创新投入影响过程中的中介作用；③研究了银行信贷和商业信用对企业创新投入的影响是否存在替代效应，以及它们对于货币政策不确定性和企业创新投入的传导作用，并且探讨了货币政策不确定性是否会通过创新投入来改变企业的创新产出；④探讨了创新投入在不同的环境规制工具和企业技术创新产出之间的中介作用；⑤通过逐步回归，检验发现创新投入和研发补助分别在创新投入迎合行为与企业创新效率关系中的部分中介作用；⑥以企业创新投入为中介变量，探讨了其在市场化程度与企业创新产出之间的中介效应；⑦阐明了行为态度、主观规范、知觉行为在感知产品创新和购买意愿中起到中介作用。本书通过中介效应的运用，有助于更加详细地揭示内外部治理机制作用于企业创新的传导路径。

（3）从动态角度验证企业通过政企关系重建获取创新资源并发挥实质性的激励效应。按照"地方政治权力转移→政企关系重建→企业获取创新资源→企业创新投入→企业创新产出"的逻辑思路，本书从动态视角出发，实证检验了政企关系变化对企业技术创新的激励效应，分析了政府外部环境变化对企业应对行为的作用机制。为论证政企关系重建的动因、途径及其对企业创新活动的影响机理，本书选用倾向得分匹配法（PSM）估计政治关联对企业创新资源获取的影响，使用 Bootstrap 法检验研发补助、融资约束在政治关联与研发投入的遮掩效应以及融资约束在研发补助影响研发投入过程的中介效应及其经济后果，验证了企业通过政企关系重建获得的研发资源并发挥实质性激励效应，为新型政企关系改革提供经验借鉴。

（4）利用门槛回归模型验证了企业的创新产出是为企业迎合政府而做出的"伪创新"。区别于以往研究高新技术企业大都基于"是"或"否"的辨析，而忽略"真"与"伪"的问题，本书将企业对创新激励迎合行为与高新资质认定相结合，研究认定过程中企业对外部创新激励迎合行为存在的问题及其经济后果，同时进一步考察了外部治理环境的调节作用。

在具体的研究方法上，本书从企业自身角度探究企业为获得更多的政府研发补助而采取的主动迎合行为，利用门槛回归模型实证检验了中国高新技术企业认定过程中是否对创新激励存在迎合行为，并得出相对应的迎合区间，进一步检验了研发投入和政府研发补助的中介作用，论证发现企业的创新产出是企业为迎合政府而做出的"伪创新"，为部分高新企业假借"创新"以寻求政府"补贴"激励的行为做出恰当解释。

（5）理顺市场化创新治理"驱动动机—行为模式—治理效果"的研究脉络，拓展和深化市场化创新治理体系。探讨激励因素对不同模式的影响选择与优化，探索适用于中国特质的市场化创新治理分析范式，强调科技成果权属人、发明人、受让方和科技政策管理方、技术转移中心行为的交互协同性，以及各主体间知识、信息与资金的流动性与可持续利用率，明确创新治理动机、模式路径及效果的研究脉络。

第二章 文献综述

第一节 公司内部治理与企业创新

一 股权制衡与企业创新

朱德胜和周晓珮（2016）研究发现，股权制衡对企业创新效率存在显著的正向影响。张玉娟等（2018）的研究显示，股权集中度抑制企业创新活动，而股权制衡则显著激励企业更多投入创新活动。Maury 和 Pajuste（2005）选取芬兰的样本公司研究发现，对于存在股权制衡的公司，股东之间的制衡效果越好，公司的绩效也会表现得越好。Gome 和 Novaes（2005）的研究认为，多个大股东的制衡是一种有效的公司治理机制，可以通过约束管理层的自利行为、保护中小股东的利益来解决公司经营中的委托代理问题。张其秀等（2012）的研究也证明了股权制衡与企业技术创新正相关。Ma 和 Tian（2014）证明，股权制衡可以有效约束第一大股东的掏空行为，使公司更好地实现盈利目标。杨建君（2014）认为，有良好股权制衡结构的企业由于减少了研发相关的签约成本和代理成本，因而在创新投入和产出上占据优势。徐文学和陆希希（2014）通过对饮料制造业上市公司数据研究后认为，股权集中度、股权制衡度对公司业绩提升起着至关重要的作用。

也有学者认为，股权制衡与企业创新之间的关系是负向的。正如孙兆斌（2006）所指出的，股权集中度和股权制衡两种控股股东的行为中，"支持行为"的效应要大于"掏空效应"，公司股权制衡对提高企业的技术创新效率毫无益处。王丽丽（2013）通过回归分析发现，由于我国当前企业发展水平的制约，股权制衡度与公司绩效呈负相关，股权制衡度的提高将降低企业的经营绩效。黄建欢和杨宁（2015）考虑到股东间的关联关系，用新的方法衡量股权制衡度，发现股权制衡度与公司绩效的关系呈"U"形。隋静等（2016）的研究发现，股权制衡对上市公司的价值影响存在明显的非线性异质效应，存在最优的股权制衡水平以实现公司价值最大化，不能盲目地提升股权制衡水平。

二 独立董事与企业创新

冯根福和温军（2008）的实证结果表明，独董比例与企业的技术创新水平正相关，独立董事比例越高，企业研发投入增加越明显。Pearce 和 Zahra（1991）的研究指出，由于企业外部环境的不确定性，引入独立董事更有助于企业发掘新的外部投资机会。Deutsch（2007）的研究结果显示，独立董事作为一种股权激励机制，能够促进公司研发费用投入。Dong 和 Gou（2010）的研究发现，董事会中独立董事所占比例与企业研发强度显著正相关。国内学者陈昆玉（2010）的研究发现，独立董事与企业技术创新呈正相关关系，技术创新投入在独董比例较高的企业明显高于在独立董事占比较低的企业。赵旭峰和温军（2011）基于2004—2008年501家于中国上市的公司进行实证检验，发现独立董事的比例和企业技术创新投入之间显著正相关。徐伟（2011）的实证研究结果表明，独立董事比例越高，对企业的长期决策越有利。胡元木（2012）从企业的创新投入与企业产出效率的角度探究技术创新与独立董事制度的影响，发现聘请技术独立董事能够提升企业的R&D产出效率，当上市公司的董事会存在技术执行董事与技术独立董事的时候，企业创新产出效率将更高。徐向艺等（2013）运用2007—2010年国内中小上市公司的面板数据检验了董事会结构与技术创新水平的关联性，得出董事会独立性和技术创新产出之间存在显著的正相关关系的结论。

但还有学者认为，独董比例与企业创新的关系并非正相关。周杰和薛有志（2008）的研究表明，董事会的规模及独立性对企业的研发创新并没有显著的影响。刘胜强和刘星（2010）的研究同样表明，企业独立董事的比例与其研发投入之间不存在显著关系。王永明和宋艳伟（2010）基于中国2004—2007年上市公司数据实证检验得出，公司独立董事比例创新投入之间没有直接关联。刘小元和李永壮（2012）则认为，外部独立董事比例与企业研发投入强度之间存在负相关关系。钟兴（2013）的研究表明，独立董事担任社会职务数量、企业独董比例、独董现场参加会议频率、女性独董占独董比例对于企业的投入均没有显著影响。

三 管理层薪酬与企业创新

Barros 和 Lazzarini（2012）的研究表明，薪酬激励能有效促进企业创新能力的提升。Balki 和 Markman（2000）探究了高新技术企业中总经理薪酬与企业创新的关系，研究结果表明对总经理的短期补偿有利于企业研发活动的开展。刘绍娓等（2013）研究发现，管理层薪酬激励与企业绩效之间存在正相关性，企业应对管理层进行合理的薪酬激励。陈修德等（2015）在控制了公司个体异质性的前提下探究了高管的货币薪酬对企业研发效率的影响机理，结论表明高管货币薪酬与企业研发效率显著正相关。何玉润等（2015）的研究发现，在高水平的薪酬激励与股权激励制度下，产品市场竞争对创新有更强的影响效应。周铭山和张倩倩（2016）研究发现薪酬激励可以正向调节国有企业 CEO 的政治激励有效性。谷丰等（2018）研究结果表明，在我国创业板公司创新投资水平较低的背景下，创业板企业高管薪酬激励对创新投资具有正向作用，在不同生命周期存在差异。

也有研究认为，货币薪酬激励在研发创新过程中具有"双刃剑"的特性。王旭（2016）认为，在不同企业生命周期下，高管薪酬激励、声誉激励和控制权激励对企业技术创新活动的影响会存在异质性，且三种激励之间能够互补和相互替代。肖利平（2016）研究发现，在职消费对企业研发投入有显著的负效应，高管薪酬对企业研发投入的影响并不显著。钟熙等（2019）利用 2007—2016 年中国制造业上市企业的经验数据研究发现，高管团队水平薪酬差距越大，企业研发投入往往越少。

第二节 政府外部治理与企业创新

一 政企关系与企业创新

（一）政治关联与企业创新

1. 政治关联与企业创新投入

大多数学者的研究表明政治关联能够对企业创新投入起到明显的激励作用。王德祥和李昕（2017）以 2011—2015 年制造业与服务业上市公司为样本，实证检验了政治关联对企业创新投入的显著正向作用，同时指出高新技术企业更加注重研发资金的投入。江雅雯等（2012）认为，相比于没有政治关联的企业，建立政治关联的民营企业更愿意参与技术研发。严若森和姜潇（2019）同样以民营高新技术上市企业为样本，实证发现政治关联与研发投入呈显著正相关关系。魏长升和蒋琳（2017）以信息技术行业上市公司为样本，研究表明政治关联对技术创新投入产生正向显著作用。李后建（2016）分析第三方权威机构世界银行提供的调查数据，发现政治关联会强化地理邻近性对企业联盟研发行为的正向作用。吴梦婷（2017）将社会责任纳入考量，发现政治关联能够显著加强企业社会责任对创新投入的积极影响。进一步地，谢家智等（2014）区分了具有不同结构性质的政治关联，在政府任职的高管对企业研发投入并没有促进作用，而立足于帮助企业发展的政府官员所占比例和政企关系质量对研发投入则存在显著的正向作用。

但也有部分学者如高展军和袁萌（2018）、谢乔昕（2016）、何兴邦（2017）认为，政治关联对企业创新投入具有显著的消极影响。早在20世纪90年代，Murphy 等（1993）认为，政治关联会对企业 R&D 投资产生强烈的挤出效应，因为企业为与政府建立联系必将耗费大量资源，导致企业将大部分稀缺资源置于与政府周旋的非生产性活动中，这不仅使生产性领域的资源短缺，而且分散了企业的大量精力，得不偿失。彭红星和毛新述（2017）的研究同样表明，高科技上市公司高管的政治关联背景并没有提升研发投入，反而显著提高了员工冗余的程度，即政治关联在为企业获得创新资源的同时也让企业承担了更高的社会性代价。乐菲菲等（2017）以创业板科技型企业为例，发现维护政治关联而发生的关系成本导致企业的经济资源未能得到充分优化配置，在一定程度上负向影响企业的研发投入。Zhou（2013）、任曙明和王艳玲（2017）认为，政治关联在给予企业更多资源的同时，很难保证不会增加企业的组织惰性。在政府官员为其保驾护航的情况下，企业管理者便不会过多关注外部环境的变化，进而也不会将大量资源用于新产品、新工艺的研发。Krusell 和 Rios – Rull（1996）认为，当企业在某一市场接近垄断地位时，相比于为研发承担一定风险，它们更倾向于享受此时的市场地位，并且反对同业竞争者研发新产品的行为。

2. 政治关联与企业创新绩效

有学者指出，政治关联为企业带来的是"资源福音"。Bartels 和 Brady（2003）、Faccio（2006）、Li 等（2008）、McMillan 和 Woodruff（2002）都指出，政治关联是一种非正式的替代机制，能够对企业决策行为产生重要影响，其对企业技术创新的作用可能存在诸多传导机制。政治关联可能会通过企业自身特征和内部决策行为来影响创新绩效。蔡地等（2014）利用第八次全国私营企业抽样调查数据实证检验了政治关联对民营企业创新活动的促进作用。谢言等（2010）指出，政治联系与自主创新之间存在正向促进作用。在复杂的制度环境中，政治关联战略所带来的补助、知识产权保护等外部资源更加有利于提升创新速率与质量。乐菲菲等（2018）认为，政治关联所带来的研发投入增加额需要企业耗费一定的时间和精力才能应用于产品技术，所以政治关联对创新绩效的积极影响具有一定的时滞性。李梅和余天骄（2016）以我国信息技术业上市公司为研究对象，发现高管政治背景这一隐性资源对研发国际化与创新绩效的关系为正向调节作用，可见政治关联确实能够在一定程度上扫除企业发展过程中的"绊脚石"（杨战胜和俞峰，2014）。

一部分学者认为，政治关联存在"诅咒效应"，从整体上来看，对企业创新绩效具有抑制作用（张金涛和乐菲菲，2018；苏屹和陈凤妍，2017）。高厚宾和吴先明（2018）以跨国并购数据为基础，发现在跨国并购中政治关联对创新绩效产生负向影响。罗明新等（2013）采用2009—2011年中国创业板上市公司数据，研究发现政治关联通过研发投资的中介作用对创新绩效产生负面影响，企业管理层的社会关系虽然能获得政府政策优惠、融资便利等外部资源，但只有将其内部转化才能进一步作用于创新成果。Sheng等（2011）认为，内部转化需要较高的社会成本和代价，在政策不确定、经济发展不稳定的情况下，政治关联将成为不利于企业创新的因素之一。Yang等（2012）认为，政治关联会使企业高管放弃决策自主性，更加依赖于政府提供的外部条件，进而削弱了创新动力，并且也会使企业将实现政府政绩作为其最终目标，降低对市场竞争的敏感度，缺乏应变能力。

另有少数研究学者主张政治关联与创新绩效并非简单的线性相关（田利辉，2005），而是呈倒"U"形关系。谭劲松和郑国坚（2004）、Djankov 和 Murrel（2002）指出，过高的政治关联度反而会起反作用，降低企业的绩效。我国上市公司正逐渐从行政型治理转为经济型治理，汪敏达和任广乾（2010）通过收集不同行业、不同地区的上市公司数据，发现政企之间存在一个最佳的政治关联度区间，并指出当前中国的政治关联度相对偏高，还需进一步降低。

（二）政治关联对企业创新的间接影响

1. 政治关联与政府补助

Faccio（2006）认为，企业与政府建立关联的目的之一就是通过政府获得更多的外部资源。Schwartz 等（2006）、陈兴和韦倩（2017）认为政府补助能够弥补企业进行研发等其他活动而付出的高额成本。但在政府补助的实际发放过程中，往往不仅考虑宏观经济目标的实现和社会责任的承担（唐清泉和罗党论，2007），也由政府主观的决策进行认定审批（余明桂等，2010）。陈维等（2015）认为，政治关联能够帮助民营企业获得政府扶持。陈兴和韦倩（2017）用招待差旅费来衡量企业的寻租偏好，发现该支出能够显著增加政府补助的获得，并且在考虑行政距离对该过程的影响后，发现企业与省级政府之间距离越近，对获得政府补助的促进作用越明显，说明在我国企业确实通过政治关联以获取更多的企业外部资源。另外，观察财务困境公司，本书发现具有政治关联的亏损的上市公司获得政府补助的能力更强。杜勇和陈建英（2016）以亏损上市公司为研究样本，分析验证了有政治关联的亏损企业更容易借助慈善捐赠而收获更多的政府补助，同时发现相对于与中央构建关联，通过地方政府收获政府补助的"支持效应"更为显著。

2. 政府补助与企业创新

有学者认为，获取政府补助能够帮助企业加大创新投入、提升创新产出。赵树宽等（2017）采用2012—2015年上市公司的数据进行实证检验，发现政府补助与创新投入之间存在显著的促进作用。杨晔等（2014）基于379家创业板上市公司进行回归分析和路径分析，以政府补助作为衡量政府创新政策的变量，发现其对企业创新行为和绩效均具有显著促进作用；Gómez 和 Sequeira（2013）也得出了同样的结果。

但也有学者得出了不同的研究结论。Bergstrom（2000）分析1987—1993年瑞典企业获得的政府补助后发现，当年补助对企业发展的作用表现为正效应，但第二年之后两者为负相关关系。董雅琴（2015）以2011—2013年创业板企业为样本，分析发现政府研发补助与企业研发支出存在双向影响的关系，同时发现研发补助能够提高当期企业研发绩效，但滞后一期的研发补助对研发绩效并不如当期显著。

二 税收优惠与企业创新

（一）税收优惠的强度测度

对税收优惠政策的评价有定量、定性两种方式。定量研究方面，Warda（2006）使用 B 指数测算税收优惠政策的执行力度。Bronwyn 等（2000）指出，税收优惠的评价有三种方式：一是判断税收优惠是否使社会研发活动水平达到最优状态；二是对比政府的税收损失与额外增加的研发收益；三是观察企业自主研发投入与政府补贴的关系。王俊（2011）在前人的基础上归纳出测算税收优惠强度最合适的三种指标，分别是 METC（Marginal Effective Tax Credit）、B 指数及 R&D 使用成本，并分别采用三种方式计算了我国的税收优惠政策强度。

相比于定量研究，更多的学者选择了定性评价。Adina 等（2014）研究发现，税收优惠政策具有行政成本较低、实行较为容易等特点，受到许多欧盟国家的青睐，成为这些国家促进研发活动的有效工具。周优林（2015）指出，我国税收优惠政策的局限性限制了企业技术创新的进步与发展，这种局限性主要表现在优惠形式的简易。政府应针对企业特性做出更细致的规定。孟祥薇（2016）通过问卷调查和案例分析研究了潍坊市高新技术企业税收优惠的创新激励作用，指出我国高新技术企业认定的条件仍需改进，流转税的优惠范围力度有待扩大。柳光强（2016）指出，税收优惠等政府创新政策对不同行业、不同对象的引导效应存在着很大的差异，有必要加强定向调控去提高创新政策的针对性和精准性。

（二）税收优惠政策与企业创新投入

税收优惠与企业创新在学术界一直是一个颇有争议的话题，其中一些学者研究发现，税收优惠能有效激励企业创新。Bloom 等（2002）观察 9 个 OECD 国家 19 年的税收情况与企业 R&D 投入的关系，研究表明税收优惠有效地提升了研发强度。戴晨和刘怡（2008）在分析财税政策对企业研发影响机理、评价财税政策激励强度的基础上，进一步实证研究发现税收优惠对增加企业 R&D 投入作用强于政府补贴的效果。Mohnen 等（2012）通过对研发激励计划进行成本收益分析，发现税收优惠有效减轻了企业创新成本并鼓励企业加大自主创新的研发投入。韩平飞（2017）以创业板上市公司 2013—2015 年对外公布的财务报告数据为研究对象，发现税收优惠对其创新投入有显著正向激励作用。刘圻和何钰（2012）发现，企业创新投资的金额会随着加计扣除强度的增大而增大。赵丹丹（2015）发现，由于加速折旧政策的实行而产生的税收节约额能够有效提升企业研发投入。李昊洋等（2017）基于我国固定资产加速折旧的新政，建立双重差分模型检验该政策对企业研发投入的影响，研究结论表明固定资产加速折旧政策的施行大幅提高了企业的研发意愿。

另有部分学者认为，税收优惠并不会带给企业创新投入实质上的提升。Wallsten（2000）研究了美国小企业的创新数据，发现税收优惠形式的补贴挤占了企业自身的研发投入继而难以真正带来企业创新产出水平的提高。周华伟（2013）同样认为企业的研发活动投入一定程度上受到税收政策的侵蚀，因此税收优惠促进企业自主创新水平提升的显著性还有待考察。刘楠楠（2017）采用时间序列分析法，对1995—2015年数据税收政策与企业研发投入的关系进行研究认为税收优惠政策并不能增加企业当年的研发投入。王飞飞（2016）选取创业板、中小板企业2011—2015年的数据进行回归分析，发现流转税优惠对企业的创新投入没有产生有效的激励。Howell（2016）研究发现，企业税负的减轻只是在销售方面促进了新产品和新流程，但未能影响其研发决策与创新投资额的决定。

（三）税收优惠政策与企业创新绩效

李伟铭等（2008）对广东地区17家中小企业的创新情况开展了问卷调查，利用收集到的数据发现，政府创新政策通过资源投入与组织激励的传导提升企业的创新绩效。周江华等（2017）以河北省2013年园区的高新技术企业为样本，研究发现税收优惠政策能够正向影响企业创新绩效。李维安等（2016）分析了我国2009—2013年非国有上市公司的面板数据后得出结论，税收优惠能够提升企业的创新绩效。Ernst等（2011）研究发现，研发税收补贴、研发税收抵免和专利盒三种政策工具都可以显著增加企业专利申请的数量。唐书林等（2016）结合演化博弈模型与实证检验，得出税收递延能显著提升企业创新投入水平的结论。周根根（2016）运用线性回归模型和PSM模型，两次检验都证实了高新技术企业优惠税率政策对企业R&D投入、R&D产出的激励效应显著。D'Andria等（2018）对比了专利盒税收激励及代理商从PSS获得补偿的税收激励两种截然不同的税收政策对纯知识型经济创新的影响，研究表明对PSS的税收激励可以成为促进创新活动并同时使工人、企业和整个经济受益的强大机制，其有效性受到劳动力流动和知识溢出程度的调节。

一些学者认为税收优惠政策并不能有效激励企业创新绩效。Griffith（1995）研究发现，R&D的税收处理似乎很少与完成的研发数量相关联。持抑制论观点的学者大多基于政策扶持的挤出效应。例如，加拿大的研发税收待遇非常慷慨，但研发强度很低。Cappelen等（2012）基于挪威政府2002年推出的SkatteFUNN税收激励政策研究了挪威的研发税收抵免政策对企业新工艺及专利的影响，发现其对创新专利的增加和创新产品市场占有率的提升并没有显著作用。郑春美和李佩（2015）通过实证分析指出在短期内税收优惠无法对企业的科技创新表现有显著影响，甚至一定程度上抑制了企业的创新发展。程曦等（2017）利用2007—2015年沪深A股上市公司的数据发现无论是所得税优惠还是流转税优惠对企业创新产出的激励作用均不明显。

三 货币政策与企业创新

(一) 货币政策与企业创新投入

Bernanke 和 Blinder (1988) 最早研究宏观货币政策对微观企业的影响。随后，Oliner 和 Rudelbusch (1996)、Hu (1999) 研究货币政策对企业投资行为的影响作用时也进一步验证了货币政策在影响企业投资时的有效性。Mojon 等 (2002) 用德、法、意、西四个国家的工业数据研究发现，货币政策能够影响企业的投资支出，并且在不同规模的企业之间不存在明显的差异。现有研究货币政策与企业创新投入的关系的相关文献中，谢乔昕 (2017) 在研究货币政策冲击对企业 R&D 投入的影响时提出，货币政策紧缩与企业的创新支出之间存在明显的负相关关系。Kashyap 等 (1992) 的研究发现，在紧缩货币政策时期，企业的外源资金会在一定程度上减少，反映在企业的创新投入上便会减少企业的研发投入，抑制企业的技术创新。饶品贵和姜国华 (2011) 研究发现，在紧缩货币政策时期，企业的创新投资行为将得到抑制，企业技术研发等高风险行为被迫缩减。刘胜强和常武斌 (2016) 认为，在货币政策紧缩期，企业管理者会更加重视企业会计核算的稳健性，从而抑制企业的创新投入，并且在非国有企业中这种作用更为显著。

(二) 货币政策与企业创新绩效

企业创新具有不可逆性，所以企业在看待创新活动时更加谨慎。紧缩的货币政策使企业倾向于避免高风险的创新活动，以等待更为合适的时机。创新对于企业和国家的发展具有重要意义。在宏观政策背景下，对企业的经济决策研究也引起了学者的广泛关注 (Kulatilaka and Perotti, 1998)。Bloom 等 (2007) 发现，宏观政策将影响金融市场的信贷资源配置，作为企业管理层，更会谨慎投资，企业在进行投资时，增加的不确定性成本会提高企业的研发投入成本，进而降低创新绩效。钱燕和万解秋 (2013) 基于 2003—2011 年国内商业银行的贷款数据进行实证分析，研究得出当货币政策发生变化时，由于宏观经济政策不确定性的提高，企业外源融资的压力提高，从而影响到企业的创新绩效。曹春方 (2013) 认为，地方政策的变更会引起企业专利获批数量以及创新效率的变动，且政策变动的强度越高，企业专利获批数和创新效率变动越明显。陈德球等 (2016) 认为，紧缩的货币政策将减少银行贷款和政府补助，提高企业外部融资成本，增加现金流的不确定性，从而导致企业降低研发投入，进而影响创新效率。

(三) 货币政策对企业创新的间接影响

1. 货币政策与银行信贷

银行信贷不仅会影响宏观经济，对企业的经营决策也会产生影响。我国的商业银行性质较为特殊，造就了其既是宏观经济发展的因素，也是宏观经济发展的结果。间接融资对我国的经济有着重要意义，大量学术文献均基于我国特殊的商业银行信贷情况进行宏观经济政策不确定性和银行信贷情况的关系探索。某些学术文献研究由货币政策调整带来的宏观经济政策不确定性对商业银行信贷的影响。

较多的学术论文基于宏观经济变动视角，研究货币政策对银行信贷造成的影响。邱兆祥和王保东（2008）根据1997—2006年商业银行信贷数据，研究发现宏观经济波动与商业银行信贷呈负相关。关涛和张丽娟（2006）研究发现，面对经济衰退，商业银行很难准确估计客户的信用状况，面临着很高的风险，因此它们经常会做出推迟发放贷款的决定。李麟和索彦峰（2009）运用时间序列的实证方法探究了我国经济波动与不良贷款的联系，其研究结果表明，在经济上升期，不良贷款的数量会相应减少，而经济衰退期时，上升期增加的贷款可能会转化为不良贷款，导致银行不良贷款问题显现。

事实上，国内专家学者关注的是货币政策、投资政策、经济改革政策等宏观经济政策一阶矩变化对银行信贷的影响，但揭示宏观经济政策的文献却很少。不确定性这个二阶矩变量对银行信贷的影响也很重要，却通常为学者所忽略。相关学术研究证明，宏观经济政策的不确定性会影响商业银行的信贷行为和资金配置，但并没有明确界定宏观经济政策不确定性的来源。

2. 货币政策与商业信用

有关商业信用存在原因的解释有两种：替代性融资理论、经营性动机理论。企业采取商业融资渠道更容易获取客户所在行业的真实信息，大大降低了信贷的风险。Bhagat 和 Welch（1995）认为，商业信用可用于公司的现金管理。现有文献从货币政策的角度解释了商业信用在中国资本市场中的地位（饶品贵和姜国华，2013）。但关于经济政策不确定性与商业信用的研究文献却并不多见。2008年国际金融危机爆发后，全球几乎所有商业银行的贷款规模都迅速缩减。由于商业信用可以减少企业面临的融资约束，提高企业经营的稳定性，从而使企业拥有越多的商业信用，其经营业绩就会越好（Coulibaly et al., 2013）。王化成等（2016）基于2007—2014年的季度数据，实证研究发现当经济政策的不确定性增加时，企业获得的商业信用会减少，但当经济增长速度较快，且金融市场不健全时，可以缓解企业商业信用的减少。

魏群和靳曙畅（2017）的研究发现，商业信用能够通过缓解企业创新融资约束来促进企业科技创新投资，并且在货币政策紧缩期商业信用对科技创新投资的促进作用更加明显。

（四）货币政策不确定性与企业创新

很多研究以实物期权理论为基础，发现货币政策的不确定性会促使企业做出延缓投资的决定，从而减少不确定性带来的不利影响（Gulen and Ion, 2016；李凤羽和杨墨竹, 2015；韩国高, 2014）。Baker 等（2015）认为政策不确定性将减弱短期经济增长，且投资受到的冲击尤为明显。面对政治不确定性时，投资者和银行倾向于要求额外补偿，企业的融资成本也随之增加（Durnev, 2013）。如果公司能够对政策的变化产生合理预估，也将预料到企业的融资难度会有所提升，从而减少企业创新的投入。郝威亚等（2016）从实物期权理论角度研究了经济政策的不确定性对企业创新的影响机理，发现经济政策不确定性的增加会导致企业延缓创新投入，等待政府后续披露更多相关政策信息，从而降低企业创新水平。其中，国有企业的创新水平降低更明显。

另外，部分研究认为不确定性可以在一定程度上增加企业的研发投入（Atanassov et al., 2015；Stein and Stone, 2013）。Julio 和 Yook（2012）、王义中和宋敏（2014）认为，货币政策的不确定性对公司的投资行为会产生影响。Huang 等（2015）认为，货币政策不确定性会影响公司股利政策。作为高风险、高收益的投资项目，企业研发活动更容易受到货币政策不确定性的影响。孟庆斌和师倩（2017）基于随机动态优化模型，研究了宏观经济政策不确定性对企业创新投入的影响。研究发现，宏观经济政策的不确定性会促使企业通过研发创新实现自我发展，且风险厌恶型企业具有更强的促进作用。当前，关于经济政策不确定性对企业创新活动的影响还未达成共识。

四 环境规制与企业创新

（一）环境规制对企业创新的直接作用

1. 环境规制抑制企业创新

Gray（1987）、Conrad 和 Wastl（1995）以及 Leonard（2006）认为，环境规制政策会增加成本、挤占创新资源，进而阻碍企业技术创新。Slater 和 Ange（2000）认为，当环境规制的强度较高时，企业整体研发水平下降，创新效益低于创新成本。Nakano（2003）计算了日本造纸工业的Malmquist指数，认为环境规制制度的施行并没有显著促进企业技术创新。Wangner等（2007）基于德国制造业的专利申请量、环境规制制度、环境创新性的研究发现，环境规制对企业专利申请有显著的负面影响，且环境规制将阻碍绿色创新活动的开展。Ramanathan等（2010）基于2002—2006年美国工业部门数据，运用结构方程模型分析了环境规制政策对企业创新的影响，研究发现短期内环境规制与企业创新活动负相关。Kneller和Manderson（2012）通过观察英国制造业数据结合动态模型的研究发现，环境规制未促进企业进行研发创新。我国学者解垩（2008）通过对我国省级面板数据的实证分析，发现环境规制削减了企业创新投入的意愿。柯文岚等（2011）观察山西省煤炭业数据发现，环境规制无法提升企业创新投入的积极性。张平等（2016）基于我国30个省份2003—2012年的面板数据，分别观察费用型环境规制和投资型环境规制，研究发现，费用型环境规制制度无法促使企业进行技术创新，且费用型环境规制制度对企业创新还可能产生"挤出效应"。

2. 环境规制刺激企业创新

Brunnerrmeier和Cohen（2003）、Hamamoto（2006）认为，恰当的环境规制可以提升企业技术创新的积极性，企业通过技术创新可以得到创新补偿，从而弥补因为遵守制度而产生的额外成本。Yang等（2012）基于1997—2003年中国台湾工业面板数据的研究结果显示，严格的环境规制可以激励企业加大创新投入。Greenstone和List（2012）观察了美国制造企业的专利产出情况，发现合适的环境规制制度可以刺激企业进行技术创新。Sen（2015）基于跨国汽车产业样本，研究了环境规制和技术创新的关系。研究结果表明，环境规制制度不仅可以刺激企业的技术创新，且可以达到减少环境污染的目的。Debnath（2015）讨论了日本的环境规制对企业技术创新进步的影响，发现环境规制与企业创新存在正相关关系。Guo等（2017）通过结构方程模型，发现环境规制对技术创新具有显著的正向影响。张中元等（2012）观察了工业企业面板数据发现，环境规制能够促进企业创新。沈能等（2012）使用企业持有的专利数量衡量企业创新能力，研究结果显示环境规制对企业的技术创新会产生显著的正向影响。景维民和张璐（2014）运用实证研究方法，发现环境规制能够提升企业技术创新的积极性。廖瑞斌（2016）的研究表明，面对政府的环境规制压力，企业将在生产技术上进行创新，提高污染控制效率，降低生产成本，提高企业竞争力，即环境规制对技术进步具有积极作用。李巍等（2017）

研究发现，环境规制可以增加企业对低碳技术的研发支出，进而提升绿色创新产出。余伟等（2017）的研究表明，严格的环境规制制度能够增加企业的技术创新活动，对于企业创新研发能起到积极的推动作用。

3. 环境规制与企业创新的非线性关系

Calel（2011）、Brechet 和 Meunier（2014）的研究表明环境规制与技术创新的关系是非线性的。蒋伏心等（2013）认为，环境规制强度与技术创新呈非线性的倒"U"形关系，环境规制强度一旦超过合理界限，对企业的技术创新就会产生抑制作用。董直庆等（2015）认为，环境规制与企业技术创新呈非线性关系，且存在双重门槛。陶长琪等（2016）基于金融发展视角，研究环境规制与企业技术创新的关系，发现环境规制与技术进步呈倒"U"形关系，当环境规制强度处于合理区间内时，才有利于企业的技术创新。Shi（2017）的研究发现，环境规制政策中的财政支持手段能够用于提升企业的研发投资。

4. 环境规制对技术创新不存在显著影响

Schmutzler（2001）认为，企业创新对环境规制的补偿机理十分复杂，企业进行研发投入带来的创新收益未必能够弥补遵循制度所带来的成本。Frondel（2007）的研究表明，市场激励下的环境规制制度无法促进污染尾部控制技术的发展和清洁减排技术的进步。江珂等（2011）认为，环境规制影响我国减排技术的发展还存在"人力资本门槛"，且在不同的区域其造成影响差异十分明显。当人力资本低于一定价值时，环境规制对技术创新没有显著影响。蒋雨思（2015）基于管理认知和利益相关者理论的研究发现，政府压力无法促进企业的创新产出。

（二）不同环境规制类型与企业创新

表2-1整理了我国的环境规制工具的种类和实施年份，整体来说，我国环境规制工具存在多样性的特点，不同种类的环境规制工具设计原则和施行手段不同。张江雪等（2015）、彭星等（2016）认为，环境规制工具可划分为命令控制型环境规制（Command and Control Environmental Regulation）、市场激励型环境规制（Market-Based Incentives Environmental Regulation）和自愿型环境规制（Voluntary Environmental Regulation）三种，参考李腾（2019）的研究绘制表2-1。赵玉民等（2009）认为，命令控制型环境规制是由立法部门所制定的、为了强制排污者规范其排污行为的法律或制度政策。而市场激励型环境规制指的是政府设计的、利用市场机制和市场信号引导企业排污行为的制度。环境自愿规制是以企业自愿参与和实施为基础的，与前两种环境规制工具相比，自愿性环境规制不具

有强制性约束力,但突破了规制主体的局限性,是中国环境规制体系中不可或缺的一部分。

表 2–1　　　　　　　　我国的环境规制工具种类

工具类型	工具名称	实施年份
命令控制型环境规制	环境影响评价制度	1979 年至今
	"三同时"制度	1986 年至今
	排污许可证	1988 年试点
	污染物总量控制	1996 年至今
市场激励型环境规制	排污收费制度	1982 年至今
	资源税费	1984 年至今
	排污权交易制度	1993 年试点
	押金退还制度	—
	环境税费	2018 年至今
自愿型环境规制	环境标志制度	1993 年至今
	ISO14000	1994 年至今
	公众参与机制	2015 年正式制定
	清洁生产和全过程控制	2003 年至今

学者研究了不同的环境规制工具对企业创新的影响,证实了不同环境规制工具的实施对企业创新活动的影响存在差异。Weitzman(1974)最早的研究认为,在期望边际收益曲线相对平坦的情况下,排污税的存在对企业技术创新的刺激作用大于强制性的行政命令。Zhang 等(2016)基于我国 30 个省份 2003—2012 年的面板数据研究发现,支出型环境规制抑制了企业的技术创新,而投资型环境规制对企业的技术进步具有整体上的激励效应。Blind(2012)认为,强制性环境规制对企业的技术创新存在显著的影响,而弱强制型环境规制(比如企业社会责任披露等)无法显著影响企业的技术创新。Shi(2017)认为,同样的环境规制工具具有迁移效应和产业异质性,环境规制在不同地区有不同的影响,存在显著的区域差别。

第三节 政府创新政策与企业迎合行为

一 政府创新政策对企业创新的影响

（一）创新政策对企业创新的正向作用

政策作为一种正式的制度安排，旨在高效地解决社会公共问题和优化社会资源配置（陈国权和付旋，2003）。政府支持政策可以促进企业进行更多的研发活动和创新产出（Kang and Park，2012）。Cerqua 和 Pellegrini（2014）认为，政府补贴对企业员工规模、投资水平以及企业成长性都会产生显著的影响。冯海红等（2015）认为，合理的税收优惠政策对于建设创新型国家具有重大意义。合理的税收激励可以正确引导企业加大对研发项目的投入，主动提高企业的创新和发展能力，有效减缓自由市场的失灵所带来的不确定性和风险。马悦（2015）认为，政府的支持政策可以降低企业创新成本，降低企业创新风险，增加创新收益。聂颖和杨志安（2011）基于企业投资理论的研究发现政府支持对企业研发投入具有显著的促进作用。李万福和杜静（2016）认为，政府支持政策有助于促进企业研发。Dirk 等（2005）认为，政府支持政策对企业创新具有显著的促进作用，得到税收优惠政策的企业往往创新水平更强。

（二）创新政策对企业创新的负向作用

对于政府政策的效果，不同学者也给出了不同的解释。郑绪涛和柳剑平（2008）认为，政府政策只能部分改善创新活动的市场失灵情况，无法从根本上解决问题。赵坚（2008）则认为，政府替代市场竞争选择胜利者并加以扶持是危险的，应该充分利用我国自主研发的比较优势来增强企业的国际竞争力。江飞涛和李晓萍（2010）也持有相同的观点，他们认为，中国的政府政策试图通过严格限制进入和提高集中度来促进创新，会使被扶持的企业因缺乏竞争压力而丧失创新的动力，同时又抑制了其他企业的创新活动，这在很大程度上不利于宏观经济结构升级和实现高质量的经济增长（许罡等，2014）。杜勇等（2015）发现，在市场化程度较高的地区，政府支持政策并没有实质性地改善亏损企业的扭亏绩效，反而让亏损企业更加依赖于政府补助，使它们逐渐丧失了通过自身经营的努力实现扭亏的动力和能力，并且配置效率整体上偏低。张彩江等（2016）认为，补助过多会挤出企业用于研发的其他资金投入，并不能起到促进企业创新的作用。周优林（2015）指出，我国税收优惠政策主要表现为简单地降低税率和减免税额，在一定程度上阻碍了高新技术产业的发展。

二 企业对创新政策的迎合行为

对于迎合行为的研究是近几年新的热点。在委托代理框架下，企业高管作为理性经济人，为了获得更多的政府补贴，很可能会采取行动，以达到政府的绩效考核标准。值得注意的是，地方政府与辖区企业之间的信息不对称，使地方政府难以对企业的真实盈利能力、发展状况做出完整、正确的判断，这为企业的迎合行为搭建了"温床"，此后，企业管理者有意减少研发投入，缩小专利保护范围，降低技术创新水平，获得低质量的专利权。受产业政策鼓励的企业增加专利申请量，但其中的非发明专利占据多数，过分追求数量而忽视质量。胡浩志和黄雪（2016）认为，企业迎合行为帮助企业获得更多的政府补助，同时也会降低政府补贴的效率，弱化政府补贴对企业绩效的影响，不利于企业绩效的提高。企业主要通过成本操纵、盈余管理、"寻租"和政治联系等方式迎合政府的创新政策，以获取更多的政府补贴。

（一）费用操纵

目前，对成本操纵与高新技术认定关系的研究主要集中在税收激励和企业创新两个方面。朱卫平和伦蕊（2004）认为，由于我国高新技术企业的规模和资金实力尚处于发育阶段，伴有较高的经营与财务风险，且管理层的舞弊动机和舞弊压力都较大。李增福等（2011）基于税制改革的研究背景研究发现，当一家上市公司意识到税改后其税率将上升时，上市公司将开展基于成本操纵、生产控制和销售操纵的控制行动。左平和姜歌（2011）发现，在政治成本和税收政策的影响下，垄断企业和一些上市公司也可能选择增加创新投入，以减少外部关注，获得税收优惠。张子余等（2015）基于会计信息质量动机角度研究发现，高新技术企业的会计收益项目有时存在信息质量问题，其收益确认相较于非高新技术企业更为激进。

（二）盈余管理

近年来，随着国家创新支持政策的效果逐步显现，高新技术企业中存在的盈余管理问题也越来越多地为学者所关注。乔瑞红和王伯娟（2017）基于创业板高新技术企业的研究发现，企业越多地进行盈余管理活动，其研发投入水平就越低。王昕和黎文靖（2016）的研究结果认为，上市高新技术企业进行负向的盈余管理可能获得更多的政府补贴，因此政府在发放补贴时要考虑企业是否会通过负向的盈余管理来粉饰报表，从而实现政府补助的合理分配。另有很多学者基于专利视角，探究企业盈余管理活动带给高新技术企业的影响，如毛昊（2015）认为，我国日益增长的实用新型专利在技术市场融资和高新技术企业税收激励方面容易传递错误信号，造成低水平的发明创造泛滥。黎文靖和郑曼妮（2016）的研究还发现，我国顶尖的上市公司也倾向于申请实用新型专利，忽视了创新的质量，曲解了政府创新激励政策。

（三）"寻租"行为

现在有关"寻租"行为的研究主要聚焦于获得政府补贴或税收激励。地方政府通过与企业交易向市场提供政治租金来换取政治或经济报酬（郭剑花和杜兴强，2011）。而且可能有盈利能力较强的公司倾向于通过"寻租"行为来降低企业与外界的信息不对称程度，以期获得更多的政府补助（步丹璐和黄杰，2013）。陈静和宋玉（2016）的研究表明，存在"寻租"行为的上市公司更容易获得大额政府补助。企业"寻租"行为带来的政府补助越多，为了掩盖寻租现象，降低信息公开程度的需求就越迫切。这就是"寻租"或盈余管理无法促进上市公司良性成长的原因。税收征管领域的寻租行为，就是在滥用公共权利阻挠生产要素的正常流通，扰乱税收征管秩序，维护不当利益（欧纯智，2017）。一般而言，创新补助动机下政府补贴的发放仍然存在寻租偏好（陈兴和韦倩，2017）。企业将精力用于"寻租"，而不是提高企业生产能力和创新水平，会导致政策的效率低下（魏志华等，2015），造成寻租下的恶性循环（崔贤奕，2017）。

（四）政治关联

周黎安（2007）研究发现，政治晋升的存在使得当地政府对地方经济发展有着强烈的热情，地方政府对企业的态度也越来越积极。政府倾向对不符合"技术认证"资格的企业睁一只眼闭一只眼。政府与企业的"勾结"动摇了"技术认可"的权威，助长了企业创新的投机行为（黎文靖，2012）。

许多学者从政府干预和补助的角度进行研究，Bliss等（2012）发现，企业基于政治关联的政府补贴严重降低了社会整体福利和社会资源配置的有效性。逯东等（2013）的研究表明，虽然政治关联可能带给企业更多的政府补贴，却存在降低企业研发创新意愿的风险，且高新技术企业没有将政府给予的资源用于提升企业技术创新水平，政府也没有充分发挥资源配置职能。林润辉等（2015）实证检验了政治关联、政府官员的政治联系都与超额管理费用呈显著的正相关。赵树宽等（2017）从"寻租"视角监视政治关联与政府补助的内在联系，发现我国上市公司中的政府补助对企业创新活动会起到激励作用而非挤出作用。

第四节　市场外部治理与企业创新

一　外部市场环境与企业创新

目前，我国正处于经济转型升级的特殊时期，各地区的市场化进程和资源禀赋尚处于不均衡状态，政府、法律、市场等方面的建设还存在诸多问题。黄国平和孔欣欣（2009）、张元萍和刘泽东（2012）研究发现，市场环境从风险管理、信息集成处理及传递、激励监督和约束、科技创新融资的提供、便利交易和提高专业化五个途径促进企业技术创新。Bencivenga等（1995）指出，良好的市场环境对企业创新活动的影响具有长期促进作用。市场环境可以提高企业创新行为的持续性，因为其能帮助企业创新项目的投资者实现利益共享、风险共担（Tadesse，2002）。郑春美和余媛（2015）认为，较好的制度环境能够促进企业创新的提高。Kleer（2010）认为，在市场化环境较差的地区，企业创新活动受到更多非生产性因素影响，从而一定程度上影响企业创新。现有研究观点大多认为地方政府为了业绩指标会干涉企业的经营决策，在产品市场和要素市场发育较差的地区，市场的需求和供给存在很大的不确定性，从而无法将自身精力集中于提高企业创新能力。从中介组织和法律环境的发育程度来看，中介组织和法律环境的发展水平的不同对企业创新会产生的影响也会有差异。沈红波等（2010）发现，上市公司在市场环境水平提升时，其面临的融资约束可以得到缓解。姚耀军和董钢锋（2014）指出，市场环境的发展更能使中小规模企业面临的融资约束显著降低。

二　市场治理中的各个利益主体与企业创新

现有外部市场治理体系包括以大学为核心的知识创新系统、以企业为核心的技术创新系统、以各级政府为主体的科技管理系统（陈套和尤超良，2015）。创新活动的外部市场成员主要包括"产—学—研—用"四个方面。高校、政府机构、产业都可能成为知识资本化的来源，当知识被教师转化为技术，再被转变成资本的时候，来自这些来源组织的人也就都有可能成为潜在的企业家和创新形成者。

(一) 高校与企业创新

随着全球化程度的不断提高,大学的主要任务不仅仅是教学和研究,其在知识生产体系中的重要作用逐渐凸显,这一趋势与创新在社会不同制度领域或部门的日益渗透息息相关(Rasmussen et al.,2006)。高等院校作为国家产学研链条中的重要环节,其技术转移活动在国家创新体系建设和产业结构升级中发挥着不可替代的作用。

通过对比美国等其他相关国家在大学—产业技术转移(UITT)的进程,发现英国、德国等发达国家早在20世纪八九十年代便意识到高校技术对于企业的发展至关重要,例如美国自1980年的Bayh - Dole法案后逐渐重视大学技术的转移(Colyvas et al.,2002)。技术转移办公室(TTO)的商业化实践模式主要以交易为中心(Weckowska,2015),虽已有越来越多的大学通过投入孵化器等大量资源来加速创业和经济发展,但TTO在技术转移中的影响并不一定有助于形成新的创业机会(Markman et al.,2005)。英国有关大学也曾因TTO的生产力和效率过低而提出UI调整框架,旨在推进高校与企业之间的创新合作(Chau et al.,2017)。

高校与企业之间的互动日益频繁,促进技术转移的相关战略和政策必须进行调整以鼓励各主体积极参与合同和协作研究,同时需要更加严谨的法律法规来衡量和管理各方行为(Perkmann et al.,2011;Bruneel et al.,2010)。国外多数学者关于高校技术转移的研究主要是针对高校技术转移模式展开,分析高校技术转移机构设置、成果转化回报、奖励机制和评估系统、大学所在区域的高科技企业数量、大学和企业之间文化差异以及高校的官僚体制等对创新活动的影响(Friedman et al.,2003;Siegel et al.,2003)。大部分的大学专利没有被商业化,从而大学应该促进部门内部和部门间的合作,对大学专利持有者进行有效激励,进而增加专利授权的可能性(Drivas et al.,2016)。Wen - Hsiang(2011)从技术转让方(大学)、技术受让方(行业)和技术转让中介机构三个角度设定多个变量和子变量,结果发现"转让者的激励"和"转让者的能力"至关重要,即高校教授等具有创新能力的人应获得更多的激励。创建适当的激励机制是技术成功转移的关键因素,大学应该进行适当的权力下放,这不仅能够保证研究人员及其团体有足够的自由来参与、运作技术转移进程,合理利用所得收益,同时也可以刺激研究团队利用研究成果去开发新的产品或开拓新的市场(Debackere et al.,2005;Macho - Stadler et al.,2010)。

(二) 教师与企业创新

有学者认为,教师提供的学术发明也是企业创新的重要来源(OECD,

2003；Dosi et al.，2006；Geuna and Nesta，2006）。但由于高校可能缺乏专业技术转移人员、教师考核和激励机制不合理、教师不具备对技术进行评估的能力以及专利转让审批手续繁杂等原因，许多教师并不愿意主动向学校披露其科技成果，而倾向于直接与企业合作或自创企业实施对外技术转移（Sohn，2013）。这一方面导致高校国有资产的大量流失，有研究表明，至少有50%的技术转移是企业直接与教师发明人进行合作（Freitas et al.，2013）；另一方面，教师的这种投机行为也进一步使高校所持有的科技成果应用性相对较差，难以向企业实施转化，根据技术许可人员估计，有71%的科技成果需要发明人共同合作才能成功实现商业化（Colyvas et al.，2002；Thursby and Thursby，2004；Agrawal，2006）。从教师角度来看，发明人在创新活动中普遍存在道德风险问题，而成果发明的归属权同样也是教师重点考虑的问题（Dechenaux et al.，2011）。在这一背景下，高校科技主管部门如何针对教师及科研人员的技术转移活动设计科学合理的监管机制和利益分配机制，保障高校的应有权益，并激发教师参与技术转移的积极性，将是今后高校技术转移工作优先考虑的问题。

（三）消费者与企业创新

少有文献站在消费者的角度，考虑消费者对产品创新的主观认知和判断。多数学者从教师、大学和企业三个主体的决策行为方面来进一步关注创新技术转移过程。由于高校合作通常表现出被动与技术创新力不足等特点，企业会试图通过加大营销投入来占领市场，如促销、打价格战等不利于提高产品品质的活动。现阶段，应重视市场中消费者对企业创新的反馈作用。

事实上，企业与消费者对产品创新性的认知大相径庭。相较于专家仅从技术和功能的角度来看待高新技术产品，消费者可能还会关注产品是否符合他们的生活方式和是否能为他们创造新的体验（Danneels and Kleinschmidt，2001）。因此，如果企业缺乏对顾客需求的整合，就会导致产品或创新的失败。为保证高新技术产品的成功，企业不能仅仅埋头进行技术创新，开发人员还要充分了解目标消费者的需求以及对创新的认知，只有这样企业才能理顺其创新机制，从而实现企业创新绩效的提升。如果企业能积极与市场互动，根据市场的引导作用驱动企业创新，提高产品质量，同时实现"产—学—研—用"四方利益主体的相互渗透，创新活动必然呈盘旋向上之势，形成良性的动态平衡。这是"产—学—研—用"各个利益主体间协同创新的一条好途径。

第五节 研究述评

一 研究框架有待扩展

(一) 公司治理机制影响企业创新的研究缺乏系统性

现有研究多以公司治理机制中的某一维度为视角,缺少系统性的探讨。学者往往分别关注公司治理结构特征的不同方面,如股权结构、总经理薪酬等,忽视了公司内部治理机制各部分结构之间的相互影响与制约,也没有考虑到企业在不同生命周期阶段不同激励机制对创新绩效影响的差异。同时,对外部治理机制影响企业创新的研究同样缺少系统性整合。在不同研究框架下,财政补贴、税收优惠等外部治理机制可能带来截然相反的结论。本书认为,全面考虑公司治理机制的内在结构与外在推力,不仅有助于从整体上把握其对企业创新的影响机制,也有助于提升同一研究视角下结论的可靠性。

本书将综合考虑股东治理、董事会治理、管理层治理等公司内部治理机制的重要维度,以及政企关系、财税与货币政策、环境规制等外部政府治理机制,将二者纳入同一研究框架,在此基础上,验证企业行为对激励机制的反馈效应,形成"内外部创新治理机制激励企业创新→企业激励迎合行为→创新绩效"的整合研究框架。此外,加入包含多创新主体及利益相关者的外部市场治理机制,系统探究内外部治理机制影响企业创新的作用机理及其经济后果。

(二) 缺少环境规制对企业技术创新影响的跨层次研究

现有研究对环境规制与技术创新关系的研究主要集中在宏观区域层面或产业层面。关于环境规制工具的异质性对微观主体技术创新活动影响的相关文献还很少,而且对于环境规制的跨层次研究还有很大的空间。一些文献研究了环境规制扰动对微观主体研发投入的影响,但对企业创新产出的影响还没有进一步阐明。研发投入只反映了企业技术创新活动的一个方面,而创新产出不仅可以体现企业的技术创新能力,还可以体现企业的创新绩效。同时,已有文献对于不同类型的环境规制工具对企业创新影响是否存在异质性以及不同环境规制工具之间是否具有协同作用缺乏探讨。

本书从跨层次研究视角出发,将外部环境规制与企业自身治理特征和资源禀赋相关联,考察二者的互动关系及环境规制的治理效应,通过系统分析不同环境规制工具的差异性，分别检验其对于具有不同产权性质及政治资源企业的创新投入及产出影响的异质性和路径安排，并在此基础上将不同环境规制纳入同一研究框架，检验不同环境规制之间的协同效应及对企业创新影响的交互作用。

（三）忽略了外部不同市场主体与企业创新的互动关系

现有研究对于外部市场环境和市场中不同利益相关主体对企业创新的影响尚缺乏深入的系统梳理。比如在"产—学—研—用"的一体化过程中，对企业研发行为的关注较多，对于外部市场中的其他创新主体以及不同创新主体与企业创新的关联研究较少。特别是忽视了作为高校研发主力的教师和实际购买应用创新的消费者，对于企业创新影响的重要激励作用。具体来说，现有对于教师商业行为的研究尚未涉及具体的高校科技成果监管机制和利益分配机制，也未分析这些机制对教师参与技术转移动机和行为的激励作用。对于消费者在企业创新活动中的引导作用也较少涉及，在衡量消费者对高新技术产品购买意图时，未强调特定文化背景下消费者创新性及对产品的感知性异同。

本书运用演化博弈论及数值仿真模拟，在充分考虑现有科技成果转化中教师所存在的道德风险或逆向选择问题的基础上，研究博弈双方的技术交易价格和转化渠道决策，并进一步分析科技成果转化成功率、高校转让收益分配系数及教师未来工作年限等对博弈均衡结果的影响。此外，在考虑不同文化背景的前提下，使用应用计划行为理论（Theory of Planned Behavior，TPB）框架研究消费者对高新技术产品购买意愿的影响因素，并引入感知产品创新和消费者创新进行模型扩展。

二 研究内容有待深化

（一）未理顺内外部治理机制影响企业创新绩效的传导路径

已有文献较少考虑研发补助与融资约束在政治关联影响企业创新投入过程中起到的传导作用，且很少有文献关注政府补助与融资约束之间是否存在一定的关联。政府会通过建立融资平台等途径在一定程度上缓解企业的融资约束，但政府补助同样可以提高企业融资能力。本书将研发补助与融资约束同时纳入政治关联与企业研发投入的影响机制，观察其中是否存在遮掩效应，并以"研发补助—融资约束—研发投入"为链条，研究融资约束在其中所发挥的中介作用，以系统完整地分析政府给予企业的多种经济资源配置，运用于企业技术创新的传导机制。

关于环境规制如何影响企业技术创新的研究也相对较少，已有文献多针对环境规制对企业创新行为过程的影响,偏重于研发活动,而对于其作用于最终创新成果的路径机制研究不多。本书将进一步研究环境规制工具异质性情境下企业创新绩效的表现,并检验创新投入的中介效应,探究环境规制工具异质性影响企业创新的传导机制。

(二)未验证企业迎合行为对创新效率的作用机理

高新技术企业的认定政策对其经济后果的影响问题一直为众多学者所关注。从现有的研究结论来看,众多学者均认为,高新技术企业的识别将直接带来企业绩效的提高,且两者之间可能存在一定的传导机制。然而,现有文献大多认为,政府补贴等额外的外部资源是提高企业财务绩效的关键因素。但企业迎合行为是否会影响其创新绩效的研究还较缺乏,对高新技术企业认定政策的经济后果研究还留有空白。

本书将在研究创新激励迎合行为对高技术企业认定过程的影响时,综合考虑研发投入和研发补助两种内部机制的信号传递功能,探讨企业迎合行为影响企业创新效率的内部机制,以期解决关于高新技术企业资质认定的学术争议,为解决现实中的高新技术企业认定争议提供新的证据和分析框架。

(三)未考虑政治环境变化对企业创新的动态影响

众多学者重点关注了地方政治权力转移对企业个体经济行为的影响,例如企业投资行为、外资利用、企业贿赂以及风险承担,较少关注地方政治环境变化对政企关系强弱的影响。少量文献考虑了政治环境的变化是否会激发企业建立政治关联的倾向,以及这种政治关联能否进一步提高企业创新的主观能动性。

本书首先分析在面对外部政治权力的动态变化时,企业是否会采取相应的政治行为,如已经建立了政治关联的企业是否会寻求与政府重新建立政治关联,之前未建立政治关联的企业是否会在新一轮政治资源配置中寻求与政府建立关联等,随后探讨该政治关联行为是否会对企业的技术创新效率产生影响、影响的渠道及其经济结果。本书以政治环境变化的动态特质考察企业政治关联行为如何影响企业创新,为地方政治权力转移的研究提供新的视角。

三 研究方法有待改进

(一)政治关联的内生性问题处理存在局限

国内学者在政治关联和创新资源获取方向上的研究多采用传统的线性回归方法。在此方法下的研究结论大多为政治关联行为能够为企业获取更多的外部资源，从而一定程度上缓解企业所面临的融资约束。但传统线性回归方法往往受数据偏差和混杂变量的影响较大。当判别存在政治关联的企业和不存在政治关联的企业在创新资源获取上的差异时，不能简单地直接对比两个分组的外部资源获取情况。由于实验组与对照组的初始条件不完全相同，且是否进行政治关联是企业自我选择的结果，故存在"选择偏差"，从而导致回归结果可能存在系统性偏差。PSM 方法正适用于研究某一行为或政策的实施效果，降低数据偏差和混杂变量带来的不良影响，相比于传统线性回归法具有一定优越性。本书在研究政企关系对研发补助以及融资约束的影响时，区分企业是否进行政治关联，构建实验组与对照组，运用 PSM 方法消除组别之间的干扰因素，准确探究政治关联对企业创新资源获取产生的影响。

（二）货币政策不确定性强度的衡量不精确

国内外较多的文献关注政策不确定性对微观经济体的影响，主要涉及企业投资决策、汇率波动、税收征管等方面，较少涉及政策不确定性对企业研发投入的影响。而且当前文献中，研究关于政策不确定性对企业研发行为的影响时，往往是对研究政策不确定性进行笼统定义，使该做法不具有连续性和时变性，具有一定的局限性。例如，当前研究政策不确定性选择的替代变量一般是地方官员的变动，如市委书记、市长等的变动，但采用这种方法测量政策的不确定性很可能造成测量的不连续性。而由于地方官员变动仅是一个二元变量，很难准确衡量政策不确定性的强度。本书将利用 GARCH（1，1）估计的误差项的条件方差来衡量货币政策的不确定性，不仅使得度量更加连续精准，而且能够有效地判断货币政策不确定性的强度。

（三）税收政策的创新激励效应定量分析不足

国外学者对税收政策评价的研究较为成熟，主要通过实证定量分析政策的有效性。而国内学者研究创新激励型税收政策时，常通过总结我国税收优惠政策体系的现状，并吸收发达国家的相关经验，从而形成优化我国税收优惠政策的整体构想。然而这样的政策建议缺乏数据支持，信度和效度较低，很难具有说服力。此外，现阶段衡量税收优惠强度的指标设计繁多复杂，一个指标在一套样本中效果是显著的，更换一套样本就不一定能得到相同的结论。因而这些指标的普适性、科学性与合理性都有待考量。本书通过 B 指数的计算并运用上市公司实际数据，定量检验税收优惠政策对企业的创新激励效果，通过定性与定量研究的结合，最大限度保障本书的研究结果的准确性与可靠性。

第三章　公司内部治理对企业创新的激励机制及其价值效应

第一节　理论基础

一　委托代理理论

现代企业制度中公司的所有者保留剩余所有权，而管理者持有经营权的局面决定了公司的股东和管理层之间委托代理关系的形成。Jensen 和 Meckling（1976）在其研究中发现了存在潜在的委托代理问题，当所有者和管理层间出现利益矛盾时，委托代理成本产生，企业经营成本随之增长。代理成本存在的前提条件是股东与管理层的利益不一致和信息不对称。由于信息不对称的存在，受托方（管理层）是具有信息优势的一方，委托方（股东）是存在信息劣势的一方，加上股东和管理层两者之间的契约并不完备，只能依靠管理层，也就是代理者的"道德自律"规避风险。而管理层在经营活动中往往以实现其自身利益最大化为目标，其"道德风险"和"逆向选择"行为很可能会导致股东利益以及公司的整体利益受损。在利益相冲突和信息不对称的环境下，委托方如何设计最优契约以激励代理人，是委托代理理论的中心任务。委托代理问题中，第一类代理问题是股东与管理层的委托代理关系，代理成本一般包括委托者的监督成本（股东为避免管理层自利行为采取的激励和监督措施的成本）、代理者的守约成本（管理层的自我约束和保证成本）以及剩余损失。通常可以以签订委托协议、设立监督机构、利益共享激励等方式约束管理层的行为。第二类代理问题是大股东与小股东间的代理关系。当企业股权比较集中时，大股东取得了公司控制权，成了企业的内部人，对企业的经营管理活动进行监督，而不参与企业管理活动的小股东成了外部人，通过"搭便车"方式分享企业收益。这种方式一定程度上有利于企业提高经营绩效，但给了大股东以自身权力优势满足私利而侵害中小股东利益的机会，如关联交易、拆借资金、担保借款等。在公司内部治理机制中，管理层薪酬激励有利于解决第一类代理问题，股权制衡和独立董事制度则有利于解决第二类代理问题。

二 激励理论

激励理论的研究从 20 世纪二三十年代起，以理论形成时期和研究重心的差异可划分为内容激励、过程激励、行为后果及综合激励理论。早期的内容激励理论希望通过满足人们的需求来形成激励、调动人们工作热情，侧重研究激励的诱发因素，主要包括马斯洛（A. H. Maslow）的"需求层次理论"、赫茨伯格（Frederick Herzberg）的"双因素理论"以及麦克利兰（David C. McClelland）的"成就激励理论"等。其中，"需求层次理论"是马斯洛（A. H. Maslow）在 1943 年首次提出的，该理论认为激励效果得以实现的前提是人的需求，生理需要、社交需要和安全需要是低层次的需要，人们可以从外部条件获得满足；高层次的需要的满足来自人的自身，包括尊重、自我实现需要等。同时，马斯洛指出，低层次需要的稳定持久性和价值感低于高层次需要，而高层次需要激励作用的发挥依赖低层次需要得到满足。赫茨伯格（Frederick Herzberg）在 20 世纪 50 年代末提出了双因素理论，他把人的需要分为激励因素和保健因素，"激励因素"得到满足后才能使激励效果最大化。麦克利兰（David C. McClelland）的"成就激励理论"认为，生存需要是基础，除此之外人的需要还包括成就需要、合群需要和权利需要，对个人和企业的发展十分重要的是成就需要。有成就需要的人对成功和胜任有强烈要求，相比于物质激励，成就激励效果往往更好。

激励理论在学者的研究和实践中不断深入和探索，过程激励理论、行为后果激励理论和综合激励理论应运而生。其中，过程激励理论研究的是从动机产生到采取行动的整个过程，包括弗隆（V. H. Vroom）的"期望理论"和亚当斯（J. S. Adams）的"公平理论"。弗隆（V. H. Vroom）的"期望理论"认为，对结果的期望值决定了人的行为的产生，激励机制应当提升人们对实现结果可行性与价值度的期望。亚当斯的"公平理论"则重点关注工资报酬的公平性和合理性对工作积极性产生的影响。行为后果激励理论的重点是行为产生后的激励效果最大化研究，包括归因理论和强化理论。综合激励理论的诞生使激励理论更加综合全面，它充分吸收了前期研究成果，提出"综合激励模型"。波特（L. W. Porter）和劳勒（E. Lawler）于1968年指出，报酬、能力、对工作的认识以及期望值是重要的激励因素，而激励本身是一个由个体内部条件、外部刺激、行为表现和行为结果共同作用的"目标/期望值—努力—业绩—奖励—满意—目标/期望值"的动态循环。因此，激励是一个复杂的过程，激励效果最大化的实现要综合考虑各个因素。激励理论是委托代理理论的分支理论，对股东设计具体的管理层激励方案具有重要指导意义。

三 信息不对称理论

传统经济学建立在完全信息假设上，认为交易双方对信息的掌握是对称的。信息不对称是对传统微观经济学的革命，成为当代信息经济学的核心，经济学家乔治·阿克洛夫（George Akerlof）、迈克尔·斯宾塞（Michael Spence）与约瑟夫·斯蒂格利茨（Joseph Stiglitz）因对信息不对称理论的杰出贡献荣获2001年度诺贝尔经济学奖。信息不对称理论是指委托人对于所委托事务的质量状况不确定而处于信息劣势，代理人对于其质量确定而处于信息优势。信息不对称包括外生的不对称信息和内生的不对称信息。外生的不对称信息与当事人的行为无关，一般出现在合同签订之前，某种意义上是客观存在的。内生的不对称信息则取决于当事人的行为本身，合同签署时当事人双方拥有的信息没有不对称，而合同签署后由于一方对另一方的行为无法形成有效监督而产生信息不对称。第一类不对称信息称为隐藏知识，或叫逆向选择；第二类不对称信息称为隐藏行为，或叫道德风险。公司治理中，由于委托代理关系的存在，企业股东和管理层、大股东和小股东之间存在信息不对称，由于难以对受托方形成有效的监督而诱发道德风险和机会主义行为，因而如何减少因信息不对称对企业价值造成的负面影响，是公司内部治理机制需要解决的重要问题。

四 技术创新理论

1912年熊彼特（Schumpeter）首次提出"创新理论"，他指出创新即建立一种实现各种生产要素和生产条件全新结合的生产函数，而带来包括产品、技术、市场、资源配置或组织等的创造性改变。他认为，经济的增长与发展的概念是截然不同的，经济增长源于劳动力和资本等要素的增长，是一种量的变化；而经济发展的动力不是均衡理论所宣称的消费者需求变动，而是生产者以新的方式重新组合现在的生产要素，是一种质的飞跃，即本书所称的创新。创新意味着毁灭和革命性的变化，是实现经济飞跃的核心驱动力。新古典学派创新理论继承并发展了熊彼特的创新学说。该学派的代表人物是罗伯特·索洛（Robert Solow）。他将技术创新视为经济增长的内生变量，建立了用于测度技术创新对经济增长贡献率的技术进步索罗模型并通过实证研究证实了技术创新推动经济增长的重要作用。新古典学派还提出了政府介入在企业创新中重要的推动力量。技术创新活动资金投入多、消耗时间长、收益风险大，当市场机制下创新的需求供给不符合经济社会发展要求时，政府应当采取税收优惠、货币、产业、法律以及政府补贴等宏观调控措施干预企业技术创新活动，以发挥技术创新在经济发展中的主导作用。

第二节　理论分析与研究假设

公司内部治理机制通过股东治理、董事会治理和管理层治理解决利益相关者间的委托代理问题，优化企业的资源配置和利益分配，为企业创新提供了良好的制度保障、研发动力和资源优势。

股东作为所有者投入资本并享受企业的剩余索取权，具备通过创新活动提升企业价值的强烈动机。当股权分散时，股东对企业经营管理者的监管意愿和能力都较低，无法对管理者决策形成有效的制约。而股权集中时，大股东掌握着企业的控制权，能够监督管理者做出利于公司长远发展的决策。但股权集中度并非越高越好，研究发现，股权集中度过高容易诱发大股东的自私和短视行为，对中小股东的利益产生侵害，从而阻碍研发投入（杨德伟，2011）。一定的股权制衡度能够有效地约束大股东的不良行为。在存在股权制衡的情况下，没有绝对的控制权，几大股东相互制约，共同参与企业决策，一方面仍然保留了股权相对集中的特点，保证了对管理层的有效监管和经营决策效率；另一方面通过内部利益的牵制能够抑制大股东"掏空公司"的掠夺行为，使各个股东真正关注企业的创新发展，推动企业创新能力的提升。

董事会由股东大会选举产生，受托对管理层进行监管并对公司重大事项进行决策。而我国上市公司中，董事会与管理层的重合度较高，存在董事长总经理"两职合一"的情况，因而没有对管理层起到良好的约束效果，"内部人控制"现象突出。独立董事制度是从公司外部聘请的、不在公司有其他任职的专业人士担任公司的董事。独立董事的存在能够对董事会中由大股东担任的内部董事进行制约，防止其他中小股东的利益受到侵害，同时能够使董事会更好地发挥对管理层的监督职能，此外，独立董事自身具备的丰富专业知识和能力也能够提高董事会决策的科学性。独立董事的比例越高，意味着企业董事会决策的独立性和公正性越强，董事会在进行研发决策时能广泛听取意见，对创新项目的可行性做出科学客观的判断，做出促进企业创新发展的决策。

管理层在企业技术创新活动中发挥着十分重要的作用。作为公司日常经营管理事务的直接负责人，管理层对公司整体运行情况有着最为清晰的了解。从技术创新的构想，到创新项目的实施再到新产品的产业化，离不开管理层长远的眼光、负责的态度和强烈的创新意识。企业的研发创新活动需要大量投入，然而产出是不确定的，因此风险很高，更容易造成所有者和管理者在决策上的分歧。管理层对企业的经营状况负直接责任，往往会选择规避风险和不确定性大的决策追求企业的短期利益，甚至通过盈余管理的手段侵害股东权益，维护自身利益的最大化。工资和其他货币性薪酬是企业管理层追求的直接目标，薪酬激励可以在一定程度上缓解管理层和股东的代理问题。根据委托代理理论，当委托方和代理方的利益趋于一致，代理成本会随之降低，从而能够更有效地激励管理层付出更多的努力。同时，管理层的风险承受能力也随着管理层收入的增加而增长。此外，货币薪酬激励也可以被视为管理层未完成股东期望而被解雇时的机会成本，有利于提高管理层的工作积极性，愿意投入其最佳的人力资本开展技术创新活动为企业和股东创造利益，提高企业的创新产出水平。由此，本书提出以下假设：

假设3-1：公司内部治理机制对企业创新产出有正向激励作用。

假设3-2：股权制衡对企业创新产出有正向激励作用。

假设3-3：独董比例对企业创新产出有正向激励作用。

假设3-4：管理层薪酬激励对企业创新产出有正向激励作用。

充足的研发投入是企业开展技术创新活动，增加创新产出，提升创新能力的重要保障。Hall等（2013）研究表明，研发活动是企业技术创新的重要驱动力，企业的创新投入与最终的创新产出中发明专利申请数密切相关，Kim和Liu（2015）的研究同样发现，企业的专利产出随着研发投入的增长而增加。良好的公司内部治理机制通过治理效率的提升优化企业的资源配置，而企业研发活动的本质也是一种内部的资源配置行为，因而公司内部治理机制对企业创新产出的影响往往是通过研发投入的中介作用传导的。陈志军等（2016）认为，股权制衡通过降低代理成本和非效率投资，对企业研发投入起到积极的促进作用。股权制衡结构下，"隧道行为"

得以抑制，融资约束得到缓解，充足的优质资金留在企业内部为研发活动提供支持，同时董事会和管理层的决策能力和决策效率大大提升，更多地向提升企业持续竞争力的创新项目倾斜，加大企业研发创新力度。赵旭峰和温军（2011）研究发现，独立董事占比与企业技术创新投入呈显著正相关关系。独立董事的个人利益独立于公司运营管理之外，可以借助其专业技能和全局视野在企业战略定位、经营管理、资源配置方面更加客观冷静地做出判断。董事会独董比例越高，董事会独立性和客观性越强，从企业长远发展的角度出发对企业创新活动的支持力度也会更大。李春涛和宋敏（2011）、王燕妮和李爽（2013）等的研究证实了对管理层实施薪酬激励可以有效促进研发支出的增长。管理层薪酬激励是能够快速有效地激励管理层的常见激励方式，薪酬激励越丰厚，管理层违背股东意愿获取私利的机会成本也越高，为了维持高薪的稳定性，会与股东目标趋于一致，有关企业发展的决策更具长远眼光，倾向于提高创新投入水平。综上所述，良好的公司治理机制更加注重协调企业长期利益与短期利益的均衡，通过加大创新投入的方式提升企业创新产出，获得持续发展的竞争力。基于以上分析，本书提出以下假设：

假设3-5：创新投入是公司内部治理机制影响企业创新产出的中介变量。

假设3-6：创新投入是股权制衡影响企业创新产出的中介变量。

假设3-7：创新投入是独董比例影响企业创新产出的中介变量。

假设3-8：创新投入是管理层薪酬激励影响企业创新产出的中介变量。

第三节 样本选择与数据来源

本书选取2012—2017年所有A股上市的高新技术企业为研究样本，并按照以下原则对数据进行筛选：①剔除ST、*ST类上市公司样本。ST类公司的经营业绩可靠性差，财务状况异常；②剔除金融类行业的样本；③剔除关键变量缺失数据以及财务指标异常的上市公司。课题使用Excel 2019和Stata15.0软件进行数据处理和统计分析。文中主要的财务数据、研发及专利数据基本来源于CSMAR数据库，其中对研发投入缺失数据通过手工翻阅年报收集，高新技术企业的样本主要来自CSMAR认定资质数据库和税率数据库，具体筛选方式如下：考虑目前关于高新技术企业的筛选，主要有以下 3 种方式：杨晨（2016）选取属于特定行业的企业作为高新技术企业，虽然操作便捷，但高新技术企业的资质认定较为复杂，行业仅能作为其中一个认定条件，所以这个方法不够准确；杨国超等（2017）完全通过手工搜集的方式逐家翻年报认定高新技术企业，虽然更具代表性，但是耗时耗力，不便操作；张子余等（2015）采用文本分析的方式认定高新技术企业，通过查询"巨潮资讯网"公司公告并进行多重交叉复核，但文本分析耗时耗力的同时仍可能遗漏某些样本。

在详细地对比了现有高新技术企业筛选的方法之后，为了平衡获取数据的准确性和效率，本书试图采用一种更为合适的筛选办法：首先，从国泰安资质认定数据库中筛选出 A 股上市公司 2012—2017 年的数据；其次，根据《高新技术企业认定管理办法》的规定，企业获取高新技术企业的资质后，可以持续 3 年享受 15% 税率的所得税，本书将企业获取高新技术企业的资质后 3 年的样本与相关股票代码对应的国泰安数据库中的所得税税率数据进行复核，进一步保证数据的准确性，当两者的数据并不匹配时，手工翻阅年报进行确认；最后，由于部分上市公司没有在年报中披露是否获得高新技术企业资质认定，或者获得认定后的以后年度是否通过复审等情况，本书为了保障样本选取的准确性，结合高新技术企业认定管理工作网上的公示文件进一步确认样本是否具备高新技术企业认定资质。

第四节　变量定义

一　被解释变量

目前学术界对企业创新产出的衡量指标主要有企业的专利申请数、专利授权数、新产品销售收入、新产品产值占总产值的比重以及研发投入产出比。由于企业的研发不确定性较大、研发周期长等原因，研发投入产出比不适合作为代表企业创新产出的观测指标；新产品销售收入以及新产品产值更多的是反映企业的创新成果产业化的绩效，而企业的专利数直接来源于企业的技术创新活动，能够清晰直接地反映企业的创新产出的情况。此外，黎文靖和郑曼妮（2016）的研究表明，企业发明专利的增加属于高质量的实质性创新，而非发明性专利技术含量较低则属于企业的策略性创新，又考虑到专利授权需要交纳年费，从申请到授权数具有一定的时滞性和不确定性（周煊等，2012），本书最终用专利申请衡量企业创新，以全部专利申请数作为衡量企业创新效果的替代变量，以发明专利申请数作为衡量企业创新质量的替代变量。在变量计算中取对数处理以消除数量规模的影响。

二 中介变量

现有研究中，研发强度通常用来衡量企业的创新投入，一般用研发支出与营业收入或总资产的比值来衡量。本书借鉴鲁桐等（2014）的做法，使用研发支出占营业收入的比例作为研发强度的代理变量。

三 解释变量

（一）股权制衡

股权制衡是指多个大股东共同持有公司股权，彼此间形成相互制约和监督的一种股权结构安排，常用的股权制衡度衡量指标有 Z 指数和 S 指数。其中，Z 指数是指公司第二到第五大股东持股比例之和与第一大股东持股比例的比值；S 指数是指公司第二到第十大股东持股比例之和与第一大股东持股比例的比值。本书借鉴段淑讯（2015）的做法，以 S 指数衡量公司的股权制衡度。S 指数越大，说明股权制衡度越高。

（二）独董比例

董事会成员中来自公司外部的独立董事的存在能够对"内部人控制"现象形成约束，降低道德风险和代理成本，增强董事会的独立性。本书借鉴王渺熠（2018）的做法，用独立董事占董事会成员的比例衡量独董比例指标。

（三）管理层薪酬激励

管理层薪酬激励是目前我国上市公司股东对管理层实施的最为普遍的激励方式，薪酬水平的上升能够显著激励管理层，减少谋取私利的动力。本书使用企业董、监、高的年薪总额衡量企业的管理层薪酬激励，同时取对数处理以消除数量规模的影响。

四 控制变量

（一）企业规模

已有研究表明，公司规模与创新存在一定的关联，是影响企业技术创新水平的重要因素。随着公司规模的扩大，用于创新投入的资金将越充足（吴延兵，2007）。此外，规模越大的企业，技术实力越雄厚，管理经验会更丰富,抗风险能力更强,有利于保护企业创新活动的开展。本书将公司规模作为控制变量,对年末总资产取对数值来衡量该指标。

(二) 企业年龄

企业年龄一定程度上也会影响企业的创新决策,年轻的企业为塑造自身竞争优势往往在创新决策方面更为激进,对创新成果产出有着更加迫切的需求。而老企业长期技术的积累与发展使其创新投资方面的决策更为保守。本书对公司的成立年限进行对数处理来衡量企业年龄。

(三) 总资产收益率

盈利能力的强弱决定了企业创新活动是否有充足的资金支持。企业的盈利水平越高,留存的利润越多,企业更容易获得资金投入研发创新活动,本书以净利润与总资产的比值衡量总资产收益率。

(四) 资产负债率

资产负债率反映了企业举债经营的能力,戴跃强和达庆利(2007)在研究中发现,资本结构会影响企业创新战略的选择,负债比率过高时,企业经营风险加大,往往会降低创新投入。本书以企业期末负债总额与企业资产总额的比值衡量资产负债率。

(五) 现金持有量

Chen 等(2014)研究证明了企业现金持有与投资效率存在较强的关联性,企业持有现金充足,能够保证企业创新资金的投入。本书研究中涉及研发投资,因此用经营活动产生的现金流净额与期初总资产的比值衡量企业现金持有。

具体的变量定义如表 3-1 所示。

表 3-1　　　　　　　　　　变量定义

变量类型	变量名称	变量符号	变量定义
被解释变量	创新效果	$Patent$	专利申请数量加 1 取对数
	创新质量	$Patenti$	发明专利申请数量加 1 取对数
解释变量	股权制衡	S	第二大股东至第十大股东股权比例之和/第一大股东持股比例
	独董比例	$Indir$	独立董事人数/董事人数
	管理层薪酬激励	$Lnms$	董事、监事及高管年薪总额取对数
中介变量	创新投入	$R\&D$	研发投入/营业收入

续表

变量类型	变量名称	变量符号	变量定义
控制变量	企业规模	Size	企业总资产的自然对数
	企业年龄	Age	公司成立年限加1后取自然对数
	总资产收益率	Roa	净利润/总资产
	资产负债率	Lev	负债总额/资产总额
	现金持有量	Cash	经营活动产生的现金流净额/期初总资产

第五节 方法介绍

一 分位数回归

分位数回归最早由凯恩克（Koenker Roger）和巴西特（Bassett Gi Ibert Jr.）于1978年提出，是估计一组回归变量 X 与被解释变量 Y 的分位数之间线性关系的建模方法。该方法强调条件分位数的变化，能精确描述自变量对于因变量的变化范围以及条件分布形状的影响，捕捉分布的尾部特征，分析不同分位数条件下自变量对因变量的作用机制。

传统的回归分析主要关注均值，即采用因变量条件均值的函数来描述自变量每一特定数值下的因变量均值，通过使残差平方和达到最小来获得回归参数的估计，从而揭示自变量与因变量的关系。这类回归模型实际上是研究被解释变量的条件期望，描述了因变量条件均值的变化。而分位数回归则利用因变量的条件分位数来建模，通过最小化加权的残差绝对值之和来估计回归参数。线性回归模型的构建需要满足同方差性、随机扰动项服从正态分布等条件，当数据出现尖峰或厚尾的分布、存在显著的异方差等情况时，最小二乘估计的稳健性将变差，而分位数回归对误差项并不要求很强的假设条件，能够解决传统线性回归的结果不稳健问题，全面刻画分布特征，系数估计结果比 OLS 估计更稳健，因此分位数回归模型在实证分析中得到了广泛的应用。

假设随机变量的分布函数为：

$$F(y) = \text{Prob}(Y \leqslant y) \qquad \text{式 (3-1)}$$

Y 的 τ 分位数的定义为：

$$Q(\tau) = \inf\{y: F(y) \geqslant \tau\}, \ 0 < \tau < 1 \qquad \text{式 (3-2)}$$

一般分位数回归模型可记做：
$$Q^\tau(y_i|x_i)=x_i^T\beta(\tau) \quad 式（3-3）$$
样本分位数回归是使加权误差绝对值之和最小，即：
$$\min_{\xi\subset R}\{\sum_{i:Y_i\geq\xi}\tau|Y_i-\xi|+\sum_{i:Y_i<\xi}(1-\tau)|Y_i-\xi|\} \quad 式（3-4）$$

τ分位数表示因变量的数值低于这一百分位数的个数占总体的$\tau\%$，当$\tau=1/10$、1/4、3/4以及9/10时，则为1/10分位数、1/4分位数、中位数、3/4分位数以及9/10分位数回归。

二 中介效应检验

根据中介效应原理，如果自变量A通过变量C作用于因变量B，则称C变量为A和B的中介变量。本书借鉴温忠麟等（2014）的中介作用检验程序，见图3-1。该中介效应检验的验证方程如下：

$$B = cA + e_1 \quad 式（3-5）$$
$$C = aA + e_2 \quad 式（3-6）$$
$$B = c'A + bC + e_3 \quad 式（3-7）$$

该验证方程的解释如下：

（1）如果回归系数c显著，则说明A对B的影响显著，继续下一步检验，否则停止中介效应分析。

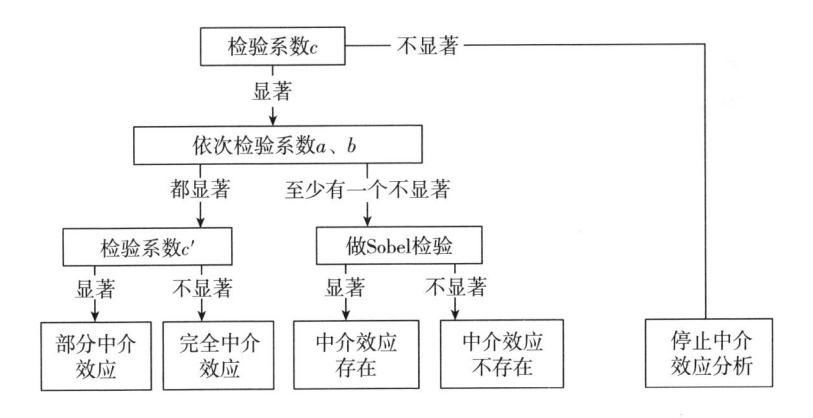

图3-1 中介效应检验程序

（2）对式（3-5）和式（3-6）依次进行检验，如果式（3-5）中a显著，同时式（3-6）中的b显著，则说明中介效应显著。在此条件下，如果c'不显著，则说明A对B的影响是完全通过C进行的，称为完全中介作用；如果 c' 显著，则说明 A 对 B 的影响有一部分是通过 C 进行的，称为部分中介作用。如果式（3-5）中 a 或式（3-6）中 b 至少有一个不显著，则需要进行下一步的 Sobel 检验，当检验结果显著时说明中介效应存在，否则说明不存在。

第六节　模型构建

为了检验公司内部治理机制对企业创新产出的直接激励效应，本书构建以下回归模型。

$$Patent(Patenti)_{i,t} = \beta_0 + \beta_1 S_{i,t} + \sum \beta_i Controls + \varepsilon \quad 模型（3-1）$$

$$Patent(Patenti)_{i,t} = \beta_0 + \beta_1 Indir_{i,t} + \sum \beta_i Controls + \varepsilon \quad 模型（3-2）$$

$$Patent(Patenti)_{i,t} = \beta_0 + \beta_1 Lnms_{i,t} + \sum \beta_i Controls + \varepsilon \quad 模型（3-3）$$

模型（3-1）用于检验股权制衡（S）对企业创新产出的影响，$Patent$ 和 $Patenti$ 分别代表创新效果和创新质量，$Controls$ 为控制变量，包括企业规模（$Size$）、企业年龄（Age）、总资产收益率（Roa）、资产负债率（Lev）及企业现金持有量（$Cash$），ε 为残差项。若 β_1 显著为正，则表明股权制衡对企业创新产出存在激励作用。同样地，模型（3-2）和模型（3-3）分别用来检验独董比例（$Indir$）和管理层薪酬激励（$Lnms$）对企业创新产出的影响。本书同时采用 OLS 回归方法和分位数回归方法进行分析，并对两者结果进行比较。

为了检验创新投入在公司内部治理机制影响企业创新产出的中介作用，本书构建以下回归模型。

$$R\&D_{i,t} = \beta_0 + \beta_1 S_{i,t} + \sum \beta_i Controls + \varepsilon \quad 模型（3-4）$$

$$R\&D_{i,t} = \beta_0 + \beta_1 Indir_{i,t} + \sum \beta_i Controls + \varepsilon \quad 模型（3-5）$$

$$R\&D_{i,t} = \beta_0 + \beta_1 Lnms_{i,t} + \sum \beta_i Controls + \varepsilon \quad 模型（3-6）$$

$$Patent(Patenti)_{i,t} = \beta_0 + \beta_1 S_{i,t} + \beta_2 R\&D_{i,t} + \sum \beta_i Controls + \varepsilon$$
$$模型（3-7）$$

$$Patent(Patenti)_{i,t} = \beta_0 + \beta_1 Indir_{i,t} + \beta_2 R\&D_{i,t} + \sum \beta_i Controls + \varepsilon$$
$$模型（3-8）$$

$$Patent(Patenti)_{i,t} = \beta_0 + \beta_1 Lnms_{i,t} + \beta_2 R\&D_{i,t} + \sum \beta_i Controls + \varepsilon$$
$$模型（3-9）$$

模型（3-4）至模型（3-6）用于检验解释变量对中介变量的回归效果，模型（3-7）至模型（3-9）检验将中介变量和解释变量同时纳入模型对被解释变量的回归情况。结合模型（3-1）至模型（3-3）即可判断创新投入在股权制衡、独董比例、管理层薪酬激励影响企业创新效果和创新质量的过程中是否起到了中介作用。

第七节 实证分析

一 描述性统计

表3-2为主要变量的描述性统计。股权制衡（S）的均值是0.862，最小值为0.023，最大值为8.056，标准差为0.744，表明样本企业股权制衡度之间有着较大的差距，"一股独大"的现象普遍存在。独董比例（$Indir$）的均值是0.370，最小值为0.250，最大值为0.714，标准差为0.053，表明引入独立董事参与公司治理已成为提高董事会治理效率的常见方式，独董人数最低占比25%，最高占比达70%。管理层薪酬激励（$Lnms$）的均值是15.30，最小值为13.045，最大值为18.225，标准差为0.679，可以看出薪酬激励在样本企业间的差异是相对较小的。企业创新投入均值是0.045，最小值为0，最大值为2.516，标准差为0.066，意味着虽然部分企业有着较高的研发投入力度，但我国企业总体研发投入水平偏低，对创新的重视程度需进一步加强。创新产出中，创新效果（$Patent$）的均值是3.658，最小值为0.693，最大值为8.962，标准差为1.326，反映出我国企业总体创新产出水平较低且不同公司间的创新水平参差不齐。创新质量（$Patenti$）的均值是2.759，最小值为0，最大值为8.788，标准差为1.402，创新质量衡量的是专利申请数中发明专利的申请数，可以看出我国创新质量的平均水平低于创新效果，每年的专利申请数中实用新型和外观设计专利仍占有一定的比重。控制变量中，不同企业的规模（$Size$）和年龄（Age）有一定的差距，总资产收益率的均值为0.037，反映出我国高新技术企业整体盈利水平偏低，资产负债率（Lev）和现金持有量（$Cash$）总体水平平稳。

表 3-2　　　　　　　　　　描述性统计量

变量	样本量	均值	标准差	最小值	最大值
S	3546	0.862	0.744	0.023	8.056
$Indir$	3546	0.370	0.053	0.250	0.714
$Lnms$	3546	15.300	0.679	13.045	18.225
$R\&D$	3546	0.045	0.066	0	2.516
$Patenti$	3546	2.759	1.402	0	8.788
$Patent$	3546	3.658	1.326	0.693	8.962
$Size$	3546	22.221	1.078	19.541	27.307
Age	3546	2.716	0.356	1.386	3.738
Roa	3546	0.037	0.076	-2.834	0.340
Lev	3546	0.426	0.190	0.008	1.303
$Cash$	3546	0.172	0.111	0.003	0.778

二　相关性分析

表 3-3 的相关性分析结果显示，股权制衡与企业创新投入的相关系数为 0.059，在 1% 的水平上显著，与企业创新质量和创新效果的相关系数分别为 0.014 和 0.011，但系数并不显著，需要进一步进行回归分析确定二者的关系。独董比例与企业创新投入的相关系数为 0.048，在 1% 的水平上显著，与企业创新质量和创新效果的相关系数分别为 0.032 和 0.024，但系数并不显著，需要进一步进行回归分析确定二者的关系。管理层薪酬激励与企业创新投入的相关系数为 0.049，在 1% 的水平上显著，与企业创新质量和创新效果的相关系数分别为 0.448 和 0.415，均在 1% 的水平上显著。自变量间的相关系数均小于 0.6，表明不存在严重的多重共线性问题。

三　公司内部治理机制对企业创新的直接激励效应——检验创新绩效的直接影响

（一）OLS 回归

从表 3-4 的回归结果可以看出，模型（3-1）中股权制衡对企业创新质量和创新效果的回归系数分别为 0.108 和 0.099，在 1% 的水平上显著，股权制衡度越高，意味着中小股东对控股股东或大股东的监督作用就越强，其他股东受到利益损害的可能性越小，对技术创新活动的支持力度

表 3 – 3   相关系数

变量		S	Indir	Lnms	R&D	Patenti	Patent	Size	Age	Roa	Lev	Cash
S	Pearson	1										
Indir	Pearson	-0.03*	1									
Lnms	Pearson	0.083***	-0.044***	1								
R&D	Pearson	0.059***	0.048***	0.049***	1							
Patenti	Pearson	0.014	0.032*	0.448***	0.078***	1						
Patent	Pearson	0.011	0.024	0.415***	0.053***	0.882***	1					
Size	Pearson	-0.086***	-0.012	0.521***	-0.077***	0.509***	0.507***	1				
Age	Pearson	-0.074***	0.015	0.119***	-0.038***	0.122***	0.092***	0.237***	1			
Roa	Pearson	0.009	-0.060***	0.174***	-0.033**	0.094***	0.097***	0.043**	-0.012	1		
Lev	Pearson	-0.127***	0.012	0.138***	-0.101***	0.220***	0.246***	0.502***	0.181***	-0.315***	1	
Cash	Pearson	0.031*	0.021	0.021	0.074***	0	-0.014	-0.090***	-0.083***	0.175***	-0.304***	1

注：*** 表示在1%的水平上显著，** 表示在5%的水平上显著，* 表示在10%的水平上显著，下同。

表 3-4　　公司内部治理机制对企业创新的 OLS 回归

变量	模型 (3-1)		模型 (3-2)		模型 (3-3)	
	Patenti	*Patent*	*Patenti*	*Patent*	*Patenti*	*Patent*
S	0.108***	0.099***				
	(3.82)	(3.72)				
Indir			1.111**	0.867*		
			(3.03)	(2.49)		
Lnms					0.504***	0.396***
					(14.84)	(12.07)
Size	0.667***	0.608***	0.667***	0.608***	0.485***	0.465***
	(26.68)	(25.55)	(26.44)	(25.38)	(18.96)	(18.72)
Age	0.033	-0.096	0.019	-0.109*	0.016	-0.112*
	(0.59)	(-1.75)	(0.34)	(-1.99)	(0.29)	(-2.08)
Roa	1.205***	1.471***	1.223***	1.481***	0.668*	1.045***
	(2.57)	(3.63)	(2.45)	(3.46)	(2.71)	(4.31)
Lev	-0.005	0.303*	-0.059	0.254	0.138	0.408**
	(-0.04)	(2.17)	(-0.4)	(1.81)	(1.03)	(3.13)
Cash	0.422*	0.307	0.399*	0.289	0.355	0.254
	(2.17)	(1.72)	(2.05)	(1.61)	(1.85)	(1.43)
cons	-12.371***	-9.928***	-12.621***	-10.100***	-15.928***	-12.697***
	(-23.28)	(-19.83)	(-23.6)	(-20.07)	(-27.12)	(-22.77)
N	3546	3546	3546	3546	3546	3546
R	0.269	0.268	0.268	0.266	0.308	0.293
F	169.41***	172.14***	171.22***	173.82***	207.73***	202.49***

增大，因而企业的创新产出越多，相应的企业创新质量和创新效果也会越好，假设 3-2 得以证明。模型（3-2）中独董比例对企业创新质量和创新效果的回归系数为 1.111 和 0.867，分别在 5% 和 10% 的水平上显著，独董比例的增加意味着董事会独立性的增强，在一定程度上缓解股东与管理层及大小股东之间的委托代理问题，从而带来董事会治理效率的提升，做出更多有利于公司持续性发展的决策，进而有效激励了企业创新产出的

增加。模型（3-3）中管理层薪酬激励对企业创新质量和创新效果的回归系数分别为 0.504 和 0.396，且在 1% 的水平上显著，意味着管理层薪酬激励与企业创新产出显著正相关，管理层薪酬激励力度的增大，可以促使管理层将更多的时间和精力投入技术创新活动，进而提高企业的创新产出，假设 3-4 得以证明。另外，在对企业创新质量和创新效果回归的对比分析中可以发现，无论是股权制衡、独董比例还是管理层薪酬激励，与企业创新质量的回归系数明显高于创新效果，表明公司内部治理机制能激励企业创新产出的增加，相比于创新效果，对创新质量衡量的实质性创新有着更高的激励作用。

（二）分位数回归

本书对企业创新产出分别在 25%、50% 和 75% 分位数水平上进行回归分析，见表 3-5。其中 25% 分位数代表低创新水平，50% 分位数代表一般创新水平，75% 分位数代表高创新水平。表 3-5 的回归结果显示，在对创新质量的回归中，25% 分位数上，股权制衡与企业创新质量的回归系数为 0.155，在 1% 的水平上显著，50% 分位数上，回归系数为 0.081，在 10% 的水平上显著，75% 分位数上，回归系数为 0.040，统计结果不显著，表明股权制衡对企业创新质量的激励作用在低创新水平上更加明显。在对创新效果的回归中，25% 分位数上，股权制衡与企业创新效果的回归系数为 0.068，在 10% 的水平上显著，50% 分位数上，回归系数为 0.097，在 5% 的水平上显著，75% 分位数上，回归系数为 0.080，在 10% 的水平上显著，表明股权制衡对企业创新效果的激励作用在一般创新水平上更加明显。股权制衡与企业创新产出的分位数回归结果表明，总体上股权制衡能有效激励企业创新产出，股权制衡对企业创新质量的激励作用在低创新水平上更加明显，对企业创新效果的激励作用在一般创新水平上更加明显。

表 3-5　　　　　股权制衡与企业创新产出的分位数回归

变量	QR_25		QR_50		QR_75	
	Patenti	*Patent*	*Patenti*	*Patent*	*Patenti*	*Patent*
S	0.155***	0.068*	0.081*	0.097**	0.040	0.080*
	(3.79)	(1.69)	(2.1)	(2.59)	(0.98)	(2.82)
Size	0.584***	0.481***	0.672***	0.605***	0.695***	0.669***
	(16.22)	(16.64)	(22.1)	(18.88)	(18.18)	(26.19)

续表

变量	QR_25		QR_50		QR_75	
	Patenti	*Patent*	*Patenti*	*Patent*	*Patenti*	*Patent*
Age	0.144	-0.070	0.028	-0.091	0.035	-0.169*
	(1.93)	(-0.91)	(0.49)	(-1.67)	(0.53)	(-2.62)
Roa	1.923***	1.137**	1.625***	1.862***	1.671***	1.793***
	(2.77)	(1.93)	(2.4)	(3.48)	(2.38)	(2.59)
Lev	0.179	0.405*	-0.118	0.295	0.021	0.511**
	(0.89)	(2.19)	(-0.7)	(1.62)	(0.1)	(2.98)
Cash	0.067	0.208	0.340	0.194	0.789**	0.626**
	(0.25)	(0.97)	(1.84)	(0.8)	(3.08)	(2.57)
cons	-11.688***	-7.891***	-12.381***	-9.841***	-12.253***	-10.472***
	(-15.82)	(-13.13)	(-19.39)	(-14.71)	(-14.96)	(-19.68)
N	3546	3546	3546	3546	3546	3546
R	0.109	0.104	0.146	0.138	0.176	0.185

表3-6的回归结果显示，在对创新质量的回归中，25%分位数上，独董比例与企业创新质量的回归系数为1.489，在5%的水平上显著；50%分位数上，回归系数为0.585，统计结果不显著；75%分位数上，回归系数为1.532，在5%的水平上显著，表明独董比例对企业创新质量的激励作用在低水平和高水平创新上更加明显。在对创新效果的回归中，25%分位数上，独董比例与企业创新效果的回归系数为0.622，统计结果不显著；50%分位数上，回归系数为0.882，在10%的水平上显著；75%分位数上，回归系数为0.861，在10%的水平上显著，表明独董比例对企业创新效果的激励作用在一般水平和高水平创新上更加明显。独董比例与企业创新产出的分位数回归结果表明，总体上独董比例能有效激励企业创新产出，独董比例对企业创新质量的激励作用在创新水平的两端更加明显，对企业创新效果的激励作用在中高位创新水平上更加明显。

表3-7的回归结果显示，在对创新质量的回归中，25%分位数上，管理层薪酬激励与企业创新质量的回归系数为0.440，在1%的水平上显著；50%分位数上，回归系数为0.474，在1%的水平上显著；75%分位数上，回归系数为0.565，在1%的水平上显著，表明管理层薪酬激励对企业创新质量的激励作用在高水平创新上更加明显。在对创新效果的回归中，25%分位数上，管理层薪酬激励与企业创新效果的回归系数为0.311，

表3-6 独董比例与企业创新产出的分位数回归

变量	QR_25		QR_50		QR_75	
	Patenti	*Patent*	*Patenti*	*Patent*	*Patenti*	*Patent*
Indir	1.489**	0.622	0.585	0.882*	1.532**	0.861*
	(2.69)	(1.61)	(1.71)	(2.19)	(2.55)	(1.44)
Size	0.582***	0.485***	0.672***	0.611***	0.691***	0.681***
	(15.46)	(19.73)	(24.71)	(18.84)	(18.72)	(25.30)
Age	0.101	-0.139*	0.028	-0.107	0.011	-0.157*
	(1.15)	(-1.87)	(0.48)	(-2.09)	(0.17)	(-2.48)
Roa	2.331***	1.252**	1.801***	1.954***	1.710***	2.001***
	(3.08)	(2.07)	(2.40)	(3.74)	(2.39)	(2.94)
Lev	0.019	0.379*	-0.124	0.244	0.112	0.466**
	(0.09)	(2.14)	(-0.71)	(1.44)	(0.57)	(2.90)
Cash	-0.225	0.190	0.309	0.252	0.718**	0.520*
	(-0.79)	(0.83)	(1.57)	(1.05)	(2.76)	(2.19)
cons	-11.814***	-7.949***	-12.517***	-10.158***	-12.657***	-10.964***
	(-15.88)	(-16.03)	(-22.35)	(-15.42)	(-15.67)	(-17.69)
N	3546	3546	3546	3546	3546	3546
R	0.106	0.104	0.145	0.137	0.177	0.184

表3-7 管理层薪酬激励与企业创新产出的分位数回归

变量	QR_25		QR_50		QR_75	
	Patenti	*Patent*	*Patenti*	*Patent*	*Patenti*	*Patent*
Lnms	0.440***	0.311***	0.474***	0.369***	0.565***	0.458***
	(9.35)	(6.40)	(10.89)	(8.07)	(10.36)	(7.96)
Size	0.435***	0.406***	0.516***	0.478***	0.532***	0.519***
	(12.52)	(11.95)	(17.84)	(13.49)	(14.14)	(15.56)
Age	0.105	-0.123	-0.024	-0.161*	0.053	-0.144
	(1.35)	(-1.64)	(-0.41)	(-2.870)	(0.76)	(-1.93)
Roa	0.590	0.773*	0.549	1.134**	0.582	1.034**
	(1.05)	(2.17)	(1.18)	(2.29)	(1.70)	(2.03)
Lev	0.074	0.397*	0.091	0.350*	0.080	0.562**
	(0.42)	(2.47)	(0.65)	(1.97)	(0.44)	(2.89)

续表

变量	QR_25		QR_50		QR_75	
	Patenti	*Patent*	*Patenti*	*Patent*	*Patenti*	*Patent*
Cash	0.028	0.136	0.559**	0.209	0.703**	0.291
	(0.12)	(0.59)	(2.84)	(0.93)	(2.57)	(1.14)
N	3546	3546	3546	3546	3546	3546
R	0.127	0.115	0.168	0.151	0.203	0.199

在1%的水平上显著；50%分位数上，回归系数为0.369，在1%的水平上显著；75%分位数上，回归系数为0.458，在1%的水平上显著，表明管理层薪酬激励对企业创新效果的激励作用在高创新水平上更加明显。管理层薪酬激励与企业创新产出的分位数回归结果表明，总体上管理层薪酬激励能有效激励企业创新产出，管理层薪酬激励对企业创新质量和创新效果的激励作用均在高水平创新上更加明显。

四 基于创新投入的中介效应检验

表3-8的回归结果显示，模型（3-4）中，股权制衡与企业创新投入的回归系数为0.004，在5%的水平上显著，表明股权制衡能提升企业创新投入水平。模型（3-7）中，股权制衡、创新投入与企业创新质量的回归系数均显著正相关，分别在1%和10%的水平上显著，与企业创新效果的回归系数同样显著正相关，分别在1%和10%的水平上显著。结合表3-4中模型（3-1）股权制衡与企业创新产出的回归结果，根据中介效应检验程序，结果表明创新投入是股权制衡影响企业创新产出的中介变量，且起到部分中介作用，假设3-6得以验证。股权制衡有效加强了其他股东对大股东的监督，优化了公司的股权结构，提升了公司治理效率和参与研发活动的动力，激励企业加大研发投入，进而带来创新产出的增加。

表3-9的回归结果显示，模型（3-4）中，独董比例与企业创新投入的回归系数为0.055，在1%的水平上显著，表明独董比例的增加能提升企业的创新投入水平。模型（3-7）中，独董比例、创新投入与企业创新质量的回归系数均显著正相关，分别在1%和10%的水平上显著，与企业创新效果的回归系数同样显著正相关，分别在1%和10%的水平上显著。结合表3-4中模型（3-2）独董比例与企业创新产出的回归结果，根据中介效应检验程序，结果表明创新投入是独董比例影响企业创新产出的中介变量，且起到部分中介作用，假设3-7得以验证。

表 3-8　创新投入对股权制衡与创新产出的中介效应检验

变量	模型 (3-4)	模型 (3-7)	
	R&D	Patenti	Patent
S	0.004**	0.098***	0.092***
	(2.27)	(3.39)	(3.39)
R&D		2.482*	1.880*
		(1.81)	(1.85)
Size	-0.001	0.670***	0.610***
	(-1.13)	(27.23)	(25.91)
Age	-0.002	0.038	-0.092*
	(-0.65)	(0.68)	(-1.68)
Roa	-0.061**	1.357***	1.586***
	(-2.13)	(2.63)	(3.61)
Lev	-0.031***	0.072	0.362**
	(-4.56)	(0.48)	(2.53)
Cash	0.032***	0.341*	0.245
	(3.51)	(1.75)	(1.37)
N	3546	3546	3546
R	0.019	0.282	0.276
F	12.56***	153.27***	152.84***

表 3-9　创新投入对独董比例与创新产出的中介效应检验

变量	模型 (3-4)	模型 (3-7)	
	R&D	Patenti	Patent
Indir	0.055***	0.973***	0.762**
	(3.42)	(2.67)	(2.21)
R&D		2.495*	1.898*
		(1.8)	(1.84)
Size	-0.001	0.67***	0.610***
	(-1.12)	(27)	(25.75)
Age	-0.002	0.025	-0.104*
	(-0.81)	(0.45)	(-1.89)
Roa	-0.060**	1.373**	1.595***
	(-2.19)	(2.52)	(3.46)

续表

变量	模型 (3-4)	模型 (3-7)	
	R&D	Patenti	Patent
Lev	-0.033***	0.023	0.317**
	(-5.14)	(0.16)	(2.2)
Cash	0.031***	0.320	0.228
	(3.35)	(1.64)	(1.27)
N	3546	3546	3546
R	0.019	0.281	0.274
F	17.38***	155.12***	154.38***

独董比例的提高强化了董事会决策的独立性和客观性，并对管理层经营管理形成有效的监督，形成促进企业创新发展的决策，通过创新投入力度的加大促进了企业创新产出的增加。

表3-10的回归结果显示，模型（3-6）中，管理层薪酬激励与企业创新投入的回归系数为0.011，在1%的水平上显著，表明管理层薪酬激励对企业创新投入起到促进作用。模型（3-9）中，股权制衡、创新投入与企业创新质量的回归系数均显著正相关，分别在1%和10%的水平上显著，与企业创新效果的回归系数同样显著正相关，分别在1%和10%的水平上显著。结合表3-4中模型（3-3）管理层薪酬激励与企业创新产出的回归结果，根据中介效应检验程序，结果表明创新投入是管理层薪酬激励影响企业创新产出的中介变量，且起到部分中介作用，假设3-8得以验证。管理层薪酬激励有效提高了管理层工作的积极性和负责度，使其投入更多的时间和精力从事研发活动，以增强企业的持久竞争力。

表3-10 创新投入对管理层薪酬激励与创新产出的中介效应检验

变量	模型 (3-6)	模型 (3-9)	
	R&D	Patenti	Patent
Lnms	0.011***	0.479***	0.376***
	(5.87)	(13)	(10.87)
R&D		2.104*	1.590*
		(1.75)	(1.78)

续表

变量	模型（3-6）	模型（3-9）	
	R&D	Patenti	Patent
Size	-0.005***	0.496***	0.474***
	(-5.64)	(19.03)	(18.87)
Age	-0.002	0.021	-0.107**
	(-0.81)	(0.38)	(-2)
Roa	-0.074**	0.824***	1.163***
	(-2.22)	(2.84)	(4.29)
Lev	-0.028***	0.197	0.453***
	(-4.31)	(1.46)	(3.43)
Cash	0.030***	0.290	0.204
	(3.35)	(1.51)	(1.15)
N	3546	3546	3546
R	0.028	0.317	0.299
F	11.82***	185.17***	178.02***

五 生命周期视角下公司治理机制对创新激励影响的经济后果

（一）企业生命周期的划分

现金流是反映企业盈利能力和发展水平的重要指标，是判断一个企业经营风险大小、是否正常运营的重要标志。据 Dickinson（2011）的研究，企业的生命周期包括初创期、成长期、成熟期、淘汰期以及衰退期，而不同时期企业的经营、投资和筹资现金流的正负符号是不同的。本书对企业生命周期的划分参考 Dickinson 提出的现金流组合法。该方法的可操作性较强，数据的收集整理可行性高，能够避免因使用指标组合带来的弊端。由于我国上市公司尤其是主板上市公司有着严格的上市条件限制，根据我国实际特点，本书借鉴关月琴（2015）的研究做法，将企业的生命周期按照成长期、成熟期和衰退期进行划分，具体划分依据见表 3-11。

其中，成长期的企业处于建设和发展的初期，拥有较为频繁的筹资活动来筹集资金，所以投资现金流净额为负、筹资现金流净额为正；处于成熟期的企业经营状况趋于稳定，且会加大投资和筹资的力度来进一步扩大其市场份额，所以经营现金流净额为正、投资现金流净额为负、筹资现金流净额为负；剩余现金流组合情况为企业的衰退期。

表 3-11　　企业生命周期划分依据

生命周期现金流	成长期		成熟期	衰退期				
经营现金流净额	-	+	+	-	+	+	-	-
投资现金流净额	-	-	-	-	+	+	+	+
筹资现金流净额	+	+	-	-	+	-	+	+

（二）基于企业生命周期的实证分析

表 3-12 展示了不同生命周期阶段股权制衡对企业创新的影响。在成长期，模型（3-1）中股权制衡与企业创新质量的回归系数为 0.123，在 1% 的水平上显著，与企业创新效果的回归系数为 0.147，在 1% 的水平上显著，表明在成长期股权制衡对企业创新产出有着显著的激励作用。此外，模型（3-4）中股权制衡与创新投入的回归系数为 0.002，在 5% 的水平上显著；模型（3-7）中，股权制衡、创新投入与创新质量的回归系数为 0.108、8.292，分别在 1% 和 5% 的水平上显著，股权制衡、创新投入与创新效果的回归系数为 0.135、6.713，分别在 1% 和 5% 的水平上显著，表明在成长期创新投入是股权制衡激励企业创新产出的中介变量。在成熟期，股权制衡与企业创新质量、创新效果的回归系数均不显著，表明在企业的成熟期，股权制衡并未有效激励企业创新。在衰退期，模型（3-1）中股权制衡与企业创新质量的回归系数为 0.199，在 5% 的水平上显著，与企业创新效果的回归系数为 0.105，统计结果不显著，表明在衰退期股权制衡仅对企业创新产出中的创新质量有着显著的激励作用。进一步对创新投入的中介效应进行检验，由于模型（3-7）中研发投入和创新质量的回归系数不显著，根据中介效应检验程序，需要进行 Sobel 检验。检验结果显示，$Z = 1.291$，$P = 0.196 > 0.05$，表明中介效应不存在。

表 3-12　　不同生命周期股权制衡对企业创新的影响

变量	模型（3-1）		模型（3-4）	模型（3-7）	
	Patenti	Patent	R&D	Patenti	Patent
成长期（N = 1715）					
S	0.123***	0.147***	0.002**	0.108***	0.135***
	(3.25)	(4.15)	(2.01)	(2.89)	(3.83)
R&D				8.292**	6.713**
				(2.56)	(2.19)

续表

变量	模型（3-1）		模型（3-4）		模型（3-7）	
	Patenti	Patent	R&D	Patenti	Patent	
AC						
控制	Control	Control	Control	Control	Control	
R	0.238	0.247	0.027	0.290	0.284	
F	62.07***	73.84***	8.89***	60.26***	69.60***	
成熟期（N=1292）						
S	0.039 (0.79)	0.016 (0.35)	—	—	—	
R&D						
AC						
控制	Control	Control				
R	0.2930	0.2854				
F	84.92***	78.55***				
衰退期（N=539）						
S	0.199** (2.42)	0.105 (1.38)	0.009** (2.13)	0.188** (2.29)	—	
R&D				1.228 (0.97)		
AC						
控制	Control	Control	Control	Control		
R	0.296	0.298	0.040	0.301		
F	39.58***	35.70***	5.64***	34.54***		

表3-13展示了不同生命周期阶段独董比例对企业创新的影响。在成长期，模型（3-2）中独董比例与企业创新质量的回归系数为1.123，在5%的水平上显著，与企业创新效果的回归系数为1.162，在5%的水平上显著，表明在成长期独董比例对企业创新产出有着显著的激励作用。此外，模型（3-5）中独董比例与创新投入的回归系数为0.032，在10%的水平上显著；模型（3-8）中，独董比例、创新投入与创新质量的回归系数为0.853、8.315，分别在10%和5%的水平上显著，独董比例、创新投入与创新效果的回归系数为0.942、6.750，均在5%的水平上显著，表明在成长期创新投入是独董比例激励企业创新产出的中介变量。在成熟期，

独董比例与企业创新质量、创新效果的回归系数均不显著，表明在企业的成熟期，独董比例并未有效激励企业创新。在衰退期，模型（3－2）中独董比例与企业创新质量的回归系数为2.034，在5%的水平上显著，与企业创新效果的回归系数为1.622，在5%的水平上显著，表明在衰退期独董比例对企业创新产出有着显著的激励作用。进一步对创新投入的中介效应进行检验，由于模型（3－5）中独董比例和创新投入的回归系数不显著，根据中介效应检验程序，需要进行 Sobel 检验。检验结果显示，在对创新质量回归的中介效应检验中，$Z=1.159$，$P=0.246>0.05$，表明中介效应不存在；在对创新效果回归的中介效应检验中，$Z=1.08$，$P=0.278>0.05$，表明中介效应同样不存在。

表3–13　　　　不同生命周期独董比例对企业创新的影响

变量	模型（3–2）		模型（3–5）	模型（3–8）	
	Patenti	*Patent*	*R&D*	*Patenti*	*Patent*
成长期（N=1715）					
Indir	1.123**	1.162**	0.032*	0.853*	0.942**
	(2.20)	(2.39)	(1.72)	(1.81)	(2.08)
R&D				8.315**	6.750**
				(2.54)	(2.18)
AC					
控制	Control	Control	Control	Control	Control
R	0.235	0.241	0.028	0.287	0.279
F	63.66***	75.41***	10.64***	61.85***	70.97***
成熟期（N=1292）					
Indir	0.987	0.379	—	—	—
	(1.47)	(0.59)			
R&D					
AC					
控制	Control	Control			
R	0.293	0.285			
F	85.06***	78.71***			
衰退期（N=539）					
Indir	2.034**	1.622**	0.092	1.917**	1.531**
	(2.41)	(2.10)	(1.61)	(2.29)	(1.98)

续表

变量	模型（3-2）		模型（3-5）	模型（3-8）	
	Patenti	*Patent*	*R&D*	*Patenti*	*Patent*
R&D				1.262	0.979
				(0.97)	(1.26)
AC					
控制	Control	Control	Control	Control	Control
R	0.293	0.299	0.038	0.299	0.303
F	39.48***	37.05***	7.49***	34.43***	32.23***

表3-14展示了不同生命周期阶段管理层薪酬激励对企业创新的影响。在成长期，模型（3-3）中管理层薪酬激励与企业创新质量的回归系数为0.561，在1%的水平上显著，与企业创新效果的回归系数为0.441，在1%的水平上显著，表明在成长期管理层薪酬激励对企业创新产出有显著的激励作用。此外，模型（3-6）中管理层薪酬激励与创新投入的回归系数为0.012，在1%的水平上显著，模型（3-9）中，管理层薪酬激励、创新投入与创新质量的回归系数为0.471、7.052，分别在1%和5%的水平上显著，管理层薪酬激励、创新投入与创新效果的回归系数为0.368、5.784，分别在1%和5%的水平上显著，表明在成长期创新投入是管理层薪酬激励企业创新产出的中介变量。在成熟期，模型（3-3）中管理层薪酬激励与企业创新质量的回归系数为0.426，在1%的水平上显著，与企业创新效果的回归系数为0.328，在1%的水平上显著，表明在成熟期管理层薪酬激励对企业创新产出有显著的激励作用。进一步对创新投入的中介效应进行检验，由于模型（3-9）中创新投入的回归系数不显著，根据中介效应检验程序，需要进行Sobel检验。检验结果显示，在对创新质量回归的中介效应检验中，$Z=2.233$，$P=0.019<0.05$，表明中介效应存在；在对创新效果回归的中介效应检验中，$Z=1.799$，$P=0.072>0.05$，表明中介效应不存在。在衰退期，模型（3-3）中管理层薪酬激励与企业创新质量的回归系数为0.443，在1%的水平上显著，与企业创新效果的回归系数为0.336，在1%的水平上显著，表明在衰退期管理层薪酬激励对企业创新产出有着显著的激励作用。进一步对创新投入的中介效应进行检验，由于模型（3-6）中管理层薪酬激励和创新投入的回归系数不显著，根据中介效应检验程序，需要进行Sobel检验。检验结果显示，在对创新质量回归的中介效应检验中，$Z=0.306$，$P=0.759>0.05$，表明中介效

应不存在；在对创新效果回归的中介效应检验中，Z = 0.304，P = 0.760 > 0.05，表明中介效应同样不存在。

表 3 – 14　　不同生命周期管理层薪酬激励对企业创新的影响

变量	模型（3-3）	模型（3-6）		模型（3-9）	
	Patenti	*Patent*	*R&D*	*Patenti*	*Patent*
成长期（N=1715）					
Lnms	0.561***	0.441***	0.012***	0.471***	0.368***
	(11.31)	(9.34)	(5.32)	(6.81)	(5.44)
R&D				7.052**	5.784**
				(2.48)	(2.06)
AC 控制	Control	Control	Control	Control	Control
R	0.286	0.275	0.060	0.321	0.302
F	84.75***	84.71***	12.52***	80.35***	81.89***
成熟期（N=1292）					
Lnms	0.426***	0.328***	0.016***	0.408***	0.326***
	(7.30)	(5.83)	(5.27)	(6.75)	(5.51)
R&D				1.133	0.758
				(0.97)	(0.98)
AC 控制	Control	Control	Control	Control	Control
R	0.321	0.304	0.030	0.325	0.306
F	95.71***	85.80***	20.42***	85.72***	75.40***
衰退期（N=539）					
Lnms	0.443***	0.336***	0.001	0.441***	0.334***
	(5.26)	(4.10)	(0.27)	(5.22)	(4.07)
R&D				1.298	1.010
				(1.13)	(1.49)
AC 控制	Control	Control	Control	Control	Control
R	0.319	0.316	0.035	0.325	0.320
F	43.18***	38.81***	5.38***	37.99***	34.16***

第四章　政府外部治理对企业创新的激励机制及其价值效应

第一节　理论基础

一　高阶理论

1984年，Hambrick和Mason在"Upper Echelons: The Organization as a Reflection of Its Top Managers"一文中首次提出高阶理论（The Upper Echelons Theory）。他们认为，公司管理层对企业组织决策和整体发展起到关键性作用，并且组织所处战略环境也会对高管团队（Top Management Team）的组成结构产生逆向影响。

高阶理论以人的有限理性为前提，将高管团队的特征、企业战略选择与组织绩效纳入模型，旨在分析人口统计学对管理者认知模式以及企业组织绩效的作用。在企业中，高管团队占据组织高层，主要承担企业战略决策的制定与执行任务。其中，行为理论又被认为是高管团队理论的基础。一些卡耐基学派的学者认为企业组织层面的众多决策大多是信息不对称情况下行为选择的结果，决策以及战略环境的复杂程度无形中决定了行为选择的适用性强弱。

根据高阶理论，高管团队的特征属性会对企业战略决策乃至组织绩效产生不同程度的影响，例如，年龄、性别、任期年限、政治背景、教育程度等客观性因素，认知水平、工作经验、价值观、社会声誉、风险偏好程度等主观性因素。Bantel和Jackson（1989）对199家银行高管进行分析，发现高管的教育程度与银行的创新行为存在显著正向作用。卢馨等（2017）以2010—2014年A股上市公司为研究对象，分析高管激励对高管背景特征与企业投资效率之间的关系，发现高管团队的平均年龄与学历水平均正向影响投资效率,并且高管激励对三者之间关系呈正向调节作用。马晓璇和鲁虹(2019)同样以 A 股上市公司为样本,实证分析高管团队的外部社会资本对技术创新的影响。刘凤朝等(2017)针对高管团队的海外背景对企业创新绩效的作用进行分析,结果表明拥有海外背景的高管的比例越高,企业专利申请量越高,发现高管的商业资本和学术资本对企业技术创新有正向影响,而政治资本对企业技术创新产生了负向效应。Finkelstein 和 Hambrick(1989)基于娱乐产业提出并检验了 CEO 薪酬的决定因素模型,研究发现公司规模、企业绩效、CEO 权力和人力资本以及董事会警惕性在不同程度地影响着 CEO 的薪酬。

二 社会资本理论

社会资本一般是指个人在一种组织结构中利用自身特殊位置而获得利益的能力。科尔曼于 1988 年在 *American Journal of Sociology* 上发表文章"Social Capital in the Creation of Human Capital",初步论述了社会资本的定义。包括权威关系、信任关系等在内的社会关系构成了社会结构,同时也是一项重要的个人资源。若开始强调其生产效率,"社会资本"的概念便应运而生。

社会资本不仅指企业与企业间的横向关联、企业与供应链前后的纵向联系,也包括企业与社会实体以及政府等各群体之间的关联。根据科尔曼的论述,本书认为社会资本的显著特征有:①生产性。社会资本作为可供支配的资源,为个人或群体提供了便利,帮助行动者实现既定目标。②不完全替代性。社会资本很难通过外部主观的干预和努力形成,其只有与某些特定的社会行动进行结合才能体现其生产性功能。③公共物品特征。社会资本与其他形式资本的根本区别体现在其具有公共物品特征上。社会资本的投入者创造产生的收益具有扩散性与共享性,因而这些收益难以全部为投入者本人所享用,而被行动之外的更多人运用。

反观企业的技术创新过程,创新资源的获取不仅局限于企业内部,更需要政府、金融机构等各方的支持。这就需要企业与企业间建立良好的横向联系,进行技术等方面的交流沟通,同时企业与政府等各方保持合作,减少信息不对称带来的风险。很多企业都倾向于与政府保持某种程度的关联,因为从政府那里不仅能得到政策的最新动向,还能获得更多资源,例如政府直接提供资金以供企业进行研发,或者政府通过税收优惠、建立融资平台等间接途径鼓励企业创新。国内外学者均通过不同方法验证了社会资本对企业技术创新的影响。Lach(2002)指出,政府补助能够帮助企业缓解研发资金困难，并带动经营绩效的增长。黄艺翔和姚铮（2015）以 2009—2012 年创业板上市公司为样本，发现政府专项研发补助的提高对具有风险投资持股上市公司研发投入的促进作用更强。卢佳友和谢巧芳（2017）同样以创业板公司为样本，实证分析 2012—2016 年的数据，发现政府补助能够促进企业研发投入，该促进作用在东部沿海地区更为显著。

三　融资约束理论

自 1958 年，Modigliani 和 Miller 发表了有关资本结构理论的开创性文献以来，关于资本理论的研究便层出不穷。尤其在 20 世纪七八十年代，形成了平衡理论、代理成本理论、不对称理论等重要理论。狭义的资本结构为长期资金中权益资金与负债资金的比例关系，广义的资本结构则指的是企业全部资本的构成与比例关系。

（一）早期资本结构理论

美国经济学者杜兰特将早期资本结构理论分为净收益理论、净营业收益理论和传统理论。首先，作为早期企业价值理论中的一种极端形式，净收益理论认为增加债务资本并且提高财务杠杆比例不会增加企业的融资风险，债权人与企业之间互相信任，此时企业价值最大化完全通过提高债务资本与增大财务杠杆比例来实现。但在这种情况下企业的融资风险不容忽视，因为当企业不断提高债务比例时，债权人很难完全信任企业，企业的价值最大化目标便更难实现。其次，净营业收益理论认为，企业财务杠杆变化的同时加权平均资本成本却是固定的，进而企业总价值也是固定的。该理论认为营业收益才是决定公司价值的真正因素；资本结构与企业价值无关，因为无论企业如何改变负债比率，都无法改变资本结构以提高总价值。传统理论介于净收益理论与净营业理论之间，又被称为传统折中理论。该理论认为企业通过改变负债比例来调整财务杠杆，这虽会使权益成本上升，但这不会抵消低成本率债务带来的好处，由此会降低加权平均资本成本，提高企业总价值。但若企业一味地利用财务杠杆，上升的权益成本大于债务带来的低成本优势，此时加权平均资本成本便会上升。加权平均资本成本呈"U"形结构，在其最低点便是企业的最佳资本结构。

（二）现代资本结构理论

在上述理论中，传统理论更为符合实际。在现代资本结构理论中，MM 理论为该理论体系的基石。原有 MM 理论的假设较苛刻，且没有考虑破产风险、所得税等影响。Modigliani 和 Miller（1963）对原有理论进行修正，将企业所得税的影响纳入模型，得出结论：企业价值和融资成本会受到自身负债的影响，另外，债权融资为企业融资的最优途径，负债率达到100%时，企业价值也达到了最大化。之后，Miller（1977）又将个人所得税纳入模型，得到与之前相同的结论，Miller 还认为个人所得税会部分抵消利息的减税作用，但在税率正常时，负债的利息减税效益则不会完全消失。当然，MM 理论的结论依然与现实情况不相符合。

权衡理论考虑了税收、破产成本和代理成本等条件，放宽了 MM 理论的完全信息以外的各种假设，讨论了资本结构与市场价值的影响机理。该理论认为，企业可以适当增加负债，利用税收优惠带来的好处来增加自身价值。债务比例越高，企业陷入破产的可能性越大，由此企业额外成本增大，借贷能力受到限制。此时，企业必须对负债的避税效应与困境成本进行权衡。但权衡理论并没有分析不同的融资方法以及公司治理对资本结构的影响，所以该方法同样存在诸多局限性。

（三）新资本结构理论

新资本结构理论是以现代资本结构理论为基础，进一步引入信息不对称理论、博弈论等，探究企业内部制度对企业资本结构的影响，主要有代理理论、信号理论、融资次序理论。

代理理论由 Jenson 和 Meckling（2005）首次提出，Jenson 和 Meckling 主要以代理理论、企业理论和财产所有权理论为基础系统分析信息不对称条件下企业融资结构。代理成本又分为股权代理成本和债权代理成本，而均衡的企业所有权结果正是由两者的平衡状态产生。当债权融资与股权融资的代理成本相等时，总代理成本最小，企业具有最佳资本结构。

信号理论的前提是企业经营者与投资者之间信息不对称，企业经营者能够预测企业的自身风险与未来发展趋势，而投资者只能通过企业披露出的有效信息来被动地进行决策。债务水平作为一个衡量企业质量高低的信号，往往成为投资者直接评价企业市场价值的关键因素。这种信号也会波及企业自身决策，债务水平越低，企业市场价值随之减少，管理者便尽可能放弃股权融资，避免给投资者传递一个经营不善的信号。

融资次序理论由 Myers（1984）提出，也被称为"啄食次序假说"，主要思想为企业首先选用内源融资来满足自身资金需求，其次才会选择债券融资，最后为股权融资。Myers 和 Mujluf（1984）对该现象的解释为企业对外发行股票往往被投资者认为是资金短缺的征兆，导致股票价格的下跌，降低了企业的市场价值。此外，内源融资的成本最小，股权融资的成本最大。但在中国，却存在与"啄食次序假说"完全相反的现象：中国的上市公司基本依赖于外部筹资，内部筹资所占比重低于5%，而发行股票又为外源融资的主要渠道。究其原因，中国经理人与股东的不同偏好使股权融资成为一项永久性资金，企业既不受监督约束又不用承担还本付息，这就大幅增加了可供经理人支配的资金，减少了公司的破产风险。

四 资源基础理论

1957年Selznick在其所著《管理中的领导行为》一书中首次用"独特能力"描述企业的领导能力，强调不同组织之间所独有的这种特殊能力的重要性。随后，Penrose在《企业成长理论》中提出"组织不均衡成长理论"，运用经济学原理进一步强调企业资源对成长性的影响，为资源基础理论赋予了理论基础，是资源基础理论的初生阶段。直到20世纪80年代，Wernerfelt借鉴Penrose的结论，明确提出"资源基础观点"一词，由此，资源基础理论诞生。随着Wernerfelt提出"资源基础观念"后，Grant又从公司战略和事业部战略两个层面探究战略与资源的关系，并首次提出"资源基础理论"。自此，资源在何时能够为企业获得持续的竞争优势成为许多学者的研究目标。

就企业而言，核心竞争力取决于特有的竞争优势是否存在。资源基础理论假设企业具有不同的无形和有形资源，这些资源形成的特有能力成为企业持久竞争的优势。这一理论使人们对企业的战略思考由传统的"产品"观念转变为"资源"观念，由外部市场转变为内部治理结构。Barney提出，企业资源可以被作为竞争优势的几个条件：有价值、稀缺性、不可完全被模仿、无法替代性以及能够以低于价值的价格被企业取得。在经济利益的驱动下，缺乏资源的企业会趋向于模仿优势企业，从而使市场中全体企业趋同，缺少竞争性。

中国正全面迈向创新型国家，企业需要以技术创新为起点，促进产品的创新以及科技成果的产业化。在此过程中，谁能获得优势资源，谁便能走在创新的前列。例如，企业与政府保持关联从而获得更多的政府补助、获得更全面的市场信息，这种特殊资源能够帮助企业缓解资金困难、开拓融资渠道，促进企业的技术创新。但获取资源的过程也不是一劳永逸的，当某些特殊资源逐渐被消耗掉，企业则需依靠其现有的网络关系或重新与其他方建立关系以获取稀缺资源，保持市场竞争优势。

第二节 研究假设

一 地方政治权力转移与政企关系强度变化的影响分析与假设

在世界范围内，无论是发达国家还是发展中国家，政府与企业之间建立的联盟关系都普遍存在。地方政府化身为"政府公司"参与市场活动，而企业作为市场活动的主体，通过与政府达成合作交易以获得其持有的有限资源。这种联盟关系一方面可以帮助企业利用政府资源进行研发等活动，另一方面为政府官员提供了政治或经济回报。

维持长久且持续的政治关联是政企双方进行合作交易的基础，但政企关系往往并不总是牢不可破。地方政府高层官员会因为各种原因而发生更替，例如升迁、调离、降职或其他政治原因（王贤彬等，2009），这就导致了地方政治权力的转移。不同年龄、不同背景的官员对于某一地方经济发展等活动的处理应对方式往往存在显著差异，因此，当官员发生变更时，该地的政治生态也会发生很大变化，政策的不确定性明显增强。已经建立了政治关联的企业面临关系中断的风险，为防止对自身经营、投融资等活动产生影响，这部分企业可能会倾向于与政府建立新一轮政企关联。而之前未建立政治关联的企业想要在新一轮的资源配置中占据优势地位，便积极寻求与政府建立关联的途径。尤其当新任官员较年轻时，其仕途发展还有很长的前景，他们有更强的动力去实施国家最新政策，拉动企业发展，推动地区经济增长。另外，若新任官员是由本地升迁，任职环境未发生改变，则企业原有的部分政治关联仍能保持优势；但若新任官员为外地调入至此，企业便会更为迫切地重新与政府建立联系。基于此，本书提出以下假设：

假设4-1：地方政治权力转移会促使企业重新建立与政府之间的联盟关系，即当市委书记发生更替时，政企之间的政治关联程度会增强。

二 政治关联与研发补助、融资约束的影响分析与假设

我国具有一种以政治集权、经济分权为核心的独特的分权制度，虽然当前市场经济体制能够对资源发挥基础配置作用，但在这一制度下，政府仍有权力对大多数创新资源进行配置。企业与政府建立关联的最主要目的便是依赖于政府以获取更多的资源，提升自身的核心竞争力。

政府补助是政府根据某一时期的地区经济政策、政治方针，按照目的、事项的不同来特定安排发放的一种补贴。政府研发补助不仅是政府单方面决策的结果，而是能够反映政府与市场、与企业之间共同存在的双向逻辑关系的产物（黄送钦，2016），但由于信息不对称等因素的存在，政府无法准确地获得各个企业的现有技术创新水平、发展潜力等各项信息，政府官员在下发研发补助时无法保证该补助的使用方式与效率。政治关联恰好弥补了这种信息不对称，企业利用高管在政府机构任职的便利或其他政治背景，在其申请研发补助的过程中更容易获得认定和审批，这就使得政府对研发补助的分配具有了指向性。同时，政府也能够利用这一利益联盟关系对研发补助的使用进行规范和限定，以确保资源的优化配置。并且，建立了政治关联的企业也更容易左右政府对规章政策的制定方向，从而赢得更加有利于自身发展的政策。基于此，本书提出以下假设：

假设4-2：企业与政府之间的政治关联能够为企业带来更多的研发补助。

企业进行技术创新需要大量资金支持，除政府给予的研发补助外，还有相当一部分来源于外部融资。在我国，政企关系即代表着企业拥有的特殊资源与财富，其不仅能为企业带来直接的研发补助，也能为企业的融资活动提供便利，间接性地缓解企业资金困难。政企关系对企业融资约束的缓解主要体现在两方面。一方面，大多数银行都是由政府直接或间接管控，政府会为有政治关联的企业提供特殊待遇，比如贷款优惠、为其提供更好的融资平台等。另一方面，具有政治关联的企业还能够向银行等金融机构传递一种利好信号，使金融机构对其资金管理能力产生信任，从而与金融机构建立并保持良好的合作关系，用低利率的贷款降低企业融资成本。张敏等（2010）对1999—2007年的民营上市公司进行实证分析，研究发现政治关联能够打破管制壁垒，帮助企业获得低利率贷款。基于此，本书提出以下假设：

假设4-3：企业与政府之间的政治关联能够帮助企业缓解融资约束。

三 研发补助、融资约束与研发投入的影响分析与假设

政府拥有较大的资源分配权，在对企业创新研发方面主要体现为对研发补助的分配。研发补助具有一定的指向性，旨在将更多的资源支持企业的研发活动，这也是企业渴望获得更多研发补助的原因所在。而技术创新面临的风险较大、不确定性较高，企业在技术研发投入方面往往需要耗费大量的时间成本以及资金。研发补助作为最直接的支持政策，帮助企业解

决资金短缺问题。当企业获得政府的研发补助时，管理者为迎合创新政策，便会进一步加大新产品新技术的研发，为此，研发补助的提高通常会激发企业的研发动力。但这种促进作用存在时滞效应，因为企业的创新活动通常存在累积效应，当期投入的资金会在未来一期甚至未来二期得到回报。基于此，本书提出以下假设：

假设 4-4：研发补助的提高能够促进企业进行研发投入。

在现实环境中，企业为进行研发活动可能不仅仅依靠政府的资助，往往也需要向银行等金融机构贷款。但高新技术企业通常为技术密集型企业，缺少能够提供抵押的实物资本，同时外部投资者难以准确识别到企业进行研发的时点，因此企业较难及时获得外部融资，存在较大的融资约束问题。当企业内部缺少资金时，融资约束程度较高，管理者会提高对研发投资项目的筛选标准，其有限的资源便会投入日常生产运营，而不是长期的研发创新方面。因此，融资约束的缓解能够对企业研发产生明显的激励作用。基于此，本书提出以下假设：

假设 4-5：融资约束的缓解能够促进企业进行研发投入。

四 基于研发补助、融资约束的中介效应分析与假设

资源基础理论认为企业外部资源的获取对其自身发展至关重要。企业技术创新的发展离不开政府及其他金融机构的资金支持，一旦发生资金短缺，研发活动将被迫中止，很有可能导致之前所付出的成本付之一炬。在企业进行研发及应用的过程中，政府研发补助对研发投入的激励效应、融资约束对企业研发投入的抑制效应都将得以显现，因此，企业获得更多的研发补助、尽可能地缓解面临的融资约束成为研发活动顺利进行的关键因素。而政企关系则是企业"俘获"政府的有力工具，企业维护这种关系可能需要耗费大量的资源，但这种密切关系不仅能让企业有更多的机会赢得研发补助，而且能够以更低的价格获取创新资源，这就使企业有信心进一步地扩大研发投入的规模，提升自主创新能力。就此而言，政治关联通过为企业带来更多的研发补助和降低企业融资约束进一步提高企业研发投入水平。基于此，本书提出以下假设：

假设 4-6：研发补助在政企关系对企业研发投入的影响中具有遮掩作用。

假设 4-7：融资约束在政企关系对企业研发投入的影响中具有遮掩作用。

已有多名学者研究发现，政治关联既可以通过提高政府研发补助来促进企业研发投入，也可以通过缓解融资约束来激励企业的研发投入。而融资约束在研发补助对研发投入的驱动过程中又是什么关系，其间是否存在

中介效应机制呢？本书认为，政企关系会让政府的"扶持之手"更偏向于企业自身，从而享有更多的机会获得研发补助；研发补助作为企业直接从政府方面获得的货币性资金，更类似于政府无偿给予企业的短期融资，其在一定程度上缓解了企业的融资约束；再者，当企业融资约束程度较低时，资源较充沛，其高管便愿意投入更多的成本至研发活动中，以提高企业的创新发展水平。基于此，本书提出以下假设：

假设4-8：融资约束的缓解在研发补助对企业研发投入的激励效应中具有中介作用。

五 研发投入与企业创新产出的影响分析与假设

众多学者认为研发投入能够显著提升企业的经营业绩或创新绩效。梁莱歆和严邵东（2006）通过深市上市公司进行的实证分析，发现研发投入与企业盈利能力、成长能力均显著相关。目前，我国创新主体已不再仅限于高校与科学研究所，而是逐渐向企业进行转移，企业在创新能力建设中发挥重要的作用。研发投入作为企业技术创新行为的开端，其数量决定了企业创新产出的水平和质量。马文聪等（2013）仅选取了广东省的263家企业，结果发现研发投入越强，新产品销售收入占总产品销售收入的比例越大。逄淑媛和陈德志（2009）将在各行业技术领先的202家全球顶尖研发企业与中国大中型企业进行对比，结果显示研发投入与专利产出之间为正向关系，但也发现中国企业的研发效率低于全球顶尖研发企业。我国目前正处在努力建设创新型国家的阶段，这就需要企业加大研发投入，增加技术创新产出，增强自主创新能力，同时提升高质量创新产出成果。实用新型、外观设计专利的研发只是为获取某种利益的创新行为，为企业带来了创新成果的增加，但并不具备高端技术的创新。基于此，本书提出以下假设：

假设4-9：企业研发投入对技术创新产出具有正向激励效应。
假设4-10：企业研发投入对实质性技术创新产出具有正向激励效应。
假设4-11：企业研发投入对策略性技术创新产出具有正向激励效应。

第三节 变量定义

一 地方政治权力转移

地方政治权力的转移主要源于地方政府官员的更替。地方党委掌握了政府的主要权力,而地方党委的权力又主要集中在了党委书记和常委会(周黎安,2008)。对于地方政治权力转移变量的衡量,曹春方(2013)使用省委书记的变更来指代地方政治权力转移,陈艳艳和罗党论(2009)则用市长变更代替官员更替。因为企业的注册地一般在某城市,并且在中国的管理体制下,市委书记的政治影响程度往往比市长更大。本书借鉴潘越等(2015)的做法,使用市委书记变更衡量地方政治权力转移。对于官员任期,本书参考Li和Zhou(2006)、王贤彬和徐现祥(2008)的处理,若市委书记在一年中的1—6月离任,则视为当年变更,若在一年中的7—12月离任,则将下一年记为变更年份。

（一）政企关系

国内外学者针对政治关联变量有不同的衡量方法,主要有以下几种:①0或1虚拟变量,如管理层是否有在政党担任中央委员或者政府及国有企业担任职务(Shen et al.,2015),公司董事长或总经理是否曾有在政府、军队任职的经历(Fan et al.,2007)或担任过人大代表或政协委员(Li et al.,2010;唐松和孙铮,2014;余明桂和潘洪波,2008;雷光勇等,2009;刘慧龙等,2010)。②比例形式,如国有股的持股比例、董事会成员中具有政治背景的董事的比例(罗党论和刘晓龙,2009;陈冬华,2003)。③赋值形式,根据企业高级管理层的政治背景与个人经历,将政治关联进行分类并赋值(巫景飞等,2008;李影,2018)。

（二）政治关联强度

本书首先参考罗党论和刘晓龙(2009)等的观点,将企业董事会中现在或曾经在政府、军队等机构任职或担任人大代表、政协委员的董事比例作为衡量政治关联的指标。同时,考虑到地方政治权力转移前后对政企关系的动态影响,将本年具有政治背景的董事比例与上一年的变化值作为政治关联强度的衡量标准。

（三）政治关联

本书借鉴唐松和孙铮(2014)等的做法,将公司董事长或总经理是否在政府机构、军队或是否担任人大代表或政协委员作为政治关联依据,若董事长或总经理有过上述经历,则赋值为1;反之,若董事长和总经理均无上述经历,则赋值为0。

二 政府研发补助

政府研发补助是指政府给予企业以支持企业进行研发的补贴资金,即政府补助中扣除非研发补助(例如,贷款贴息、财政补贴、税收返还及各种奖励等）后的金额。本书借鉴郭玥（2018）的经验做法，设定了归属于研发补助的标准，若政府补助明细项目出现了如下关键词，则认为其为研发补助：①与技术创新有关的关键词，如政府补助项目中含有"研发""创新""研究及产业化""新产品开发""关键技术研究"等词。②与创新产出有关的关键词，如"成果转化""专利补助""知识产权""著作权"等。③与引进创新人才有关的关键词，如"人才引进""引智项目""博士""科技人才专项"等。④与政府扶持创新政策有关的关键词，如"火炬计划""国家高技术研究发展计划""863""瞪羚企业""重点研发计划"等。⑤与高新技术或尖端产业有关的专有名词，如与医药有关的"肿瘤""酶""肽""胰岛素"，与高新技术有关的"半导体""芯片""数控装备""光纤""超高强度""精密模具"等。⑥其他与研发创新有关的项目关键词。本书用企业每年获得的政府研发补助除以千元总资产所得值作为研发补助的替代变量。

三 融资约束

自1987年Fazzari等对融资约束进行了开创性研究后，众多学者便使用不同的分类标准来度量企业的融资约束程度，使用企业规模、企业年龄、股利支付情况等指标来构建融资约束指数。现有研究关于融资约束的度量主要集中在KZ指数、WW指数和SA指数。KZ指数为Lamont等（2001）按照Kaplan和Zingales（1997）的方法对不同企业的融资约束进行研究而构建的，Hadlock和Pierce（2007）对Kaplan和Zingales的方法进行了扩展，在根据每个企业财务状况将企业划分为五级融资约束类型的基础上，运用Ordered Probit模型估计得出SA指数计算公式。Whited和Wu发现KZ指数在衡量融资约束程度时存在与事实不相符的情况，可能会混淆融资约束与财务困境。WW指数则是Whited和Wu（2006）基于动态结构估计方法根据季度财务报表数据构造而得，实践证明其既能够测度股权融资约束，又能够很好地代表信贷融资约束。因此，本部分使用WW指数的绝对值作为测度企业融资约束程度的替代变量，同时借鉴Whited和Wu（2006）的公式计算WW指数：

$$-0.091 \times CF - 0.062 \times DivPos + 0.021 \times Lev - 0.044 \times Size + 0.102 \times ISG - 0.035 \times SG$$

其中，CF为现金流、$DivPos$为红利支付人虚拟变量、Lev为财务杠杆、$Size$为公司规模、ISG为行业销售增长率、SG为企业销售增长率。由此计算所得WW指数为负，其绝对值越大则表明企业融资约束越严重。

四 企业技术创新

（一）研发投入

研发投入通常既包括企业给予研发活动的资金投入，又包括自主创新人力的投入。而本书涉及的技术创新投入仅为资金投入，具体包括企业研究投入费用、技术开发费用等，未考虑人力资源等非资金投入。为便于分析与比较，本书选取研发强度即 R&D 投入与企业营业收入的比值以衡量企业研发投入。

（二）创新产出

我国学者对企业创新产出的测度主要采用专利授权数的自然对数（王雷和赖玉霜，2017）、专利申请数（赵树宽等，2017）或专利授权数与申请数之比（钟宇翔等，2017）。考虑到专利授权过程可能存在一定的时滞性，本书借鉴田轩和孟清扬（2018）的做法，将专利申请数加 1 后取自然对数所得值度量企业创新产出（Patent）。另外，参考黎文靖和郑曼妮（2016）的研究，企业"高质量"的发明专利应归类于实质性创新，非发明专利则应归属于策略性创新。因此，本书采用发明专利申请量衡量企业的实质性创新，采用非发明专利申请量衡量企业的策略性创新。

五 控制变量

本书借鉴张敏等（2010）的研究，对可能影响政治关联的有关变量进行控制，如独董比例（$Indir$）、股权制衡（S）、管理层薪酬（$Lnms$）、资本密集度（Ci）。同时，参考 Hall 等（2016）与吴超鹏和唐菂（2016）的研究，本书选取了企业自身特征、经营状况及成长性等有关方面的变量对企业创新的相关因素进行控制，如财务杠杆（Lev）、现金持有量（$Cash$）、主营业务收入增长率（$Growth$）、盈利能力（Roa）。

具体变量定义见表 4-1。

表 4-1　　　　　　　　变量定义

变量类型	变量名称		变量符号	指标计算
关键变量	地方政治权力转移		$Polturn$	当年市委书记发生更替，赋值为 1；反之，赋值为 0
	政企关系	政治关联强度	ΔPC	本年官员型董事比例 - 上年官员型董事比例
		政治关联	PC	本年中若董事会或总经理存在政治背景，赋值为 1；反之，赋值为 0

续表

变量类型	变量名称	变量符号	指标计算
关键变量	政府研发补助	Subsidy	政府研发补助/千元总资产
	融资约束	WW	根据企业现金流、红利支付人虚拟变量等指标构建WW指数并取绝对值
	技术创新投入	R&D	创新研发投入/当期营业收入
	技术创新产出	Patent	ln（企业专利申请数）
	实质性创新产出	Patenti	ln（企业发明专利申请数）
	策略性创新产出	Patentud	ln（企业非发明专利申请数）
	产权性质	Owner	若企业为国有企业，赋值为0；反之，赋值为1
	企业年龄	Age	企业自成立至样本年度的时间
	财务杠杆	Lev	负债总额/总资产
	现金持有量	Cash	货币资金/总资产
	主营业务收入增长率	Growth	（本年主营业务收入 − 上年主营业务收入）/上年主营业务收入×100%
	盈利能力	Roa	总资产净利润率
	资本密集度	Ci	固定资产净额/资产总额
	股权制衡	S	第二大到第十大股东股权之和除以第一大股东持股
	独董比例	Indir	独立董事占董事会的比例
	管理层薪酬	Lnms	董事、监事及高管年薪总额的自然对数

第四节 样本选择与数据来源

本书选取2012—2017年A股上市的高新技术企业为研究样本，具体数据筛选及样本收集程序与第三章保持一致。课题公司特征、经营状况、公司治理等绝大部分研究数据均来自CSMAR数据库和Wind资讯金融终端系统，市委书记变更、政治关联、研发补助、融资约束、创新效率等研究数据则是在前述数据库的基础上进行筛选、手工补充、整理和计算。本书对连续变量采取了上下1%的Winsorize处理用以避免数据异常值对实证研究结果产生干扰。下文均采用缩尾后变量数据进行描述性统计、相关性检验以及回归分析。

第五节 方法选择

一 倾向得分匹配法

现实情况中本书通常无法同时准确估计某一研究对象被干预与未被干预两个情形所得的后果,比如在企业的政治关联行为是否会对政府研发补助产生显著影响效果时,如果将是否进行政治关联作为虚拟变量直接回归,但由于企业本身具有盈利能力强、现金流丰厚等因素,回归估计参数可能出现误差。倾向得分匹配法的基本思想为:为了评估某一行为或政策的效果,通过计算倾向得分值(PS)寻找与实验组尽可能相似的对照组,两者进行匹配分析,降低样本选择偏误(Rosenbaum and Rubin,1983)。例如,在没有进行政治关联的企业中,估计出每个企业进行政治关联的概率,然后选出与实验组(进行政治关联的企业)进行政治关联的概率极度相似的样本作为匹配对象,形成反事实状态,观察两组的区别。

倾向得分即当给定特征为 x 时,个体属于实验组的概率:

$$E(D|x) = 1 \times P(D=1|x) + 0 \times P(D=0|x) = P(x)$$

其中,D 为示性变量,个体进入实验组,则值为 1,反之为 0。

在实证分析中,PS 值通常使用 Logit 模型进行估计:

$$P(x_i) = P_r(D_i = 1 | x_i) = \frac{\exp(\beta x_i)}{1 + \exp(\beta x_i)}$$

其中,$\frac{\exp(\beta x_i)}{1 + \exp(\beta x_i)}$ 为 Logit 分布的累积分布函数,x_i 为可能影响企业政治关联的财务指标等方面特征变量构成的向量,β 为参数向量。上式结果表示每个个体进入实验组的概率 $\hat{P}(x_i)$,即 PS 值。

获得 PS 值后,进行实验组与控制组的匹配,最常用方法有最近邻匹配法(Nearest Neighbor Matching)、半径匹配法(Radius Matching)、核匹配法(Kernel Matching)。

最近邻匹配法以估计得出的 PS 值为基础,寻找与实验组样本尽可能接近的控制组样本进行一对四匹配,匹配原则为:

$$C(i) = \min_j \|P_i - P_j\|$$

半径匹配的基本思路为首先给定常数 a,寻找与实验组样本得分差异小于 a 的样本,将其设定为匹配对象,在该方法中一个实验组样本可能拥有多个匹配对象，匹配原则为：

$$C(i) = \{P_j \mid \|P_i - P_j\| < a\}.$$

在核匹配方法中，每个个体与不同组的全部个体进行匹配（去掉 common support 之外的个体），根据个体距离的不同赋予不同的权重，权重表达式为：

$$w(i,j) = \frac{K[(x_j - x_i)/h]}{\sum_{k:D_k=0} K[(x_k - x_i)/h]}$$

其中，h 为制定带宽，$K(\cdot)$ 为核函数。

假设某一个体 i 的倾向得分 $P(x_i)$ 为已知，则该实验组的平均处理效应 ATT（Average Treatment Effect on the Treated）为：

$$\begin{aligned}ATT &= E[Y_{1i} - Y_{0i} \mid D_i = 1] = E\{E[Y_{1i} - Y_{0i} \mid D_i = 1, P(x_i)]\} \\ &= E\{E[Y_{1i} \mid D_i = 1, P(x_i)] - E[Y_{0i} \mid D_i = 0, P(x_i)] \mid D_i = 1\}\end{aligned}$$

其中，Y_{1i}、Y_{0i} 为同一个体分别属于实验组与控制组时的输出结果。观察 ATT 的 t 值显著性，得出匹配结果。

二 自助法检验

在研究自变量与因变量的传导机制的过程中，中介效应检验具有重要意义，其主要负责识别自变量与因变量之间的直接效应和间接效应。各变量之间的关系可用以下三个方程来表述：

$$Y = cX + e_1 \qquad \text{式 (4-1)}$$
$$M = aX + e_2 \qquad \text{式 (4-2)}$$
$$Y = c'X + bM + e_3 \qquad \text{式 (4-3)}$$

其中，式（4-1）中的系数 c 为自变量 X 对因变量 Y 的总效应，式（4-2）中的系数 a 为自变量 X 对中介变量 M 的效应，式（4-3）的系数 b 是在控制自变量的情况下中介变量 M 对因变量 Y 的效应，系数 c' 是在控制中介变量的情况下自变量 X 对因变量 Y 的直接效应，e_1—e_3 为回归残差。该过程可用图 4-1 表示。

相较于原始的逐步法（Baron and Kenny, 1986），国内外学者更倾向于采用 Preacher 和 Hayes（2004）提出的 Bootstrap 法来直接检验系数乘积的显著性（温忠麟和叶宝娟，2014）。作为分析自变量对因变量的影响过程和作用机理的有效方法，已经大量应用于心理学和其他社科研究领域。图 4-2 展示了中介效应检验和分析程序。Bootstrap 法是在样本能够代替总体的条件下，能够从样本中重复抽样的一种方法。现实情况中的很多抽样并不完全属于正态分布，而 Bootstrap 法并不要求假设样本的抽样是否符合正态分布。

86 企业创新的内外部治理：激励机制和价值效应

$Y = cX + e_1$

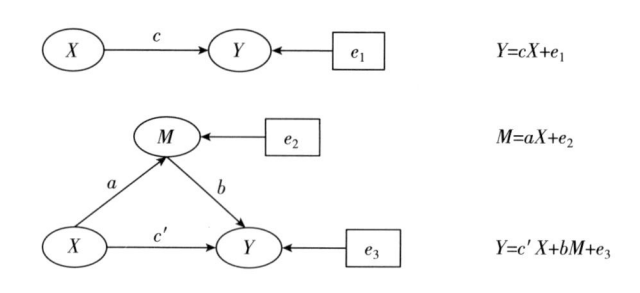

$M = aX + e_2$

$Y = c'X + bM + e_3$

图 4-1 中介模型示意

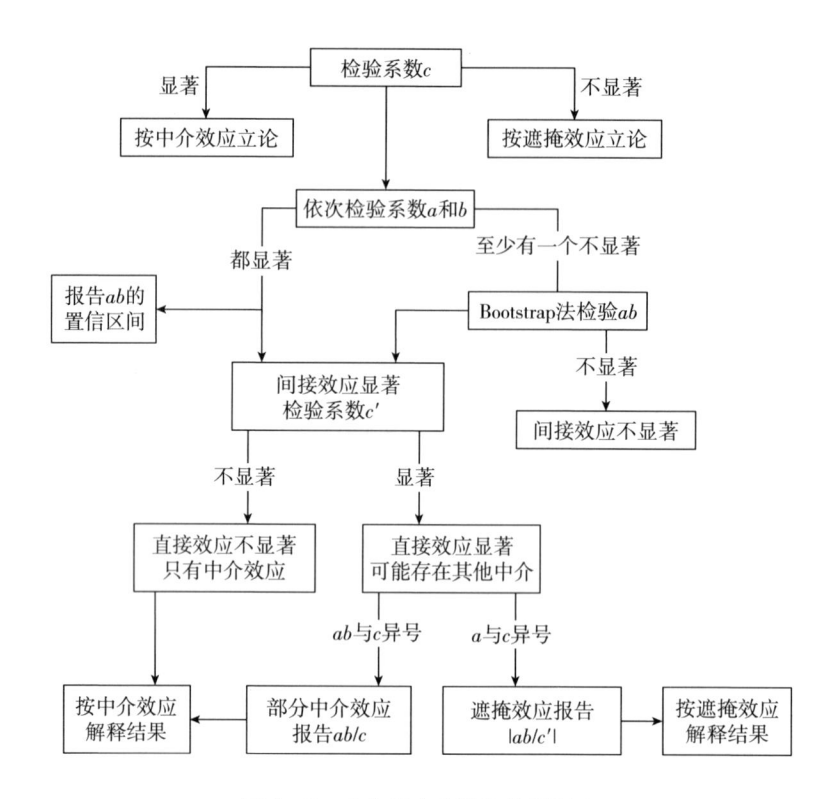

图 4-2 中介效应检验和分析程序

由此，本书在研究研发补助与融资约束的中介作用时，使用 Bootstrap 法：首先将 Bootstrap 抽样数设定为 5000 次，置信区间的置信度水平设定为 95%，接下来观察路径系数 95% 的置信区间，若其中不包括 0，则表明中介效应显著。若直接效应的置信区间不包括 0，则说明为部分中介，即仍存在其他中介变量；若直接效应的置信区间包括 0，则说明为完全中介，即所检验的中介变量为唯一的中介变量。

第六节 模型构建

一 地方政治权力转移与企业政治关联模型构建

为了检验地方政治权力转移后,企业是否会增加与政府的关联程度,本书构建了模型(4-1)。由于市委书记更替对企业建立政企关系的影响过程可能存在滞后,本书使用上年市委书记变更的数据进行分析以控制滞后效应。

$$\Delta PC_t = \partial_0 + \partial_1 Polturn_{t-1} + \sum \partial_i Controls_{t-1} + \varepsilon \qquad 模型(4-1)$$

其中,ΔPC 表示企业政治关联,$Polturn$ 表示企业所在地区市委书记是否发生变更,∂_0 表示截距,$\partial_1 — \partial_n$ 表示系数($n=1, 2, \cdots$),ε 为残差。

二 政治关联对政府补助、融资约束影响的模型构建

本书首先选用 PSM 方法估计政治关联对企业创新资源获取的影响,具体表现为对企业获得政府研发补助以及缓解融资约束程度的效应。

本书以企业是否与政府建立政治关联为标准,将总体样本分为两组:建立政治关联的企业(处理组),记为 $D_i=1$;未建立政治关联的企业(控制组),记为 $D_i=0$。给定 x_i,企业 i 建立政治关联的条件概率为:

$$E(D_i \mid x_i) = 1 \times P(D_i = 1 \mid x_i) + 0 \times P(D_i = 0 \mid x_i) = P(x_i)$$

根据独立性假设条件,本书设定与企业政治关联存在相关影响的协变量,采用 Logit 模型获得样本的 PS 值。

ATT 代表政治关联对研发补助或融资约束程度的影响。给定企业 i,已知其 PS 值为 $P(X_i)$,则政治关联对研发补助的平均处理效应为:

$$\begin{aligned} ATT &= E[\,Subsidy_{1i} - Subsidy_{0i} \mid D_i = 1\,] \\ &= E\{E[\,Subsidy_{1i} - Subsidy_{0i} \mid D_i = 1, P(x_i)\,]\} \\ &= E\{E[\,Subsidy_{1i} \mid D_i = 1, P(x_i)\,] - E[\,Subsidy_{0i} \mid D_i = 0, P(x_i)\,] \mid \\ & \quad D_i = 1\} \end{aligned}$$

政治关联对融资约束的平均处理效应为:

$$\begin{aligned} ATT &= E[\,WW_{1i} - WW_{0i} \mid D_i = 1\,] \\ &= E\{E[\,WW_{1i} - WW_{0i} \mid D_i = 1, P(x_i)\,]\} \end{aligned}$$

$$= E\{E[WW_{1i} \mid D_i = 1, P(x_i)] - E[WW_{0i} \mid D_i = 0, P(x_i)] \mid D_i = 1\}$$

其中，$Subsidy_{1i}$ 和 $Subsidy_{0i}$ 分别表示同一家企业在建立政治关联和没有建立政治关联处理情况下的研发补助；WW_{1i} 和 WW_{0i} 分别表示同一家企业在建立政治关联和没有建立政治关联处理情况下的融资约束程度。

为保证结果的可靠性，本书选用最近邻匹配、半径匹配两种方法分别进行匹配。

前面检验了是否建立政治关联对企业创新资源的影响，其次实证分析政治关联强度对企业创新资源的关系。本书构建了模型（4-2）与模型（4-3），分别检验政治关联强度的变化对企业研发补助与融资约束的影响。

$$Subsidy_t = \partial_0 + \partial_1 \Delta PC_t + \sum \partial_i Controls_t + \varepsilon \qquad 模型（4-2）$$

其中，$Subsidy$ 表示企业获得政府研发补助。

$$WW_t = \partial_0 + \partial_1 \Delta PC_t + \sum \partial_i Controls_t + \varepsilon \qquad 模型（4-3）$$

其中，WW 表示企业的融资约束程度。

三 研发补助、融资约束对研发投入影响的模型构建

为了检验研发补助与融资约束是否能分别促进企业的研发投入，本书构建了模型（4-4）与模型（4-5）。由于研发补助的增强与融资约束的缓解对企业研发投入的激励过程可能存在滞后，本书使用上年研发补助与融资约束的数据进行分析以控制滞后效应。

$$R\&D_t = \partial_0 + \partial_1 Subsidy_{t-1} + \sum \partial_i Controls_{t-1} + \varepsilon \qquad 模型（4-4）$$

$$R\&D_t = \partial_0 + \partial_1 WW_{t-1} + \sum \partial_i Controls_{t-1} + \varepsilon \qquad 模型（4-5）$$

其中，$R\&D$ 表示企业研发投入。

四 基于研发补助、融资约束的中介效应模型构建

本书使用 Bootstrap 法检验研发补助、融资约束在政治关联与研发投入的遮掩作用以及融资约束在研发补助影响研发投入过程的中介效应。图 4-3 展示了对中介效应的检验路径，如图 4-3 所示，分别对"政治关联—研发补助—研发投入""政治关联—融资约束—研发投入"以及"研发补助—融资约束—研发投入"进行抽样检验，在 SPSS 中设置"Model Number"为 4，设定"Bootstrap Sample"为 5000，选择偏差校正的非参数百分位法"Bias Corrected"，设定"Confidence level for confidence"为 95%，观察简单中介检验结果。

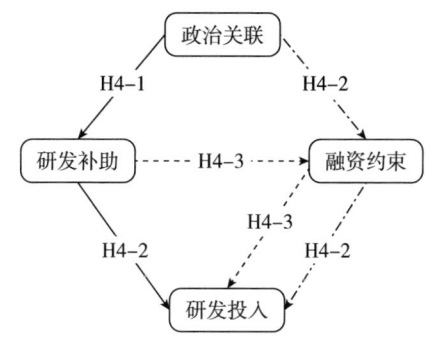

图 4-3 中介效应的概念模型

五 研发投入对企业技术创新产出影响的模型构建

为研究研发投入对于企业技术创新产出的影响，本书构建了以下模型，并区分实质性创新产出与策略性创新产出，分别检验研发投入对其的关系影响。

$$Patent_t = \partial_0 + \partial_1 R\&D_{t-1} + \sum \partial_i Controls_{t-1} + \varepsilon \quad 模型（4-6）$$

$$Patenti_t = \partial_0 + \partial_1 R\&D_{t-1} + \sum \partial_i Controls_{t-1} + \varepsilon \quad 模型（4-7）$$

$$Patentud_t = \partial_0 + \partial_1 R\&D_{t-1} + \sum \partial_i Controls_{t-1} + \varepsilon \quad 模型（4-8）$$

其中，$Patent$ 表示企业创新产出，$Patenti$ 为企业实质性创新产出，$Patentud$ 为企业策略性创新产出。

第七节 政治关联对企业研发补助、融资约束影响的实证研究

一 描述性统计

表 4-2 为地方政治权力转移、政治关联与政府研发补助、融资约束各变量的描述性统计。

表 4-2 描述性统计

变量	样本量	均值	标准差	最小值	中位数	最大值
$Polturn_{t-1}$	3540	0.268	0.443	0	0	1
ΔPC	3540	-0.042	0.101	-0.393	0	0.167

续表

变量	样本量	均值	标准差	最小值	中位数	最大值
$Subsidy$	3540	1.851	3.230	0	0.658	21.617
WW	3540	1.020	0.060	0.879	1.020	1.181
$Owner$	3540	0.614	0.487	0	1	1
Age	3540	15.665	4.820	2	16	33
Lev	3540	0.429	0.186	0.069	0.420	0.875
$Cash$	3540	0.170	0.106	0.026	0.142	0.522
$Growth$	3540	0.148	0.322	−0.399	0.102	1.955
Roa	3540	0.042	0.052	−0.123	0.035	0.204
Ci	3540	0.225	0.133	0.012	0.202	0.600
S	3540	0.837	0.669	0.049	0.678	3.210
$Indir$	3540	0.369	0.051	0.333	0.333	0.571
$Lnms$	3540	15.295	0.666	13.704	15.251	17.047

从表4-2对地方政治权力转移（$Polturn$）的统计中可以看出，在样本期内有26.8%的企业所处地区发生过市委书记变更，这说明样本企业的外部环境具有一定程度的不确定性。通过表4-2中对政企关系的描述性统计结果可以看出，政治关联变化值（ΔPC）的均值为负数，这说明政企之间的联系有所减弱，政府与市场互动的边界愈加明了，我国在新型政商关系构建的过程上取得了显著成效。观察政府研发补助（$Subsidy$）的描述性统计结果，政府研发补助的均值远大于其中位数，说明政府在激励企业自主创新方面给予了较高的资金补贴，着力提升我国整体科技创新能力。通过观察标准差，可以看出不同性质的企业获得的研发补助有较大差异，即政府会有选择性地分配有限资源，这就为企业建立政府关联提供了契机。观察融资约束（WW）的描述性统计结果，最小值为0.879，最大值为1.181，说明我国高新技术企业或多或少均存在融资约束，这将对企业研发等活动产生一定的影响。

观察表4-2中对控制变量的描述性统计分析，相比国有企业，高新企业样本中非国有企业的数量更多，其更需要政府的支持。高新技术企业样本中既包括年轻企业，又包括成熟企业，且其经营状况、负债水平等特征都有所差异，例如，财务杠杆（Lev）最小值为0.069，最大值为

0.875，企业之间资产负债率差异较大；主营业务收入增长率（Growth）和盈利能力（Roa）的均值都高于中位数，表明样本企业的经营态势总体处于增长水平。

二 相关性检验

表4-3列示了地方政治权力转移、政治关联和政府研发补助与企业融资约束之间的相关性。从中可以看出，地方政治权力转移与政治关联呈正相关关系，初步判断市委书记的变更能够提高高新技术企业建立政治关联的积极性，与假设4-1一致。政治关联变化值与政府研发补助在1%的水平上呈现正相关关系，与企业融资约束在1%的水平上呈现负相关关系，说明当企业在积极与政府建立关联的过程中，政府为了自身政绩等其他原因也会做出一定的回应，如给予这些企业更多的研发补助；同时，与政府建立关联这一利好信号也能够帮助企业获得更多的资金支持。初步判断与假设4-2与假设4-3一致。表4-3中列示产权性质、企业年龄等控制变量的相关性系数，均没有高于0.4，因此，本部分变量不存在多重共线性问题。

表4-3 主要变量 Pearson 相关性分析

变量	$Polturn_{t-1}$	ΔPC	$Subsidy_t$	WW_t
$Polturn_{t-1}$	1			
ΔPC	0.046***	1		
$Subsidy_t$	-0.011	0.081***	1	
WW_t	-0.006	-0.083***	-0.127***	1

三 地方政治权力转移对政治关联的影响

为检验地方政治权力转移对政治关联所产生的影响，本书对模型（4-1）进行 Hausman 检验，采用面板回归分析的固定效应模型。

表4-4 地方政治权力转移对政治关联影响的实证结果

变量	模型（4-1）
$Polturn_{t-1}$	0.008** (1.96)

续表

变量	模型（4-1）
$Owner_{t-1}$	-0.012
	(-0.50)
Age_{t-1}	-0.017***
	(-13.56)
Lev_{t-1}	0.027
	(1.06)
$Cash_{t-1}$	-0.016
	(-0.60)
$Growth_{t-1}$	-0.010
	(-1.33)
Roa_{t-1}	0.049
	(0.77)
Ci_{t-1}	-0.027
	(-0.83)
S_{t-1}	0.013**
	(2.04)
$Indir_{t-1}$	0.015
	(0.24)
$Lnms_{t-1}$	-0.004
	(-0.49)
cons	0.245**
	(2.20)
Adj. R^2	0.0931
N	3540
F	27.43***

表4-4的面板数据分析结果显示上年地方政治权力转移（$Polturn$）与政企间政治关联变化值（ΔPC）在1%的显著性水平上呈正相关关系，即在企业所在地发生市委书记变更的情况下，企业内"官员性董事"的比例会相应增加，由此，本书假设4-1得到验证。徐业坤等（2013）指出，政治主要通过两方面来影响企业行为，一是宏观环境的政治与政策不确定性，二是政企之间的政治关联。当地方市委书记发生更替时，企业外部的

政治环境产生变化,进而使政企之间的关联关系减弱或者消失。但对于高新技术企业来说,维系好与地方政府的关系对其获取有限资源、实现长远发展具有重要作用。并且,作为经济政策的制定者与主要执行者,政府的行为往往能够折射市场经济新动向。因此,为规避长久以来维持的政企关系破裂的风险以及尽早了解未来政策倾向,企业会逐渐增加公司董事中具有政治背景的人所占比例,来得到政府的青睐,以期获得更多的稀缺资源、实现快速发展。

另外,表4-4中对控制变量的回归结果显示企业年龄(Age)与政治关联变化值(ΔPC)呈显著负相关关系。企业成立年限越长,其自身所积累的人力、财力资源越雄厚,在进行研发投入等决策行为时不需要过度依赖于政府。这类企业往往不希望耗费大量精力并且冒一定的风险进行政治关联,所以其与政府的关联往往不那么密切。

四 政治关联对企业研发补助、融资约束的影响

(一) 倾向得分值估计

在已有理论和经验文献的基础上,本书选取公司特征、经营状况以及治理结构、股权结构等方面的变量作为协变量,如表4-5所示,构建Logit回归模型进行配对:

$$\text{Logit}(PC) = \alpha_0 + \alpha_1 Owner + \alpha_2 Age + \alpha_3 Lev + \alpha_4 Cash + \alpha_5 BS + \alpha_6 Roa + \alpha_7 MS + \alpha_8 Employee + \alpha_9 Ci + \alpha_{10} Indir + \alpha_{11} Lnms + \varepsilon_{i,t}$$

模型(4-9)

表4-5 协变量定义

变量名称	变量符号	指标计算
产权性质	Owner	若企业为国有企业,赋值为0;反之,赋值为1
企业年龄	Age	企业自成立至样本年度的时间
财务杠杆	Lev	负债总额/总资产
现金持有量	Cash	货币资金/总资产
董事会规模	BS	董事会的董事总数
盈利能力	Roa	总资产净利润率
高管短期薪酬	MS	金额最高的前三名高级管理人员报酬总额的自然对数
资本密集度	Ci	固定资产净额/资产总额

表 4-6 为 Logit 模型的回归结果,可以看出,模型整体显著,Pseudo R^2 的值为 0.0403,模型构建合理。产权性质等协变量均对企业是否进行政治关联产生显著影响,并且 Logit 回归系数与边际效应的符号相一致。在影响企业政治关联意愿的因素与企业政治关联行为的估计结果中,本书发现,相对于国有企业,非国有企业更愿意进行政治关联,因为国有企业的特征决定了其天生便与政府存在或多或少的联系。而非国有企业由于缺乏政治背景,更愿意主动与政府建立政治关联。企业年龄与政治关联呈负相关关系,即越年轻的企业越倾向于与政府建立关联。董事会规模越大,企业政治关联的概率越高,可能的解释为:董事会规模的大小能够反映其董事会成员外在关联人员的多少,关系到整个公司的人脉关系、社会网络等因素,政治关联便通过这些信息渠道和关系网络建立了起来。

表 4-6　　　　　　　　匹配变量的 Logit 模型估计

变量	系数	P 值
Owner	0.571	0.000
Age	-0.054	0.000
Lev	0.894	0.001
Cash	0.705	0.078
BS	0.133	0.000
Roa	2.358	0.007
MS	-0.521	0.000
Employee	2735.097	0.000
Ci	0.818	0.000
Indir	2.714	0.001
Lnms	0.463	0.001
cons	-3.251	0.002
Log likelihood	-2047.6756	
Pseudo R^2	0.0403	

(二) 匹配效果检验

图 4-4 和图 4-5 分别为匹配前后的核密度情况,本书发现,关联组和控制组的 PS 值有较大重叠,满足共同支撑条件。

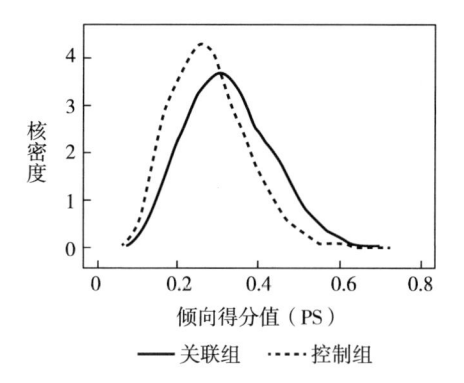

图 4-4 匹配前的核密度情况

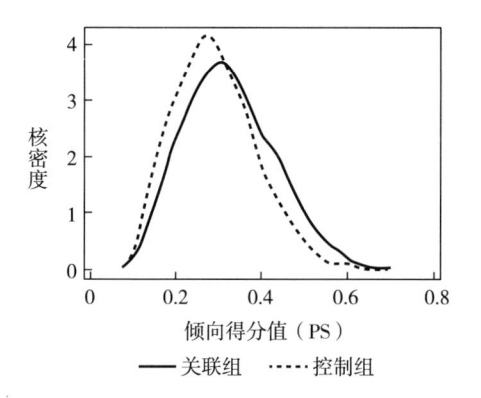

图 4-5 匹配后的核密度情况

完成匹配后,进行平衡性检验,尽可能使高新技术企业样本在除是否进行政治关联以外的其他方面均保持相似。通过平衡性检验观察关联组和控制组在倾向得分和协变量上是否相似,经验表明,匹配后协变量标准偏差的绝对值小于5%则表示通过平衡性检验(仇云杰和魏炜,2016)。表4-7中列出了协变量在匹配前后的检验结果,匹配后的标准偏差绝对值都不大于5%,即满足平衡条件,匹配效果较好。

表 4-7　　　　　　　匹配前后的样本特征对比

匹配变量	配对阶段	平均值		标准偏差（%）	均值无差异T检验	
		关联组	控制组		T值	P值
Owner	匹配前	0.696	0.580	24.2	6.45	0.000
	匹配后	0.696	0.675	4.3	1.00	0.319

续表

匹配变量	配对阶段	平均值		标准偏差（%）	均值无差异T检验	
		关联组	控制组		T值	P值
Age	匹配前	14.663	16.076	-29.7	-7.99	0.000
	匹配后	14.663	14.597	1.4	0.31	0.754
Lev	匹配前	0.430	0.429	0.6	0.17	0.866
	匹配后	0.430	0.428	0.9	0.20	0.840
Cash	匹配前	0.172	0.170	2.3	0.62	0.533
	匹配后	0.172	0.175	-3.3	-0.72	0.469
BS	匹配前	9.010	8.775	13.3	3.69	0.000
	匹配后	9.010	9.029	-1.1	-0.24	0.812
Roa	匹配前	0.045	0.041	7.6	2.04	0.042
	匹配后	0.045	0.046	-3.2	-0.72	0.470
MS	匹配前	14.297	14.332	-5.5	-1.48	0.140
	匹配后	14.297	14.296	0.3	0.07	0.946
Employee	匹配前	8.6e-05	7.8e-05	15.4	4.18	0.000
	匹配后	8.6e-05	8.8e-05	-4.5	-0.95	0.342
Ci	匹配前	0.232	0.222	7.7	2.05	0.041
	匹配后	0.232	0.229	2.6	0.59	0.554
Indir	匹配前	0.370	0.369	2.9	0.79	0.430
	匹配后	0.370	0.369	2.3	0.53	0.594
Lnms	匹配前	15.303	15.292	1.6	0.44	0.663
	匹配后	15.303	15.302	0.2	0.05	0.964

（三）平均处理效应计算

在进行以上处理后，本部分计算平均处理效应ATT来衡量政治关联对企业获得政府补助以及自身融资约束的效应。

通过采用最近邻匹配进行样本配对，观察表4-8可以发现，当结果变量为研发补助（Subsidy）时，ATT值为0.611且在1%的水平上显著正相关，说明进行政治关联的高新技术企业能够获得更多的政府补助，假设4-2得到验证。当结果变量为融资约束（WW）时，ATT值为-0.006，同时在5%的显著性水平上负相关，即与政府建立政治关联的高新技术企业的自身融资约束程度更低，假设4-3得到验证。高新技术企业通过与政府建立关联，能够从政府部门获得政策便利和研发补助，如各种研发专项资金等。另外,企业与政府保持关联的这一信号也会间接帮助企业从银行等外部金融机构更容易获得资金支持,这些资源缓解了企业内部融资约束,进一步促使企业加快内部的研发等活动。为确保结果的稳健性,本部分采用半径匹配进行样本配对并得出了相同的结论。

表 4-8 政治关联影响的平均处理效应

匹配类型	变量	关联组	控制组	ATT	标准误	T 值
最近邻匹配	Subsidy	2.254	1.643	0.611	0.138	4.42***
	WW	1.017	1.023	-0.006	0.003	-2.20**
半径匹配	Subsidy	2.256	1.675	0.581	0.131	4.42***
	WW	1.017	1.022	-0.004	0.002	-1.87*

五 稳健性检验

(一)地方政治权力转移对政治关联影响的稳健性检验

前文使用面板回归分析验证了地方政治权利转移对高新技术企业政治关联的正向激励作用,为确保结论的严谨性,本部分使用 OLS 回归进一步验证这两者是否存在正相关关系,结果如表 4-9 所示,可以看出,前文实证结果具有稳健性。

表 4-9 地方政治权力转移对政治关联影响的稳健性检验结果

变量	模型 (4-1)
$Polturn_{t-1}$	0.009**
	(2.49)
$Owner_{t-1}$	-0.008**
	(-2.15)
Age_{t-1}	-0.002***
	(-6.03)
Lev_{t-1}	0.022**
	(2.02)
$Cash_{t-1}$	0.042**
	(2.53)
$Growth_{t-1}$	-0.009
	(-1.42)

续表

变量	模型（4-1）
Roa_{t-1}	0.131***
	(3.29)
Ci_{t-1}	0.006
	(0.43)
S_{t-1}	-0.001
	(-0.19)
$Indir_{t-1}$	-0.062*
	(-1.84)
$Lnms_{t-1}$	-0.013***
	(-4.79)
cons	0.193***
	(4.45)
Adj. R^2	0.0232
N	3540
F	8.65***

（二）政治关联对企业研发补助、融资约束影响的稳健性检验

前文使用倾向得分匹配方法分别对政治关联与政府研发补助、企业融资约束的关系做了实证分析，为确保研究结论的可靠性，本部分使用面板数据模型进行回归分析。下文的实证部分均通过经过 Hausman 检验后采用面板回归分析的固定效应模型，实证结果见表4-10，同样表明政治关联能够为企业带来更多的研发补助，也能够缓解企业的融资约束，与上文研究结论一致。

表4-10　政治关联对研发补助、融资约束影响的稳健性检验结果

变量	模型（4-2）	模型（4-3）
	$Subsidy_t$	WW_t
ΔPC	1.313***	-0.008*
	(3.07)	(-1.74)
Owner	0.825	-0.023***
	(1.44)	(-3.82)
Age	-0.306***	0.007***
	(-10.60)	(23.85)

续表

变量	模型（4-2） $Subsidy_t$	模型（4-3） WW_t
Lev	-1.326** (-2.27)	0.023*** (3.69)
Cash	-0.168 (-0.25)	0.080*** (11.16)
Growth	-0.305** (-2.06)	0.049*** (31.54)
Roa	2.633* (1.82)	0.194*** (12.80)
Ci	3.050*** (3.96)	0.003 (0.37)
S	0.239* (1.75)	0.001 (0.94)
Indir	2.315 (1.54)	-0.010 (-0.61)
Lnms	0.369** (2.23)	0.015*** (8.40)
cons	-0.659 (-0.26)	0.662*** (25.16)
Adj. R^2	0.0731	0.5364
N	3540	3540
F	21.06***	309.09***

第八节 政治关联、企业研发补助和融资约束对技术创新行为的实证研究

一 描述性统计

表4-11列示了企业创新相关变量的描述性统计结果。从高新技术企业研发投入（R&D）来看，均值高于中位数，说明为了企业自身的需要以

及政府政策的要求，当前大多数高新技术企业会投入资金、人力等资源来进行新产品新技术的研发。这一方面能够满足企业技术创新的需求，提升市场竞争力；另一方面能够迎合政府的政策要求，拉近与政府的联系。从高新技术企业创新产出来看，样本企业整体创新产出能力参差不齐，最大值为7.350，最小值仅为0.693，有较大差距。实质性创新产出（$Patenti$）均值为2.767，策略性创新产出（$Patentud$）均值为2.912，由此可见我国高新技术企业虽然创新能力正逐步提升，但实质技术性专利仍少于实用新型和外观设计这类非发明专利的产出数量。我国总体创新能力亟待提升，尤其是实质性创新产出方面。

表4-11 描述性统计

变量	样本量	均值	标准差	最小值	中位数	最大值
$R\&D$	3540	0.042	0.030	0.001	0.036	0.181
$Patent$	3540	3.665	1.302	0.693	3.611	7.350
$Patenti$	3540	2.767	1.366	0	2.708	6.488
$Patentud$	3540	2.912	1.504	0	2.996	6.654

二 相关性分析

本部分采用Pearson相关性分析来验证解释变量与被解释变量存在相关关系的可能性，为后文回归奠定基础。表4-12列示了研发补助、融资约束与企业研发投入、创新产出的相关性分析。观察表4-12可以看出，政府研发补助与融资约束显著负相关，表明企业自身融资约束能因获得政府研发补助而得到一定程度的缓解。政府研发补助与研发投入在1%的显著性水平上正相关，初步判断高新技术企业在获得更多研发补助的条件下会增大研发创新的投入，与假设4-4一致。融资约束与研发投入在1%的显著性水平上负相关，初步判断当企业融资约束得到一定缓解时，同样会增大研发投入，与假设4-5一致。在相关性分析中，研发投入与总体创新产出、实质性创新产出与策略性创新产出均呈显著正相关，将会在回归分析中进行进一步验证。另外，表4-12中各控制变量之间的相关系数均低于0.4，即所选变量合理，不存在多重共线性。

表 4-12 主要变量 Pearson 相关性分析

变量	$Subsidy_{t-1}$	WW_{t-1}	$R\&D_t$	$Patent$	$Patenti$	$Patentud$
$Subsidy_{t-1}$	1					
WW_{t-1}	-0.092***	1				
$R\&D_t$	0.290***	-0.128***	1			
$Patent$	0.107***	0.470***	0.137***	1		
$Patenti$	0.151***	0.468***	0.190***	0.880***	1	
$Patentud$	0.038**	0.377***	0.034**	0.866***	0.589***	1

三 研发补助、融资约束对研发投入的影响分析

为验证政府研发补助对企业研发投入的影响，本节对模型（4-4）和模型（4-5）进行了线性回归，表 4-13 列示了实证分析结果。

表 4-13 研发补助对研发投入影响的实证检验结果

变量	模型（4-4）	模型（4-5）
$Subsidy_{t-1}$	0.002*** (13.78)	
WW_{t-1}		-0.077*** (-7.46)
$Owner_{t-1}$	-0.002* (-1.72)	-0.003*** (-3.13)
Age_{t-1}	-0.001*** (-6.43)	-0.001*** (-5.82)
Lev_{t-1}	-0.030*** (-10.33)	-0.025*** (-7.89)
$Cash_{t-1}$	0.007 (1.64)	0.012*** (2.63)
$Growth_{t-1}$	-0.005*** (-3.53)	-0.002 (-1.27)
Roa_{t-1}	-0.009 (-0.85)	0.015 (1.40)
Ci_{t-1}	-0.006 (-1.58)	-0.003 (-0.67)

续表

变量	模型（4-4）	模型（4-5）
S_{t-1}	0.002*** (3.05)	0.002*** (3.36)
$Indir_{t-1}$	0.023*** (2.81)	0.029*** (3.45)
$Lnms_{t-1}$	0.005*** (6.51)	0.007*** (9.13)
Year	控制	控制
Industry	控制	控制
cons	-0.017 (-1.31)	0.013 (-1.37)
Adj. R^2	0.3384	0.3133
N	3540	3540
F	29.29***	26.23***

观察表4-13的第一列可以看出，政府研发补助（Subsidy）与企业研发投入（R&D）在1%的显著性水平上呈正相关关系，即高新技术企业收到的政府研发补助越多，其在研发活动中的投入越多，与假设4-4一致。政府与企业之间互为利益相关者，一方面，政府需要企业的快速稳定发展来推动整体经济的和谐发展。为促进企业创新行为，政府将大量研发资金直接注入企业内部，这不仅能够帮助企业增大研发投入，而且能够在一定程度上让政府参与企业的决策行为，进一步激发企业的创新热情。另一方面，研发补助作为政府支持鼓励企业创新的直接途径，对企业的R&D活动能够产生诱发作用（Pere，2013）。研发行为具有很大的不确定性和正外部性，政府的补助为企业降低了研发失败的损失，提高了研发成功带来的利润，这让企业更愿意增加研发投入；同时，高新技术企业获取政府补助这一有利信号不仅能够促使投资者增加创新投资，也会使企业更容易获得银行等金融机构的资金支持，帮助企业缓解自身融资约束，进一步增加研发投入。

从控制变量的回归结果来看，产权性质（Owner）与研发投入呈显著负相关关系，即相较于非国有企业，国有企业在研发创新活动中投入更多的资金。国有企业因与政府的密切联系，且拥有丰富的外部资源，容易获得政府、投资者等各方的资金支持来进行研发活动。高新技术企业的营业毛利率（Margin）与研发投入正相关，可见研发活动或多或少会受到企业融资约束的制约，毛利率越高的企业盈利能力越强，越有能力进行研发创新活动。高新技术企业的资产负债率（Lev）与研发投入在1%的显著性水平上负相关，因为经理人会考虑公司整体状况与综合风险而做出决策，当财务杠杆较高时，公司的财务风险与经营风险相应提高，此时企业往往注重于公司的正常运营，避免过多地将资金置于不确定性较高的研发活动。股权制衡度（S）越高，公司股权结构越分散，这将有效防止"一股独大"，较高的独董比例（Indir）也会一定程度上避免代理问题、减少代理成本；同样，高管薪酬（Lnms）的提高也会使高管注重于提升企业知识资源和长期价值，而非仅仅关注自身权利和财富。

从表4-13的回归结果中可以看出，融资约束（WW）与研发投入（R&D）在1%的显著性水平上呈负相关关系，即融资约束对企业研发投入存在抑制作用，高新技术企业所受融资约束程度越低，研发投入越多。假设4-5得到验证。如今的市场技术更迭频繁，融资约束作为一个困扰发展中国家乃至发达国家企业的普遍问题，严重影响着企业的自主创新发展。我国高新技术企业的研发创新行为必不可少，但这也需要大量的资金、较高的转换成本与较长的投资回收期，所以一旦外部融资受阻，企业所受融资约束程度较高，企业内部资金链面临断裂的风险，管理者不得不放弃一些投资研发项目，减缓新产品新技术的技术创新活动，缩小研发投入规模。

四 基于研发补助、融资约束的中介效应检验

（一）研发补助与融资约束的遮掩效应检验

为检验研发补助、融资约束在政治关联对研发投入影响中的遮掩效应，本部分构建如下回归模型进行检验，并进一步使用Bootstrap方法重复抽样5000次、构建95%的无偏差校正置信区间。

$$R\&D = c\Delta PC + \sum Controls + \varepsilon \quad \text{模型 (4-10)}$$

$$Subsidy/WW = a\Delta PC + \sum Controls + \varepsilon \quad \text{模型 (4-11)}$$

$$R\&D = c'\Delta PC + bSubsidy/WW + \sum Controls + \varepsilon \quad \text{模型 (4-12)}$$

检验结果如表4-14所示，所得Bootstrap结果如表4-15所示。首先，政治关联与研发投入的回归系数不显著，说明整体上政治关联不会对企业研发投入产生显著影响。其次，政治关联与研发补助的系数以及研发补助与研发投入的系数均在1%的水平上显著正相关。并且，在政治关联

对研发投入的影响中,研发补助的间接效应为 0.006,置信区间为 [0.004,0.009],不包括零,说明间接效应显著。另外,其间接效应与直接效应(-0.005)的符号相反,说明研发补助在政治关联与研发投入之间的间接效应表现为"遮掩效应",假设 4-6 得到验证。政治关联与融资约束的系数在 1% 的水平上显著正相关,融资约束与研发投入的系数在 1% 的水平上显著负相关。并且,在政治关联对研发投入的影响中,融资约束的间接效应为 0.004,置信区间为 [0.002,0.006],不包括零,说明间接效应显著;直接效应(-0.003)与间接效应的符号相反,即融资约束在政治关联与研发投入之间的间接效应同样表现为"遮掩效应",假设 4-7 得到验证。由实证结果可知,政治关联并不会显著影响研发投入,但因为政治关联一方面带来了更多的研发补助,促进了企业投入更多资金进行研发活动,另一方面政治关联有效缓解了企业的融资约束,也让企业有更多的经济资源支持新产品的研发。

表 4-14 遮掩效应的检验结果

变量	$\Delta PC \to Subsidy \to R\&D$			$\Delta PC \to WW \to R\&D$		
	R&D	Subsidy	R&D	R&D	WW	R&D
ΔPC	0.001 (0.24)	2.423*** (4.51)	-0.004 (-0.94)	0.001 (0.24)	-0.024*** (-3.16)	-0.001 (-0.26)
Subsidy			0.002*** (15.70)			
WW						-0.099*** (-9.51)
Owner	-0.001 (-0.72)	-0.638*** (-5.15)	0.001 (0.61)	-0.001 (-0.72)	-0.010*** (-5.69)	-0.002 (-1.63)
Age	-0.001*** (-5.85)	-0.043*** (-3.59)	-0.001*** (-5.09)	-0.001*** (-5.85)	0.001*** 6.75	-0.000*** (-4.81)
Lev	-0.042*** (-13.74)	-1.229*** (-3.50)	-0.039*** (-13.27)	-0.042*** (-13.74)	0.096*** (19.71)	-0.032*** (-10.22)
Cash	0.019*** (3.84)	1.717*** (2.99)	0.015*** (3.18)	0.019*** (3.84)	0.035*** (4.36)	0.023*** (4.58)
Growth	-0.004*** (-2.76)	-0.055 (-0.31)	-0.004*** (-2.78)	-0.004*** (-2.76)	0.046*** (18.93)	0.000 (0.22)

续表

变量	ΔPC→Subsidy→R&D			ΔPC→WW→R&D		
	R&D	Subsidy	R&D	R&D	WW	R&D
Roa	-0.084***	-1.392	-0.081***	-0.084***	0.285***	-0.056***
	(-7.74)	(-1.11)	(-7.71)	(-7.74)	(16.33)	(-5.04)
Ci	-0.022***	1.314***	-0.025***	-0.022***	0.011*	-0.021***
	(-5.71)	(2.95)	(-6.68)	(-5.71)	(1.81)	(-5.49)
S	0.003***	0.253***	0.002***	0.003***	-0.003***	0.003***
	(4.03)	(2.97)	(3.37)	(4.03)	(-2.72)	(3.64)
Indir	0.042***	1.679	0.038***	0.042***	0.021	0.044***
	(4.55)	(1.58)	(4.29)	(4.55)	(1.39)	(4.83)
Lnms	0.008***	0.167*	0.007***	0.008***	0.034***	0.011***
	(10.22)	(1.88)	(10.07)	(10.22)	(27.28)	(13.37)
cons	-0.062***	-0.366	-0.062***	-0.062***	0.422***	-0.021
	(-5.13)	(-0.26)	(-5.24)	(-5.13)	(21.66)	(-1.63)
Adj. R²	0.1283	0.0256	0.1850	0.1283	0.4650	0.1498
N	3540	3540	3540	3540	3540	3540
F	48.35***	9.47***	67.95***	48.35***	280.69***	52.97***

表 4-15　　Bootstrap 检验结果

路径	间接效应			直接效应		
	Effect	95% 置信区间		Effect	95% 置信区间	
		下限	上限		下限	上限
政治关联→研发补助→研发投入	0.006	0.004	0.009	-0.005	-0.015	0.003
政治关联→融资约束→研发投入	0.004	0.002	0.006	-0.003	-0.012	0.006

(二) 融资约束的中介作用检验

为验证融资约束在研发补助对研发投入作用的中介作用,建立如下模型进行回归分析,同样进一步使用 Bootstrap 方法重复抽样 5000 次,构建 95% 的无偏差校正置信区间。

$$R\&D = cSubsidy + \sum Controls + \varepsilon \qquad 模型（4-13）$$

$$WW = aSubsidy + \sum Controls + \varepsilon \quad \text{模型 (4-14)}$$

$$R\&D = c'Subsidy + bWW + \sum Controls + \varepsilon \quad \text{模型 (4-15)}$$

检验结果如表 4-16 所示，所得 Bootstrap 结果如表 4-17 所示。研发补助与研发投入的回归系数在 1% 的水平上显著正相关，说明政府给予企业的研发补助能够促进在研发方面的投入。研发补助与融资约束的系数以及融资约束与研发投入的系数均在 1% 的水平上显著相关。在研发补助对研发投入的影响中，融资约束的中介作用为 0.0001，95% 的置信区间为 [0.0001, 0.0002]，不包括 0，说明融资约束的中介效应显著；研发补助对研发投入的直接效应为 0.002，95% 的置信区间为 [0.002, 0.002]，不包括 0，说明融资约束在研发补助对研发投入的驱动作用中存在部分中介作用。假设 4-8 得到验证。

表 4-16　　　　　　　　中介效应的检验结果

变量	$Subsidy_{t-1} \to WW \to R\&D$		
	R&D	WW	R&D
$Subsidy_{t-1}$	0.002*** (16.99)	-0.001*** (-6.17)	0.002*** (16.14)
WW			-0.085*** (-9.38)
$Owner_{t-1}$	0.000 (0.06)	-0.007*** (-3.92)	-0.001 (-0.55)
Age_{t-1}	-0.000*** (-5.33)	0.001*** (6.91)	-0.000*** (-4.28)
Lev_{t-1}	-0.035*** (-11.89)	0.080*** (14.50)	-0.029*** (-9.46)
$Cash_{t-1}$	0.009** (2.09)	-0.009 (-1.14)	0.009* (1.94)
$Growth_{t-1}$	-0.003* (-1.80)	0.014*** (4.61)	-0.002 (-1.10)
Roa_{t-1}	-0.046*** (-4.31)	0.236*** (12.06)	-0.026** (-2.41)
Ci_{t-1}	-0.026*** (-6.85)	0.001 (0.10)	-0.026*** (-6.92)

续表

变量	$Subsidy_{t-1} \to WW \to R\&D$		
	R&D	WW	R&D
S_{t-1}	0.003***	-0.002*	0.003***
	(4.11)	(-1.73)	(3.88)
$Indir_{t-1}$	0.033***	0.029*	0.035***
	(3.68)	(1.76)	(4.00)
$Lnms_{t-1}$	0.007***	0.034***	0.010***
	(9.52)	(25.47)	(12.55)
cons	-0.054***	0.433***	-0.018
	(-4.68)	(20.28)	(-1.45)
Adj. R^2	0.1910	0.3450	0.2104
N	3540	3540	3540
F	76.95***	170.48***	79.61***

表 4-17　　Bootstrap 检验结果

路径	间接效应			直接效应		
	Effect	95% 置信区间		Effect	95% 置信区间	
		下限	上限		下限	上限
研发补助→融资约束→研发投入	0.0001	0.0001	0.0002	0.0023	0.0021	0.0026

五　研发投入对创新产出的影响分析

为检验研发投入对企业创新产出所产生的影响,本节对模型(4-6)至模型(4-8)进行 Hausman 检验,采用面板回归分析的固定效应模型。表 4-18 列出了实证分析结果。

表 4-18　　研发投入对创新产出影响的实证检验结果

变量	模型(4-6)	模型(4-7)	模型(4-8)
	Patent	Patenti	Patentud
$R\&D_{t-1}$	1.600**	2.213***	0.623
	(2.28)	(2.93)	(0.75)

续表

变量	模型 (4-6) Patent	模型 (4-7) Patenti	模型 (4-8) Patentud
$Owner_{t-1}$	-0.676*** (-4.65)	-0.766*** (-4.91)	-0.491*** (-2.85)
Age_{t-1}	0.084*** (10.88)	0.095*** (11.56)	0.075*** (8.17)
Lev_{t-1}	0.397** (2.52)	0.578*** (3.41)	0.264 (1.41)
$Cash_{t-1}$	-0.435*** (-2.62)	-0.329* (-1.85)	-0.298 (-1.51)
$Growth_{t-1}$	0.085* (1.92)	0.056 (1.18)	0.088* (1.67)
Roa_{t-1}	1.475*** (3.80)	1.408*** (3.38)	1.338*** (2.90)
Ci_{t-1}	-0.374* (-1.88)	-0.857** (-4.01)	0.258 (1.09)
S_{t-1}	0.087** (2.33)	0.071* (1.76)	0.086* (1.94)
$Indir_{t-1}$	-0.054 (-0.14)	0.025 (0.06)	-0.257 (-0.56)
$Lnms_{t-1}$	0.205*** (4.55)	0.194*** (4.00)	0.231*** (4.31)
cons	-0.469 (-0.69)	-1.329* (-1.83)	-1.586** (-1.98)
Adj. R^2	0.1234	0.1296	0.0738
N	3540	3540	3540
F	37.61***	39.78***	21.30***

表 4-18 的回归结果显示，企业研发投入（R&D）与企业创新产出（Patent）在 1% 的显著性水平上呈正相关关系，即高新技术企业增加在技术创新活动中的研发投入，创新产出也会相应地增多。假设 4-9 得到验证。从政府方面来看，创新是引领发展的第一动力，这不仅需要政府支持高新技术企业建立研发机构、加大研发投入，更重要的是要推动企业主导

的产学研协同创新、提升专利储备以增强企业竞争力。从企业方面来看，高新技术企业离不开创新，政府接连出台高新技术企业扶持等鼓励创新政策，这为企业内部技术产品升级提供了契机，企业往往会积极参与专利成果的研发，进一步促进关键技术的升级改造。所以，企业研发投入的增加往往反映到专利数量的增多。

进一步地，当将创新产出区分发明专利（Patenti）和非发明专利（Patentud）后，结果显示研发投入与发明专利在 1% 的显著性水平上呈正相关关系，与非发明专利无显著关系，假设 4-10 得到验证，假设 4-11 未成立。发明专利为实质性创新，是能够切实推动产业转型升级的有力支持，但其所需技术水平较高、研发周期较长。而非发明专利仅需低技术水平、周期较短的创新活动便能取得，通常为策略性创新。实证结果显示研发投入促进了高新技术企业的实质性创新产出。由此可见，在我国，高新技术企业确实有效利用了政府给予的一系列政策帮助，积极参与产业技术创新行动，为知识产权创造活动起到了重要的推动作用。

另外，观察表 4-18 中控制变量的回归结果，产权性质（Owner）与创新总产出成反比，即相对于非国有企业，国有企业的专利申请数更多、创新产出水平更高，这与国有企业能够获得更多的研发资源相吻合。企业年龄（Age）与创新产出呈显著正向关系，大规模、资历丰富的公司，在市场中具有较强的竞争力，其内部研发活动越成熟，有更大的可能发明高质量专利。公司盈利能力（Roa）越强，代表着具有稳定的现金流与持久的发展动力，此时管理层开始引领企业走到靠技术领先和产品创新的路径中来，企业创新产出能力得到提高。

六 稳健性检验

前文使用面板回归分析验证了研发投入对高新技术企业创新产出的正向激励作用，为确保结论的严谨性，本部分使用 OLS 回归进一步验证这两者的正相关关系，结果如表 4-19 所示，可以看出，前文实证结果具有稳健性。

表 4-19　　研发投入对创新产出影响的稳健性检验结果

变量	模型（4-6）	模型（4-7）	模型（4-8）
	Patent	Patenti	Patentud
$R\&D_{t-1}$	3.587***	6.634***	-1.912**
	(5.18)	(8.79)	(-2.40)

续表

变量	模型（4-6） *Patent*	模型（4-7） *Patenti*	模型（4-8） *Patentud*
$Owner_{t-1}$	-0.186*** (-4.45)	-0.270*** (-5.92)	-0.166*** (-3.44)
Age_{t-1}	0.003 (0.64)	0.009* (1.89)	-0.010** (-2.11)
Lev_{t-1}	1.819*** (14.81)	1.868*** (13.95)	1.760*** (12.43)
$Cash_{t-1}$	-0.282 (-1.59)	-0.168 (-0.87)	-0.267 (-1.31)
$Growth_{t-1}$	0.115* (1.83)	0.107 (1.56)	0.078 (1.07)
Roa_{t-1}	5.408*** (12.54)	5.381*** (11.45)	4.862*** (9.78)
Ci_{t-1}	-0.104 (-0.62)	-0.356* (-1.94)	0.284 (1.46)
S_{t-1}	0.002 (0.08)	0.012 (0.39)	0.023 (0.72)
$Indir_{t-1}$	0.847** (2.46)	1.024*** (2.72)	0.803** (2.02)
$Lnms_{t-1}$	0.568*** (19.05)	0.630*** (19.38)	0.444*** (12.91)
cons	-7.752*** (-14.27)	-9.784*** (-16.53)	-6.016*** (-9.61)
Adj. R^2	0.4146	0.3680	0.4174
N	3540	3540	3540
F	40.16***	33.20***	40.62***

第五章 税收优惠政策治理对企业创新的激励机制及其价值效应

第一节 理论基础

一 外部效应理论

马歇尔《经济学原理》中出现的外部经济,是本书所熟知的"外部性"的起源。外部效应理论认为,当边际私人成本等于边际社会成本且边际私人收益等于边际社会收益时,社会资源实现帕累托最优配置状态。而在自然的市场机制作用下,这样的理想状态往往难以实现。当边际私人成本小于边际社会成本时会产生负的外部性,反之则产生正的外部性。政府的宏观调控可以消除经济活动中广泛存在的外部性。对存在负外部性的活动实施征税并对存在正外部性的活动给予补贴,就能够实现外部效应的内部化。这样的政策也被称为"庇古税"。技术创新活动不仅能增加企业自身的收益也会对社会发展创造价值,因此存在很显著的正外部性。政府利用税收优惠的方式补贴企业技术创新活动实质上为企业研发投入带来额外的收益,从而有效弥补外部性带来的企业创新动力不足的问题。

二 税收激励理论

税收效应是指纳税人因国家征税行为而在其经济决策或经济行为方面做出的反应。按照不同的分类标准,税收对经济的调节作用可划分为中性效应与非中性效应、收入效应与替代效应、激励效应与阻碍效应等。其中,税收的激励效应是政府制定税收优惠政策鼓励企业创新的重要理论支持。它是指政府通过征税的调整能够促使纳税人更倾向于开展某项活动,从而实现对纳税主体经济行为的激励作用。税收激励效应的发挥主要以税收优惠的方式进行，可分为普通性生产激励、特定性生产激励以及对外贸易激励等。普通性生产激励通常指全社会的税率下调、企业成立初期的减免税等；特定性生产激励是指对高新技术行业、经济落后地区企业等特定行业或地区的重点扶持；对外贸易激励是通过设置出口环节的税收优惠以鼓励一国产品走出国门增强竞争力。当前我国面临企业创新热情不足、创新质量和效率低下的困境，税收激励效应的存在为政府利用财税政策激励创新提供了值得借鉴的思路。

三 供给学派减税理论

供给学派减税理论有两个基本观点：一是随着税率上升生产效率会先上升后下降，初始阶段的税率上升通过增加政府公共物品的供给提升劳动与资本效率，而税率过高则会扭曲资源配置、阻碍技术进步、影响生产要素的供给从而对生产效率起到抑制作用。二是通过拉弗曲线表明政府的税收收入并不随税率同向变动，当税率超过最优税负水平的临界点，税基的减少将导致税收收入的下降。供给学派减税理论认为，供给是决定经济发展的重要因素，而减税是调控供给的有效工具。减税政策通过降低劳动与投资的边际税率使要素供给的机会成本下降从而实现资源的合理配置和社会经济的稳定发展。供给学派减税理论对我国当前的经济形势也有很好的指导作用。我国经济持续高速增长阶段已然成为过去式，人口红利消失、要素成本上升、投资下降、产业结构不合理等供给侧问题凸显，而供需错位的根本原因在于我国自主创新能力不足，迫切需要通过供给侧改革形成创新驱动发展的新的经济增长点。供给侧改革的实质在于改革政府公共政策的供给方式，而财税政策的改革是能够有效刺激国民经济的重要方式。根据减税理论，降低税率、加速折旧等政策可降低企业生产成本，减少、减轻企业研发资金不足带来的困难和压力，刺激企业加大投资，推动经济的创新增长，真正地提高供给质量。

四 新古典学派创新理论

熊彼特（Schumpeter）指出，创新即建立一种实现各种生产要素和生产条件全新结合的生产函数而带来的包括产品、技术、市场、资源配置或组织等的创造性改变。他认为，经济的增长与发展的概念是截然不同的，经济增长源于劳动力和资本等要素的增长，是一种量的变化；而经济的发展依赖与消费者需求变动无关，是现有生产要素的重新组合所带来的质的飞跃和提升，而创新是实现经济飞跃的核心驱动力。新古典学派创新理论继承并发展了熊彼特的创新学说。该学派的代表人物是罗伯特·索罗（Robert Solow）。他将技术创新视为经济增长的内生变量，建立了用于测度技术创新对经济增长贡献率的技术进步索罗模型并通过实证研究证实了技术创新推动经济增长的重要作用。新古典学派还提出了政府介入在企业创新中重要的推动力量。技术创新活动资金投入多、消耗时间长、收益风险大，当市场机制下创新的需求供给不符合经济社会发展要求时，政府应当采取税收优惠、货币、产业、法律以及政府补贴等宏观调控措施干预企业技术创新活动，以发挥技术创新在经济发展中的主导作用。

第二节 理论分析与研究假设

一 我国税收优惠政策激励强度测算

税收优惠激励强度的评价方式有很多，考虑到我国是以所得税优惠为主的税收优惠体系，本书选取 B 指数（B – Index）来测算税收优惠促进高新技术企业自主创新的激励强度。B 指数模型的建立起源于加拿大税收基金会，后经不断地调整，于 1996 被 Jacek Warda 正式用于对 OECD 各国 R&D 税收优惠政策激励强度的度量和比较。该指标被 OECD 沿用至今，每年使用该模型评价成员国税收优惠政策的激励强度。B 指数衡量的是企业为了支付研发投资成本和支付企业所得税而需要产生的边际税前收入的最小现值，即企业创新投资的单位实际成本，也是企业的保本点收益。它的计算公式为：

$$B - Index = \frac{A}{1-t} \qquad 式（5-1）$$

其中，A 代表企业单位研发投资扣除税收优惠的税后净成本的现值，t 是企业所得税税率。在我国现行税收优惠政策下，假定 r 为税前综合扣除率，则 $A = 1 - rt$。此时的计算公式可以写为：

$$B - Index = \frac{1 - rt}{1 - t} \qquad 式（5-2）$$

当 $r = 1$ 时，$B = 1$，研发支出据实扣除；当 $r < 1$ 时，$B > 1$，研发支出未能完全扣除，企业的税前收益不足以弥补企业研发支出的成本；当 $r > 1$ 时，$B < 1$，企业因研发支出的加计扣除而降低了创新研发的单位实际成本。该指数越低，企业研发投资的动机就越强烈。为方便起见，本书用

（1 − B）来衡量税收优惠政策的激励强度（当 B < 1 时，该指标衡量研发投资的税收负担）。（1 − B）越大，企业因税收优惠节约的研发成本越多，同时也意味着税收优惠的激励强度越大。

$$Taxincentives = 1 - B - Index \qquad \text{式（5-3）}$$

计算 B 指数有一系列基本的前提假设：①假定企业的研发支出可划分为经常性支出和资本性支出，分别占比 90% 和 10%，其中经常性支出中工资和其他支出的比例为 2:1，资本支出中机器和建筑各占 5%。②基于所得税优惠进行相关计算而不包含其他税种。③假定企业有足够的利润来完全使用研发税收优惠政策的机会，不考虑结转等问题。④不考虑金融成本。

同时，结合我国实际国情，本书在计算时还包含以下考虑：①旧税法中加计扣除标准的制定和施行条件严苛，政策覆盖范围小，实际执行未达到预期效果，因而本书在计算时未考虑其加计扣除部分。而国发〔2006〕6 号文件提出研发费用 150% 加计扣除新的认定标准，本书以 2007 年新税法的颁布作为该政策实施的起点，新旧税法扣除率计算见表 5-1。②资本性支出是指当年为新增机械设备或房屋而发生的支出，其中并不涉及企业已有机器设备及建筑物的折旧（折旧已摊销到经常性支出）。③税法规定中对企业购买用于研发的机器设备税前扣除限额有不同规定，为方便计算，本书假设该项支出可税前一次性扣除。④旧税法中规定仅高新技术园区内的高科技企业适用 15% 的所得税优惠税率，不具有普适性，因此本书以 33% 的税率作为旧税法中高新企业的税率。本书将对比 2007 年新税法实施前后高新技术企业享受的税收优惠政策激励强度的变化，同时将普通企业作为参照，以期更直观地感受税收优惠政策的差异性。

表 5-1　　　　　　　　税前扣除率计算　　　　　　　　单位：%

	经常性支出		资本性支出		加权税前扣除率
	工资	其他	机器设备	建筑物	
权重	60	30	5	5	—
旧税法扣除率	100	100	100	0	95
新税法扣除率	150	150	100	0	140

由表 5-2 可以看出，新税法实施前税收优惠强度为负值。这是由于税前扣除率小于 1，企业需要从研发投资产生的收入中支付额外的税款，

税收优惠政策没有给企业带来实质上的补贴；而新税法实施后，税收优惠政策的激励强度显著加大，表明随着企业创新的主体地位越来越重要，政府也在不断增强税收政策的扶持力度。

表 5-2　　　　　　　　　税收优惠激励强度测算

企业类型	旧税法		新税法	
	高新技术企业	普通企业	高新技术企业	普通企业
税前扣除率	95%	95%	140%	140%
税率	33%	33%	15%	25%
B 指数	1.02	1.02	0.93	0.87
1 - B	-0.02	-0.02	0.07	0.13

值得注意的是，高新技术企业相较于普通企业有着额外的税收优惠待遇，但税收优惠的激励强度却更低。也就是说，在相同的税前扣除率下，企业适用的税率越高，税收优惠的激励强度反而更大。这意味着加计扣除与优惠税率之间似乎存在抑制作用。本书通过对税率求导来进一步探究二者之间的关系。

$$\frac{\partial B}{\partial t} = \frac{1-r}{(1-t)^2} \qquad 式（5-4）$$

当 $r > 1$ 时，$\frac{\partial B}{\partial t} < 0$，B 指数会随着税率的降低而变大；当 $r < 1$ 时，$\frac{\partial B}{\partial t} > 0$，B 指数会随着税率的降低而减小；当 $r = 1$ 时，$\frac{\partial B}{\partial t} = 0$，此时 $B = 1$，与税率变化无关。

可以看出，只有当税前抵扣的激励不足时，税率优惠的作用才得以显现。而新税法实施后我国企业的税前综合扣除率大于 1，此时税收优惠强度随着税率降低反而变弱，因而普通企业的税收优惠强度会高于高新技术企业。以上结果初步表明，新税法实施后我国激励企业研发创新的税收优惠强度加大，且由于加计扣除的税基式优惠与优惠税率的税率式优惠间可能存在一定程度的抵消作用，导致高新技术企业税收优惠的激励强度甚至不如普通企业。后文将通过对高新技术样本企业的实证分析进一步验证税收优惠政策的激励效果及两种政策间的作用关系，以期为优化我国税收优惠体系结构提供有价值的参考。

二 税收优惠政策激励企业创新的理论分析

根据新古典学派创新理论,创新所带来的科学技术的进步与发展是经济增长的内生变量,此外弗里曼指出政府行为是影响创新的重要因子,政府政策对教育培训、产业结构、企业研发等会产生直接或间接的影响作用。为加快实现创新驱动发展目标、培养新技术和新供给的创造主力军,我国配合颁布了许多税收优惠政策去支持企业的自主创新活动。这些税收优惠的强度改变了税收楔子对社会经济活动的作用效果,从而影响了纳税人投资、储蓄、供给等经济行为和经济后果。

(一) 税收优惠强度降低企业创新成本

企业开展创新活动需要资金、人才、技术、设备等多种要素的投入,如果创新的资金成本过高,企业会相应减少投资;而资金成本较低时,企业会增加其创新投资。参照乔根森的标准资本成本模型可以观察税收政策与资金使用成本的关系。在不考虑通货膨胀的情况下,假设企业资金的使用成本包括融资成本和折旧成本,那么在不存在企业所得税时资金使用成本的表达式为:

$$C = P \times (I + D) \qquad 式(5-5)$$

其中,C 代表资金的使用成本,P 代表资本价格,I 为市场利率,D 为资本投资分摊到每年的比率。当企业所得税率为 T 时,则:

$$C_1 = \frac{P \times (I + D)}{1 - T} \qquad 式(5-6)$$

可以看出,所得税的存在增加了企业的资金使用成本,但资金使用成本随着税率下降而下降。换言之,税收优惠的存在一定程度上减轻了企业资金使用的负担。若利息和折旧允许税前扣除,假定 L 为单位资本利息扣除的现值,N 为单位资本折旧扣除的现值,此时:

$$C_2 = \frac{P \times (I + D) \times (1 - LT - NT)}{1 - T} \qquad 式(5-7)$$

若实行加速折旧、加计扣除等政策,假定 Y 为新增的折旧率,M 为研发投入抵免率,那么:

$$C_3 = \frac{P \times (I + D) \times (1 - LT - NT - YT - MT)}{1 - T} \qquad 式(5-8)$$

资金使用成本进一步下降使企业的创新活动变得经济,企业会加大创新投入去寻求更多的创新收益。

(二) 税收优惠强度增加企业预期收益

尽管认识到创新对于建立持久竞争优势的重要作用,但企业是以商业利益最大化为核心目标追求的理性人，是否进行创新投资的决策很大程度上取决于企业对未来收益的预期。根据外部效应理论，创新活动的外部性造成企业利益的溢出，市场中存在的"搭便车"现象使企业创新投入与产出之间产生失衡，企业的创新热情受到打击，企业的创新水平往往难以达到实现社会创新发展的理想水平。政府以让渡一部分税收收入的代价制定相关的税收优惠政策对企业创新行为间接补贴，使更多的利润留在了企业。如所得税优惠研发费用加计扣除、固定资产加速折旧、职教经费扣除等对税基的扣除以及对税率的优惠能够减轻企业的税负，增加企业的净利润。与外部获得的融资相比，内部的留存利润受到的约束小，使用起来更加便捷。同时，相比于财政补贴对企业创新的一次性事前激励，税收优惠则是在企业创新行为发生后的一种事后激励。企业根据创新激励型税收优惠强度建立对未来收益的合理预期，并在创新活动后享受到额外的收益和充足的现金流投入后续的创新活动，从而形成一种良性的循环，获得持续的研发动力。因此，税收优惠通过增加企业预期收益来增强企业的研发动力。

（三）税收优惠强度降低企业创新风险

许多企业在创新面前望而却步的主要原因是基于从事技术创新活动所面临的不确定性与高风险性。具体体现在：研发活动的结果是未知的，投入并非一定都有回报，若大量的资金、人力投入后没有得到预期的成果，就意味着研发失败；由于研发周期长导致创新成果问世时市场的需求改变或竞争对手已抢先一步占领市场，技术过时遭到淘汰；推出的创新产品无法被消费者广泛认同和接受，无法为企业带来盈利，产品商业化失败；受政策法规环境影响，研发活动被中途停止，损失无法挽回；投资者对研发项目未来收益预期下降，撤资或不再继续注资。创新活动的种种风险是企业自身力量难以承担却又无法回避的。企业承担的风险还会随着技术创新程度的增强而加大，这进一步限制了企业的高质量、高水平创新。而税收优惠的存在以间接的方式与企业站在同一战线去携手抵御技术创新的风险，成了企业创新活动的天然合伙人。企业进行风险投资的意愿和政府对风险的承担是密切相关的。如果政府愿意承担一部分风险，如通过税收优惠对企业创新给予补偿，企业会有动机和能力进行创新风险投资。如果政府不愿意为企业分担分险，此时企业会选择相对更为保守稳健的发展战略。所以，政府税收优惠的强度某种意义上代表着政府对创新风险补偿的强度。税收优惠强度越大，企业的创新动力也就越足。

基于税收优惠强度在为企业分担风险、降低成本以及提高收益预期方面发挥的重要作用，企业因此有动机在战略决策和资源配置中向创新性项目倾斜，并享受到由于新产品、新技术等核心知识产权的增加为企业带来的持久竞争力的提升，而政府也以对技术进步方向、速度、规模的干预达到宏观调控和政策引导的目标。高新技术企业相较于普通企业可以得到更多的税收优惠扶持，并拥有更强的研发与技术成果转化能力，税收优惠强度对其创新绩效的激励作用应该更加明显。据此，本书提出假设5-1：

假设5-1：税收优惠强度对高新技术企业的创新产出存在正向激励作用。

研发费用加计扣除政策是税收优惠政策中约束条件较少且优惠力度较大的一项政策，它允许企业在税前额外抵扣50%的研发费用，以"非债务税盾"的形式切实减轻了企业的所得税负担，间接地帮助企业减轻创新研发活动的资金限制。在创新水平方面，它能够纠正市场失灵带来的企业研发水平不足的问题从而提高企业创新活动的积极性。刘圻利用Griliches（1984）提出的创新生产函数解释了政府政策对企业创新投资的影响，发现研发费用的加计扣除能够显著增加企业技术创新投入的规模。在创新成本方面，研发费用的加计扣除一定程度上使企业要素投入的实际成本下降。同时，在纳税筹划方面，基于加计扣除的税盾作用，企业出于合理避税的需要往往会增加其技术创新活动。由此，本书提出假设5-2：

假设5-2：研发费用加计扣除政策能够有效提升高新技术企业创新产出。

高新技术企业享受的15%的优惠税率是政府鼓励科技创新、对高新技术发展扶持的一种最直接的税收优惠类型。从理论上分析，税负的高低直接影响着企业的资本收益率进而会影响到企业的创新战略决策。若企业进行创新的代价过高，会降低企业技术创新的热情，而税率的降低可以引导企业在保障自身利益最大化的同时向创新研发活动倾斜。同时，优惠税率政策使企业的现金流出变少从而有能力满足创新活动高投入的要求，将节约的资金投入设备改造更新、创新人才培养、发明专利申请等技术创新活动中去，进而推动企业创新产出水平的提升。在现有研究中，也有许多学者通过实证分析证实了优惠税率的创新激励作用。夏力（2012）发现，所得税税率的优惠有效激励了企业专利数量的增加。潘孝珍（2017）使用倾向得分匹配法发现高新技术企业享受的15%的名义税率优惠在激励企业技术创新上发挥了积极作用。因此，本书提出假设5-3：

假设5-3：优惠税率对高新技术企业创新产出有正向激励作用。

高新技术企业作为技术创新的主力军，可享受到以优惠税率为代表的直接优惠与以研发费用加计扣除为代表的间接优惠等多种税收优惠政策的扶持。优惠税率减少了企业的应纳税额，更多的利润留在企业保障创新资金的供给；研发费用加计扣除通过影响纳税税基减少了企业创新行为的代价，两者单独来看都是激励企业创新绩效提升的有力政策，那么两种政策的共同作用又会对企业的创新绩效产生怎样的影响呢？由前文 B 指数的计算过程本书发现，在税前扣除率大于 1 的情况下，企业所得税税率的降低会导致企业税收优惠的激励强度有所减弱。卢君生和张顺明（2017）构建 CGE 模型进行研究，发现在现行的税收优惠体系中，过多的税率优惠会折损高新技术企业的就业、产出及效率，甚至降低社会整体福利。考虑到税率优惠与加计扣除的激励都与企业研发投入水平有所关联，因而两者之间可能因为政策范围的交叠而使政策的创新激励效果产生了相互抵消。因此，本书提出假设 5-4：

假设 5-4：加计扣除与优惠税率对高新技术企业创新产出的影响存在替代作用。

三 税收优惠政策激励企业创新的异质性分析

改革开放以来，我国社会主义经济市场化进程取得了显著的成效。然而我国疆域辽阔，政府与市场的关系在不同经济发展水平的地区之间有很大的差异。在经济发展水平较高的地区政府对市场的干预程度低，市场通过价值规律、竞争规律、供求规律等在资源配置中起决定性作用。该地区的企业能够通过健全的市场机制获取自身所需资源并实现持久的竞争优势。而经济发展水平较低的地区政府在经济领域的地位被过度放大，审批烦琐、滥用职权、税外收费、监管不力等政府职能的越位、错位分散了企业的大量精力和资源，使企业无法在良好的市场环境中成长，因而企业的创新动机和创新需求都是很低的。而税收优惠政策作为法规性的政策文件，它的执行受到主观因素的影响较小，企业只要获得高新技术资质认证并相应开展创新研发活动，就能够享受到税收优惠待遇。税收优惠政策的实施意味着政府同企业站在一起共同承担创新风险，使企业得以以更低的成本、更小的风险从事创新活动，这将抑制非市场性因素对该地区企业的影响，从而调动企业追求创新成长的积极性及取得的创新产出。由此，本书提出假设 5-5：

假设 5-5：在政府与市场关系紧密的地区税收优惠政策的激励效应更加明显。

在法律制度不完善、中介组织不发达的地区，知识产权难以得到有效的保护，企业的技术创新成果容易在短时间内被模仿者学习并生产出相近技术含量的替代品从而大大弱化了企业创新活动的收益。在这样的情况下，企业往往没有开展创新活动的动力和热情，更愿意成为不劳而获的模仿者，所以地区整体的创新环境较差。侵权行为成为政府扶持政策发挥对企业技术创新的激励效应的阻力（林洲钰等，2013）。而在法律制度和中介组织健全的地区，创新政策的执行成本大大降低，侵权行为得以有效抑制，法律约束成为税收激励政策实施过程的制度保障。据此，本书提出假设5-6：

假设5-6：在法律约束水平较高的地区税收优惠政策对创新的促进效应更加明显。

税收优惠政策的创新激励效应存在企业规模的异质性。小企业开展创新活动时，往往面临着研发资金不足、科技人员缺乏、设备更新慢等限制条件。由于技术创新水平较低，即使与大型企业享受同等待遇的税收优惠，中小企业的创新成果会相对较少。另外，小企业特别是处于初创期的中小企业盈利性很差，而现行的税收优惠政策更偏向那些经营业绩好的企业。企业只有在应纳税所得额为正时才能享受到真正的税收优惠利益，如果经营业绩不佳，虽然亏损可以在以后年度弥补，但企业当期在技术创新活动中的大量投入则无法得到相应的补偿，更无法保障后续创新活动有可靠的资金来源。而大企业常常有优秀的研发能力和盈利水平，因而可享受到更多实质性的税收优惠去促进其创新绩效的增长。由此，本书提出假设5-7：

假设5-7：与小规模企业相比税收优惠政策对大企业的创新激励效应更明显。

产权性质是会作用于税收优惠政策创新激励效果的一个重要的企业特征。相比于非国有企业，国有企业往往有享受到更多政府补贴的天然优势。邵敏和包群（2011）研究发现，民营企业获得政府补贴的程度和概率低于国有企业。政府补贴和税收激励可以显著影响企业创新新颖度（李艳华，2015），而根据林洲钰（2013）的研究，税收优惠与政府补贴之间存在替代关系，对企业实施的补贴会抵消税收优惠的政策效果。国有企业本身已经获得较多补贴，所以税收优惠的双重叠加会使企业获得超额的扶持收益从而挤占来自企业自身的研发投资。另外，国有企业有着高额的行业垄断利润且在追求经济目标之外承担着更多政治目标和社会职能，因而不愿意从事具有较高风险性和不确定性的技术创新活动。而非国有企业需要应对激烈的市场竞争和生存挑战，会更加注重创新能力的提升。袁建国

（2016）研究发现税收优惠对国有企业的激励作用弱于民营企业，而鲍树琛（2018）同样发现税负减轻对非国有企业价值提升的作用更强。因此，本书提出假设5-8：

假设5-8：非国有企业税收优惠政策的创新激励效应更明显。

第三节 变量定义

本章选取2012—2017年A股上市的高新技术企业为研究样本，具体数据筛选及样本收集程序与第三章保持一致。

一 被解释变量

由于企业的专利数直接源于企业的技术创新活动，能够清晰直接地反映企业创新产出的情况。与前面章节保持一致，本书使用专利申请衡量企业创新，以全部专利申请数作为衡量企业创新效果的替代变量，以发明专利申请数作为衡量企业创新质量的替代变量。在变量计算中取对数处理以消除数量规模的影响。

二 解释变量

（一）税收优惠强度

鉴于我国税收优惠体系中所得税优惠占据了支配性地位，目前学者大多选取所得税优惠的测度指标衡量税收优惠的强度。夏力（2012）用所得税费用与税前利润的比值所体现的实际税率代表企业因税收优惠而负担的真实税负，马伟红（2011）以企业的利润总额乘以名义税率与实际税率的差值来反映企业税收优惠数额，章子乐（2016）对税收优惠的衡量采取名义所得税额与当期应交所得税额的差额。这些指标能较好地体现企业取得的税收优惠，但实际上企业获取税收优惠的方式与来源是多种多样的，以实际税率或当期应交所得税额衡量的税收优惠中可能包含企业非创新活动因素的影响，因而研究税收优惠创新激励效果的准确性难以得到有效的保障。所以，本书借鉴戴晨和刘怡（2008）、王俊（2011）、许玲玲（2016）的做法，借助B指数的计算，用企业的研发支出与（1-B）的乘积来衡量税收优惠的强度。其中，（1-B）代表企业单位研发支出因税收优惠而节约的成本，因此二者的乘积即可代表企业创新活动因税收优惠节约的成本总额。该指标衡量的是高新技术企业创新研发相关的税收优惠，作为税收优惠强度的解释指标具有很好的代表性。同时，本书对该指标取对数处理以消除数量规模的影响。

（二）优惠税率

本书参考李维安（2016）的做法，用如下指标衡量高新技术企业的优惠税率政策：

$$Taxrate = \ln\left[\frac{当期所得税费用}{名义所得税税率} \times (一般所得税税率 - 名义所得税税率) + 1\right]$$

式（5-9）

当期的所得税费用是企业根据权责发生制原则确认的当期费用，它的计算方法为：当期所得税费用 = 所得税费用 -（递延所得税负债期末数 - 递延所得税负债期初数）+（递延所得税资产期末数 - 递延所得税资产期初数）。式（5-9）中，名义所得税率是指高新技术企业享受的15%优惠税率而一般所得税率是指一般企业25%的所得税率。该方法以当期所得税费用与名义所得税税率的比值反算出企业当期的应纳税所得额，再乘以普通税率与优惠税率的税率差即可反映高新技术企业因优惠税率带来的税负节约额。同时，进行取对数处理以消除数量级的影响。

（三）加计扣除

林洲钰（2013）采用研发费用的对数值衡量研发费用加计扣除的优惠强度，然而以研发费用的全部数额计算无法体现加计扣除部分的税盾效应。张静（2017）从公司年报手工收集企业研发费用加计扣除金额，并以研发费用是否在年报中披露来判断企业是否享受加计扣除优惠。但企业研发创新并非强制性披露内容，以加计扣除是否在年报中披露为判断标准有失公允。本书借鉴刘圻（2012）、王芸（2016）的做法，采用如下方式计算企业研发费用加计扣除优惠。

$$Deduction = \ln(研发费用 \times 加计扣除率 \times 企业所得税率 + 1)$$

式（5-10）

当前，我国允许对开发新产品、新技术、新工艺的研发费用按150%加计扣除，因而加计扣除率为50%。该指标能够衡量企业创新投资税前扣除降低的研发成本，从而较好地度量企业研发加计扣除的税收优惠强度。

三 控制变量

为保证研究结果的客观性与精准性，本书还对公司年龄、总资产收益率、资产负债率、现金持有量、股权制衡、独董比例、管理层薪酬激励等变量进行控制。

（一）企业年龄

企业年龄会影响企业的创新决策，年轻的企业为塑造自身竞争优势往往在创新决策方面更为激进，对创新成果产出有着更加迫切的需求。而老企业长期技术的积累与发展使其在创新投资方面的决策更为保守。解维敏等（2009）和唐书林（2016）的研究均发现企业年龄与企业研发强度负相关。因此，本书考虑将企业年龄作为重要的控制变量纳入模型。

（二）总资产收益率

超额的利润是企业创新活动必不可少的基本保障，较高的资产收益率代表着企业较强的盈利能力，企业收获理想的创新绩效的可能性也越高。王维等（2014）研究发现企业创新绩效的好坏与其资产收益率有很大的关联。本书用企业净利润除以总资产作为衡量企业总资产收益率的指标。

（三）资产负债率

企业的创新投入力度会受到企业的资本构成情况的影响，高杠杆的企业利用负债经营的能力较强，在经营决策上有着对风险良好的承受能力。当企业举债经营带来较多的现金流入时，更可能投入高风险、高收益的研发创新活动，从而促进其创新绩效的提升。本书以企业总负债与总资产的比值作为资产负债率的衡量指标。

（四）现金持有量

企业创新活动人才、设备、材料等要素的投入离不开充足资金的保驾护航。相比于利润指标，经营现金流能够更真实地反映公司的财务状况，衡量企业是否拥有足够可支配的现金用于企业的创新活动。本书以货币资金与期末总资产的比值作为模型的控制变量。

（五）股权制衡

股权制衡是指多个大股东共同持有公司股权，彼此间形成相互制约和监督的一种股权结构安排，常用的衡量股权制衡度的指标有 Z 指数和 S 指数。其中，Z 指数是指公司第二到第五大股东持股比例之和与第一大股东持股比例的比值；S 指数是指公司第二到第十大股东持股比例之和与第一大股东持股比例的比值。本书借鉴段淑迅（2016）的做法，以 S 指数衡量公司的股权制衡度。S 指数越大，说明股权制衡度越高。

（六）独董比例

董事会成员中来自公司外部的独立董事的存在能够对"内部人控制"现象形成约束，降低道德风险和代理成本，增强董事会的独立性。本书借鉴王渺熠（2018）的做法，用独立董事占董事会成员的比例衡量独董比例指标。

(七) 管理层薪酬激励

管理层薪酬激励是目前我国上市公司股东对管理层实施的最为普遍的激励方式，薪酬水平的上升能够显著激励管理层，减少谋取私利的动力。本书使用企业董、监、高的年薪总额衡量企业的管理层薪酬激励，同时取对数处理以消除数量规模的影响。

变量定义见表 5 -3。

表 5 -3　　　　　　　　　　变量定义

变量类型	变量名称	变量符号	变量定义
被解释变量	创新效果	Patent	专利申请数量加 1 的自然对数
	创新质量	Patenti	发明专利申请数量加 1 的自然对数
解释变量	税收优惠	Tax	(1 - B) × 当年研发支出加 1 的自然对数
	加计扣除	Deduction	研发费用×50% × 企业所得税率加 1 的自然对数
	优惠税率	Taxrate	当期所得税费用/15% × (25% - 15%) 加 1 的自然对数
控制变量	现金持有量	Cash	货币资金/期末总资产
	总资产收益率	Roa	净利润/总资产
	资产负债率	Lev	负债总额/资产总额
	企业年龄	Age	公司成立年限加 1 的自然对数
	股权制衡	S	第二大股东至第十大股东股权比例之和/第一大股东持股比例
	独董比例	Indir	独立董事人数/董事人数
	管理层薪酬激励	Lnms	董事、监事及高管年薪总额的自然对数

第四节　模型构建

为检验假设 5 -1 税收优惠政策对高新技术企业的创新产出存在显著的激励作用，本书构建了模型 (5 -1)：

$$Patent(Patenti)_{i,t} = \beta_0 + \beta_1 Tax_{i,t} + \sum \beta_i Controls + \varepsilon \quad 模型 (5-1)$$

Patent 和 Patenti 分别代表创新产出的创新效果和创新质量，Tax 代表税收优惠强度，β_1 为待估计的回归系数，β_0 是常数项，ε 是残差项。若回

归结果中 β_1 系数显著为正则可以说明税收优惠强度有效激励了高新技术企业创新绩效的提升。

为了检验假设 5-2 提出的研发费用加计扣除政策对高新技术企业创新产出的促进作用，本书构建了模型（5-2）：

$$Patent(Patenti)_{i,t} = \beta_0 + \beta_1 Deduction_{i,t} + \sum \beta_i Controls + \varepsilon$$

模型（5-2）

其中，$Deduction$ 代表加计扣除政策，若 β_1 系数显著为正即可证明加计扣除政策对创新绩效的正向激励作用。

为了检验假设 5-3 优惠税率政策对高新技术企业创新产出的促进作用，本书构建了模型（5-3）：

$$Patent(Patenti)_{i,t} = \beta_0 + \beta_1 Taxrate_{i,t} + \sum \beta_i Controls + \varepsilon$$

模型（5-3）

其中，$Taxrate$ 代表优惠税率政策，若 β_1 系数显著为正即证明优惠税率能够对高新技术企业创新绩效有促进作用。

为了检验假设 5-4 加计扣除与优惠税率对企业创新绩效的影响存在替代作用，本书构建了模型（5-4）：

$$Patent(Patenti)_{i,t} = \beta_0 + \beta_1 Deduction_{i,t} + \beta_2 Taxrate_{i,t} + \beta_3 Taxrate \times Deduction_{i,t} + \sum \beta_i Controls + \varepsilon \quad 模型（5-4）$$

模型（5-4）放入两政策交互项 $Taxrate \times Deduction$，若交互项系数 β_3 显著为正，意味着加计扣除与优惠税率间存在互补作用；若交互项系数 β_3 显著为负，则可以证明加计扣除与优惠税率间存在替代作用。

第五节 实证分析

一 描述性统计

表 5-4 的描述性统计结果显示，创新产出中，创新效果（$Patent$）的均值为 3.670，中位数为 3.610，最小值为 0.693，最大值为 8.962，标准差为 1.328，可以看出不同企业间的创新效果差距较大，整体创新水平较低。创新质量（$Patenti$）的均值为 2.772，低于创新效果，表明企业的创新质量水平低于创新效果，非发明专利依旧占有一定比重。最小值为 0 意味着部分企业没有专利产出。税收优惠强度（Tax）的均值为 18.052，中

位数为 18.100，最小值为 0，最大值 24.952。最小值出现 0 的原因可能是企业当年未开展研发创新活动，因而无法享受到研发支出的税负节约。加计扣除（Deduction）的均值是 15.552，最小值 0，最大值 22.434，标准差为 1.805，数据间的差异性说明不同企业享受到的研发费用加计扣除的力度是不同的，企业的研发投入越多，则相应能够加计扣除的部分也越多。优惠税率（Taxrate）的均值是 16.517，最小值为 0，最大值 22.716，标准差为 2.432，较大的标准差表明数据间存在一定的波动性。最小值出现 0 的原因可能是企业当期的经营状况不佳，没有产生需要交纳的所得税，也就相应没有优惠税率待遇。

表 5-4 描述性统计量

变量	样本量	均值	标准差	中位数	最小值	中位数	最大值
Patent	3546	3.670	1.328	3.610	0.693	3.610	8.962
Patenti	3546	2.772	1.403	2.708	0.000	2.708	8.787
Tax	3546	18.052	1.964	18.100	0.000	18.100	24.952
Deduction	3546	15.552	1.805	15.582	0.000	15.582	22.434
Taxrate	3546	16.517	2.432	16.740	0.000	16.740	22.716
Cash	3546	0.173	0.111	0.143	0.002	0.143	0.778
Roa	3546	0.038	0.075	0.034	-2.834	0.034	0.339
Lev	3546	0.425	0.189	0.416	0.008	0.416	1.303
Age	3546	2.712	0.357	2.772	1.386	2.772	3.737
S	3546	0.866	0.746	0.699	0.022	0.699	8.056
Indir	3546	0.369	0.052	0.333	0.250	0.333	0.714
Lnms	3546	15.306	0.677	15.257	13.044	15.257	18.225

控制变量中，现金持有量（Cash）的均值小于中位数，意味着大部分企业的现金持有量没有超过平均水平，整体现金持有量并不充裕。总资产收益率（Roa）的均值为 0.038，反映出我国上市高新技术企业的盈利性不强。资产负债率（Lev）的均值为 0.425，处于合理的水平，最大值大于 1 出现了资不抵债的情况。企业年龄（Age）的最大值 3.737，最小值 1.386，表明样本企业的成立年限差异较大，拥有的创新能力的积累也会存在着不同。除此之外，股权制衡（S）最大值和最小值的差异较大，独

董比例（Indir）和管理层薪酬激励（Lnms）的数据分布趋势相对集中，独董人数占董事会人数的比重大约在1/3。

二 相关性分析

表5-5的相关性分析结果显示，税收优惠强度与企业创新效果的相关系数为0.370，与创新质量的相关系数为0.372，均在1%的水平上显著；加计扣除与企业创新效果的相关系数为0.402，与创新质量的相关系数为0.404，均在1%的水平上显著；优惠税率与企业创新效果的相关系数为0.347，与创新质量的相关系数为0.348，均在1%的水平上显著。以上结果表明税收优惠强度、加计扣除和优惠税率与企业创新产出有着显著的正相关关系，相比于创新效果，与创新质量的相关性更强。此外，模型中自变量间的相关系数均小于0.5，初步判断回归模型不存在多重共线性的问题，可以进行下一步的回归分析。

三 税收优惠政策对创新的影响效应分析

表5-6中税收优惠强度对创新产出的回归结果显示，税收优惠对企业创新质量的回归系数是0.148，在1%的水平上显著，表明企业享受的税收优惠每增加1单位，企业的创新质量能够提升14.8%。税收优惠对企业创新效果的回归系数是0.145，在1%的水平上显著，表明企业享受的税收优惠每增加1单位，企业的创新效果能够提升14.5%。这说明税收优惠政策的实施切实减轻了企业的负担，更多的资金留在企业用于研发投资活动，对高新技术企业的创新产出产生显著的正向激励作用，假设5-1得以证明。控制变量中，企业现金持有量、总资产收益率、资产负债率、独董比例和管理层薪酬与企业创新质量、创新效果的回归系数均显著为正，对企业创新产出的提升有着一定的促进作用。

表5-7和表5-8展示了加计扣除、优惠税率及二者交互项对企业创新产出的回归情况。模型（5-2）用于验证加计扣除对创新产出的影响。加计扣除对企业创新质量的回归系数为0.182，在1%的水平上显著，对企业创新效果的回归系数为0.179，在1%的水平上显著，表明研发费用加计扣除政策产生的税盾效应对高新技术企业创新产出产生了有效的激励作用，假设5-2得以证明。企业现金持有量、资产负债率、总资产收益率、独董比例、管理层薪酬激励等控制变量均通过了显著性检验，使模型回归的结果更加准确合理。模型（5-3）检验了优惠税率对企业创新产出的影响作用。优惠税率对创新质量的回归系数是0.113，在1%的水平上显

表 5-5 相关系数

变量		Patent	Patenti	Tax	Taxrate	Deduction	Cash	Roa	Lev	Age	S	Indir	Lnms
Patent	Pearson	1											
Patenti	Pearson	0.883**	1										
Tax	Pearson	0.370***	0.372***	1									
Taxrate	Pearson	0.347***	0.348***	0.276***	1								
Deduction	Pearson	0.402***	0.404***	0.997***	0.301***	1							
Cash	Pearson	-0.019	-0.006	-0.022	0.093***	-0.024	1						
Roa	Pearson	0.093***	0.090***	0.061***	0.377***	0.066***	0.173***	1					
Lev	Pearson	0.256***	0.231***	0.205***	0.048***	0.223***	-0.301***	-0.319***	1				
Age	Pearson	0.096***	0.129***	0.091***	0.061***	0.099***	-0.083***	-0.011	0.185***	1			
S	Pearson	0.01	0.01	0.005	-0.015	0.001	0.03*	0.014	-0.126***	-0.074***	1		
Indir	Pearson	0.023	0.03*	-0.014	-0.055***	-0.013	0.026	-0.060***	0.014	0.012	-0.021	1	
Lnms	Pearson	0.411***	0.444***	0.384***	0.413***	0.412***	0.019	0.177***	0.147***	0.124***	0.079***	-0.043**	1

表 5-6　　税收优惠强度对创新产出的回归结果

变量	模型（5-1）	
	Patenti	Patent
cons	-11.711***	-8.563***
	(-22.833)	(-17.479)
Tax	0.148***	0.145***
	(12.795)	(13.123)
Cash	0.409**	0.317*
	(2.097)	(1.702)
Roa	1.321***	1.663***
	(4.439)	(5.85)
Lev	1.229***	1.466***
	(9.72)	(12.136)
Age	0.169***	0.025
	(2.861)	(0.445)
S	0.013	0.021
	(0.466)	(0.783)
Indir	1.265***	1.01***
	(3.214)	(2.686)
Lnms	0.669***	0.55***
	(19.603)	(16.882)
N	3386	3386
R	0.270	0.256
F	157.440***	146.773***

著，对创新效果的回归系数是 0.112，在 1% 的水平上显著，这意味着企业的创新产出会随着优惠税率政策的实施而提升。15% 的优惠税率是国家扶持高新技术企业追求创新的关键政策工具，回归结果表明税率降低优惠政策确实在激励高新技术企业创新产出增加方面体现出了重要的价值，本书的假设 5-3 得以验证。同时，可以发现，企业成立年限越长、资产负债率与独董比例越高、管理层薪酬激励越多，企业创新产出能力则越好。

表 5-7　　加计扣除与优惠税率对创新产出的回归结果

变量	模型（5-2）		模型（5-3）	
	Patenti	Patent	Patenti	Patent
cons	-11.345***	-8.205***	-11.18***	-8.042***
	(-22.261)	(-16.86)	(-21.669)	(-16.316)
Deduction	0.182***	0.179***		
	(14.37)	(14.762)		
Taxrate			0.113***	0.112***
			(11.29)	(11.661)
Cash	0.4**	0.308*	0.285	0.195
	(2.065)	(1.667)	(1.452)	(1.038)
Roa	1.269***	1.611***	0.263	0.617**
	(4.287)	(5.703)	(0.824)	(2.027)
Lev	1.167***	1.405***	1.31***	1.544***
	(9.254)	(11.666)	(10.361)	(12.784)
Age	0.166***	0.021	0.181***	0.036
	(2.811)	(0.378)	(3.032)	(0.632)
S	0.015	0.023	0.025	0.033
	(0.541)	(0.862)	(0.887)	(1.216)
Indir	1.25***	0.995***	1.4***	1.143***
	(3.196)	(2.664)	(3.537)	(3.023)
Lnms	0.636***	0.518***	0.682***	0.562***
	(18.57)	(15.838)	(19.812)	(17.097)
N	3386	3386	3386	3386
R	0.279	0.266	0.262	0.249
F	164.446***	154.095***	151.508***	140.964***

表 5-8　　加计扣除与优惠税率的交互作用分析

变量	模型（5-4）	
	Patenti	Patent
cons	-3.816**	0.522
	(-2.513)	(0.361)

续表

变量	模型（5-4）	
	Patenti	*Patent*
Deduction	-0.291***	-0.37***
	(-3.219)	(-4.291)
Taxrate	-0.311***	-0.379***
	(-3.873)	(-4.956)
Taxrate × Deduction	0.027***	0.031***
	(5.086)	(6.221)
Cash	0.252	0.159
	(1.317)	(0.873)
Roa	0.204	0.551*
	(0.657)	(1.867)
Lev	1.028***	1.264***
	(8.247)	(10.649)
Age	0.149***	0.002
	(2.568)	(0.038)
S	0.024	0.031
	(0.868)	(1.202)
Indir	1.234***	0.957***
	(3.199)	(2.606)
Lnms	0.517***	0.396***
	(14.566)	(11.714)
N	3386	3386
R	0.302	0.294
F	147.69***	141.830***

模型（5-4）用于检验加计扣除与优惠税率两种税收优惠政策间是否存在互补作用或替代作用。根据郑志刚等（2009）、陈建林（2015），交互项的系数能够反映出两变量的关系。当交互项的系数为正，表明一个变量的边际效应会随着另一变量的增加而递增，二者之间表现出互补的作用；反之，当交互项系数为负时，意味着一个变量的边际效应随着另一变量的增加而递减，两者之间是一种互替关系。从表5-8的回归结果来看，*Taxrate × Deduction* 与创新质量和创新效果的回归系数分别为0.027和0.031，在1%的水平上显著，说明加计扣除与优惠税率两种政策在激励企业创新方面存在互补关系，假设5-4未能验证。尽管前文税收优惠强度

的计算中发现，在加计扣除存在的情况下，税率优惠会使整体税收优惠程度下降，但抛却其他因素单独看二者具体的影响，可以发现二者对创新产出的激励作用是存在的，并且是成政策互补的关系，表明加计扣除和优惠税率作为我国现行税收优惠政策体系中间接优惠与直接优惠的典型代表能够对我国企业创新共同起到积极的推动作用。

四 基于异质性视角的分组回归分析

（一）基于制度环境的分组回归

本书参照王小鲁等编制的《中国分省份市场化指数报告（2016）》中政府与市场的关系指数，以得分均值7为界限划分为政府干预程度高的地区和政府干预程度低的地区。回归结果见表5-9。模型（5-1）的回归结果显示，在政府对市场干预程度高的地区，税收优惠强度对创新质量和创新效果的回归系数为0.193和0.199，在1%的水平上显著，在政府对市场干预程度低的地区，税收优惠强度的回归系数为0.124和0.117，在1%的水平上显著，表明税收优惠强度对企业创新产出的影响在政府对市场干预程度高的地区更加明显。对模型（5-2）分组回归发现，在政府对市场干预程度高的地区加计扣除对创新质量和创新效果的回归系数分别为0.232和0.239，在1%的水平上显著，在政府对市场干预程度低的地区加计扣除的回归系数为0.155和0.148，在1%的水平上显著，意味着在政府对市场干预程度高的地区加计扣除政策对创新产出的促进作用更强。模型（5-3）的分组结果显示，在政府对市场干预程度高的地区优惠税率对创新质量和创新效果的回归系数是0.146和0.155，在1%的水平上显著，在政府对市场干预程度低的地区回归系数分别是0.099和0.094，在1%的水平上显著，表明优惠税率在政府对市场干预程度高的地区比在政府干预程度低的地区发挥出更好的政策效果。模型（5-4）中，加计扣除和优惠税率的互补作用在两组均成立。因而本书可以得出结论，在政府对市场干预程度高的地区税收优惠政策对企业创新产出的激励作用更加显著，假设5-5得以证明。

同样，按照市场化指标中市场中介组织发育程度和法制环境指标将样本分组，以得分均值9为分界，得到高法律约束水平组和低法律约束水平组，回归结果见表5-10。模型（5-1）中，高法律约束水平组税收优惠强度对创新质量和创新效果的回归系数为0.215和0.193，在1%的水平上显著，低法律约束水平组税收优惠强度的回归系数分别为0.101和0.111，在1%的水平上显著，高法律约束水平组的回归系数高于低法律约

表 5-9　　　　　　　　　基于政府对市场干预程度的分组

变量			Tax	Taxrate	Deduction	Taxrate × Deduction
政府对市场干预程度高 (N=1153)	模型 (5-1)	Patenti	0.193*** (9.701)			
		Patent	0.199*** (10.463)			
	模型 (5-2)	Patenti			0.232*** (10.74)	
		Patent			0.239*** (11.576)	
	模型 (5-3)	Patenti		0.146*** (8.826)		
		Patent		0.155*** (9.744)		
	模型 (5-4)	Patenti		-0.48*** (-3.513)	-0.458*** (-3.021)	0.04*** (4.41)
		Patent		-0.733*** (-5.709)	-0.741*** (-5.202)	0.057*** (6.735)
政府对市场干预程度低 (N=2233)	模型 (5-1)	Patenti	0.124*** (8.74)			
		Patent	0.117*** (8.743)			
	模型 (5-2)	Patenti			0.155*** (9.913)	
		Patent			0.148*** (9.964)	
	模型 (5-3)	Patenti		0.099*** (7.699)		
		Patent		0.094*** (7.726)		
	模型 (5-4)	Patenti		-0.264*** (-2.656)	-0.253** (-2.239)	0.023*** (3.531)
		Patent		-0.247*** (-2.63)	-0.236** (-2.21)	0.022*** (3.508)

表 5-10　　　　　　　　　基于法律约束水平的分组

	变量		Tax	Taxrate	Deduction	Taxrate × Deduction
高法律约束水平 (N=1876)	模型 (5-1)	Patenti	0.215*** (12.608)			
		Patent	0.193*** (11.782)			
	模型 (5-2)	Patenti			0.258*** (13.935)	
		Patent			0.233*** (13.058)	
	模型 (5-3)	Patenti		0.124*** (8.914)		
		Patent		0.110*** (8.197)		
	模型 (5-4)	Patenti		-0.512*** (-4.777)	-0.456*** (-3.72)	0.040*** (5.712)
		Patent		-0.491*** (-4.753)	-0.441*** (-3.736)	0.038*** (5.605)
低法律约束水平 (N=1510)	模型 (5-1)	Patenti	0.101*** (6.416)			
		Patent	0.111*** (7.468)			
	模型 (5-2)	Patenti			0.128*** (7.313)	
		Patent			0.141*** (8.499)	
	模型 (5-3)	Patenti		0.105*** (7.177)		
		Patent		0.118*** (8.53)		
	模型 (5-4)	Patenti		-0.016 (-0.134)	-0.009 (-0.064)	0.007 (0.898)
		Patent		-0.232** (-2.008)	-0.252* (-1.949)	0.023*** (2.938)

束水平组。在模型（5-2）中，高法律约束水平组加计扣除对创新质量和创新效果的回归系数为 0.258 和 0.233，在 1% 的水平上显著；低法律约束水平组加计扣除的回归系数分别为 0.128 和 0.141，在 1% 的水平上显著，意味着在高法律约束水平组加计扣除的政策效果更加优越。在模型（5-3）中，高法律约束水平组优惠税率对创新质量和创新效果的回归系数为 0.124 和 0.110，在 1% 的水平上显著，而低法律约束水平组优惠税率的回归系数分别为 0.105 和 0.118，在 1% 的水平上显著，表明优惠税率对高法律约束水平组企业的创新质量影响更加显著，对在低法律约束水平组企业的创新效果有更好的促进效果。综合上述分析结果，法律约束程度较高的地区税收优惠政策对高新技术企业创新产出的提升与促进作用更加明显，假设 5-6 得以验证。

（二）基于企业特质的分组回归

本书以样本企业规模均值为参照依据，将样本企业分组为大规模企业和小规模企业。回归结果见表 5-11。模型（5-1）中，大规模企业的税收优惠强度对创新质量和创新效果的回归系数分别为 0.204 和 0.206，在 1% 的水平上显著，小规模企业税收优惠强度对创新质量和创新效果的回归系数分别是 0.075 和 0.068，在 1% 的水平上显著，表明税收优惠强度的政策效果会受到企业规模大小的影响，并且其对大规模企业的激励作用更强一些。模型（5-2）的回归结果显示，加计扣除政策在大规模企业对创新质量和创新效果的影响系数分别是 0.238 和 0.242，在 1% 的水平上显著，在小规模企业对创新质量和创新效果的影响系数分别 0.099 和 0.088，在 1% 的水平上显著，这表明大规模企业的创新产出对加计扣除政策更为敏感。模型（5-3）检验的是优惠税率的创新激励作用在企业规模间的差异。在大规模企业中，优惠税率对企业创新质量和创新效果的回归系数是 0.139 和 0.127，在 1% 的水平上显著，在小规模企业中，优惠税率对企业创新质量和创新效果的回归系数是 0.065 和 0.067，在 1% 的水平上显著，结果同样表明优惠税率对大规模企业创新产出的促进作用是强于小规模企业的。模型（5-4）中，在大规模企业样本交互项的回归系数均显著为正，在小规模样本中为负或不显著。大规模企业因其资源优势及研发能力，享受相应的税收优惠后能够在创新成果产出上带来更大的提升。因此，本书得出结论：与小规模企业相比，税收优惠政策对大规模企业的创新激励效应更明显。假设 5-7 得以证明。

本书还依据企业的产权性质，将企业分为国有企业和非国有企业。回归结果见表 5-12。模型（5-1）的回归结果显示，税收优惠强度对创新

表 5-11　　基于企业规模大小的分组

变量			Tax	Taxrate	Deduction	Taxrate × Deduction
大规模企业 (N=1505)	模型 (5-1)	Patenti	0.204*** (9.993)			
		Patent	0.206*** (10.580)			
	模型 (5-2)	Patenti			0.238*** (10.930)	
		Patent			0.242*** (11.640)	
	模型 (5-3)	Patenti		0.139*** (6.714)		
		Patent		0.127*** (6.379)		
	模型 (5-4)	Patenti		-0.195 (-1.161)	-0.114 (-0.620)	0.019* (1.845)
		Patent		-0.274 (-1.710)	-0.181 (-1.032)	0.023** (2.349)
小规模企业 (N=1881)	模型 (5-1)	Patenti	0.075*** (5.501)			
		Patent	0.068*** (5.231)			
	模型 (5-2)	Patenti			0.099*** (6.355)	
		Patent			0.088*** (6.012)	
	模型 (5-3)	Patenti		0.065*** (5.701)		
		Patent		0.067*** (6.246)		
	模型 (5-4)	Patenti		0.401** (2.268)	0.476** (2.395)	-0.024* (-1.930)
		Patent		0.205 (1.224)	0.242 (1.288)	-0.010 (-0.849)

表 5-12　　　　　　　　基于企业产权性质的分组

	变量		Tax	Taxrate	Deduction	Taxrate × Deduction
国有企业 (N=1262)	模型 (5-1)	Patenti	0.131*** (7.430)			
		Patent	0.152*** (9.069)			
	模型 (5-2)	Patenti			0.164*** (8.464)	
		Patent			0.188*** (10.233)	
	模型 (5-3)	Patenti		0.112*** (7.825)		
		Patent		0.107*** (7.723)		
	模型 (5-4)	Patenti		-0.215** (-1.966)	-0.208* (-1.673)	0.021*** (2.882)
		Patent		-0.308*** (-2.968)	-0.277** (-2.358)	0.026*** (3.862)
非国有 企业 (N=2124)	模型 (5-1)	Patenti	0.166*** (10.721)			
		Patent	0.138*** (9.279)			
	模型 (5-2)	Patenti			0.202*** (11.861)	
		Patent			0.171*** (10.389)	
	模型 (5-3)	Patenti		0.135*** (8.833)		
		Patent		0.132*** (8.981)		
	模型 (5-4)	Patenti		-0.471*** (-3.754)	-0.472*** (-3.333)	0.039*** (4.644)
		Patent		-0.509*** (-4.207)	-0.548*** (-4.011)	0.041*** (5.144)

质量和创新效果的回归系数在非国有企业为 0.166 和 0.138，在 1% 的水平上显著，在国有企业的回归系数分别是 0.131 和 0.152，在 1% 的水平上显著。这表明产权性质会影响税收优惠强度的创新激励作用，税收优惠强度对企业创新质量的影响在非国有企业更明显，而对创新效果的激励在国有企业更明显。模型（5-2）中，加计扣除在非国有企业对创新质量和创新效果的回归系数为 0.202 和 0.171，在 1% 的水平上显著，在国有企业的回归系数分别为 0.164 和 0.188，表明加计扣除政策对创新质量的激励作用在非国有企业中更显著，对创新效果的激励在国有企业更显著。模型（5-3）中，优惠税率与创新质量和创新效果在非国有企业的影响系数是 0.135 和 0.132，在 1% 的水平上显著，在国有企业的影响系数为 0.112 和 0.107，在 1% 的水平上显著，说明优惠税率在非国有企业对企业创新产出的影响作用更明显。模型（5-4）中，无论国有企业还是非国有企业，交互项的系数均显著为正。以上结果表明，税收优惠政策对企业创新产出的影响在考虑到产权性质的调节作用时是存在差异的。整体而言，税收优惠政策对创新产出在非国有企业中起到更有效的激励作用，但税收优惠强度及加计扣除政策对创新效果的激励在国有企业中更加显著，假设 5-8 未能得到完全证实。

第六章 货币政策治理对企业创新的激励机制及其价值效应

第一节 理论基础

一 实物期权理论

梅尔斯（Myers）于1977年首次定义了实物期权。实物期权实际上是一个基于实物资产的金融期权衍生的概念。实物期权主要来自企业的投资与发展。尽管它和金融期权的标的物完全不同，但其本质上有许多相似之处。企业的创新活动的特征是不可逆与不确定性强，与期权的特征相似。由于投资的周期长以及研发难度大，创新活动的研发过程普遍存在较大的不确定性，因此，企业的创新投资活动作为一种实物期权其所带来的价值是不容小觑的。但是，在学者看来，货币政策的不确定性会对研发投资产生好还是坏的影响还没有达成共识。

（一）等待期权对研发投入的"延迟效应"

这种观点认为，货币政策的不确定性带来的创新投资决策的变化与Bernanke（1983）投资理论中提到的"坏消息原理"非常相似。如果企业管理层认为货币政策不确定性有很高的可能性是一种"坏消息"，那么企业肯定不会在这种情况下投资于研发项目。基于等待期权理论，考虑到创新投资项目的不可逆性，一旦货币政策的不确定性增加，企业的管理者通常会选择观望，并推迟创新投资项目，以从中获得等待期权价值。等待期权价值在企业进行创新投资的那一时点会立刻消失。在实物期权理论中，货币政策的不确定性可以增加等待期权价值，并使管理者延迟创新项目的投资。

(二) 增长期权对研发投入的"抢占效应"

这种观点认为,尽管等待期权具有一定的价值,但是当等待的成本太高时,延迟创新项目投资是不合理的。增长期权与等待期权不同,增长期权通常是从企业整体战略的角度来考虑创新投资项目是否具有价值。此时,创新投资项目的价值主要取决于能否使企业未来的发展前景更好。因为对于那些想要在激烈的市场竞争中生存下来的企业来说,创新项目的投资可以帮助它们保持品牌的核心竞争力,而不是被市场淘汰,如果它们只是一味地等待并规避风险,它们也将放弃获得高科技技术的机会。因此,即使等待期权可以给企业带来收益,但如果企业更加关注将来的战略性发展,它们将立即投资于创新项目以获得增长期权。此外,企业还将考虑竞争对手对企业创新项目的投资决策。为了抓住机会,即使企业面临着货币政策的高度不确定性,企业也可以决定继续创新投资,甚至增加创新资金的投入。

二 信息不对称与信号传递理论

传统经济学建立在完全信息假设上,认为交易双方对信息的掌握是对称的。信息不对称是对传统微观经济学的革命,成为当代信息经济学的核心,经济学家乔治·阿克尔洛夫 (George Akerlof)、迈克尔·斯彭斯 (Michael Spence) 与约瑟夫·斯蒂格利茨 (Joseph Stiglitz) 因对信息不对称理论的杰出贡献荣获 2001 年度诺贝尔经济学奖。信息不对称理论是指委托人因对于所委托事务的质量状况不确定而处于信息劣势,代理人因对于其质量可以确定而处于信息优势。信息不对称包括外生的不对称信息和内生的不对称信息。信息不对称理论最早由乔治·阿克尔洛夫 (George Akerlof) 在《次品问题》中提出。

西方学者在 20 世纪 50 年代就发现企业的行为和披露的信息能够向外界传递一种信号,从而对外部投资者的决策产生一定的影响。信息不对称问题在资本市场上普遍存在,即交易的双方对对方掌握的信息存在差异,导致双方做出的决策缺乏公平性,投资者无法做出正确合理的投资决策。信息经济学理论认为,在存在信息不对称的情况下,有效的信号传递能够减少交易双方的信息不对称问题,从而使投资者做出合理的投资决策。信息不对称问题一般会产生道德风险和逆向选择两类代理问题,而信号传递理论主要解决了第二类代理问题。国内外学者对信号传递理论在财务会计领域的作用进行了大量研究,国外学者在会计领域首次运用实证分析方法研究了会计盈余与企业股价之间的关系,将信息传递理论首次运用在企业财务决策上。此后，国内外学者对信息传递在财务领域的运用进行了大量研究，如企业披露的内部控制水平、企业发放和分配的股利、社会责任报告的披露、CEO 的声誉、高管的学历等信息传递的信号对企业投资者的影响。

从银行和企业之间的关系来看，银行作为信用贷款的发放者并不能完全知悉企业的真实经营情况，只能通过公司公布的相关报告了解企业的部分经营状况，但对企业主要经营者及企业的资信程度等深层次情况不可能完全了解，银行只能充分利用现有的信息资源来掌握企业的信用情况，并且利用征信系统来了解企业的信用记录。同时，微观企业相对于银行来说掌握更多自身的真实经营信息，通过释放自身经营状况的信号来缓解双方之间的信息不对称问题，以此来获得银行的认可，进而获得更多的银行信贷。但是，由于信息的不对称性，企业向银行传递自身的虚假经营与信用状况相关的信息来迎合银行给予贷款的标准，银行由于无法掌握微观企业的全部真实的经营与信用状况只能接受符合标准的信息，进而将信贷资源给释放良好经营及信用状况信号的申请企业。

三　信贷配给与信贷歧视理论

凯恩斯在 1930 年的《货币论》中对信贷配给现象进行了详细的解释：假设银行放贷时需要遵守严格的市场规则，当借款人对资金的需求量确定时，银行与有价债券的利率将在某种程度上决定贷款规模和债券发行规模。然而事实并非总是这样，至少英国的银行没有根据完善的资本市场进行贷款的发放，因此总有一部分借款人没有办法通过银行贷款来满足其对资金的需求，因此银行可以通过改变贷款数量来控制企业的投资，而无须改变其利率标准或银行贷款规模等。信贷配给的存在具有重要的现实意义。资本市场中存在信贷配给现象，表明银行提供的贷款额度少于借款人对银行信贷的资金需求，银行制定的贷款利率并不能出清市场。银行发放贷款时，首先要设定一个利率，然后根据该利率为借款人提供有限的资金。具体限额通常取决于借款人的实际经济状况。通常，银行不会向借款人提供超出规定限额的贷款，这被称为"信贷配给"。

信贷歧视理论通常分为三个方面：①信用歧视。商业信用记录和银行信用额度等都是银行用来分析企业信息透明度的主要工具。如果信贷市场中信息不对称问题非常严重，银行将以信息成本过高为由不向借款人提供资金。即使信息不对称不会导致逆向选择和道德风险问题，银行仍然可能面临高额的防范公司违约的监督成本。因此，信用歧视的根源是企业和银行之间的信息不对称。②规模歧视。企业的规模和发展能力等都可能导致银行在发放贷款时存在歧视。企业规模过小，意味着银行认为没有较强的偿债能力，可能无法足额偿还贷款。此外，这些企业抵御风险的能力较低，违约的可能性更大。因此，银行普遍不愿意向小规模企业发放贷款，但这种规模歧视会随着金融市场发展水平的提高或银行业竞争的加剧而逐渐减少。③所有制歧视。根据产权制度经济学理论，当企业所在国家对企业产权性质进行区分时，企业在获取贷款时很容易受到银行的所有制歧视。国有企业成立的时间久，与政府和银行之间的关系较为密切，政府和银行更加倾向于为其提供金融扶持。然而，由于缺乏这种天然优势，民营企业普遍难以获得足够的银行信贷。并且，企业所在的地区金融发展水平越落后，歧视问题就会越严重。

另外，以索洛（R. Solow）为代表的试图将技术创新与新古典理论相结合的技术创新新古典学派，运用新古典 Cobb-Douglas 生产函数原理，加入"技术水平不变"的条件，推导出经济增长速度方程，表明资本和劳动的增长率、产出弹性、随时间变化的技术创新会一起影响经济增长率，进一步反映了技术创新在经济增长中的重要作用。

第二节 研究假设

一 货币政策对企业创新产出的影响机理的理论分析和研究假设

目前，我国正处于经济转型的重要阶段，货币政策是我国政府调控宏观经济的一种重要手段，企业的创新活动是否会受到货币政策的影响作为检验货币政策有效性的一个核心问题，一直受到学术界的广泛关注。Stiglit 和 Weiss（1981）认为，由于银行与企业之间存在信息不对称问题，银行在给企业发放贷款的时候会存在信贷配给行为。在配给均衡中，货币政策通过影响信用贷款的可得性对企业创新产生影响。饶品贵和姜国华（2013）提出，货币政策紧缩会导致银根紧缩，企业获得银行信贷的难度加大，融资成本也会增加，这时企业将寻求商业信用作为银行信贷的一种替代性融资，企业会从供应商处获取更多的商业信用，这种行为可能缓解创新融资约束。魏群和靳曙畅（2017）系统论证了不同货币政策下商业信用对企业创新投资的影响，在货币政策紧缩时期，商业信用会通过缓解企业的创新融资约束来促进企业创新投资，并且对创新投资的促进作用比在货币政策宽松期更加明显。综上所述，货币政策会通过银行贷款利率或者贷款供应量来影响企业的银行信贷与商业信用等外部融资，进而使企业增加研发投入。

Jefferson（2004）认为，在考虑不同的产权结构和行业特征的影响时，中国企业的创新投入及其绩效之间也存在正相关关系。而且，根据研究背景的数据统计，2010—2017年企业的R&D投入与专利申请数量均正比例增长，正好验证了Jefferson的观点。创新投入是一个公司有关创新的全部直接费用与间接费用的总和，不仅包括购买设备机器这样的直接支出，还包括对与相关技术人才引进的支出，也包括对员工进行的有关创新的学习与培训的支出，更包括从其他企业直接购买技术的支出。因此，企业进行了研发投入之后，企业的设备变得更先进，人才更多，员工对这方面的知识更了解，对企业的产品进行外观或者技术上的创新，最终发明出新的可以申请的专利，以此来提高企业的创新产出。逄淑媛和陈德智（2009）通过实证研究也得出了该结论。因此，本书提出以下假设：

假设6-1：货币政策紧缩对企业研发投入、创新产出有促进作用。

假设6-2：企业研发投入是货币政策影响企业创新产出的中介变量。

二 货币政策不确定性对企业创新投入的影响机理的理论分析和研究假设

（一）货币政策不确定性对企业研发投入的影响分析及假设

企业的投资行为是否会受到货币政策的影响作为检验货币政策有效性的一个核心问题，一直受到学术界的广泛关注。货币政策的出台给高新技术企业带来的不确定性会对企业相关决策产生非常重大的影响。等待期权理论认为，企业所面临的外部环境的不确定性越大，企业做出投资等相关决策的时间会越长，很多企业决策是在不存在相关的环境不确定性时才会做出的。因此，由政府出台的宏观货币政策所产生的不确定性越大，企业做出投资决策的时间就越长，货币政策的不确定性会对企业的投资决策产生抑制作用。投资具有不可逆性，所以企业更倾向于在不存在外部环境不确定性时或者外部环境不确定性较低时进行投资，以此来降低企业面对外部环境不确定性时企业的投资决策给企业造成的损失。而企业的创新活动具有很强的专用性，投资强度大，具有非常高的不可逆性（温军等，2011）。并且，企业的创新活动是一项投资强度大、研发时间长的活动，企业的研发存在很大的风险，投资报酬也具有很大的不确定性，因此会给企业带来逆向选择与道德风险问题，企业进行创新的积极性也会有所下降。基于等待期权理论,货币政策不确定性的增加会使企业投资决策的等待价值随之提高,如果企业推迟做出投资决策的时间,投资所带来的等待期权价值将会有所提升,因此,企业会推迟对不确定性与风险较高的创新项目的投资决策,货币政策不确定性的提高会使企业创新投入降低。基于以上分析,本书提出以下假设:

假设6-3:货币政策不确定性较高时会导致企业降低创新投入。

(二) 货币政策不确定性对信用资源的影响分析及假设

货币政策不确定性的提高会使金融市场中的风险发生变化(Krkoska and Teksoz, 2009),尤其是银行业会受到更大的影响(Talavera et al., 2012)。基于信息不对称理论,现有研究发现,政策不确定性的提高非常有可能导致借款人无法到期偿还借款,使银行不良贷款的比例增加,使银行在货币政策不确定性较高时为了规避风险,提供贷款的积极性降低,银行提供的贷款规模下降,发放贷款的要求更高,更加谨慎地为企业提供贷款,因此企业更难取得贷款,并且取得贷款的金额也会有所下降,企业所取得的信用资源减少(Quagliariello, 2009)。随着货币政策不确定性的增加,银行等金融机构更难获取企业真实可靠的信息,即企业与银行等金融机构的信息不对称的程度会增加。由于信息不对称问题的存在,银行在给公司发放贷款的时候会面临逆向选择和道德风险,此时银行实施信贷配给行为致使从银行获取的信用贷款减少。当货币政策不确定性增加时,风险承受度较低的金融机构的经理人会提高其发放贷款的要求,使银行信贷资源的配置效率降低。

商业信用是企业从供应商处获取的,但是其实际上为公司增加的是存货,推迟向供应商付款,企业可以通过"快收款,慢付款"来获取商业信用从而获得创新投入所需的资金,实现资金的体内循环,提高企业日常经营活动的稳健性(Coulibaly et al., 2013)。当宏观货币政策不确定性较低时,企业所面临的外部环境相对来说较为稳定,企业与企业之间的信用风险也相对较低;而随着宏观货币政策不确定性的提高,企业面临的外部环境变化较大,极为不稳定,此时企业会采取稳健的经营模式,通过减少投资的方式来抵御风险(Wang et al., 2014)。当企业通过商业信用对现金进行管理时,当货币政策不确定性增加时,上游的供应商会更加谨慎地给顾客提供商业信用,以此来降低企业的运营风险。因此,当宏观货币政策不确定性提高时,企业取得的商业信用会降低。基于以上分析,本书提出以下假设:

假设6-4:货币政策不确定性会减少企业获得的信用资源。

(三) 货币政策不确定性对创新投入的传导机制分析与假设

企业创新所需要的资金规模大、投资期限长的特殊性,其很有可能受到融资约束导致项目中途停止,所以企业需要确保资金的长期充足性来确保创新项目能够稳定地进行下去。银行信贷在我国信贷渠道中仍占据较为重要的地位,我国政府制定的货币政策主要是通过企业的银行信贷作用于微观企业的实体经济。虽然银行贷款可以为企业的创新提供可持续的资金支持,但货币政策的不确定会使信贷政策发生改变,进而影响企业的创新活动。随着货币政策不确定性的增加,企业与银行之间存在的信息不对称性也会增加,银行出于规避风险的考虑,为了补偿信息不对称性可能会造成的损失,往往在发放贷款时更为慎重,银根紧缩,因此贷款规模也会受到限制(Quagliariello,2009),企业创新活动所面临的融资约束会增加,此时企业可能会减少创新投入。

我国的金融市场现如今还不是特别完善,仍然有大量的企业会受到信贷配给与信贷歧视的影响,并且由于信息不对称性问题的存在,银行在给公司发放贷款的时候会面临逆向选择和道德风险,此时银行实施信贷配给行为致使公司从银行获取的信用贷款减少,并不能完全满足公司对资金的需求(Stiglit and Weiss,1981)。叶康涛和祝继高(2009)、陆正飞和杨德明(2011)研究发现,货币政策紧缩会导致银根紧缩,从而使信贷供给量减少,并且贷款利率上升,这时商业信用的替代性融资动机会发挥主导作用,企业会寻求商业信用作为银行信贷的一种替代性融资手段。企业为了缓解部分创新活动的资金需求,会通过借助商业信用延期支付来实现。市场上存在一些经营成果不好,但拥有较多信贷资源的企业,它们会将得到的银行贷款通过商业信用等途径传递给一些贷款难度较高的民营企业(孙浦阳等,2014)。因此,企业可以通过这些短期但是持续性强的商业信用方式来满足资金需求,缓解创新投入带来的资金压力。中国较为特殊的资本市场体系使企业能够持续获得大量的商业信用,尽管融资成本有时可能很高,比如当企业放弃现金折扣时,就不得不支付高额的资金成本。但是,如果企业面临货币政策的不确定性,一般来说,为了降低经营风险,其供应商很可能会减少商业信用的供给,从而导致商业信贷资源的减少和研发投入的下降。基于此,本书提出以下假设:

假设6-5:货币政策不确定性可能通过信用资源渠道减少企业的研发投入。

（四）货币政策不确定性与研发投入的传导机制在企业中的异质性分析与假设

李凤羽和杨墨竹（2013）发现，如果经济政策的不确定性增加，说明企业需要应对外部经营环境的变化。此时，企业破产的可能性更大，违约的可能性也更大，导致风险溢价也上升，因此公司获得外部融资的成本也将增加。货币政策的不确定性增加，可能进一步加大企业融资约束的程度。当企业可用的银行信贷减少时，为了维持资金充足，企业一般需要提高现金的持有量（梁权熙等，2012），此时，企业的投资决策管理也会发生变化（Bernanke et al., 1994）。当融资约束程度增加时，企业获得外部融资的成本增加。货币政策的不确定性将进一步使外部融资成本增加，企业获得的信用资源减少，从而影响企业的创新投入。但是，在融资约束较小的企业中，以上传导机制可能并没有那么明显，所以在融资约束程度不同的企业中，货币政策的不确定性对创新投入的传导机制具有异质性。因此，本书提出如下假设：

假设6-6：在融资约束高的企业中，货币政策不确定性与企业研发投入传导机制更为显著。

第三节 样本选择与数据来源

一 样本选择

本书选取2012—2017年A股上市的高新技术企业为研究样本，具体数据筛选及样本收集程序与第三章保持一致。

二 数据来源

银行信贷、商业信用、企业创新投入、创新绩效以及控制变量相关数据来自CSMAR数据库和Wind数据库，对于CSMAR数据库和Wind数据库中创新投入与产出的缺失数据进行手工整理补充；高新技术企业的样本来自CSMAR数据库与税率数据库，并通过手工翻阅企业年报进行补充。本书中的市场化指数的数据是基于王小鲁等的《中国分省份市场化指数报告（2016）》，并以历年市场化指数的平均增长幅度作为计算2015—2017年度市场化指数的依据；反映货币政策不确定性的上海银行间同业7日拆借利率的日度数据则是来自"上海银行间同业拆放利率"官网。本书主要使用 Excel 2019 和 Stata15.0 软件进行数据处理和统计分析。

第四节 变量定义

一 货币政策变量定义

本章主要研究货币政策通过银行信贷与商业信用对企业创新投入以及创新产出的影响，因此，确定一个合适的指标来衡量货币政策是一个关键问题。在研究货币政策对企业经济运行的影响时，由于很多发达国家的市场化程度较高，因此许多国外文献使用基准利率例如隔夜拆借利率指标作为货币政策的衡量指标。但是，我国的市场化程度还不够高，市场机制也不足够完善，所以本书不采取基准利率等指标作为衡量货币政策松紧的参数。本书使用陆正飞和杨德明（2011）的方法，使用 MP = M2 增长率 – GDP 增长率 – CPI 增长率作为衡量当年货币政策的代理指标，设置货币政策哑变量，将样本区间中差值较大的年度作为货币政策宽松期，差值较小的年度作为货币政策紧缩期。

本书根据 MP 值的大小，将样本区间中数值较小的三年作为货币政策紧缩时期，数值较大的三年作为货币政策宽松时期。经测算，2012—2017 年的 MP 的值分别为 3.51、3.3、2.8、4.96、2.6、– 0.3，从 MP 值来看，2012 年、2013 年、2015 年值较小，因此，本书将这三年界定为货币政策紧缩期（MP = 1），其余三年为货币政策宽松期（MP = 0）。具体数据如表 6 – 1 所示。

表 6 – 1　　　　　　　　货币政策指标　　　　　　　　单位:%

年份	M2 增长率	GDP 增长率	CPI 增长率	MP
2012	13.8	7.65	2.64	3.51
2013	13.6	7.67	2.63	3.3
2014	12.2	7.4	2	2.8
2015	13.3	6.9	1.44	4.96
2016	11.3	6.7	2	2.6
2017	8.2	6.9	1.6	– 0.3

二 货币政策不确定性变量定义

著名经济学家奈特最先对不确定性进行明确的定义。奈特指出，不确定性可区分为两种类型，一种是可以被测度的，而另一种是不能测度的。随着经济学领域的发展，学者对这两种不确定性进行了探索，相关研究也逐渐完善。因为有的不确定性是没有办法进行测量的，也没有办法进行数字化，因此，通常对不确定性进行定性分析。为了得出更加客观的结论，本书参考了众多学者的做法，选择了可测量的不确定性来度量货币政策不确定性。周期性与波动性是货币政策最为明显的特征。周期性主要体现在一定时期内货币政策趋于宽松或紧缩。货币政策的这种变化不仅是周期性的，而且还是长期性的。波动性主要体现在货币政策在调控宏观经济时所做出的调整是短期性的，相对来说比较灵活。本书中，货币政策的不确定性是以上海银行间同业拆借 7 日利率实际值偏离预期值的情况来衡量的，其更加严谨。

现有研究用移动标准差方法、问卷调查法进行货币政策的不确定性预测。而 Baum 等（2010）认为，相比上述两种方法来说，运用 GARCH 模型来计算不确定性更加精确。因为条件方差比无条件方差多涵盖了历史信息集，可以更好地对不确定性进行度量（Talavera et al., 2012）。因此，本书借鉴 Baum 等（2009）、Byrne 和 Davis（2012）的做法，建立 GARCH（1，1）模型，用其来计算货币政策的条件方差，将条件方差作为衡量货币政策不确定性的一个替代变量。模型如下：

$$m_t = \alpha_0 + \alpha_i \sum_{i=1}^{n} m_{t-i} + e_t \qquad 模型（6-1）$$

$$h_t = \tau_0 + \tau_1 e_{t-1}^2 + \tau_2 h_{t-1} \qquad 模型（6-2）$$

其中，m_t 是货币政策变量对数的一阶差分，e_t 是误差项，h_t 是通过 GARCH（1，1）模型估计得出的误差项的条件方差。本书采用上海银行间同业拆借 7 日利率的日度数据作为货币政策的代理变量的主要原因如下：①上海银行间同业拆借的参与者一般都有比较成熟的信息披露制度，因此更适合反映货币资金市场中的供给与需求关系。②上海银行间同业拆借 7 日利率实际上可以从更高水平上反映当前市场对货币政策的心理预期。因为货币政策变动的波动性越大，市场就越难正确预测，此时上海银行间同业拆借 7 日利率的波动更是难以琢磨。

三 信用资源变量定义

(一) 银行信贷资源

银行信贷资源是指企业从银行获得的借款。因为很难直接从企业财务报表或者公开的数据库中得到有关企业的详细银行信贷情况，本书将选取替代指标来衡量企业的银行信贷资源。很多学者在研究银行信贷时较多地选择短期借款进行标准化之后的值来衡量银行信贷，但是我国不仅大多数的短期借款是通过银行途径获取的，而且企业的长期借款也基本来自银行（石晓军等，2009）。因此，本书以企业短期借款与长期借款之和作为银行信贷的替代指标，并且使用当期收入进行银行信贷资源的标准化。因此，本书的银行信贷资源定义为企业短期借款与长期借款之和除以企业当期收入。

(二) 商业信用资源

典型的现代商业信用是上游企业以赊销方式为购买商品的下游企业所提供的信用。商业信用一般是企业间日常经营活动中互相提供的一种信用债务，主要包括企业进行商品交易活动时向购买企业预先收取的定金以及因赊销而产生的信用，在资产负债表中主要表现为应收账款、应收票据、预收账款；也包括企业向供应商预先支付的定金以及因赊购取得的信用，在资产负债表中主要表现为应付账款、应付票据、预付账款。而本书主要是研究货币政策不确定性通过企业商业信用对企业创新投入及其创新产出的影响作用，本书认为对企业创新投入产生影响的主要是企业从外部获得的商业信用，其可作为企业的一种外部融资途径，而企业为外部提供的商业信用会使企业的资金向外流出，所以本书以应付账款、应付票据和预收账款之和作为衡量商业信用的替代指标。并且，作为流量指标的营业收入更能够反映企业当期的经济活动，因此，本书选取当期营业收入作为商业信用的标准化指标。

四 创新投入变量定义

本书借鉴郭平（2016）的做法，以企业创新投入与企业当期销售收入的比值作为衡量企业创新投入的指标。

五 创新产出变量定义

目前，企业创新产出的衡量指标主要包括企业的专利申请数（孙慧等，2017；洪嵩，2015；白俊红，2011）、发明专利申请数（吕晓军，

2015)、专利授权数(钱俊明,2014)、新产品数量、新产品产值占总产值的比重(周海涛等,2015;王一卉,2013)以及研发投入产出比(唐书林等,2017)。但是,由于企业的研发不确定性较大、研发周期长等,企业的研发投入产出比不适合作为衡量企业创新产出的指标;新产品数量以及新产品产值更多的是反映企业的创新成果产业化的绩效,而企业的专利数更多的是反映企业的技术创新,能更好地反映企业的创新产出。考虑到专利授权数具有一定的时滞性,本书认为专利授权数不是很合适。此外,借鉴黎文靖和郑曼妮(2016)的研究,企业发明专利属于高质量的实质性创新,而非发明性专利则属于企业的策略性创新。因此,本书选择专利申请数的对数作为创新效果($Patent$)的衡量指标,选择发明专利申请数的对数作为创新质量($Patenti$)的替代变量。

六 融资约束变量定义

自1987年Fazzari等(1987)对融资约束进行了开创性研究后,众多学者便使用不同的分类标准来度量企业的融资约束程度,使用企业规模、企业年龄、股利支付情况等指标来构建融资约束指数。现有研究关于融资约束的度量主要集中在KZ指数、WW指数和SA指数。KZ指数为Lamont等(2001)针对不同企业的融资约束进行研究而构建的,Hadlock和Pierce(2007)对此方法进行了扩展,在根据每个企业财务状况将企业划分为五级融资约束类型的基础上,运用Ordered Probit模型估计得出SA指数计算公式。Whited和Wu发现,KZ指数在衡量融资约束程度时存在与事实不相符的情况,可能会混淆融资约束与财务困境。基于现有文献对融资约束的定义,本书将融资约束概念界定为:当公司缺少资金进而从企业外部获取融资时,由于资本市场制度尚未完善,公司很难获得融资渠道,抑或即使企业获得了融资渠道,但由于资金成本高于企业可承受的范围,最终导致公司无法筹集到其所需的资金。借鉴郝威亚等(2016)的做法,本书使用SA指数度量企业的融资约束,即SA指数越大,企业所面临的融资约束就越小。

七 控制变量定义

(一)宏观层面

宏观层面的控制变量选取是市场化指数($Market$)。市场化指数越大就说明这个地区的市场化水平越高,市场对权力的监督机制越完善,创新投入所受到的融资约束应该会更小。本书中的市场化指数的数据是基于王小鲁等的《中国分省份市场化指数报告（2016）》，并以历年市场化指数的平均增长幅度作为计算 2015—2017 年度市场化指数的依据。

（二）企业层面

本书借鉴 Hirshleifer 等（2012）的研究，还结合了中国的制度背景，选取的企业层面的相关控制变量有销售规模（Sales）、企业成长性（Growth）、现金持有量（Cash）、资产负债率（Lev）、两职合一（Dual）、总资产收益率（Roa）、"四大"审计（Big4）、股权制衡（S）、独董比例（Indir）、管理层薪酬激励（Lnms）。

本章主要变量定义见表 6-2。

表 6-2　　　　　　　　　　变量定义

变量类型	变量名称	变量符号	变量定义
哑变量	货币政策	MP	紧缩年取 1，宽松年取 0
关键变量	货币政策不确定性	Mpu	对上海银行间同业拆借 7 日利率日度数据运用 GARCH（1，1）得到的条件方差取年度平均值
	银行信贷	Loan	（长期借款+短期借款）/营业收入
	商业信用	Tc	（应付账款+应付票据+预收账款）/营业收入
	创新投入	R&D	研发投入/营业收入
	创新效果	Patent	专利申请数量的对数
	创新质量	Patenti	发明专利申请数量的对数
控制变量	市场化指数	Market	公司所在地的市场化指数
	销售规模	Sales	本年营业收入的自然对数
	企业成长性	Growth	营业收入增长率
	资产负债率	Lev	负债总额/资产总额
	现金持有量	Cash	经营活动产生的现金流净额/期初总资产
	总资产收益率	Roa	净利润/总资产
	两职合一	Dual	当董事长和总经理两职合一时取 1，否则取 0
	"四大"审计	Big4	如果是"四大"审计取 1，否则取 0
	股权制衡	S	第二大股东至第十大股东股权比例之和/第一大股东持股比例
	独董比例	Indir	独立董事人数/董事人数
	管理层薪酬激励	Lnms	董事、监事及高管年薪总额取对数
企业异质性	融资约束	Sa	$-0.737 \times Size + 0.043 \times Size - 0.040 \times Age$

第五节 研究方法

在过去做中介效应的检验时大多数学者均借鉴 Baron 和 Kenny（1998）的因果逐步回归检验法。温忠麟等（2014）总结了中介效应的检验方法，并对中介效应检验的具体操作步骤进行了细化，见图 6-1 和图 6-2。

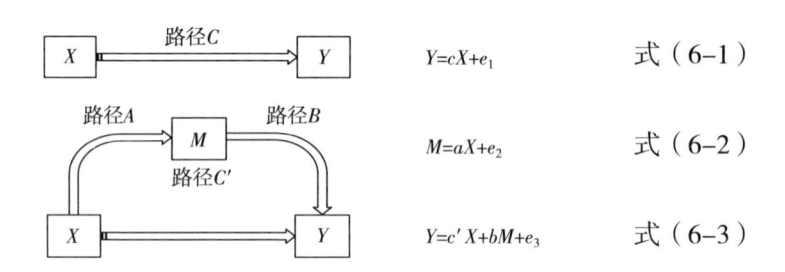

$$Y = cX + e_1 \quad 式（6-1）$$

$$M = aX + e_2 \quad 式（6-2）$$

$$Y = c'X + bM + e_3 \quad 式（6-3）$$

图 6-1 中介变量的检验方法

资料来源：温忠麟、刘红云、侯杰泰：《调节效应与中介效应分析》，教育科学出版社 2012 年版。

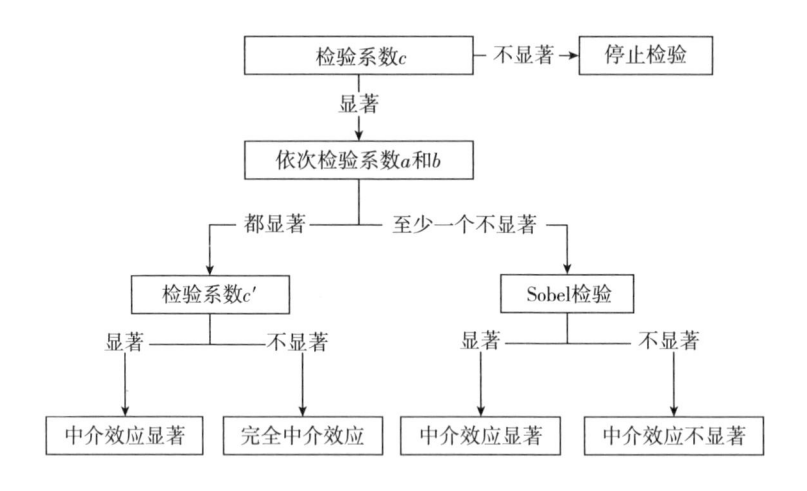

图 6-2 传统中介效应检验

第六节 货币政策对企业创新产出的影响分析

一 模型设定

为了研究货币政策如何影响创新产出,本书建立模型(6-3)检验货币政策和创新产出的关系。

$$Patent(Patent_i)_{i,t} = \beta_0 + \beta_1 MP_{i,t} + \sum \beta_i Controls + \varepsilon \quad \text{模型}(6-3)$$

为了研究货币政策是怎么影响创新投入,本书建立模型(6-4)检验货币政策和创新投入的关系。

$$R\&D_{i,t} = \beta_0 + \beta_1 MP_{i,t} + \sum \beta_i Controls + \varepsilon \quad \text{模型}(6-4)$$

本书建立模型(6-5),通过与模型(6-3)、模型(6-4)结合分析,研究货币政策是否通过创新投入对企业的创新产出产生影响。

$$Patent(Patent_i)_{i,t} = \beta_0 + \beta_1 MP_{i,t} + \beta_2 R\&D_{i,t} + \sum \beta_i Controls + \varepsilon$$
$$\text{模型}(6-5)$$

二 货币政策、创新投入和创新产出传导机制的实证分析

(一)初步分析

1. 描述性统计

表6-3为主要变量描述性统计。研发投入指标($R\&D$)均值(中位数)大致为0.043(0.036),相对来说企业的研发投入均值偏高,说明样本企业中大多数企业的研发投入均未达到平均水平,研发投入还有待进一步加强。样本企业的专利申请数平均值比发明专利申请数平均值高,说明发明专利申请数中有接近1/3的是非发明专利。而专利申请数和发明专利申请数的最大值分别为8.962和8.788,最小值均为0,说明不同高新技术企业之间的创新产出差异较大。市场化指数指标($Market$)均值(中位数)大致为8.314(8.890)。市场化指数指标的标准差很大,说明不同高新技术企业之间的市场化水平差异较大。企业成长性($Growth$)的均值大致为0.181,高于其中位数0.107,说明大部分高新技术企业的营业收入都是在增长的,企业具有相对较好的成长性。"四大"审计指标($Big4$)均值(中位数)约为0.051(0.000),说明大概有5.1%的样本是由"四大"审计。股权制衡(S)均值(中位数)约为0.840(0.679),第二到

第十大股东持股数与第一大股东持股数之比小于1，说明样本企业的第一大股东具有较大的控制权。管理层薪酬激励（$Lnms$）的最小值（最大值）约为13.045（18.225），说明样本企业的管理层薪酬激励制度有一定的差异。

表6-3　　　　　　　　　　　变量描述性统计

变量	样本量	均值	标准差	最小值	中位数	最大值
MP	3306	0.227	0.238	0.000	0.174	0.701
$R\&D$	3306	0.043	0.034	0.000	0.036	0.429
$Patent$	3306	3.660	1.392	0.000	3.638	8.962
$Patenti$	3306	2.822	1.403	0.000	2.773	8.788
$Market$	3306	8.314	1.586	2.530	8.890	10.290
$Sales$	3306	21.684	1.221	18.017	21.559	27.478
Lev	3306	0.422	0.183	0.008	0.414	0.995
$Cash$	3306	0.054	0.075	-0.518	0.051	0.531
Roa	3306	0.045	0.052	-0.399	0.037	0.361
$Growth$	3306	0.181	0.722	-0.863	0.107	19.702
$Dual$	3306	0.260	0.436	0.000	0.000	1.000
$Big4$	3306	0.051	0.221	0.000	0.000	1.000
S	3306	0.840	0.735	0.015	0.679	8.173
$Indir$	3306	0.369	0.053	0.250	0.333	0.714
$Lnms$	3306	15.324	0.675	13.045	15.282	18.225

2. 实证检验模型的选择

本书利用平衡面板数据来进行实证分析，在选择固定效应模型或者随机效应模型之前，本书先对实证模型进行了豪斯曼（Hausman）检验，从检验结果Prob>chi2可以看出，P值均处于1%显著性水平，否定了原假设。得出如下结论：本书所有的实证模型都应该采用固定效应模型进行回归。Hausman检验的结果见表6-4。

表6-4　　　　　　　　　　　Hausman检验结果

被解释变量	$R\&D$	$Patent$	$Patenti$
模型（6-3）		Prob>chi2=0.0000	Prob>chi2=0.0000
模型（6-4）	Prob>chi2=0.0000		
模型（6-5）		Prob>chi2=0.0000	Prob>chi2=0.0000

(二) 货币政策对创新产出的影响分析

根据表 6-5 货币政策对创新产出的回归分析结果可以发现,货币政策 (MP) 与企业创新效果 ($Patent$) 的回归系数为 0.077,货币政策 (MP) 与企业创新质量 ($Patenti$) 回归系数为 0.076,且均在 1% 的显著性水平上显著正相关,这说明货币政策适当紧缩对样本企业的创新产出具有积极的促进作用,并且货币政策紧缩对企业创新效果 ($Patent$) 更加显著。假设 6-1 得到支持。

表 6-5　　　　　　　货币政策对创新产出影响实证结果

变量	模型 (6-3)	模型 (6-3)
	$Patent$	$Patenti$
MP_t	0.077***	0.076***
	(2.78)	(2.82)
$Market_t$	0.068*	0.106**
	(1.69)	(2.56)
$Sales_t$	0.508***	0.514***
	(7.30)	(7.26)
Lev_t	0.072	-0.169
	(0.29)	(-0.69)
$Cash_t$	-0.044	-0.031
	(-0.16)	(-0.12)
Roa_t	-0.377	-0.865**
	(-0.84)	(-1.98)
$Growth_t$	-0.054***	-0.039**
	(-2.95)	(-2.19)
$Dual_t$	0.105*	0.069
	(1.86)	(1.15)
$Big4_t$	-0.265	-0.193
	(-1.19)	(-0.97)
S_t	0.120***	0.095**
	(2.71)	(2.16)
$Indir_t$	0.042	0.098
	(0.08)	(0.22)

续表

变量	模型 (6-3)	模型 (6-3)
	Patent	Patenti
$Lnms_t$	0.136**	0.115**
	(2.43)	(2.07)
N	3306	3306
R	0.135	0.138
F	17.47***	17.91***

(三) 货币政策对创新投入的影响分析

根据表6-6的回归结果，货币政策（MP）与企业创新投入（R&D）的回归系数为0.002，在1%的显著性水平上显著正相关，这说明货币政策适当紧缩对样本企业的创新投入具有积极的促进作用。假设6-1得到支持。

表6-6　　　　　　货币政策对创新投入影响实证结果

变量	模型 (6-4)
MP_t	0.002***
	(4.55)
$Market_t$	0.002***
	(2.92)
$Sales_t$	-0.010***
	(-4.08)
Lev_t	-0.009
	(-1.29)
$Cash_t$	0.003
	(0.58)
Roa_t	-0.063
	(-4.14)
$Growth_t$	-0.001
	(-1.50)

续表

变量	模型（6-4）
$Dual_t$	-0.000
	(-0.61)
$Big4_t$	-0.005*
	(-1.92)
S_t	0.002***
	(2.77)
$Indir_t$	0.013
	(1.20)
$Lnms_t$	0.004***
	(3.06)
N	3306
R	0.105
F	7.99***

控制变量中，市场化指数（$Market$）与企业创新投入在1%的显著性水平上正相关，说明在市场化程度较高的时候企业会更加重视创新，投入更多的资金进行创新；管理层薪酬激励（$Lnms$）与企业创新投入在1%的显著性水平上正相关，说明对管理层的薪酬激励越好，管理层会越重视创新，投入更多的资金进行创新。

（四）货币政策、创新投入与创新产出传导机制的分析

根据表6-7中企业创新投入在货币政策和创新产出之间的中介作用的分析结果可以看出，在模型（6-5）中，货币政策（MP）与企业创新效果（$Patent$）的回归系数为0.062，在5%的显著性水平上正相关，与未控制创新投入（$R\&D$）时的货币政策（MP）与企业创新效果（$Patent$）的回归系数0.077（在1%的显著性水平上正相关）相比来说，明显减小了。并且，模型（6-5）中创新投入（$R\&D$）与企业创新效果（$Patent$）也在1%的显著性水平上正相关。这说明企业创新投入是货币政策影响企业创新效果的部分中介变量。

在模型（6-5）中，货币政策（MP）与企业创新质量（$Patenti$）的回归系数为0.062，在1%的显著性水平上显著正相关，与未控制创新投入（$R\&D$）时的货币政策（MP）与企业创新质量（$Patenti$）的回归系数0.076（在1%的显著性水平上显著正相关）相比来说，明显减小了。并

且，模型（6-5）中创新投入（$R\&D$）与企业创新质量（$Patenti$）也在1%的显著性水平上显著正相关。这说明企业创新投入是货币政策影响企业创新质量的部分中介变量。假设6-2得到验证。

表6-7　　　货币政策对创新产出传导机制影响实证结果

变量	模型（6-5）	模型（6-5）
	$Patent$	$Patenti$
MP_t	0.062**	0.062**
	(2.28)	(2.33)
$R\&D_t$	5.840***	5.784***
	(3.83)	(3.59)
$Market_t$	0.051	0.090**
	(1.30)	(2.22)
$Sales_t$	0.568***	0.573***
	(7.99)	(7.91)
Lev_t	0.127	-0.114
	(0.52)	(-0.48)
$Cash_t$	-0.065	-0.051
	(-0.24)	(-0.20)
Roa_t	-0.008	-0.500
	(-0.02)	(-1.16)
$Growth_t$	-0.047**	-0.032*
	(-2.55)	(-1.89)
$Dual_t$	0.110**	0.074
	(1.96)	(1.23)
$Big4_t$	-0.232	-0.161
	(-1.08)	(-0.85)
S_t	0.104**	0.079*
	(2.39)	(1.84)
$Indir_t$	-0.038	0.018
	(-0.08)	(0.04)
$Lnms_t$	0.111**	0.090*
	(2.02)	(1.66)

续表

变量	模型（6-5）	模型（6-5）
	Patent	Patenti
N	3306	3306
R	0.149	0.152
F	17.35***	17.32***

图6-3展示了货币政策对创新产出传导机制的检验结果。

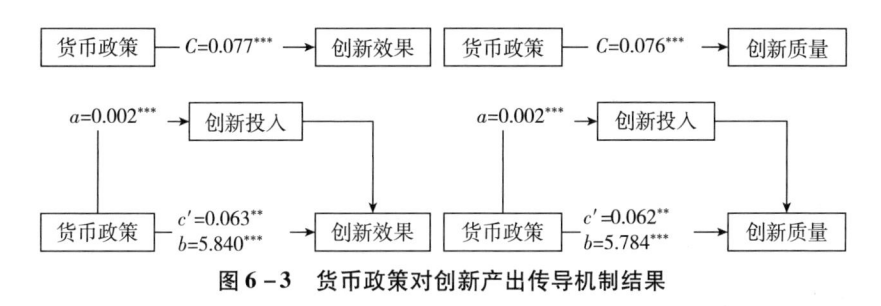

```
货币政策 ──C=0.077***──→ 创新效果        货币政策 ──C=0.076***──→ 创新质量

    a=0.002***──→ 创新投入                  a=0.002***──→ 创新投入
                       │                                       │
                       ↓                                       ↓
货币政策 ──c'=0.063**──→ 创新效果        货币政策 ──c'=0.062**──→ 创新质量
          b=5.840***                              b=5.784***
```

图6-3 货币政策对创新产出传导机制结果

三 实证结果分析

本节通过实证分析的方式检验了货币政策对企业创新投入与创新产出之间的作用，并进一步验证了创新投入在货币政策和创新产出之间的中介效应。主要得出如下结论：

（1）货币政策与创新投入、创新产出均显著正相关，表明在货币政策适当紧缩时期，企业更愿意将资金投入企业创新投资等活动，因此，创新投入和创新产出会在货币政策的紧缩时期增加，并且与企业创新质量相比，货币政策对企业创新效果的影响更大。

（2）企业创新投入在货币政策与企业创新产出间存在中介作用。在货币政策紧缩时期，企业会通过增加创新投入进一步影响创新产出。

第七节 货币政策不确定性对企业研发投入的影响分析

一 模型设定

（一）货币政策不确定性与研发投入模型

本书为了探究货币政策的不确定性怎样影响创新投入，建立了模型

(6-6) 来检验货币政策不确定性和创新投入的关系。

$$R\&D_{i,t} = \beta_0 + \beta_1 Unmp_{i,t-1} + \sum \beta_i Controls + \varepsilon \qquad 模型（6-6）$$

（二）货币政策不确定性和信用资源模型

本书为了验证货币政策不确定性是否能够减少信用资源，构建了模型（6-7），本书中的信用资源（Credit）包括银行信贷（Loan）与商业信用（Tc）。

$$Credit_{i,t} = \beta_0 + \beta_1 Unmp_{i,t-1} + \sum \beta_i Controls + \varepsilon \qquad 模型（6-7）$$

（三）货币政策不确定性与创新投入的传导机制模型

本书建立模型（6-8），通过与模型（6-6）、模型（6-7）进行结合分析，研究货币政策不确定性能否通过信用资源渠道影响企业的创新投入。

$$R\&D_{i,t} = \beta_0 + \beta_1 Unmp_{i,t-1} + \beta_2 Credit_{i,t} + \sum \beta_i Controls + \varepsilon \quad 模型（6-8）$$

（四）货币政策不确定性与创新投入的传导机制在企业中的异质性模型

为了探究在融资约束程度越高的企业中，货币政策不确定性通过信用资源渠道是否对创新投入的影响越显著，本书构建了模型（6-9）。

本书利用 Hansen（1999）的门槛面板模型，以数据驱动的方式识别与估计企业的异质性。

$$R\&D_{i,t} = \beta_0 + \beta_1 Unmp_{i,t-1} + \beta_2 Credit_{i,t} + \beta_3 Unmp_{i,t-1} \times Credit_{i,t} \times$$
$$I \cdot (Sa_{i,t} \leq \gamma) + \beta_4 Unmp_{i,t-1} \times Credit_{i,t} \times I \cdot (Sa_{i,t} > \gamma) +$$
$$\sum \beta_i Controls + \varepsilon \qquad 模型（6-9）$$

门槛变量为融资约束程度（Sa）。$I \cdot$ 是示性函数，当满足括号中的条件时值为1，否则为0。

具体地，将模型（6-9）写成矩阵的形式，那么可得到如下等式：

$$y = X(\tau) + \varepsilon \qquad 式（6-4）$$

当给定一个任意的 τ 与 β 的最小二乘估计量 $\hat{\beta}$ 为：

$$\hat{\beta}(\tau) = \{X^*(\tau)'X^*(\tau)\}^{-1} \cdot \{X^*(\tau)'y^*\} \qquad 式（6-5）$$

回归方程的残差平方和为：

$$SSE_1(\tau) = \hat{\varepsilon}^*(\tau)'\hat{\varepsilon}^*(\tau)$$
$$= Y^{*'}(1 - X^*(\tau)'(X^*(\tau)'X^*(\tau))^{-1}X^*(\tau)')Y^* \qquad 式（6-6）$$

门限值估计量为：

$$\hat{\tau} = \arg\min SSE_1(\tau) \qquad 式（6-7）$$

方差估计量为以下等式，其中 n 为样本数，T 为期间数。

$$\hat{\sigma}^2(\hat{\tau}) = \frac{1}{n(T-1)}\hat{e}'(\hat{\tau})\hat{e}(\hat{\tau}) = \frac{1}{n(T-1)}SSE_1(\tau) \qquad 式（6-8）$$

门槛效应是否存在的原假设为 H_0：$\beta_0 = \beta_1$，当原假设成立则不存在门槛效应；备择假设 H_1 则为 $\beta_0 \neq \beta_1$，当备择假设成立则存在门槛效应，构建统计量：

$$F_1 = \frac{SSE_0 - SSE_1(\hat{\tau})}{\hat{\sigma}^2} \qquad 式（6-9）$$

其中，SSE_0 为不存在门槛效应的残差平方和的加总；SSE_1 为存在门槛效应的残差平方和的加总。

在检验门槛效应的存在性之后，还需要确定门槛值的置信区间。检验门槛估计值是否等于真实值的原假设 H_0 为 $\hat{\tau} = \tau_0$，备择假设 H_1 为 $\hat{\tau} \neq \tau_0$。

构造似然比统计量 LR：

$$LR(\hat{\tau}) = \frac{SSE_1(\tau) - SSE_1(\hat{\tau})}{\hat{\sigma}^2} \qquad 式（6-10）$$

其渐进分布满足 $c(\alpha) = -2\log(1-\sqrt{1-\alpha})$，当 $LR > c(\alpha)$ 时拒绝原假设，进而可以得到置信区间。

二 货币政策不确定性、信用资源与创新投入的传导机制实证分析

（一）描述性统计

从表 6-8 的描述性统计分析结果中可以看出：用来表示货币政策不确定性的代理指标（Mpu）的均值为 0.227，中位数为 0.174，货币政策不确定性的均值相对于中位数来说偏高，说明较多的时间段中货币政策不确定性较高；用来表示银行信贷的代理指标（$Loan$）的均值为 0.262，中位数为 0.165，$Loan$ 的最小值为 0.000，最大值为 4.306；用来表示商业信用的代理指标（Tc）的均值为 0.332，中位数为 0.268，Tc 的最小值为 0.010，最大值为 2.398。信用资源的最小值与最大值之间差别较大，表明高新技术企业之间的信用资源差别较大。

表 6-8　　　　　　　　　　变量描述性统计

变量	样本量	均值	标准差	最小值	中位数	最大值
Mpu	3306	0.227	0.238	0.000	0.174	0.701
$Loan$	3306	0.262	0.324	0.000	0.165	4.306
Tc	3306	0.332	0.255	0.010	0.268	2.398

续表

变量	样本量	均值	标准差	最小值	中位数	最大值
R&D	3306	0.043	0.034	0.000	0.036	0.429
Sa	3306	4.326	1.242	1.569	4.118	11.139
Market	3306	8.314	1.586	2.530	8.890	10.290
Sales	3306	21.684	1.221	18.017	21.559	27.478
Lev	3306	0.422	0.183	0.008	0.414	0.995
Cash	3306	0.054	0.075	-0.518	0.051	0.531
Roa	3306	0.045	0.052	-0.399	0.037	0.361
Growth	3306	0.181	0.722	-0.863	0.107	19.702
Dual	3306	0.260	0.436	0.000	0.000	1.000
Big4	3306	0.051	0.221	0.000	0.000	1.000
S	3306	0.840	0.735	0.015	0.679	8.173
Indir	3306	0.369	0.053	0.250	0.333	0.714
Lnms	3306	15.324	0.675	13.045	15.282	18.225

（二）实证检验模型选取

本书利用平衡面板数据来进行实证检验，并对实证模型进行了豪斯曼（Hausman）检验，由从检验结果 Prob > chi2 可以看出，P 值均处于 1% 显著性水平，否定了原假设。得出如下结论：本书所有的实证模型均应该采用固定效应模型进行回归。Hausman 检验的实证回归的结果见表6-9。

表6-9　　　　　　　　　　Hausman 检验结果

被解释变量	Rd_sales	Loan	Tc
模型（6-6）	Prob > chi2 = 0.0000		
模型（6-7）		Prob > chi2 = 0.0000	Prob > chi2 = 0.0000
模型（6-8）	Prob > chi2 = 0.0000		
模型（6-9）	Prob > chi2 = 0.0000		

（三）货币政策不确定性对创新投入的影响分析

根据表6-10 的回归结果，货币政策不确定性（Mpu）与创新投入

($R\&D$）的回归系数为 -0.0091，在 1% 的显著性水平上显著负相关，表明货币政策不确定性与企业的创新投入负向变动，当货币政策不确定性增加时，企业会减少创新投入，验证了假设 6-3。货币政策不确定性作为企业难以预测和避免的系统性风险，其可以直接对高新技术企业创新项目的融资成本及交易成本产生影响。货币政策不确定性的增加将使高新技术企业的创新项目面临资金流动紧张的局面。一方面，基于等待期权理论，当政府宏观层面的货币政策不确定性增加时，企业管理层为了获取等待期权的价值，通常会选择推迟创新投资决策，在货币政策不确定性降低之后，再进行创新投入。另一方面，随着货币政策不确定性的增加，银行信贷配给情况可能会愈加严重，从而使企业的融资约束程度也将会有所增加，特别是在资本市场资金较为短缺时，企业很可能因为难以维持创新项目的长期现金流而降低创新投入。

表 6-10 货币政策不确定性对创新投入影响实证结果

变量	模型（6-6）
Mpu_{t-1}	-0.009^{***}
	(-5.74)
$Market_t$	0.002^*
	(1.83)
$Sales_t$	-0.011^{***}
	(-4.49)
Lev_t	-0.008
	(-1.14)
$Cash_t$	0.003
	(0.55)
Roa_t	-0.056^{***}
	(-3.74)
$Growth_t$	-0.001
	(-1.43)
$Dual_t$	-0.001
	(-0.52)
$Big4_t$	-0.006^{**}
	(-2.18)

续表

变量	模型 (6-6)
S_t	0.003***
	(2.79)
$Indir_t$	0.011
	(0.98)
$Lnms_t$	0.003**
	(2.51)
N	3306
R	0.112
F	8.39***

(四) 货币政策不确定性对信用资源的影响分析

根据表 6-11 的回归分析结果，货币政策不确定性 (Mpu) 与银行信贷 ($Loan$) 的相关系数为 -0.081，在 1% 显著性水平上负相关。表明当货币政策不确定性增加时，企业可以取得的银行信贷规模有所下降。因为银行与企业之间存在信息不对称问题，而货币政策不确定性的存在会使两者之间的信息不对称程度愈加严重，从而使银行更加谨慎，发放贷款的条件更加苛刻，企业可从银行取得的银行信贷资源愈加减少。货币政策不确定性 (Mpu) 与商业信用 (Tc) 的相关系数为 -0.104，在 1% 的显著性水平上负相关。它表明，当货币政策不确定性增加的时候，企业可以获得的商业信贷额就会减少，因为企业面临的外部营商环境改变，并且获取流动资金的预期难度也会改变。当货币政策的不确定性程度增加到供货商无法预测未来的经济形势的时候，供货商出于自身企业稳健的角度考虑，其理所当然地会尽可能减少为客户提供商业信用，以此来增加企业自身货币资金的充足性，降低企业的经营风险。由此，假设 6-4 得到验证。

表 6-11　　　　货币政策不确定性对信用资源影响实证结果

变量	模型 (6-7)	
	$Loan$	Tc
Mpu_{t-1}	-0.081***	-0.104***
	(-3.97)	(-8.74)

续表

变量	模型 (6-7)	
	$Loan$	Tc
$Market_t$	0.010	0.018***
	(0.96)	(2.99)
$Sales_t$	-0.154***	-0.080***
	(-7.12)	(-6.21)
Lev_t	1.092***	0.465***
	(11.60)	(9.54)
$Cash_t$	-0.363***	0.100**
	(-4.36)	(2.45)
Roa_t	-0.380**	-0.204**
	(-2.32)	(-2.35)
$Growth_t$	0.001	-0.012*
	(0.34)	(-1.79)
$Dual_t$	-0.001	0.012
	(-0.09)	(1.12)
$Big4_t$	-0.052**	-0.017
	(-2.14)	(-0.78)
S_t	0.019	0.007
	(1.60)	(1.31)
$Indir_t$	-0.109	0.023
	(-0.93)	(0.24)
$Lnms_t$	0.056***	0.012
	(3.25)	(1.41)
N	3306	3306
R	0.223	0.197
F	14.41***	17.90***

而根据货币政策不确定性与信用资源（银行信贷与商业信用）的相关系数大小可以看出，货币政策不确定性对商业信用资源的影响更大。其说明当货币政策环境变化较大时，相对于银行信贷资源来说，商业信用资源受到货币政策不确定性的影响更大，并且这种作用是抑制作用。其中一部分原因是高新技术企业是政府大力扶持的企业，企业会在银行信贷、税收

优惠等政府可以干预的资源上适当向高新技术企业倾斜,虽然政府对高新技术企业的这种"照顾"并不能完全与货币政策变化产生的不确定性相互抵消,但是与由供应商提供的商业信用资源相比,银行信贷资源受到货币政策不确定性给企业带来的负向影响更小。

(五) 货币政策不确定性、信用资源与创新投入传导机制的分析

根据表 6-12 的回归分析结果,货币政策不确定性(Mpu)与研发投入($R\&D$)在 1% 的显著性水平上 $R\&D$ 负相关,而银行信贷($Loan$)、商业信用(Tc)与研发投入($R\&D$)分别在 5% 和 10% 的显著性水平上 $R\&D$ 正相关。结合表 6-10 与表 6-11 中的实证分析结果可以发现,货币政策不确定性(Mpu)对创新投入($R\&D$)影响的系数明显减小,可以说明企业的两种信用资源(银行信贷、商业信用)均是货币政策不确定性影响企业创新投入的部分中介变量,这验证了本书的假设 6-5。通过以上分析可以发现,当货币政策的不确定性提高时,无论是银行、企业还是供应商,它们所处的营商环境都会改变,由于银企之间的信息不对称问题愈加严重,银行会通过降低贷款规模或者提高贷款利率等途径从而对企业可从银行取得的信用贷款额产生抑制作用,使企业取得的银行信贷额减少;而供应商会因为无法准确预期宏观货币政策的变化,无法预期其会给经济带来什么样的影响,也会更加谨慎地为企业提供商业信用,保证自身的流动资金充足。因此,企业可以获得的信用资源都会减少。企业创新活动所需要的资金投入大,且具有长期性,在企业无法取得足够的信用资源来保证创新投入时,企业很有可能会减少创新投入,等待企业资金充足时再进行创新活动投资。那么,货币政策不确定性的增加会通过抑制企业获取信用资源使企业的创新投入减少。图 6-4 展示了货币政策不确定性对创新投入传导机制的检验结果。

表6-12 货币政策不确定性、信用资源、创新投入传导机制实证结果

变量	模型 (6-8)	
Mpu_{t-1}	-0.008*** (-5.34)	-0.007*** (-5.12)
$Loan_t$	0.008** (1.97)	
Tc_t		0.011* (1.95)

续表

变量	模型 (6-8)	
$Market_t$	0.001*	0.001
	(1.75)	(1.62)
$Sales_t$	-0.009***	-0.010***
	(-4.22)	(-4.14)
Lev_t	-0.018**	-0.013**
	(-2.35)	(-2.01)
$Cash_t$	0.006	0.002
	(0.90)	(0.39)
Roa_t	-0.053***	-0.054***
	(-3.83)	(-3.74)
$Growth_t$	-0.001	-0.001
	(-1.48)	(-1.27)
$Dual_t$	-0.001	-0.001
	(-0.51)	(-0.64)
$Big4_t$	-0.005**	-0.005**
	(-1.98)	(-2.07)
S_t	0.002***	0.002***
	(2.59)	(2.71)
$Indir_t$	0.012	0.011
	(1.06)	(0.94)
$Lnms_t$	0.003**	0.003**
	(2.20)	(2.42)
N	3306	3306
R	0.122	0.117
F	7.77***	7.85***

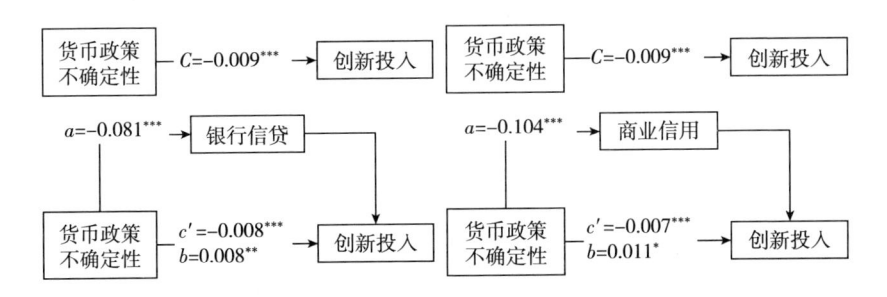

图 6-4 货币政策不确定性对创新投入传导机制结果

(六)货币政策不确定性与创新投入的传导机制在企业中的异质性分析

根据表6-13中的门槛效应检验结果可知,仅有商业信用在融资约束程度方面存在显著的门槛效应,银行信贷在融资约束程度方面的门槛效应并不显著。由表6-14可知,商业信用只存在单一门槛,且门槛估计值为3.923。

表6-13　　　　　　　　门槛效应检验结果

变量	模型	F	P	BS	1%	5%	10%
Loan	单一门槛	13.28	0.157	1000	64.505	23.152	16.367
Tc	单一门槛	21.77	0.043	1000	34.338	19.554	15.766

注:1%、5%、10%分别为对应显著性水平的临界值。

表6-14　　　　　　　　门槛估计值和置信区间

	门槛估计值	95%置信区间
Loan 单一门槛	不显著	
Tc 单一门槛	3.923	[3.877, 3.928]
Tc 双重门槛	不显著	

根据表6-13可以发现,商业信用资源门槛变量的P值为0.043,小于0.05,表明在货币政策不确定性通过商业信用资源对企业创新投入的中介效应中融资约束的门槛效应是显著的,说明商业信用资源在货币政策不确定性对企业创新投入的中介效应中存在异质性。但是银行信贷资源的门槛变量的P值为0.157,大于0.10,门槛效应并不显著,表明银行信贷资源在货币政策不确定性对企业创新投入的中介作用中并不存在异质性,说明银行信贷资源的中介效应机制中,货币政策不确定性对企业创新投入的影响与企业的融资约束并无关系。在货币政策不确定性较高时,银企之间存在严重的信息不对称问题,而供应商与企业之间因为长期的合作,供应商对企业的经营状况更加了解,相对于银行来说,供应商掌握了企业更多的经营状况的相关信息。因此,当企业资金不足或者面临融资约束问题时,供应商能够快速地了解企业的经营状况,但是银行发放贷款的条件主要与企业的经营状况、盈利状况等相关,而这些信息并不能快速地反映出来,导致银行不能快速地了解到企业经营状况的变化。因此,企业的融资

约束状况会对商业信用资源在货币政策不确定性对企业创新投入的中介效应有影响，而对银行信贷资源在货币政策不确定性对企业创新投入的中介效应没有影响。

表6-15是模型（6-9）的实证检验结果。

表6-15　　货币政策不确定性对创新投入影响的异质性结果

变量	模型（6-9）	
Mpu_{t-1}	-0.007***	-0.006***
	(-4.16)	(-2.96)
$Loan_t$	0.009***	
	(5.91)	
Tc_t		0.012***
		(4.21)
$Mpu_{t-1} \times Loan_t \times I \cdot (Sa_t \leq \gamma)$	-0.031***	
	(-3.63)	
$Mpu_{t-1} \times Loan_t \times I \cdot (Sa_t > \gamma)$	-0.002	
	(-0.81)	
$Mpu_{t-1} \times Tc_t \times I \cdot (Sa_t \leq \gamma)$		-0.016***
		(-2.98)
$Mpu_{t-1} \times Tc_t \times I \cdot (Sa_t > \gamma)$		0.006
		(1.24)
$Market_t$	0.001**	0.001**
	(2.42)	(2.25)
$Sales_t$	-0.010***	-0.010***
	(-9.76)	(-10.08)
Lev_t	-0.017***	-0.014***
	(-4.05)	(-3.43)
$Cash_t$	0.006	0.002
	(1.33)	(0.55)
Roa_t	-0.056***	-0.055***
	(-6.18)	(-6.12)
$Growth_t$	-0.001***	-0.001***
	(-2.88)	(-2.70)

续表

变量	模型 (6-9)	
$Dual_t$	-0.001	-0.001
	(-0.78)	(-0.84)
$Big4_t$	-0.005	-0.005
	(-1.49)	(-1.45)
S_t	0.002***	0.002***
	(3.07)	(3.29)
$Indir_t$	0.011	0.011
	(1.03)	(1.27)
$Lnms_t$	0.003***	0.003***
	(2.83)	(3.03)
N	3306	3306
R	0.126	0.123
F	24.85***	24.03***

融资约束的代理变量 SA 指数越小,企业所受到的融资约束程度越高。根据表6-15 的门槛分析结果可以看出,当企业的 SA 指数较低时,企业所面临的融资约束程度较高。而此时货币政策不确定性(Mpu)与商业信用(Tc)的交乘项系数在1%显著性水平上为负。但是当企业的 SA 指数较高时,货币政策不确定性(Mpu)与商业信用(Tc)的交乘项系数不显著。上述分析结果表明,当企业所面临的融资约束程度较高时,随着货币政策不确定性的增加,商业信用对企业创新投入的促进作用会降低,但是当企业所面临的融资约束程度较低时,融资约束对商业信用的传导渠道的影响并不显著。随着货币政策不确定性的增加,供应商的外部营商环境发生变化,供应商会通过减少赊销的情况来降低外部营商环境变化带来的风险,客户也会因此减少提前付款,致使企业所能获取的信用资源减少。当宏观货币政策不确定性增加时,企业所面临的融资约束程度越高,企业的资金就会越紧缺。在货币政策不确定性增加时,即使供应商向企业提供商业信用可以使其获得更多的利润,供应商也更愿意保障自身经营的稳健性,维持自身企业运营资金的充足性。当企业的融资约束程度较高时,企业所面临的风险也会很高,为了平衡收益与风险,供应商有很大的可能性会选择拒绝向企业提供商业信用,此时企业所获得的商业信用资源会减少,企业用于创新投资的资金也会减少。当企业的融资约束程度较低时,

(七) 拓展性分析：货币政策不确定性、创新投入与创新产出的传导机制分析

根据表 6-16 的回归分析结果发现，货币政策不确定性（Mpu）与创新效果（$Patent$）、创新质量（$Patenti$）均在 1% 显著性水平上负相关，表明当货币政策不确定性增加时，企业的创新效果会随之下降。而且，货币政策不确定性与创新效果的相关系数为 -0.267，货币政策不确定性与创新质量的相关系数为 -0.376，表明随着货币政策不确定性的增加，其对创新质量的负向作用大于对创新效果的负向作用，也说明货币政策不确定性对高质量的发明专利申请数的抑制作用会更大。

表 6-16　　货币政策不确定性对创新产出影响实证结果

变量	$Patent$	$Patenti$
Mpu_{t-1}	-0.267***	-0.376***
	(-3.68)	(-5.20)
$Market_t$	0.040	0.052
	(0.97)	(1.24)
$Sales_t$	0.483***	0.469***
	(6.82)	(6.53)
Lev_t	0.102	-0.119
	(0.41)	(-0.49)
$Cash_t$	-0.052	-0.032
	(-0.20)	(-0.13)
Roa_t	-0.188	-0.585
	(-0.42)	(-1.35)
$Growth_t$	-0.052***	-0.036**
	(-2.87)	(-2.08)
$Dual_t$	0.108*	0.074
	(1.92)	(1.23)

续表

变量	$Patent$	$Patenti$
$Big4_t$	-0.279	-0.214
	(-1.26)	(-1.11)
S_t	0.120***	0.095**
	(2.73)	(2.15)
$Indir_t$	-0.030	-0.022
	(-0.06)	(-0.05)
$Lnms_t$	0.113**	0.078
	(2.00)	(1.40)
N	3306	3306
R	0.137	0.146
F	18.34***	19.87***

根据表6-17的回归分析结果看出,货币政策不确定性(Mpu)与创新效果($Patent$)在1%的显著性水平上负相关,货币政策不确定性(Mpu)与创新质量($Patenti$)在1%的显著性水平上负相关。而企业的创新投入($R\&D$)与创新效果($Patent$)、创新质量($Patenti$)均在1%的显著性水平上正相关。企业的创新投入($R\&D$)与创新效果($Patent$)的相关系数为5.666,与创新质量($Patenti$)的相关系数为5.447,说明企业创新投入对企业创新效果的促进作用更强,而货币政策不确定性增加对创新质量的抑制作用更强。而当高新技术企业加强创新投入时,企业可以获得更多的专利申请数而非发明专利申请数,这说明随着创新投入的增加,高新技术企业创新产出中的非发明专利增加较多,相对来说企业并未更看重创新产出的质量。

表6-17 货币政策不确定性、创新投入、创新产出传导机制实证结果

变量	$Patent$	$Patenti$
Mpu_{t-1}	-0.216***	-0.327***
	(-2.99)	(-4.48)
$R\&D_t$	5.666***	5.447***
	(3.75)	(3.41)

续表

变量	Patent	Patenti
$Market_t$	0.029	0.042
	(0.74)	(1.03)
$Sales_t$	0.546***	0.530***
	(7.50)	(7.13)
Lev_t	0.149	-0.073
	(0.61)	(-0.31)
$Cash_t$	-0.071	-0.050
	(-0.27)	(-0.20)
Roa_t	0.132	-0.276
	(0.30)	(-0.64)
$Growth_t$	-0.045**	-0.030*
	(-2.48)	(-1.80)
$Dual_t$	0.112**	0.078
	(2.01)	(1.30)
$Big4_t$	-0.245	-0.182
	(-1.14)	(-0.98)
S_t	0.104**	0.079*
	(2.41)	(1.84)
$Indir_t$	-0.093	-0.083
	(-0.20)	(-0.20)
$Lnms_t$	0.093*	0.060
	(1.68)	(1.09)
N	3306	3306
R	0.151	0.158
F	18.14***	19.21***

根据表6-10与表6-17的实证分析结果，在货币政策不确定性对企业创新产出的影响中，创新投入存在显著的中介作用，表明当宏观货币政策的不确定性增加时，企业的创新投入也会随之降低，进一步导致企业的创新产出降低。综合上文分析发现，随着货币政策不确定性的增加，高新技术企业会推迟创新投入，进一步导致企业创新效果的降低，并且对高质量创新的质量抑制作用更大。图6-5展示了货币政策对创新质量传导机

制的检验结果。

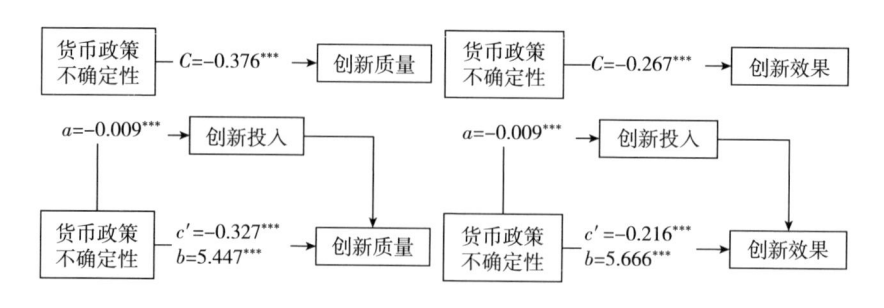

图 6-5 货币政策不确定性对创新质量传导机制结果

```
货币政策         C=-0.376***      创新质量        货币政策        C=-0.267***     创新效果
不确定性                                        不确定性

              a=-0.009*** → 创新投入                        a=-0.009*** → 创新投入

货币政策      c'=-0.327***                     货币政策       c'=-0.216***
不确定性      b=5.447***      创新质量          不确定性       b=5.666***      创新效果
```

三 实证结果分析

本书以我国 2012—2017 年 A 股上市的高新技术企业为研究样本，通过实证检验的方法检验了货币政策不确定性对企业创新投入与创新产出的影响，并且进一步检验了货币政策不确定性对企业创新投入影响中信用资源的中介效应传导机制以及这种传导机制在融资约束程度的异质性中的不同表现。本书还在拓展性分析中进一步研究了创新投入在货币政策不确定性影响企业创新产出中的中介效应传导机制。通过以上实证研究，本书主要得到如下结论。

（1）货币政策的不确定性和企业创新投入之间存在显著负相关关系，表明随着货币政策不确定性的增加创新投入将会减少。基于实物期权理论，货币政策不确定性提高将会导致高新技术企业的决策者推迟创新投资。

（2）货币政策的不确定性和企业取得的信贷资源（银行信贷资源、商业信用资源）均存在显著的负相关关系，表明随着货币政策不确定性的增加，企业的信用资源（银行信贷资源、商业信用资源）都会减少。随着货币政策不确定性的提高，供应商与银行为了维持生产经营的稳健性，在为企业提供商业信用或者银行信贷时会更加的谨慎，条件更为苛刻，因此企业从银行与供应商处获得的信用资源（银行信贷资源、商业信用资源）都会变少。

（3）信用资源（银行信贷资源、商业信用资源）在货币政策不确定性对企业创新投入的影响中存在显著的中介效应。随着货币政策不确定性的增加，企业获得的信用资源减少，进一步导致企业的资金规模降低，此时企业的资金紧张，用于创新活动的资金也会减少，企业的创新投入降低。

（4）在探究货币政策不确定性对企业创新投入影响的中介效应传导机制在企业中是否存在异质性时，本书发现仅有商业信用资源的传导机制在融资约束的异质性检验中存在显著的单重门槛效应，而银行信贷资源的传导机制在融资约束的异质性检验中并不存在门槛效应。这表明仅在商业信用渠道的传导机制中存在异质性。

（5）创新投入在货币政策不确定性与企业创新产出间起显著中介作用。随着货币政策不确定性的增加，高新技术企业会通过降低创新投入进一步使企业的创新产出降低，而且高新技术企业的创新质量降低得更多。

第七章 环境规制治理对企业创新的激励机制及其价值效应

第一节 理论基础

一 环境规制与外部性理论

(一) 外部性理论的提出

外部性 (Spillover Effect) 又称"外部经济"或"外差效应",最早由马歇尔和庇古提出,他们认为边际社会成本、边际私人成本、边际社会收益、边际私人收益以及边际外部成本的差异所形成的边际外部收益是外部性产生的原因。著名经济学家萨缪尔森则将外部性定义为一个经济主体对他人产生有利(正外部性)或不利影响(负外部性),而该主体不向他人提供报酬或索取补偿。兰德尔对外部性的定义与萨缪尔森不同,他认为,在制定决策时由于决策者忽略了部分因素的效益或成本,从而出现决策低效率现象。对外部性的定义,学者各有不同的见解,但究其本质,外部性是在经济活动中一个经济主体对另一个经济主体产生的非市场化影响。

外部性的存在使边际社会成本与边际私人成本存在差异,使市场价格不能充分反映社会成本,导致不能达到帕累托最优。在经济活动中,当一个经济主体给他人或社会带来有利影响且受益人并没有付出相应成本,此时产生的是正外部性,即外部经济。企业积极进行环境污染治理时会增加社会总收益,使其他社会主体受益,但其他社会主体并没有付出相应的环境治理成本或对价,此时边际私人收益小于边际社会收益。当某一经济主体的行为对其他主体产生不利影响但没有给予赔偿时,产生了负外部性,即外部非经济性。比如污染制造者不愿主动承担污染控制的成本,从而导致私人最佳经济活动水平下污染排放超过社会最佳排放水平,并偏离了社会帕累托最优。

无论是正外部性还是负外部性,社会都无法实现帕累托最优,从而导致"市场失灵",并且社会资源也无法得到最优配置。在经济发展过程中,环境治理的外部性使环境质量不能得到充分保障,生态环境的公共品特性导致生产和消费的负外部性,在环境资源的利用中出现"搭便车"现象。

（二）环境规制是解决外部性的重要手段

市场手段往往难以确保社会资源的优化配置,无法实现社会福利和生态保护效果的最大化,因此,市场往往不是解决环境保护外部性的有效手段。相较而言,在环境规制过程中,政府扮演着环境管制的角色,内化了环境的外部成本,并纠正了经济主体的不当经济行为,环境规制对于解决环境的外部性会更加有效。在环境规制的约束和刺激下,企业通过使用环保设备、改进生产工艺、生产环保产品等手段将技术创新成果推向市场,从而获得"先发优势"。环境规制强度越大,企业在环保方面的投资越多,进而产生"挤出效应",占用企业有限的资源,迫使企业通过技术创新降低环境规制成本。恰当的环境规制设计可以发挥政府的适当干预作用,将外部成本内部化,引导企业积极开展技术创新,提高资源利用效率,注重减少污染物排放,实现绿色创新,最终通过"创新补偿"方式降低企业总成本。合理的环境规制设计有利于避免重经济目标而轻生态环境保护的非理性行为。一方面,通过约束企业的经济行为,可以解决环境问题的负外部性；另一方面,通过补贴等优惠政策,加强环境问题的正外部性。

二 波特假说

（一）波特假说的提出

基于新古典微观经济理论的传统主流经济学派认为,在环境规制压力下,企业的内部成本会增加,导致企业的竞争力降低,从而不利于国家经济的发展和国际竞争力的提升。在1932年,经济学家Hicker提出政府规制能够引致创新。在20世纪80年代,众多学者开始研究在保持企业竞争力的前提下,环境规制与企业技术创新之间的关系。1991年,波特教授的研究表明,环境规制可以激发企业的环保意识,面对环境规制,企业会意识到资源利用效率低下的问题,从而提高技术水平,适当的环境规制政策和规制力度刺激企业积极地进行技术创新。也就是说,环境规制正向影响企业技术创新。此外,企业在环境规制压力下进行的技术创新,可以弥补环境规制带给企业的成本负担,并通过"创新补偿"获得"先发优势"，实现企业经济绩效和环境绩效的双重提升。随后，Poter 和 Linde（1995）提出，环境规制的有效设计可以激励企业进行技术创新，同时创新的先发优势可以抵消遵守环境规制的成本。此外，企业由于所在不同地区的环境规制政策的独特性，会在国内市场甚至国际市场获得技术先发优势，从而增强竞争力。越早实施环境规制，企业获利的可能性会越大，在经历了创新积累的过程后，严格的环境规制使企业竞争力得以提升。这就是著名的"波特假说"，波特假说的提出为本书研究微观企业经济发展和宏观环境政策的关系提供了全新的视角。

波特假说分为"强"波特假说和"弱"波特假说两种。其中，"强"波特假说侧重于技术创新和企业竞争力之间的关系，而"弱"波特假说则分析了环境规制和企业技术创新的关系。波特假说示意如图 7-1 所示。

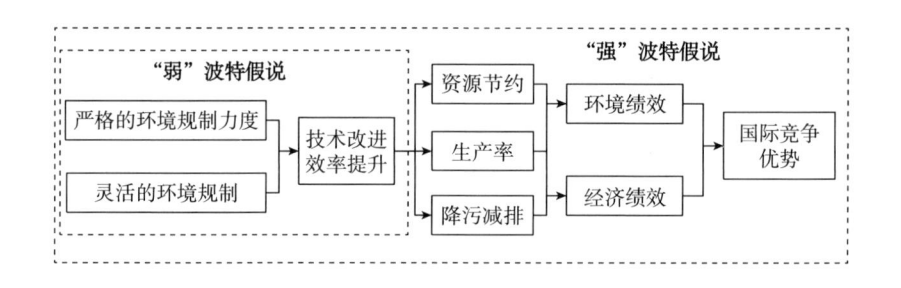

图 7-1 波特假说示意

（二）创新补偿和先发优势

波特假说认为，合理的环境规制能够激励企业技术创新，创新带来的效益又可以补偿遵守环境规制增加的生产成本，甚至使企业实现净收益。合理设计环境规制可以激励企业进行技术创新，但创新补偿的有效性仍未可知，环境规制给企业技术创新带来了外部压力，可以降低环保投资的不确定性，能更好地达到环境保护效果。环境规制可以激励企业技术创新，产生创新补偿效应，同时又使企业生产成本增加，进而刺激创新补偿效应。创新补偿效应主要体现在两个方面：一是环境规制要求企业有效减少废弃物数量，回收废弃物，循环再利用，降低环境规制对企业利润的影响；二是环境规制刺激下进行的企业创新有利于提高产品质量，改进生产工艺，进而可以抵消环境规制增加的生产成本。环境规制带来的技术创新还可以帮助企业获得市场领先优势，从而在国内市场甚至国际市场上具备竞争优势。

三 市场失灵理论

市场失灵理论认为，只有在完全竞争的市场条件下，相关信息完全公开，市场上的买卖者只能被动地接受市场决定的价格，这时候资源才能够实现最有效的配置。但这仅仅是一种理论上的理想状态，由于外部性及公共物品等因素的存在，价格并不是完全由市场来决定的，该条件下资源的最有效的配置方式在现实市场环境中无法达到，因此出现了市场失灵现象。当出现环境被破坏、污染、损失等市场失灵的情况时，政府通过环境规制手段往往能够有效地实现环境资源效率的最大化。下面将从负外部性以及公共物品两个角度阐述相关的环境规制理论。

一方面，负外部效应是指一个经济主体在实施自己的经济行为时，给和他们并没有交易的一方带来的成本增加等不利影响，因此，环境污染拥有负外部性的典型特征。环境污染的负外部性主要是指企业在正常的生产经营活动中，为了追求自身成长与发展，实现利润最大化目标，没有考虑对环境造成的不利影响。这些不利影响并不是因为市场原因产生的，也与被影响方没有直接的经济关系。另一方面，环境资源属于公共物品，决定了它的非排他性与非竞争性，因此无法避免地会出现"搭便车"现象，每一个经济主体都会最大限度地利用环境资源并排放产出的污染物。

综上所述，从规范的视角来看，由于环境本身存在的负外部性以及公共物品性，仅仅依靠市场机制进行经济主体经济行为的调节，无法实现环保与经济的协同发展。因此，必须由政府实行环境规制，以促进环保的可持续性发展。

四 产权理论

产权理论认为，无论最初的产权归属如何，通过市场化的交易方式，资源都能够达到其最有效的配置方式。因而，在解决外部影响问题时可以采用市场化的交易方式。科斯在《社会成本问题》一书中认为，在交易成本接近零的情况下，只要产权是明确的，则无论初始产权赋予哪一方都不会影响资源配置的效率。首要任务确定产权归属，对当事人的权利范围进行明确的说明，然后通过权利的市场化交易实现社会福利的最大化。但是，环境资源作为一种公共物品，很难确定该环境资源的产权归谁所有，因此在缺乏明确产权人的条件下，环境资源的被利用将缺乏有效的监督管理，导致环境资源在使用过程中遭到浪费、破坏等现象。因此，政府作为第三方，依靠其强制力执行环境规制政策是保护环境非常有效的措施。

五 制度理论

制度理论为研究宏观环境政策与企业技术创新的关系提供了重要视角。制度理论侧重于分析组织边界外的社会力量，组织既要满足制度性外部环境的合理要求，又要满足技术性外部环境的效率要求。基于制度理论，本书从以下两个视角分析外部环境规制治理机制对企业创新的激励效应。

（一）经济学视角

制度环境决定组织的资源配置效率。新制度经济学从微观层面研究制度及制度变迁对经济效率的影响，认为企业的存在是为了节约交易成本，而不仅仅是"追求利润最大化"。环境规制作为重要的制度因素，对企业生产经营过程中的决策产生重大影响，加大企业的守规负担，迫使企业不得不进行技术创新，以期通过创新补偿污染治理成本和生产成本，以帮助企业实现利润最大化。

（二）组织社会学视角

组织社会学中的制度更注重合法性和合理性，具体来说，组织通过执行符合现行法律法规、社会价值观的战略、决策及组织架构来满足公众的期望，并赢得广泛的社会支持和寻求组织成长。当面临外部环境制约时，企业会选择开展绿色技术创新活动，生产环保型产品，以达到环境规制要求和公众绿色消费需求，追求绿色经营的"合法性"。合法性能够为企业提供缓冲，使企业规避外界对企业履行环境保护责任的诉求。但是，合法性也可能会使其他主体对企业产生更高的期望而加以更严厉的监管，进而限制企业的创新决策。

六 资源依赖理论

资源依赖理论认为，拥有具有竞争力的资源的组织往往能够更好地存活和发展。尤其是当获取的外部资源独一无二时，企业会更加依赖资源控制者。政府既是资源的控制方，又是市场的调控方，不可替代的稀缺性资源的大部分配置权由政府决定，此外，政府对政策制定有绝对权力，综合考虑，企业会高度依赖政府部门。首先，为了避免环境规制不确定性带来的风险，企业会选择与政府建立联络关系；其次，与当地政府部门建立长久且良好的合作关系，有利于企业取得更多对企业发展至关重要的资源，更有利于企业在当地的发展。Meyer 等（1989）的研究表明，市场中的部分企业仅仅靠营业利润根本无法在残酷的市场竞争中存活下来，但是这些企业却依然能够坚持存在着，很大一部分原因是这些企业与政府有着良好的合作关系，它们可以从政府处取得一部分资源，可以保证企业的正常运转，以在市场中维持生存。就企业技术创新活动而言，政治关联的建立不仅能为企业带来创新资源，还能降低创新投入的不确定性，提高企业进行创新活动的积极性。但是，这种政治资源的获取也存在一定的弊端，这些资源可能会挤占企业原本有限的资源，挤出创新投入，降低企业技术创新的积极性。伴随中国经济的迅猛发展，制度实施所引起的不确定性随之增加。也就是说，企业面临的外部环境有着更高的不确定性，相对不完善的规章制度需要政治关联这种非正式制度来进行完善。

第二节 研究假设

随着环境规制的不断完善和发展，环境规制设计越来越合理化，环境规制工具越来越多样化。总体来看，环境规制可以分为三类：命令控制型、市场激励型以及自愿型环境规制。其中，命令控制型环境规制是指政府颁布强制性法规要求企业履行环境保护和治理责任，企业通常别无选择，必须遵守规章制度。但有时企业会因侥幸心理而采取应激行为，比如暂时性减少生产甚至停止生产以降低企业排污量，保证完成法规要求的企业环境保护目标。此外，我国的环境规制体制受同级政府和上级组织的共同领导，地方政府可能会因其不当政绩观过度干预环境规制部门设计环境规制工具和企业执行环境规制要求，影响环境规制部门的独立性，致使环境规制部门地位低下，不能合理设计和有效实施环境规制政策（Tang et al.，2010）。

基于上述分析，本书认为命令控制型环境规制与企业技术创新活动之间不存在正向影响关系，甚至可能对技术创新投入产生"挤出效应"，主要原因有：第一，命令控制型环境规制工具因其强制力往往需要付出较高的成本，在这种情况下，被规制企业必须通过高成本的控制手段满足污染排放标准，当企业资金紧张时，可能导致将原本的创新投入资金用于缴纳排污费甚至是将较多资源用于对污染物进行暂时性处理，以短期应付环境规制政策，因此，命令控制型环境规制工具可能会对企业的技术创新投资资源产生挤出效应。第二，高成本的命令控制型环境规制使企业的生产成本上升，导致企业利润降低，影响企业进行技术创新的意愿。相对来说，市场激励型环境规制通过收取排污费、实施税收优惠等市场经济措施影响企业环境管理活动，在市场激励情况下，企业可以自主选择，为采用良好的污染控制技术提供强大的内在动力。第一，长期来看，收取企业污染费无法彻底解决污染问题，为了长远发展，企业会进行技术创新，改进生产工艺，以从根本上应对市场激励型环境规制。第二，市场激励型环境规制为企业开展创新活动指明了方向，降低了企业研发投入的风险，增强了企业的投资信心，进而激励企业积极开展技术创新活动。最后，技术创新投入会使企业具有先发优势，首先进行技术创新的经济主体通过研发可以获取专利保护，提高技术的进入壁垒，巩固甚至拓展该主体在新技术市场中的份额，更有利于实现企业自身利益最大化。

市场激励型环境规制工具仍然存在部分缺陷，并不能完全弥补命令控制型环境规制工具的不足。对于被规制一方，当制造污染的成本低于技术创新投入时，或者当技术补贴低于技术创新投入时，企业不会进行技术创新。相较而言，在面对自愿型环境规制时，企业拥有最大自主选择权，外界也不会强制性要求企业进行技术创新或者规定整改时间，企业拥有充足的创新空间以及充分的技术创新缓冲时间。自愿型环境规制会刺激企业进行积极的技术创新，不断改进生产工艺，降低污染物排放量。与此同时，企业认真履行社会责任，塑造了良好的企业形象，有利于获得公众的信赖和支持。基于此，本书提出假设7-1：

假设7-1：与命令控制型环境规制工具相比，市场激励型环境规制工具和自愿型环境规制工具对企业技术创新投入的激励效应更显著。

波特假说认为，只有当被规制者充分享有主动权、不被迫采用特定的环保技术，以及环境规制的不确定性较小时，环境规制设计才能真正地促进企业进行技术创新活动。但是，我国传统的环境规制工具，尤其是命令控制型环境规制工具，往往与创新补偿效应相矛盾。同时，命令控制型环境规制常常要求企业一步到位，给企业留有的余地少之又少，通常直接强制性规定企业整改时间期限，在如此高压下，那些需要充足的时间进行调整的企业势必会因此遭受冲击，不利于企业技术创新活动的开展。基于此，提出假设7-2：

假设7-2：市场激励型环境规制工具和自愿型环境规制工具比命令控制型环境规制工具对企业创新产出的正向影响更明显。

环境规制工具种类不同，对企业技术创新活动的影响不同，但都在一定程度上降低了企业创新投资的风险，进而激励企业加大研发投入，开展技术创新活动。增加企业技术创新投入，进而提高了企业技术创新产出，基于此，提出假设7-3：

假设7-3：创新投入在不同的环境规制工具和企业技术创新产出之间存在中介作用。

第三节 研究设计

一 变量定义

（一）环境规制工具异质性变量选取

自环境问题备受关注以来，政府逐渐出台了一系列包括命令控制型、市场激励型、自愿型等环境规制工具。针对不同类型环境规制工具的贡献度，学术界从不同角度进行了大量研究。赵晓丽等（2015）选用电力产业和钢铁产业样本，将环境规制分为市场导向型环境规制和行政性环境规制，市场导向性环境规制根据排污权交易机制、税收减免和CDM机制测量，行政性环境规制用环境评估体系、生产技术标准、排放标准、监督和罚款衡量。成德宁（2019）根据规制灵活性的差别，以及规制主导者的不同，将环境规制分为命令控制型、市场激励型和隐性环境规制，在此基础上构建评估地区产业竞争力的指标体系，实证分析不同类型环境规制工具对不同地区产业竞争力的影响，并探究了环境规制异质性的空间效应。本书同样根据环境规制主导者的不同，将环境规制工具分为三类：命令控制型环境规制、市场激励型环境规制和自愿型环境规制，借鉴王红梅（2016）的研究对三种环境规制进行衡量。

命令控制型环境规制工具，是指行政管理部门根据相关法律、法规、规章和标准，对环境相关生产活动进行直接管理和强制监督。各级政府、行业组织和环保部门制定了多种环保制度和标准，通过规定环境保护下限，将环保事项前置，对环境污染源进行控制。因此，本书采用当年各地现行有效的环保法规规章数衡量命令控制型环境规制工具（$ERI-1$）。

从市场激励型环境规制来看，我国与之相关的规章制度并不健全，税收优惠是其主要存在形式，排污费制度是较早实施的工具，与其他工具相比具有较高的稳定性，可以更有效地反映企业污染治理成本。因此，本书以各省份为样本，以每一省份的排污费入库金额与工业增加值的比重（单位：万元/户）衡量市场激励型环境规制（$ERI-2$）。

本书选取地区层面的监督数据衡量自愿型环境规制强度（$ERI-3$），具体是指以各地区环境信访来信总数的对数值作为自愿型环境规制工具

（二）企业技术创新投入变量选取

现有研究表明，企业的技术创新水平可以从企业科研投入、科研成果以及研发人员投入三方面来衡量。借鉴已有研究，本书选取研发投入衡量企业创新投入，与之相关的衡量方法包括两种：一是以研发投入与企业总资产比值作为衡量指标；二是将 R&D 投入与营业收入比值作为创新投入的替代变量。其中，研发投入包括企业资本化和费用化的研发支出。本书使用研发投入与营业收入之比来衡量企业技术创新投入（R&D）。

（三）企业技术创新产出变量选取

企业创新的成果大多是通过获得专利来表现的。目前，学术界对于技术创新产出的衡量也大多采用专利申请数量，本书根据已有研究，采用专利申请数对数值（Patent）和发明专利申请数对数值（Patenti）来衡量企业技术创新产出。

（四）控制变量

本书首先对市场化程度进行控制。此外，企业创新投入受企业盈利能力、风险承担能力等因素的影响，因此本书对企业资产收益率、偿债能力、盈利能力、管理层激励、税率等微观变量进行了控制。具体变量定义见表 7-1。

表 7-1　　　　　　　　　变量定义

类别	变量名称	变量符号	指标计算
被解释变量	技术创新投入	R&D	研发投入与销售收入之比
	技术创新产出	Patent	企业专利申请数的对数
		Patenti	企业发明专利申请数的对数
解释变量	命令控制型环境规制	ERI-1	各地区现行有效环保法规章数
	市场激励型环境规制	ERI-2	排污费解缴入库金额/解缴入库户数
	自愿型环境规制	ERI-3	各地区环境信访中来信总数的对数值
控制变量	市场化指数	M-Index	王小鲁等（2016）市场化指数体系中的"市场化进程总体评分"
	资产收益率	Roa	负债总额与资产总额的比率
	资产负债率	Lev	净利润/总资产
	综合税率	Tax	（营业税金及附加+所得税费用）/营业总收入

续表

类别	变量名称	变量符号	指标计算
控制变量	两职合一	Dual	董事长与总经理是否为同一人,是为1,否为0
	营业净利率	NPM	净利润/营业收入
	独董比例	Indir	独立董事人数/董事人数
	股权制衡	S	第二大股东至第十大股东股权比例之和/第一大股东持股比例
	管理层激励	Lnms	董事、监事及高管年薪总额取对数

二 样本选择与数据来源

（一）样本选择

本书选取 2012—2017 年 A 股上市高新技术企业为研究样本，具体数据筛选及样本收集程序与第三章保持一致。

（二）数据来源

在本章研究所使用的数据中，各地区当年现行有效的环保法规规章数、各地区排污费解缴入库金额、各地区解缴入库金额户数以及各地区环境信访数等数据来自《中国环境年鉴》。地区层面环境信访数据只披露至 2015 年，出于对数据可比性的要求，通过以前年度环境信访数量以及信访数上升比率补齐了 2016 年和 2017 年的相关数据。本书使用的财务数据选自国泰安数据库和色诺芬经济金融研究数据库，企业技术创新投入和创新产出的数据来自万德数据库，高新技术企业的样本来自国泰安认定资质数据库和税率数据库。对相关数据的处理和统计分析主要使用 Excel 2019 和 Stata15.0 软件。经过对相关缺失数据、金融企业等非常规数据的筛选和剔除，得到 573 家样本企业的 3438 个面板观测值。

三 模型构建

为了研究环境规制工具异质性对企业技术创新投入的影响，本书构建了模型（7-1）。

$$R\&D_{i,t} = \beta_0 + \beta_1 ER_{i,t} + \beta_2 M\text{-}Index_{i,t} + \beta_3 Tax_{i,t} + \beta_4 Lev_{i,t} + \beta_5 Roa_{i,t} + \beta_6 Dual_{i,t} + \beta_7 NPM_{i,t} + \beta_8 Indir_{i,t} + \beta_9 S_{i,t} + \beta_{10} Lnms_{i,t} + \varepsilon$$

模型（7-1）

为了检验不同环境规制工具对企业技术创新产出的影响，本书构建了模型（7-2）和模型（7-3）。模型（7-2）验证不同类型环境规制工具对企业创新效果的影响，模型（7-3）则是为了检验对企业创新质量的影响。

$$Patent_{i,t} = \beta_0 + \beta_1 ER_{i,t} + \beta_2 M-Index_{i,t} + \beta_3 Tax_{i,t} + \beta_4 Lev_{i,t} + \beta_5 Roa_{i,t} + \beta_6 Dual_{i,t} + \beta_7 NPM_{i,t} + \beta_8 Indir_{i,t} + \beta_9 S_{i,t} + \beta_{10} Lnms_{i,t} + \varepsilon$$

模型（7-2）

$$Patenti_{i,t} = \beta_0 + \beta_1 ER_{i,t} + \beta_2 M-Index_{i,t} + \beta_3 Tax_{i,t} + \beta_4 Lev_{i,t} + \beta_5 Roa_{i,t} + \beta_6 Dual_{i,t} + \beta_7 NPM_{i,t} + \beta_8 Indir_{i,t} + \beta_9 S_{i,t} + \beta_{10} Lnms_{i,t} + \varepsilon$$

模型（7-3）

为了进一步检验企业技术创新投入是否在环境规制工具异质性与企业技术创新产出之间存在中介传导作用，本书建立了模型（7-4）和模型（7-5）。

$$Patent_{i,t} = \beta_0 + \beta_1 ER_{i,t} + \beta_2 R\&D_{i,t} + \beta_3 M-Index_{i,t} + \beta_4 Tax_{i,t} + \beta_5 Lev_{i,t} + \beta_6 Roa_{i,t} + \beta_7 Dual_{i,t} + \beta_8 NPM_{i,t} + \beta_9 Indir_{i,t} + \beta_{10} S_{i,t} + \beta_{11} Lnms_{i,t} + \varepsilon$$

模型（7-4）

$$Patenti_{i,t} = \beta_0 + \beta_1 ER_{i,t} + \beta_2 R\&D_{i,t} + \beta_3 M-Index_{i,t} + \beta_4 Tax_{i,t} + \beta_5 Lev_{i,t} + \beta_6 Roa_{i,t} + \beta_7 Dual_{i,t} + \beta_8 NPM_{i,t} + \beta_9 Indir_{i,t} + \beta_{10} S_{i,t} + \beta_{11} Lnms_{i,t} + \varepsilon$$

模型（7-5）

在模型（7-1）至模型（7-5）中，β_0 表示截距，β_1—β_n 表示系数（$n=1,2,\cdots$），ε 为残差。

四 中介效应检验原理及流程

为了检验环境规制工具异质性、企业技术创新投入及创新产出之间是否存在中介传导效应，本书根据温忠麟（2014）的研究，采用 Sobel 检验方法对企业技术创新投入进行了中介效应检验（中介效应检验原理见图7-2）。其中，环境规制工具异质性、企业技术创新投入及创新产出的关系可以通过下列三个方程进行描述：

$$Y = cX + e_1 \qquad \text{式（7-1）}$$
$$M = aX + e_2 \qquad \text{式（7-2）}$$
$$Y = c'X + bM + e_3 \qquad \text{式（7-3）}$$

其中，X 代表环境规制工具异质性，Y 代表企业技术创新产出，M 表示企业技术创新投入。c 表示不同类型的环境规制工具对企业技术创新产出的总效应；a 代表不同类型的环境规制工具对企业技术创新投入的效应；系数 b 是在控制了不同类型的环境规制工具的影响后，技术创新投入对企业技术创新产出的效应；而 c' 则是在控制了企业技术创新投入后，不同类型的环境规制工具对企业价值的直接效应。

具体来说，本书中介效应的检验分为三步（见图7-2）。

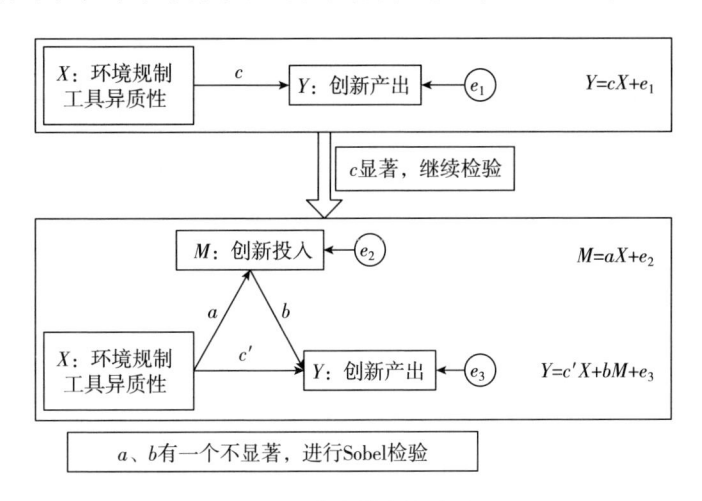

```
┌─────────────────┐   c    ┌──────────────┐
│ X：环境规制      │──────▶│ Y：创新产出  │◀─(e₁)    Y=cX+e₁
│   工具异质性     │       └──────────────┘
└─────────────────┘

          │ c显著，继续检验
          ▼

              ┌──────────────┐
              │ M：创新投入  │─(e₂)       M=aX+e₂
              └──────────────┘
                 ╱        ╲
                a          b
┌─────────────────┐  c'   ┌──────────────┐
│ X：环境规制      │──────▶│ Y：创新产出  │─(e₃)   Y=c'X+bM+e₃
│   工具异质性     │       └──────────────┘
└─────────────────┘

      a、b有一个不显著，进行Sobel检验
```

图7-2 中介效应检验原理

（1）检验式（7-1）中系数 c 是否显著，即检验不同类型的环境规制工具对企业技术创新产出是否存在显著影响，这是检验是否存在中介效应的前提，只有环境规制工具异质性对影响企业技术创新产出存在显著效应时，中介效应检验才可以进行下一步分析。

（2）判断式（7-2）中系数 a 和式（7-3）中系数 b 的显著性。当系数 a 和系数 b 均显著时，直接检验第三步骤。当 a 或 b 有一个不显著时，需要继续进行Sobel检验，只有当Sobel模型检验值显著时，才能说明企业技术创新投入的中介效应存在，否则不存在。

（3）最后根据式（7-3）中系数 c' 的显著性，判断企业技术创新投入存在中介效应的程度。如果 c' 不显著，则企业技术创新投入承担完全中介作用，c' 显著则说明企业技术创新投入是部分中介作用。

第四节 环境规制治理对企业创新的影响分析

一 描述性统计

表7-2列示了企业创新投入及产出、地区环境规制工具异质性及控制变量描述性统计结果。表7-3、表7-4和表7-5是对各地区的命令控制型环境规制、市场激励型环境规制以及自愿型环境规制按照年份进行的

描述性统计。

表 7-2　　变量描述性统计

变量	样本量	均值	标准差	最小值	中位数	最大值
$R\&D$	3438	18.246	1.222	12.737	18.182	23.285
$Patent$	3438	3.687	1.322	0.693	3.638	8.962
$Patenti$	3438	2.786	1.397	0	2.708	8.788
$ERI-1$	3438	33.778	19.011	3.000	35.000	105.000
$ERI-2$	3438	6.272	4.050	1.515	5.471	33.994
$ERI-3$	3438	8.588	0.843	4.700	8.701	10.077
$M-Index$	3438	8.312	1.578	2.870	8.890	10.290
Tax	3438	0.024	0.030	-0.316	0.019	0.774
Lev	3438	0.427	0.185	0.007	0.418	0.979
Roa	3438	0.042	0.055	-0.448	0.036	0.361
$Dual$	3438	0.251	0.433	0	0	1.000
NPM	3438	0.063	0.236	-8.910	0.058	2.024
$Indir$	3438	0.369	0.053	0.250	0.333	0.714
S	3438	0.836	0.741	0.015	0.675	8.173
$Lnms$	3438	15.304	0.685	13.045	15.258	18.771

从表 7-2 中可以看出，本书所选取的样本企业技术创新投入最小值为 12.737，最大值为 23.285，均值为 18.246，中位数 18.182 略低于均值，说明 50% 以上高新企业的研发投入未达到平均水平，企业仍需加大研发投入。从技术创新产出来看，全样本的均值为 3.687，最大值和最小值分别为 8.962 和 0.693。由此看来，不同企业的创新投入和产出均存在较大差距，而且大多数企业处于低投入、低产出状态。

命令控制型环境规制强度（$ERI-1$）的均值为 33.778，小于中位数 35，最大值为 105，最小值为 3。市场激励型环境规制强度（$ERI-2$）的均值为 6.272，中位数为 5.471，全样本标准差为 4.050，最小值为 1.515，最大值 33.994。自愿型环境规制强度（$ERI-3$）的均值为 8.588，最小值为 4.7，最大值为 10.077。因此，不同类型环境规制均存在较大地区差异性。

根据表 7-3，从各年份的均值来看，2012—2016 年的命令控制型环境规制强度较为稳定，2017 年命令控制型环境规制明显增强，这意味着在党的十九大之后的又一个五年,政府更加注重环境保护,充分发挥命令控制型工具的事前规制作用。通过比较不同类型环境规制的最大值和最小值可以发现,2013 年各地区的命令控制型环境规制强度相差最小,2017年不同地区的命令控制型环境规制强度相差最大。总体来说,命令控制型环境规制强度在各地区之间存在较大的差异性。

表 7-3　　　　　命令控制型环境规制描述性统计分析

年份	最小值	最大值	均值	标准差	中位数
2012	6	91	32.023	18.052	30
2013	6	56	30.117	14.315	29
2014	6	65	33.143	17.057	35
2015	6	68	33.902	14.436	39
2016	6	56	32.846	16.694	29
2017	3	105	40.639	28.245	36

根据表 7-4 可知,各地区市场激励型环境规制强度均值虽有波动,但总体呈上升趋势。最大值和最小值也在逐渐增大,中位数也在逐年上升。市场激励型工具与命令控制型工具相比具有更大的灵活性,随着市场经济体制的不断完善,政府越来越注重市场激励在环境保护过程中的作用。

表 7-4　　　　　市场激励型环境规制描述性统计分析

年份	最小值	最大值	均值	标准差	中位数
2012	1.515	21.090	4.762	2.786	4.668
2013	1.657	23.789	5.132	3.237	4.944
2014	1.834	28.017	5.658	3.034	5.471
2015	1.795	26.164	6.084	3.119	6.164
2016	1.845	30.825	7.418	3.980	7.294
2017	1.851	33.994	8.579	5.908	8.179

表 7-5 中的数据表明,我国自愿型环境规制强度总体呈上升趋势,表明近年来越来越多的人开始参与环境监管,自愿型环境规制工具发挥了越来越重要的作用。但从每年的中位数和最大值、最小值来看,我国大部

分地区的自愿型环境规制强度仍然处于较低水平,不同地区的环境规制强度仍存在较大的差异。

表7-5　　　　　　　　自愿型环境规制描述性统计分析

年份	最小值	最大值	均值	标准差	中位数
2012	4.700	9.949	8.429	0.870	8.487
2013	5.124	9.609	8.422	0.750	8.440
2014	5.220	9.404	8.489	0.828	8.756
2015	5.075	9.699	8.604	0.826	8.803
2016	5.075	9.699	8.604	0.826	8.803
2017	5.454	10.077	8.982	0.826	9.181

二　实证模型的选取

本书选择用平衡面板数据进行实证分析,并对相关实证模型进行了霍斯曼(Hausman)检验,结果见表7-6。

表7-6　　　　　　　　Hausman 检验结果

被解释变量	R&D	Patent	Patenti
模型(7-1)	Prob > chi2 = 0.00 Prob > chi2 = 0.00 Prob > chi2 = 0.00		
模型(7-2)		Prob > chi2 = 0.00 Prob > chi2 = 0.00 Prob > chi2 = 0.00	
模型(7-3)			Prob > chi2 = 0.00 Prob > chi2 = 0.00 Prob > chi2 = 0.00
模型(7-4)		Prob > chi2 = 0.00 Prob > chi2 = 0.00 Prob > chi2 = 0.00	
模型(7-5)			Prob > chi2 = 0.00 Prob > chi2 = 0.00 Prob > chi2 = 0.00

第七章 环境规制治理对企业创新的激励机制及其价值效应

通过表 7-6 中的检验结果可以看出，霍斯曼检验的 P 值均在 1% 的显著性水平上拒绝原假设。也就是说，固定效应模型是最具效率的，因此，相关实证模型均使用固定效应模型进行回归分析。同时，为了保证实证研究的稳健性，对所有的实证模型均采用公司层面的聚类稳健标准误。

三 环境规制工具异质性对企业技术创新投入的影响分析

为了检验不同类型的环境规制工具对企业技术创新投入的影响，本书使用 Stata15.0 对样本数据进行公司层面聚类标准误的固定效应模型回归，表 7-7 列示了模型 (7-1) 的回归结果。

表 7-7 不同类型环境规制工具对企业技术创新投入影响的实证结果

变量	模型 (7-1)		
$ERI-1$	0.004*** (3.85)		
$ERI-2$		0.038*** (6.63)	
$ERI-3$			0.215*** (5.75)
$M-Index$	0.256*** (9.24)	0.208*** (7.19)	0.207*** (7.17)
Tax	-2.361** (-2.18)	-2.341** (-1.84)	-2.260** (-2.10)
Lev	0.540*** (2.89)	0.543*** (2.97)	0.533*** (2.93)
Roa	1.144*** (2.93)	1.290*** (3.25)	0.862** (2.34)
$Dual$	0.025 (0.67)	0.010 (0.26)	0.024 (0.64)
NPM	-0.095*** (-3.22)	-0.110*** (-3.55)	-0.094*** (-2.92)

续表

变量	模型 (7-1)		
Indir	-0.145 (-0.38)	-0.227 (-0.62)	-0.070 (-0.18)
S	0.104*** (2.83)	0.103*** (2.87)	0.097*** (2.65)
Lnms	0.442*** (8.51)	0.407*** (797)	0.428*** (8.25)
N	3438	3438	3438
R	0.137	0.205	0.144
F	32.55***	32.60***	32.46***

从表7-7可以看出，命令控制型环境规制（ERI-1）对企业技术创新投入（R&D）有显著的正向影响，这表明在面对命令控制型工具时，企业可以将环境规制的压力转化为创新动力，从而加大创新动力。各地区的市场激励型环境规制（ERI-2）与企业技术创新投入（R&D）之间也产生了显著的正向影响关系，该结果与许士春（2012）通过排污交易许可衡量的市场激励型环境规制的结果一致。马富萍等（2011）、贾瑞跃等（2013）也得到了同样的结论。这表明市场激励型环境规制工具赋予企业部分自主选择权，也给予了企业充足的缓冲时间，更好地从根本上激励企业改进污染控制技术。从企业角度来看，排污费的收取不能从根本上降低环境规制所增加的成本，为了实现长远发展，企业必须积极主动地开展技术创新活动，加大技术创新投入，以期通过改良生产工艺以更好地应对市场激励型环境规制。另外，地区层面自愿型环境规制（ERI-3）对企业技术创新投入（R&D）也存在积极影响，这表明，当面对公众自发参与组织的环境规制时，企业会更加积极主动地进行技术创新，改进生产工艺，降低污染物排放量，以证明企业在认真履行社会责任，有利于塑造和维护其社会形象，以获得良好口碑和公众支持。

回归结果表明，命令控制型、市场激励型和自愿型的环境规制工具均对企业技术创新投入产生了显著的正向影响，但三者的影响系数差别较大，其中自愿型的系数最大，命令控制型的系数最小，本书的假设

7-1得到验证。这可能是因为，首先，正如前文所提到的，命令控制型环境规制相较市场激励型和自愿型环境规制更会对企业创新资源产生挤出效应；其次，相对于命令控制型环境规制，市场激励型环境规制工具具有较强的灵活性，可以赋予企业更多的自主选择权，企业可以根据自身经济效益在研发成本与惩罚成本之间做出选择；最后，自愿型环境规制工具的前提是企业自愿，然后通过不同机制向政府反馈群众监督意见，是企业、群众和政府多重作用的结果。环境规制工具异质性一般体现在环境规制主导者不同，作用机理也不尽相同。正因如此，不同类型的环境规制工具对企业技术创新投入的影响也并不一致，政府应该充分发挥每种环境规制工具的长处，综合应用不同环境规制工具，以使环境规制效应最大化。

四 环境规制工具异质性对企业创新产出的激励效应分析

在研究不同类型环境规制工具对企业技术创新产出的影响时，本书首先对不同类型的环境规制工具对企业技术创新效果 [$Patent$ - 模型 (7-2)] 的影响进行了研究，其次对企业技术创新质量 [$Patenti$ - 模型 (7-3)] 进行分析。

通过表 7-8 模型 (7-2) 的回归结果能够看出，市场激励型环境规制 (ERI-2) 和自愿型环境规制 (ERI-3) 均正向影响企业技术创新产出。也就是说，市场激励型环境规制和自愿型环境规制对企业技术创新产出产生激励效应。同时又可以看出，自愿型环境规制工具对企业技术创新产出的激励作用是两种环境规制工具中更为显著的一种。而命令控制型环境规制工具 (ERI-1) 并没有显著地增加企业技术创新产出。这可能是因为企业在面对命令控制型环境规制时，可能更多地将资金用于控制污染，以达到政府控制标准，而没有基于技术创新的考虑从根本上解决污染问题。也就是说，对于我国企业而言，自愿型环境规制和市场激励型环境规制强度的提高对技术创新的激励效应相对较好。这可能是因为，市场激励型环境规制既有惩罚又有补贴，对于高污染企业，市场激励型环境规制起惩罚作用，而对于低污染企业则起补贴作用。因此，市场激励型环境规制可以更好地调节企业排污行为，鼓励企业采用更加先进的环保技术，降低自身排污标准。模型 (7-3) 的回归结果表明，市场激励型环境规制 (ERI-2) 和自愿型环境规制 (ERI-3) 不仅增加企业创新产出数量，而且使创新产出质量也有所提高，命令控制型企业虽没有增加产出数量，但显著提高了创新产出质量。

表7-8 不同类型环境规制工具对企业技术创新产出影响的实证结果

变量	模型（7-2） Patent			模型（7-3） Patenti		
ERI-1	0.002 (1.49)			0.002* (1.70)		
ERI-2		0.020*** (2.87)			0.023*** (3.10)	
ERI-3			0.080* (1.76)			0.101** (0.97)
M-Index	0.213*** (6.75)	0.189*** (5.70)	0.195*** (5.83)	0.252*** (7.08)	0.223*** (5.95)	0.229*** (6.11)
Tax	-0.084 (-0.07)	-0.082 (-0.07)	-0.044 (-0.04)	0.149 (0.13)	0.154 (0.13)	0.200 (0.17)
Lev	0.659*** (3.16)	0.661*** (3.18)	0.656*** (3.14)	0.484** (2.20)	0.485** (2.21)	0.480** (2.18)
Roa	0.337 (0.81)	0.418 (0.71)	0.328 (0.79)	-0.408 (-0.83)	-0.312 (-0.63)	-0.420 (-0.85)
Dual	0.048 (0.85)	0.040 (0.71)	0.047 (00.84)	0.025 (0.40)	0.015 (0.25)	0.024 (0.39)
NPM	-0.102 (-1.28)	-0.110 (-1.37)	-0.100 (-1.24)	0.011 (0.10)	0.0000 (0.01)	0.012 (0.11)
Indir	-0.118 (-0.24)	-0.166 (-0.34)	-0.088 (-0.18)	0.095 (0.19)	0.039 (0.08)	0.132 (0.27)
S	0.117*** (2.67)	0.115*** (2.68)	0.114*** (2.62)	0.121** (2.59)	0.120** (2.57)	0.118** (2.52)
Lnms	0.338*** (6.11)	0.318*** (5.79)	0.334*** (6.01)	0.355*** (6.04)	0.332*** (5.74)	0.350*** (5.798)
N	3438	3438	3438	3438	3438	3438
R	0.096	0.112	0.102	0.079	0.098	0.085
F	14.75***	14.75***	14.69***	13.81***	13.78***	13.47***

五 环境规制工具异质性对企业创新的传导机制分析

为了进一步检验企业技术创新投入是否在环境规制工具异质性、企业技术创新数量和质量之间存在中介传导作用，在上述研究基础上又对模型（7-4）和模型（7-5）进行了检验，模型（7-4）和模型（7-5）的回归结果如表7-9所示。根据中介效应检验原理，由于命令控制型环境规制（$ERI-1$）并未对企业技术创新产出产生显著影响，因而企业技术创新投入在命令控制型环境规制和创新产出之间的中介作用并不存在，无须进行进一步检验。由此可以看出，命令控制型环境规制带来的技术创新投入的增加并未实质性地提高企业技术创新产出。很大一部分原因是当面对行政监管的强制力时，企业只会敷衍地加大技术创新投入，而事实上这种技术创新投入并未创造出真正的创新成果，此时的技术创新投入存在一定的"粉饰"成分。

表7-9 不同类型环境规制工具对企业技术创新的作用机制实证结果

变量	模型（7-4）		模型（7-5）		
	$Patent$		$Patenti$		
$ERI-1$			0.001 (0.52)		
$ERI-2$	0.006 (0.93)			0.010 (1.41)	
$ERI-3$		0.001 (0.03)			0.024 (0.55)
$R\&D$	0.359*** (6.86)	0.364*** (6.99)	0.357*** (6.67)	0.349*** (6.46)	0.356*** (6.62)
$M-Index$	0.114*** (3.47)	0.119*** (3.57)	0.161*** (4.38)	0.151*** (4.01)	0.156 (4.12)
Tax	0.757 (0.373)	0.779 (076)	0.993 (0.94)	0.971 (0.91)	1.004 (0.95)
Lev	0.466** (2.43)	0.462** (2.42)	0.291 (1.40)	0.296 (1.42)	0.290 (1.40)
Roa	-0.044 (-0.11)	-0.082 (-0.21)	-0.817* (-1.75)	-0.763 (-1.62)	-0.820* (-1.75)
$Dual$	0.036 (0.69)	0.038 (0.73)	0.016 (0.27)	0.012 (0.21)	0.015 (0.27)

续表

变量	模型 (7-4) Patent		模型 (7-5) Patenti		
NPM	-0.071 (-0.92)	-0.067 (-0.88)	0.045 (0.42)	0.039 (0.37)	0.045 (0.43)
Indir	-0.084 (-0.19)	-0.063 (-0.10)	0.146 (0.34)	0.118 (0.27)	0.157 (0.36)
S	0.079** (2.02)	0.079** (2.03)	0.084* (1.94)	0.084* (1.94)	0.084* (1.92)
Lnms	0.172*** (3.08)	0.178*** (3.16)	0.198*** (3.32)	0.190*** (3.23)	0.197*** (3.33)
N	3438	3438	3438	3438	3438
R	0.350	0.346	0.324	0.334	0.327
F	20.45***	20.44***	17.25***	17.15***	16.92***

从表 7-9 的回归结果可以看出，企业技术创新投入在不同类型环境规制工具对企业创新效果和企业创新质量的影响中均起到了完全中介作用。加入企业技术创新投入后，环境规制工具异质性对企业创新效果和创新质量均从原来的显著影响变为不显著，这表明，市场激励型环境规制和自愿型环境规制对企业创新数量的影响以及命令控制型、市场激励型和自愿型环境规制对企业创新质量的影响完全是通过企业技术创新投入实现的，对企业创新产出不存在直接影响。

六 不同环境规制工具异质性对企业创新投入的交互效应分析

为了进一步比较不同类型的环境规制工具是否存在交互作用，本书在前文分析的基础上，研究了三种环境规制工具与企业创新投入之间的交互效应。

从表 7-10 可以看出，在控制了市场激励型环境规制和自愿型环境规制后，命令控制型环境规制对企业创新投入的影响由正向显著变为负向显著。当命令控制型环境规制与其他环境规制工具同时实行时，命令控制型环境规制对创新投入的激励效应会因其他环境规制工具的执行而导致挤出效应。这表明，目前我国命令控制型环境规制设计仍存在不合理之处，不能像其他环境规制工具那样可以灵活应用。市场激励型和自愿型环境规制工具之间不存在交互效应，这同样表明，不同类型的环境规制工具还没有实现良好的组合运用,各环境规制工具的设计及使用仍然是各自独立的状态,各种环境规制工具自成体系,执行过程互不干扰。然而,一个设计有效的环境规制体系,不应仅是个体的物理性组合,而应该是相互补充的,要共同提高企业技术创新能力,降低污染物排放量,为打造高效和绿色营商环境奠定基础。总而言之,我国环境规制体系的设计和执行仍然需要继续努力。

表7-10 不同环境规制工具对企业创新投入的交互效应回归结果

变量	R&D		
$ERI-1$	-0.005* (-1.91)		-0.035*** (-2.86)
$ERI-2$	0.017** (2.23)	0.028 (0.65)	
$ERI-3$		0.170*** (3.43)	0.080 (1.52)
$ERI-1 \times ERI-2$	0.001*** (3.49)		
$ERI-2 \times ERI-3$		0.001 (0.12)	
$ERI-1 \times ERI-3$			0.004*** (3.16)
$M-Index$	0.218*** (7.68)	0.177*** (5.97)	0.222*** (7.79)
Tax	-2.506** (-2.35)	-2.320** (-2.15)	-2.352** (-2.23)
Lev	0.535*** (2.92)	0.537*** (2.96)	0.533*** (2.89)
Roa	1.358*** (3.44)	1.298*** (3.27)	1.141*** (2.92)
$Dual$	0.013 (0.35)	0.011 (0.31)	0.023 (0.62)
NPM	-0.115*** (-3.59)	-0.112*** (-3.42)	-0.092*** (-2.98)

续表

变量	R&D		
Indir	-0.279 (-0.75)	-0.193 (-0.52)	-0.106 (-0.28)
S	0.090** (2.51)	0.093*** (2.63)	0.089** (2.47)
Lnms	0.371*** (7.33)	0.384*** (7.53)	0.403*** (7.80)
N	3438	3438	3438
R	0.184	0.193	0.122
F	32.41***	28.51***	32.41***

第八章 创新迎合行为对企业创新的激励机制及其价值效应

第一节 理论基础

一 创新迎合与资源基础理论

资源基础理论由 Wernerfelt 在 1984 年提出，认为企业有形和无形的资源共同促进了企业发展，企业能够保持竞争优势的关键在于将企业特有的资源转化为企业的竞争能力。资源基础理论认为，企业拥有的每一种资源都具有不同的多种用途，而企业将这些资源进行整合以最大化发挥其作用。资源基础论认为，企业保持竞争优势的关键在于其拥有特殊的异质资源，企业在不同发展阶段拥有的不同资源具有不同的用途。企业的经营决策为企业的各种资源指定用途，其决策一般具有不确定性、复杂性、组织内部冲突等特点。资源基础理论认为，不同企业拥有的资源存在一定的差异是导致企业获利能力不同的主要原因。企业在发展过程中，应该吸收和发展优势异质资源，使其具有难以替代、难以模仿、有价值、稀缺性的特性，让企业保持持久的竞争优势。

企业拥有的异质资源一方面给企业带来了竞争优势，另一方面也给企业带来了经济租金。资源基础论认为，企业保持竞争优势和获取经济租金的关键在于资源的不可模仿性。国外学者研究认为，阻碍企业间相互模仿的三个主要原因是路径依赖性、因果关系含糊和模仿成本。虽然企业拥有的优质资源难以被其他企业模仿，但企业要保持竞争优势，就必须对企业拥有的特殊资源进行管理。资源基础论认为，企业要想保持长远发展，异质资源的培育和获取必不可少。企业发展优势的异质资源的三个主要方向是知识管理、组织学习和建立外部网络。为了提升企业创新绩效，企业必须加大研发创新投入，从外界获得各种资源促进企业进行研发创新。在企业的发展阶段，企业必须通过各种方式获取外部资源，建立竞争者资源导向战略，提高企业的技术创新能力。

基于以上关于资源基础理论的分析，本书认为"高新技术企业"的称谓对企业来说就是一种非常关键的稀缺资源。它将会在很大程度上对企业的行为产生影响。企业会采取一系列的行为来获得这种优质的外部资源，以此来实现企业自身利益的最大化。企业所采取的行为中既有一部分策略性迎合行为，也有一部分实质性迎合行为。

二 创新迎合与信息不对称理论

传统经济学建立在完全信息假设上，认为交易双方对信息的掌握是对称的。信息不对称是对传统微观经济学的革命，成为当代信息经济学的核心，经济学家 George Akerlof、Michael Spence 与 Joseph Stiglitz 因对信息不对称理论的杰出贡献荣获 2001 年度诺贝尔经济学奖。信息不对称理论是指委托人对于所委托的事务的质量状况不确定而处于信息劣势，代理人对于其质量确定而处于信息优势。信息不对称包括外生的不对称信息和内生的不对称信息。信息不对称理论最早由 Akerlof（1970）在《次品问题》中提出。

由于信息不对称问题在资本市场上普遍存在，即交易的双方掌握的信息存在差异，从而导致双方做出的决策缺乏公平性，投资者无法做出正确合理的投资决策。从政企关系来看，我国政府是相关政策的制定者与执行者，政府并不能详细地了解企业的真实创新情况，因此，政府只能发布相关的规章制度，防止信息不对称给政府带来的逆向选择问题。与此同时，企业掌握着自身创新的真实信息，可以通过释放某些有利于自身的虚假"创新"信号来"缓解"政企双方的信息不对称，以此来迎合政府的创新政策导向，包括获得政府的高新技术企业资格认定，使政府错配优质稀缺资源。

三 创新迎合与信号传递理论

由于创新活动的不确定性和外部性，企业对研发创新活动的披露不足，导致企业与外部投资者存在严重的信息不对称问题。企业会向政府释放信号，产生的信号会给企业带来"光环效应"和"认证效应"，而这种信号的传递既可能是策略性的，也可能是实质性的。从迎合行为的角度来说，企业一般会向政府传递虚假或策略性的创新信号，以此来获取政府的高新技术企业资质认定、政府补助或者税收优惠等创新资源。

第二节 理论分析和研究假设

一 企业创新激励迎合行为的存在性及特征分析的理论分析和研究假设

从理论上来讲,在一个完全自由的市场中,企业自身没有进行创新的动力,而创新投资本身就具有公共产品的属性(Arrow,1962)。因此,世界上大多数国家都会给予满足一定条件的企业创新活动一些优惠扶持。作为一种物理上独特的稀缺资源,高新技术企业资质认定不是普适性地支持所有的企业,其最重要依据则是《高新技术企业认定办法》(以下简称《认定办法》)中所规定的一系列的认定标准,企业需要满足这些认定标准方能取得高新技术企业资质认定。依据信息不对称与信号传递理论,仅仅当企业释放给政府的"创新信号"满足《认定办法》的相关规定时,企业才有可能取得高新技术企业的资质认定,进而享受政府给予的一系列税收优惠与政府研发补助。虽然在一定程度上这种激励机制可以激发企业进行创新投资,但同时也有很多企业试图寻找一些制度上的缺陷,向政府释放一些虚假信号来迎合政府部门的规定,以此来获取政策资源,"高新企业"或"非高新企业"的认定会让一部分企业操纵创新投入(杨国超,2015)。国家审计署每年都会在抽查中发现虚假高新技术企业的案件,但到目前为止,仅有较少的学者实证探究高新技术企业在认定过程中是否存在创新激励迎合行为等不规范操作,因此本章主要解决本书提出的第一个问题,以此来考察高新技术企业认定过程中创新激励迎合行为的存在性和特点,即在我国高新技术企业认定过程中是否存在创新激励迎合行为?若存在,那么在中国特殊的制度环境下有什么特点?

(一)创新激励迎合行为的存在性研究

《认定办法》是我国一项激励企业创新的产业政策。策略性应对行为主动迎合了《认定办法》的相关标准要求,是申请企业传递给政府最直观的信号,基于平衡成本与收益的原理,也是政企之间博弈的结果。若企业迎合《认定办法》获得的收益远高于创新激励迎合行为付出的成本,那么企业便会迎合相关标准,给政府释放"迎合信号"。一旦企业迎合《认定办法》获得的收益无法完全补偿创新激励迎合行为付出的成本,企业便会放弃这种"无利"行为(张敏等,2013)。因此,本书得出下列结论,一部分企业虽然认定资质不达标或者不再满足相关认定条件，但为了能够取得相关利益，仍然会通过迎合手段以取得或维持"高新技术企业"认证。基于以上分析，本书提出以下假设：

假设8-1：在我国高新技术企业认定过程中可能存在创新激励迎合行为。

（二）创新激励迎合行为与制度环境的关系研究

目前，我国正处在转变经济发展方式的关键时期，但市场化进程和要素禀赋仍处于区域不平衡不充分的动态调整中，而且政府、法律等也需要做出适当转变以协调经济转型。因此，当前国情有利于本书深入分析不同制度环境对高新技术企业认定的创新激励迎合行为。郑春美和余媛（2015）发现，更好的制度环境可以提高高科技企业创新驱动发展水平。从政府与市场的关系来看，大多数现有研究认为，政府对稀缺资源具有绝对的控制权，地方政府会通过干预高新技术企业的生产经营等活动来达到地方业绩指标，而在制度环境较差的地区，政府的行政效率较低，《认定办法》的评判相对来说可能会存在不公平，政府也会更多地干预企业的生产活动，因此，在市场化程度较低的地区，因为政府监管可能不是那么的严苛，企业更有可能会通过迎合行为来获取资源。从产品与要素市场来看，在市场化程度较低的地区，供给与需求的变化难以预测，企业为了积累财富，很可能采取非生产性的竞争方式，此时企业会通过迎合行为达到资质认定的这种非生产性活动来积累企业自身的财富，并没有将企业的精力集中于提高企业真正的创新能力；从中介组织发育程度来看，在中介组织发育不健全的地区，在高新技术企业认定的过程中中介组织与专家被"收买"的情况经常发生，此时企业更可能会通过迎合行为达到资质认定；从法律环境的发育程度来看，在法律环境发育不健全的地区，产权保护等制度不完善，企业的产品很可能被其他企业模仿，导致企业投入的资金与最终取得的收益不平衡，此时企业不愿自己进行创新，更愿意成为成功产品的"创新"模仿者，更可能会通过迎合行为达到资质认定。通过以上分析，本书认为，在制度环境较好的地区，政府的行政效率更高，《认定办法》的评判更加公平，政府会更少地干预企业的生产活动，产权保护等制度更加完善，企业所能得到的市场与服务更好，获得创新信息与要素的速度更快，此时企业为了在激烈的竞争环境中取得竞争优势，会将自身主要的精力放在创新上，不需要刻意迎合《认定办法》。基于以上分析，本书提出以下假设：

假设8-2：随着市场化程度的提高，高新技术企业的创新激励迎合行为会逐渐减弱。

二 企业创新激励迎合行为与企业创新效率的理论分析和研究假设

前一部分从实证的角度验证了高新技术企业在认定过程中创新激励迎合行为的存在性,并进一步验证了企业所在省市的制度环境对企业创新激励迎合行为的影响,下面将进一步探究创新激励迎合行为对企业创新影响的经济后果及其传导机制。基于资源基础理论与信号传递理论,通过《认定办法》后,企业会获取税收优惠和政府补助等资源。与此同时,通过认证也会对企业的创新效率产生影响。由于信息不对称问题,政府及利益相关者不能准确地判断企业是不是真正的创新型企业,只能通过相关指标来判断并做出自己的选择。企业在高新技术企业资质认定过程中采取迎合行为的最根本目的是获取税收优惠与政府补助等资源,而资质认定只是政府为了筛选企业制定的一个政策,对企业来说并不能直接地为企业带来经济效益,资质认定必须通过一定的传导机制为企业创造价值。

因此,本书构建创新激励迎合行为影响企业创新效率的模型,探讨高新技术企业创新激励迎合行为对企业创新效率的影响。本书要解决的第二个大问题,即追问创新激励迎合行为影响企业创新效率背后的作用机理:创新激励迎合行为对企业的创新效率是否有影响?若有影响,是否存在作用机制?

(一)创新激励迎合行为与企业创新效率的关系研究

迎合行为会扭曲高新技术企业资质认定政策的有效性,导致资源错配,优质资源没有配置给真正的创新型企业。而"伪高新"企业获得稀缺资源之后,将其投入其他非生产经营活动,弱化《认定办法》政策给企业创新效率带来的提升作用,并且迎合企业会进一步利用从政府获取的资源迎合下一轮的资质认定,造成了迎合行为严重的恶性循环。若企业只是通过策略性的迎合行为来达到政府制定的相关标准,企业只能在短期内获得税收优惠或政府补助等短期利益,从长期发展来看,企业的创新效率并不能得到有效的提升,而实质性创新才是企业的立身之本。在采取迎合行为时,企业迎合行为的成本会挤占其所获得的创新资源,使企业的创新效率降低,也将导致政府资源配置效率的低下。因此,创新激励迎合行为以获取政府给予的税收优惠与政府补助为主要目的,在获得相关资源后并没有真正地将相关创新资源投资于企业的创新活动,因此企业真正创新水平难以得到提升,企业的创新效率自然也不能得到提升。基于上述分析,本书提出以下假设:

假设8-3:不存在创新激励迎合行为的高新技术企业的创新效率会更高。

（二）创新激励迎合行为与研发创新投入和政府研发补助的关系研究

创新激励迎合行为是一种策略性创新活动，其主要目的是获取税收优惠以及政府补助等短期高额的利益，而这种短期利益对于创新资源来说在很大程度上体现的是"挤出效应"，这种"挤出效应"对政府政策实施的有效性来说存在很大的挑战。并且，随着企业创新投入的增加，企业便会衡量投入资金的成本是不是低于其带来的回报。部分企业将相关指标控制在《认定办法》规定标准的边缘，其只需要付出较低的成本便能够获得较多的回报，在控制创新投资达到认定门槛之后，企业便没有足够的动力继续进行创新投入，一般只是将相关指标维持在《认定办法》的相关标准之上即可。而其他企业是自愿进行创新的，面对激烈的竞争环境，这部分企业会更加关注创新能力的提高，并不会将创新投入的脚步停止在门槛规定之下。

政府补助作为政府进行宏观调控的手段之一，对我国经济发展起到了至关重要的作用。而政府研发补助对我国创新的促进作用不言而喻。对企业而言，政府研发补助是一笔不小的资金来源。企业若是得到研发补助，对企业的管理层来说，可以增加企业的可支配资金，那么管理层可以利用这笔资金做一些投资甚至可以因此增加自己的收入。因此，无论是在公司的角度还是在管理层的角度，企业都有动机通过迎合行为来达到政府设置的相关标准，以期获得政府研发补助。而对于本书的研究对象——高新技术企业来说，政府在发放研发补助时会考察企业创新相关的指标，例如企业研发人员占比、是否具有研发机构、创新产出是否具有创新性等，有些研发补助的发放指标要求比高新技术企业认定标准更加的苛刻。而不存在迎合行为的真高新企业更加注重创新相关的人力资源与财力资源配置，在政府考核时创新相关的指标能够更好地满足相关指标的要求，从而能获得更多的研发补助，因此，本书有理由认为不存在迎合行为的真高新企业能够获得更多的研发补助。基于上述分析，本书认为，相对于不存在迎合行为的企业来说，通过迎合行为并不能真正提高企业的研发投入和研发补助的表现。

假设8-4：高新技术企业中不存在创新激励迎合行为的企业创新投入强度会更高。

假设8-5：高新技术企业中不存在创新激励迎合行为的企业获得的政府研发补助会更高。

（三）创新激励迎合行为、创新投入、政府研发补助与企业创新效率的关系研究

根据以上假设分析，本书已经详细地讨论了创新激励迎合行为与创新

投入、政府研发补助之间的关系。而企业创新投入与政府研发补助对企业创新效率的影响也不言而喻。创新投入与政府研发补助作为企业创新的资金来源，其从根本上对企业的技术创新能力产生影响。很多学者通过实证分析已经发现企业的创新投入与政府研发补助能够显著影响企业的创新。存在创新激励迎合行为的伪高新企业将相关指标控制在《认定办法》规定标准的边缘，在控制创新投资达到认定门槛之后，便没有足够的动力继续进行创新，一般只是将相关指标维持在《认定办法》的相关标准之上即可。而真高新企业是自愿进行创新的，面对激烈的竞争环境，会更加关注创新能力的提高，并不会将创新投入的脚步停止在门槛规定之下，会继续增加企业的创新投入。而真高新企业也能获得更多的政府研发补助。随着创新投入与政府研发补助的增加，企业进行创新活动的资金更多，因此企业的创新效率也会随之提高。鉴于此，本书提出以下假设：

假设8－6：创新投入在创新激励迎合行为与企业创新效率的关系中起中介作用。

假设8－7：政府研发补助在创新激励迎合行为与企业创新效率的关系中起中介作用。

三　样本选择和数据来源

本书选取2012—2017年A股上市的高新技术企业为研究样本，具体数据筛选及样本收集程序与第三章保持一致。其中，市场化指数的数据是基于王小鲁等的《中国分省份市场化指数报告（2016）》，并以历年市场化指数的平均增长幅度作为计算2015—2017年度市场化指数的依据。为了减少样本数据的噪声，增强研究结果的准确性和客观性，本书按照以下步骤进行筛选：

第一步，为保证财务数据的稳定性，剔除ST类、*ST类的上市公司以及暂停上市、退市的公司。

第二步，剔除上市不足两年的上市公司，保证每家上市公司都有充足的观察年份以及数据的稳定性。

第三步，剔除金融类行业的上市公司。

第四步，剔除财务数据缺失以及财务指标异常的上市公司。

本书绝大部分研究数据如银行信贷、商业信用、企业创新投入、创新绩效以及控制变量相关数据来自CSMAR数据库和Wind数据库，对于CSMAR数据库和Wind数据库中创新投入与产出的缺失数据进行手工整理补充；高新技术企业的样本来自CSMAR数据库与税率数据库，并手工翻阅企业年报进行补充。反映货币政策不确定性的上海银行间同业 7 日拆借利率的日度数据则是来自"上海银行间同业拆放利率"官网。本书主要使用 Excel 2019 和 Stata15.0 软件进行数据处理和统计分析。

四　变量定义

（一）市场化进程

本书宏观层面选取的控制变量是市场化指数（$M-Index$）。市场化指数越高则说明该地区的市场化水平越高，市场对权力的监督机制越完善，创新研发投资所受到的融资约束应该会越小。原报告中指数只统计到省份一级，本书将省份一级指数赋值给省份下属的所有市。

（二）企业创新激励迎合行为

本书借鉴杨国超（2015）、Burgstahler 和 Dichev（1997）的方法，根据资本市场公开披露的相关创新数据将具有创新激励迎合行为的企业分为两类：一类是创新相关的指标没有达到《认定办法》标准的企业；另一类是创新相关的指标已经满足了《认定办法》标准但是存在迎合行为嫌疑的企业。现有参考文献中一般认为在代理变量的门槛值附近的企业更具有迎合动机，因此本书以超过认定门槛值 1% 作为临界点对企业创新激励迎合行为进行度量（指标算法见企业创新激励迎合行为的存在性分析），根据《认定办法》规定的相关标准，本书将研发强度大于区间内的高新技术企业认定为真高新，将其赋值为 1，而将研发强度小于或等于区间内的高新技术企业认定为伪高新，将其赋值为 0，本书认为其极有可能存在迎合行为。具体划分标准见表 8-1。

表 8-1　　　　　　　　创新激励迎合行为界定

分类标准	销售收入	区间
1%	收入≥2 亿元	[3%，4%)
1%	2 亿元＞收入≥0.5 亿元	[4%，5%)
1%	0.5 亿元＞收入	[5%，6%)

（三）创新投入

本书以企业创新投入与企业当期销售收入的比值作为衡量企业创新投入的指标。

（四）政府研发补助

本书用企业每年获得的政府研发补助除以千元总资产所得值作为研发

补助的替代变量。

(五) 创新效率

企业在进行创新时,创新活动的效率越大,那么越有动力开展创新活动。因此,探究创新效率对创新研究领域有重大意义。本书用 DEA 测量企业创新效率,采用的是企业 R&D 投资强度、技术人员投资强度以及托宾 Q 值三个指标来衡量高新技术企业的创新投入。与此同时,用人均专利数量、技术资产比率、营业收入增长率、主营业务利润率等代理指标来衡量高新技术企业的创新产出。

本章主要变量定义见表 8-2。

表 8-2　　　　　　　　　　主要变量定义

变量	定义
市场化程度 (Market)	王小鲁等 (2016) 市场化指数体系中的"市场化进程总体评分"
政府与市场 (Market1)	王小鲁等 (2016) 市场化指数体系中的"政府与市场关系评分"
非国有经济 (Market2)	王小鲁等 (2016) 市场化指数体系中的"非国有经济的发展评分"
产品市场 (Market3)	王小鲁等 (2016) 市场化指数体系中的"产品市场的发育程度评分"
要素市场 (Market4)	王小鲁等 (2016) 市场化指数体系中的"要素市场的发育程度评分"
中介组织 (Market5)	王小鲁等 (2016) 市场化指数体系中的"中介组织的发育程度评分"
创新激励迎合行为 (Ingratiatory)	若企业在高新技术企业认定中不存在创新激励迎合行为,则赋值为 1;否则赋值为 0
创新投入 (R&D)	创新研发投入与销售收入之比
政府研发补助 (Subsidy)	政府研发补助/千元总资产
企业创新效率 (IE)	通过 DEA 计算得出
公司规模 (Size)	期末公司总资产的自然对数
产权性质 (Soe)	按实际控制人性质划分,国有企业取 1;反之取 0
企业成长性 (Growth)	营业收入增长率
销售规模 (Sales)	本年营业收入的自然对数
资产负债率 (Lev)	负债总额与资产总额的比率
现金持有量 (Cash)	经营活动产生的现金流净额/期初总资产
总资产收益率 (Roa)	净利润/总资产
综合税率 (Tax)	(营业税金及附加 + 所得税费用)/营业总收入
股权制衡 (S)	第二大股东至第十大股东股权比例之和/第一大股东持股比例
独董比例 (Indir)	独立董事人数/董事人数
管理层薪酬激励 (Lnms)	董事、监事及高管年薪总额取对数

第三节　企业创新激励迎合行为的存在性及特征分析

一　模型设定

因为人为划分企业存在创新激励迎合行为的区间存在主观性误差，为避免这种主观性偏误，本书借助 Hansen（1999）和 Yeh 等（2010）的门槛回归模型界定企业存在迎合行为的区间，具体如下。本书假设高新技术企业的迎合行为存在一个门槛，那么该迎合行为以创新投入为门槛的门槛回归模型如下：

$$IE_{i,t} = \alpha + \beta_1 R\&D_{i,t} I(R\&D_{i,t} < T) + \beta_2 R\&D_{i,t} I(R\&D_{i,t} > T) + \beta_3 SIZE_{i,t} +$$
$$\beta_4 SOE_{i,t} + \beta_5 Growth_{i,t} + \beta_6 Sales_{i,t} + \beta_7 LEV_{i,t} + \beta_8 Cash_{i,t} + \beta_9 Roa_{i,t} +$$
$$\beta_{10} TAX_{i,t} + \beta_{11} S_{i,t} + \beta_{12} Indir_{i,t} + \beta_{13} lnMS_{i,t} + \varepsilon \qquad 模型（8-1）$$

其中，因变量为企业创新效率（IE），门槛变量为创新投入（$R\&D$）。其余控制变量主要包括公司规模、产权性质、企业成长性、销售规模、资产负债率、现金持有、总资产收益率、综合税率、股权制衡、独董比例和管理层薪酬激励。

根据我国 2017 年各省份的 GDP 贡献以及各省份的高新技术企业的具体分布，本书认为市场制度环境的不同对企业迎合行为的影响也不尽相同。因此，本书在检验了企业创新激励迎合行为的存在性之后会进一步检验市场制度环境是否会对企业的迎合行为产生影响，并且进一步将市场化的程度细分为五个细分指标，同时考察总的市场化程度与细分市场化程度对企业创新激励迎合行为的影响（此处仅列出总体市场化指数与高新技术企业激励迎合行为的模型，其他细分的市场化分指数模型类似于该模型）：

$$Ingratiatory_{i,t} = \alpha_0 + \beta_1 Market_{i,t} + \beta_2 R\&D_{i,t} + \beta_3 Size_{i,t} + \beta_4 Soe_{i,t} + \beta_5 Growth_{i,t} +$$
$$\beta_6 Sales_{i,t} + \beta_7 Lev_{i,t} + \beta_8 Cash_{i,t} + \beta_9 Roa_{i,t} + \beta_{10} Tax_{i,t} +$$
$$\beta_{11} S_{i,t} + \beta_{12} Indir_{i,t} + \beta_{13} Lnms_{i,t} + \varepsilon \qquad 模型（8-2）$$

二　企业创新激励迎合行为的存在性实证结果分析

（一）描述性统计

表 8-3 是样本创新投入代理指标的年度描述性统计分析。从表 8-3 中可以看出，高新技术企业创新投入占营业收入的比例在 2012—2017 年总体上呈现连续递增的规律。这证实了我国的《认定办法》在一定程度上

对企业创新投资的有效性存在激励作用。但创新投入代理指标的上升趋势,是企业为了取得高新技术企业的资质认定而采取的迎合行为,还是企业为了自身发展而主动创新的结果,目前还尚未有定论,需要进一步检验。同时从描述性统计表中也可以发现,虽然企业的创新投入在不断增加,但是各年度的均值与中位数都在3%与4%附近波动,这与《认定办法》规定的年销售收入在5000万—2亿元时企业创新投入占销售收入的4%以及年销售收入在2亿元以上时企业创新投入占销售收入的3%的门槛标准非常接近。根据以上分析,本书认为,有一部分企业会通过迎合《认定办法》的相关标准来获取高新技术企业的名额,因此,本书将运用门槛回归模型来进一步验证高新技术企业的认定标准是否存在门槛值。

表8-3　　　　　创新投入占营业收入之比样本描述性统计　　　　单位:%

会计年度	均值	标准差	最小值	中位数	最大值
2012	4.04	3.39	0.05	3.45	42.91
2013	4.14	3.43	0.02	3.46	40.16
2014	4.24	3.43	0.01	3.60	40.96
2015	4.39	3.17	0.06	3.63	28.83
2016	4.48	3.22	0.14	3.76	31.29
2017	4.38	3.33	0.04	3.60	35.44
合计	4.28	3.33	0.01	3.58	42.91

（二）门槛回归模型检验

由表8-4与表8-5的门槛回归结果可以看出,门槛检验的单一门槛在1%的显著性水平上显著,而门槛检验的双重门槛并没有通过检验,说明高新技术企业的创新激励迎合行为存在单一门槛。单一门槛的估计值为0.037,95%置信区间为 [0.036, 0.037]。

表8-4　　　　　　　　　门槛效应检验结果

变量	模型	F	P	BS	1%	5%	10%
R&D	单一门槛	24.75***	0.009	1000	23.142	18.982	16.271

表8-5　　　　　　　　　门槛估计值和置信区间

	门槛估计值	95%置信区间
单一门槛	0.037	[0.036, 0.037]
双重门槛	不显著	

注:[ ] 表示门槛值在95%置信水平的置信区间。

进一步,本书用似然比函数图描绘了 LR 值与门槛效应模型回归结果门槛值的对应关系,方便本书更加直观地观察出认定过程中企业创新投入的迎合行为。

门槛回归结果如图 8-1 所示,当自变量创新投入处于第一重门槛值 0.037 时,其 95% 的置信区间为 [0.036, 0.037],且该区间位于 LR 统计量 5% 显著性水平上的临界区间内,因此门槛回归检验所得到的实际门槛值 0.037 是真实有效的。根据以上分析可以发现,创新投入在影响企业创新效率时的确存在门槛效应。本书以门槛值 0.037 为界限,结合《认定办法》规定的最近一年销售收入在 2 亿元以上的企业研发费用总额占同期的销售收入总额比例的最低标准 3% 为下限,在 1% 的范围内界定高新技术企业迎合的范围为 [3%, 4%),即研发投入占销售收入的比重在 3%(含)以上 4% 以下则说明企业存在迎合行为;反之,则说明企业在高新技术企业认定过程中不存在迎合行为。为了进一步检验门槛回归分析的结果,本书将样本企业按研发投入占销售收入的比重按 1% 与 0.5% 的区间宽度进行分组,以研发投入占销售收入的比重为横轴,以处于研发投入占销售收入的比重区间样本数为纵轴画出检验统计图。①

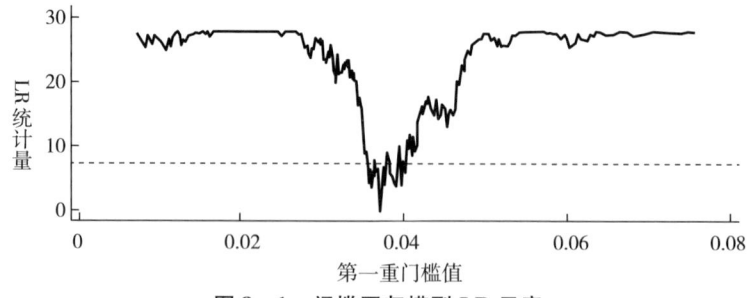

图 8-1 门槛回归模型 LR 示意

通过观察图 8-2 与图 8-3 可以看出,以 1% 为区间宽度时,研发投入占销售收入的比重在 [3%, 4%) 区间内最多,观测数有 892 个,而 [2%, 3%)、[4%, 5%) 区间的观测数分别为 512 个与 493 个,显著低于 892 个。而以 0.5% 为区间宽度时,研发投入占销售收入的比重在 [3%, 3.5%) 区间内最多,[3.5%, 4%) 区间次之,数据统计的结果与 1% 为区间宽度的结果一致。根据以上分析可以发现,在高新技术企业认定的过程中的确存在部分企业通过迎合行为达到《认定办法》的相关标准。

---

① 因为样本企业中仅有少数的销售收入小于 2 亿元,本书将这几个样本删除,剩余的样本销售收入均大于 2 亿元。

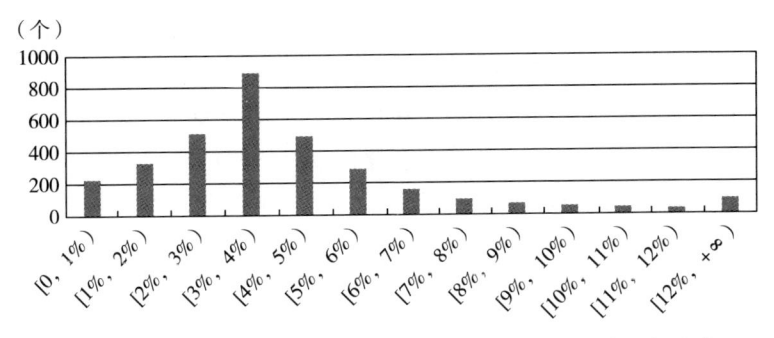

图 8-2 研发投入占销售收入之比（%）——以 1% 为区间宽度

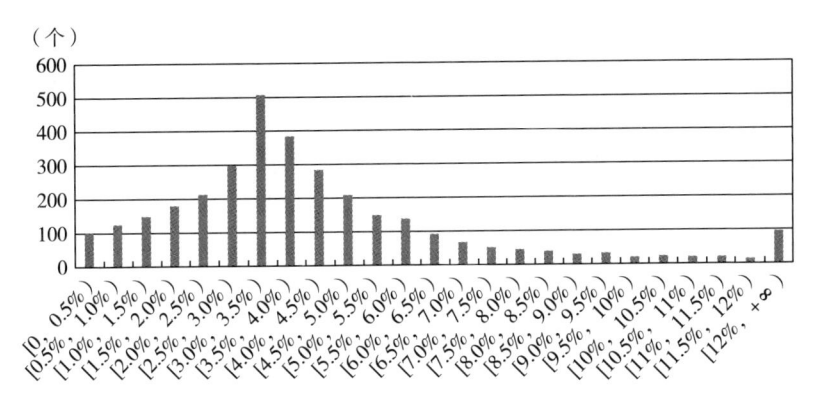

图 8-3 研发投入占销售收入之比（%）——以 0.5% 为区间宽度

三 企业创新激励迎合行为与制度环境的实证结果分析

（一）描述性统计

表 8-6 是制度环境对企业创新激励迎合行为的描述性统计。企业创新激励迎合行为（Ingratiatory）的均值为 0.404，说明样本企业中有 59.6% 的企业可能存在创新激励迎合行为。对总体市场化程度（Market）的统计中，可以看出我国样本期内的市场化进程目前处于一个相对较低的水平，总体市场化评分的最大值（最小值）为 10.290（2.530），最大值与最小值之间依然存在较大的差距，表明我国各个省份的市场化程度非常不均衡。观察表 8-6 中对控制变量的描述性统计分析，相比于国有企业，高新技术企业中非国有企业的数量更多，其更需要政府的支持。销售规模（Sales）的均值为 21.695，略高于中位数 21.563。资产负债率（Lev）的均值为 0.422，高于中位数 0.414，表明高新技术企业的负债水平正处于一个较为合理的水平。现金持有（Cash）的均值为 0.054，略高于中位数

0.051。企业成长性（Growth）的均值为0.182，高于中位数0.107；总资产收益率（Roa）的均值为0.045，略高于中位数0.037；表明样本企业的经营态势在总体上处于增长水平。观察表中对综合税率（Tax）的描述性统计分析，可以发现我国高新技术企业在政府的扶持之下其整体承担的税收处于一个相对较低的水平。股权制衡（S）的均值为0.839，高于中位数0.680。

表8-6 主要变量的描述性统计

变量	样本量	均值	标准差	最小值	中位数	最大值
Ingratiatory	3288	0.404	0.491	0.000	0.000	1.000
Market	3288	8.313	1.587	2.530	8.890	10.290
Market1	3288	7.092	1.229	1.480	7.290	9.220
Market2	3288	9.156	1.462	2.010	9.750	11.190
Market3	3288	8.408	1.228	1.040	8.390	9.790
Market4	3288	7.414	2.363	0.870	6.920	15.960
Market5	3288	11.230	5.612	1.510	11.330	23.250
Size	3288	22.268	1.055	19.981	22.136	27.307
Soe	3288	0.370	0.483	0.000	0.000	1.000
Growth	3288	0.182	0.723	-0.862	0.107	19.702
Sales	3288	21.695	1.212	18.810	21.563	27.478
Lev	3288	0.422	0.182	0.008	0.414	0.995
Cash	3288	0.054	0.075	-0.518	0.051	0.531
Roa	3288	0.045	0.052	-0.399	0.037	0.361
Tax	3288	0.024	0.030	-0.316	0.019	0.774
S	3288	0.839	0.735	-0.02	0.680	8.170
Indir	3288	0.367	0.055	0.250	0.330	0.710
Lnms	3288	15.328	0.672	13.040	15.290	18.220

（二）多元回归分析

表8-7的面板分析结果显示市场化进程（Market）与创新激励迎合

行为（Ingratiatory）在 1% 的显著性水平上呈正相关关系，即在企业所在地的市场化程度越低的情况下，企业在资质认定的过程中越可能采取迎合行为。具体分析市场化指数的各个分指标，政府与市场评分（Market1）同创新激励迎合行为（Ingratiatory）在 10% 的显著性水平上呈正相关关系，说明随着政府干预的增强，高新技术企业的迎合行为会逐渐减少。非国有经济的发展评分（Market2）与创新激励迎合行为（Ingratiatory）在 1% 的显著性水平上呈正相关关系，说明与国有企业相比，非国有企业在高新技术企业资质认定的过程中较少地采用迎合行为。这可能是因为民营企业在资本市场中竞争更为激烈，其更需要通过创新获得产品的差异化等来获取竞争优势，会更加主动地进行创新，企业在创新方面投入的资金已经达到了《认定办法》的相关标准，不需要采取迎合行为。产品市场的发育程度评分（Market3）和要素市场的发育程度评分（Market4）与创新激励迎合行为（Ingratiatory）分别在 5%、1% 的显著性水平上呈正相关关系，说明随着产品与要素市场的发展，企业在认定过程中采取的迎合行为会逐渐减少。中介组织的发育程度评分（Market5）与创新激励迎合行为（Ingratiatory）在 1% 的显著性水平上呈正相关关系，表明在我国高新技术企业的认定过程中，中介组织发育得越健全，企业的迎合行为越少。综上所述，在市场化程度越高的地区，高新技术企业资质认定中的迎合行为存在得越少，本书提出的假设得到了验证。

表 8-7　　　　　　　　创新激励迎合行为与制度环境的关系研究

变量		模型（8-1）	模型（8-1）	模型（8-1）	模型（8-1）	模型（8-1）	模型（8-1）
因变量		Ingratiatory	Ingratiatory	Ingratiatory	Ingratiatory	Ingratiatory	Ingratiatory
自变量	Market	0.064*** (3.540)					
	Market1		0.042* (1.870)				
	Market2			0.057*** (4.090)			
	Market3				0.044** (2.100)		

续表

	变量	模型 (8-1)	模型 (8-1)	模型 (8-1)	模型 (8-1)	模型 (8-1)	模型 (8-1)
	因变量	Ingratiatory	Ingratiatory	Ingratiatory	Ingratiatory	Ingratiatory	Ingratiatory
自变量	Market4					0.029***	
						(3.390)	
	Market5						0.012***
							(2.860)
控制变量	Size	0.173***	0.206***	0.163***	0.205***	0.156***	0.164***
		(4.670)	(5.590)	(4.470)	(2.580)	(4.150)	(4.350)
	Soe	-0.041	-0.030	-0.037	-0.026	-0.033	-0.026
		(-0.660)	(-0.470)	(-0.570)	(-0.390)	(-0.510)	(-0.410)
	Growth	0.002	-0.002	0.001	-0.001	0.004	0.001
		(-0.310)	(-0.410)	(0.160)	(-0.140)	(0.710)	(0.230)
	Sales	-0.217***	-0.210***	-0.214***	-0.214***	-0.218***	-0.215***
		(-5.580)	(-5.330)	(-5.630)	(-5.450)	(-5.700)	(-5.520)
	Lev	-0.086	-0.127	-0.075	-0.115	-0.071	-0.079
		(-0.840)	(-1.260)	(-0.750)	(-1.150)	(-0.700)	(-0.780)
	Cash	-0.215*	-0.216*	-0.220**	-0.219**	-0.203*	-0.189*
		(-1.940)	(-1.950)	(-2.010)	(-1.990)	(-1.830)	(-1.710)
	Roa	0.093	0.001	0.130	0.008	0.097	0.076
		(0.460)	(0.010)	(0.650)	(0.040)	(0.480)	(0.370)
	Tax	-0.051	-0.011	-0.146	-0.072	-0.061	-0.057
		(-0.170)	(-0.040)	(-0.490)	(-0.240)	(-0.200)	(-0.180)
	A1	0.033	0.035*	0.036*	0.036*	0.030	0.029
		(1.610)	(1.720)	(1.740)	(1.770)	(1.420)	(1.410)
	A2	-0.270	-0.245	-0.301	-0.237	-0.315	-0.287
		(-1.330)	(-1.210)	(-1.480)	(-1.160)	(-1.570)	(-1.420)
	A3	0.015	0.029	0.007	0.026	0.014	0.017
		(0.590)	(1.170)	(0.270)	(1.070)	(0.550)	(0.670)
N		3288	3288	3288	3288	3288	3288
Adj. R^2		0.046	0.040	0.049	0.041	0.047	0.043
F		5.980***	5.250***	6.250***	5.290***	6.020***	5.580***

本章以我国 2012—2017 年 A 股上市的高新技术企业为研究样本，利

用门槛回归分析模型逐层递进地回答以下问题：①企业在高新技术企业资质认定过程中是否会采取迎合行为？②该种迎合行为的存在是否会受到企业所在省市的市场化程度的影响？通过实证分析，本书得到如下结论：①企业在高新技术企业资质认定过程中的确会采取相关行动来迎合《认定办法》的相关标准，并且企业所在地区的市场化程度会对企业的这种迎合行为产生影响。在验证高新技术企业资质认定过程中是否存在迎合行为时，门槛回归分析结果显示认定的迎合行为存在单一门槛，并且单一门槛值为0.0370，说明高新技术企业资质认定的"一刀切"的确会促使某些企业采取迎合行为。以上述门槛值为限，结合《认定办法》关于研发投入占销售收入比重的相关标准，将样本企业区分为存在迎合行为的伪高新企业与不存在迎合行为的真高新企业。②在验证了企业创新激励迎合行为的存在性问题之后，本书进一步对企业所在地区的市场化程度对企业迎合行为的影响进行了研究，研究发现，无论是市场化指数的总体评分还是五个细分的市场化指数均对企业的迎合行为有影响，并且市场化指数越高、企业所在地区的市场化程度越完善时，企业采取的迎合行为会越少。综上所述，高新技术企业资质认定过程中企业的确会采取相关的行动来迎合政府的认定标准，并且这种迎合行为会随着企业所在地区的市场化的完善程度而相对减少。

第四节　企业创新激励迎合行为与企业创新效率的关系研究

一　模型设定

本书借鉴温忠麟等（2014）提出的新的中介效应检验流程，结合前文介绍的中介变量的相关检验方法，构建如下回归模型检验创新激励迎合行为对企业创新影响的经济后果及其内部作用机制：构建模型（8-3）检验假设8-3，验证创新激励迎合行为是否会影响企业创新效率；构建模型（8-4）与模型（8-5）检验假设8-4与假设8-5，验证创新激励迎合行为是否会对企业创新投入和研发补助产生影响；构建模型（8-6）和模型（8-7）检验假设8-6与假设8-7，验证创新投入和研发补助是否会影响创新激励迎合行为。其中，β_1为待回归系数，若β_1显著为正，假设得到验证。本书参考相关文献，结合《认定办法》的相关要求，确定控制变量如下：公司规模（Size）、产权性质（Soe）、企业成长性（Growth）、销售规模（Sales）、资产负债率（Lev）、现金持有（Cash）、总资产收益率（Roa）、综合税率（Tax）、股权制衡（S）、独董比例（Indir）、管理层薪酬激励（Lnms），具体指标解释见表8-3。

$$IE_{i,t} = \alpha_0 + \beta_1 Ingratiatory_{i,t} + \beta_2 Size_{i,t} + \beta_3 Soe_{i,t} + \beta_4 Growth_{i,t} + \beta_5 Sales_{i,t} + \beta_6 Lev_{i,t} + \beta_7 Cash_{i,t} + \beta_8 Roa_{i,t} + \beta_9 Tax_{i,t} + \beta_{10} S_{i,t} + \beta_{11} Indir_{i,t} + \beta_{12} Lnms_{i,t} + \varepsilon \quad 模型（8-3）$$

$$R\&D_{i,t} = \alpha_0 + \beta_1 Ingratiatory_{i,t} + \beta_2 Size_{i,t} + \beta_3 Soe_{i,t} + \beta_4 Growth_{i,t} + \beta_5 Sales_{i,t} + \beta_6 Lev_{i,t} + \beta_7 Cash_{i,t} + \beta_8 Roa_{i,t} + \beta_9 Tax_{i,t} + \beta_{10} S_{i,t} + \beta_{11} Indir_{i,t} + \beta_{12} Lnms_{i,t} + \varepsilon \quad 模型（8-4）$$

$$Subsidy_{i,t} = \alpha_0 + \beta_1 Ingratiatory_{i,t} + \beta_2 Size_{i,t} + \beta_3 Soe_{i,t} + \beta_4 Growth_{i,t} + \beta_5 Sales_{i,t} + \beta_6 Lev_{i,t} + \beta_7 Cash_{i,t} + \beta_8 Roa_{i,t} + \beta_9 Tax_{i,t} + \beta_{10} S_{i,t} + \beta_{11} Indir_{i,t} + \beta_{12} Lnms_{i,t} + \varepsilon \quad 模型（8-5）$$

$$IE_{i,t} = \alpha_0 + \beta_1 R\&D_{i,t} + \beta_2 Size_{i,t} + \beta_3 Soe_{i,t} + \beta_4 Growth_{i,t} + \beta_5 Sales_{i,t} + \beta_6 Lev_{i,t} + \beta_7 Cash_{i,t} + \beta_8 Roa_{i,t} + \beta_9 Tax_{i,t} + \beta_{10} S_{i,t} + \beta_{11} Indir_{i,t} + \beta_{12} Lnms_{i,t} + \varepsilon \quad 模型（8-6）$$

$$IE_{i,t} = \alpha_0 + \beta_1 Subsidy_{i,t} + \beta_2 Size_{i,t} + \beta_3 Soe_{i,t} + \beta_4 Growth_{i,t} + \beta_5 Sales_{i,t} + \beta_6 Lev_{i,t} + \beta_7 Cash_{i,t} + \beta_8 Roa_{i,t} + \beta_9 Tax_{i,t} + \beta_{10} S_{i,t} + \beta_{11} Indir_{i,t} + \beta_{12} Lnms_{i,t} + \varepsilon \quad 模型（8-7）$$

为进一步考察企业创新激励迎合行为影响企业创新效率的中介作用机制，本书构建模型（8-8）和模型（8-9）检验假设8-6与假设8-7，验证创新投入和研发补助在创新激励迎合行为与企业创新效率之间的中介效应。

$$IE_{i,t} = \alpha_0 + \beta_1 Ingratiatory_{i,t} + \beta_2 R\&D_t + \beta_3 Size_{i,t} + \beta_4 Soe_{i,t} + \beta_5 Growth_{i,t} + \beta_6 Sales_{i,t} + \beta_7 Lev_{i,t} + \beta_8 Cash_{i,t} + \beta_9 Roa_{i,t} + \beta_{10} Tax_{i,t} + \beta_{11} S_{i,t} + \beta_{12} Indir_{i,t} + \beta_{13} Lnms_{i,t} + \varepsilon \quad 模型（8-8）$$

$$IE_{i,t} = \alpha_0 + \beta_1 Ingratiatory_{i,t} + \beta_2 Subsidy_t + \beta_3 Size_{i,t} + \beta_4 Soe_{i,t} + \beta_5 Growth_{i,t} + \beta_6 Sales_{i,t} + \beta_7 Lev_{i,t} + \beta_8 Cash_{i,t} + \beta_9 Roa_{i,t} + \beta_{10} Tax_{i,t} + \beta_{11} S_{i,t} + \beta_{12} Indir_{i,t} + \beta_{13} Lnms_{i,t} + \varepsilon \quad 模型（8-9）$$

二　企业创新激励迎合行为与高新企业创新效率实证结果分析

（一）描述性统计分析

表8-8为本书主要变量的描述性统计。因变量创新效率（IE）的均值为0.725，小于中位数0.79，最小值为0.130，最大值为1，可以看出不

同企业的创新效率差距较大,整体创新效率水平不高;自变量创新激励迎合行为(Ingratiatory)的均值为0.404,说明有40.4%的高新技术企业在资质认定过程中存在迎合行为。中介变量创新投入(R&D)的均值(0.043)不仅大于中位数(0.036),也比《认定办法》规定的最低比率要求3%高,这一方面表明在《认定办法》出台后获得资质认定的企业创新投入普遍都较高,另一方面也侧面印证了《认定办法》实施的有效性。政府研发补助(Subsidy)的均值14.087,小于中位数15.065,说明有部分企业获得的研发补助相对较低,并且不同企业之间获得的研发补助也存在较大的差异,最小值为0,最大值为21.842。

表8-8 主要变量的描述性统计

变量名	样本量	均值	标准误	最小值	中位数	最大值
IE	3288	0.725	0.203	0.130	0.790	1
Ingratiatory	3288	0.404	0.491	0	0	1
R&D	3288	0.043	0.033	0.000	0.036	0.429
Subsidy	3288	14.087	4.210	0	15.065	21.842

(二)创新激励迎合行为与企业创新效率的中介效应检验

1. 创新激励迎合行为与创新效率的实证检验

根据表8-9中模型(8-3)的回归分析结果,可以看出,创新激励迎合行为(Ingratiatory)与企业创新效率(IE)的回归系数在1%的显著性水平上呈正相关,说明当高新技术企业不存在创新激励迎合行为时企业的创新效率会更好。也就是说,就算企业通过创新激励迎合行为达到《认定办法》规定的认定门槛,从本质上来说企业还是很难真正提升企业创新效率,因此本书的假设8-3得到验证。这一结果也进一步说明企业仅仅依靠迎合行为来获得政府更多扶持在激烈的市场竞争环境中是无法在市场中胜出,并且企业的创新效率也无法真正得到很好的提升。

表8-9 创新激励迎合行为与企业创新效率的中介效应检验

变量		模型(8-3)	模型(8-4)	模型(8-5)	模型(8-6)	模型(8-7)	模型(8-8)	模型(8-9)
因变量		IE	R&D	Subsidy	IE	IE	IE	IE
自变量	Ingratiatory	0.054*** (4.000)	0.017*** (15.960)	0.494** (2.220)			0.044*** (3.180)	0.053*** (3.870)

续表

变量		模型 (8-3)	模型 (8-4)	模型 (8-5)	模型 (8-6)	模型 (8-7)	模型 (8-8)	模型 (8-9)
因变量		IE	R&D	Subsidy	IE	IE	IE	IE
中介变量	R&D				0.857***		0.557*	
					(2.900)		(1.900)	
	Subsidy					0.003**		0.003**
						(2.460)		(2.230)
控制变量	Size	0.214***	0.010***	0.192	0.213***	0.224***	0.208***	0.214***
		(9.040)	(5.350)	(0.700)	(8.780)	(9.33)	(8.700)	(9.040)
	Soe	-0.062	0.004	0.038	-0.066*	-0.063*	-0.064*	-0.062*
		(-1.600)	(1.490)	(0.030)	(-1.690)	(-1.680)	(-1.660)	(-1.660)
	Growth	-0.029***	-0.001	-0.084*	-0.028***	-0.029***	-0.029***	-0.029***
		(-2.760)	(-1.560)	(-1.900)	(-2.730)	(-2.740)	(-2.750)	(-2.750)
	Sales	-0.008	-0.015***	0.497	-0.003	-0.020	0.000	-0.009
		(-0.320)	(-5.260)	(1.470)	(-0.130)	(-0.830)	(0.020)	(-0.380)
	Lev	-0.054	-0.009	-0.765	-0.051	-0.058	-0.049	-0.052
		(-0.910)	(-1.390)	(-0.730)	(-0.850)	(-0.970)	(-0.820)	(-0.870)
	Cash	0.087	0.011*	0.413	0.069	0.075	0.080	0.086
		(1.460)	(1.900)	(0.340)	(1.150)	(1.250)	(1.350)	(1.440)
	Roa	-0.784***	-0.035***	2.787	-0.755***	-0.776***	-0.765***	-0.777***
		(-5.930)	(-2.840)	(-1.460)	(-5.630)	(-5.790)	(-5.770)	(-5.880)
	Tax	-0.087	-0.113	1.566	0.008	-0.085	-0.024	0.083
		(-0.420)	(-1.630)	(-0.760)	(0.030)	(-0.400)	(-0.100)	(-0.400)
	A1	-0.047***	0.002**	0.011	-0.047***	-0.045***	-0.048***	-0.047***
		(-3.960)	(2.100)	(0.050)	(-3.950)	(-3.800)	(-4.030)	(-3.960)
	A2	0.209	0.015	2.178	0.187	0.190	0.201	0.203
		(1.520)	(1.390)	(0.870)	(1.350)	(1.380)	(1.450)	(1.480)
	A3	0.066***	0.003**	0.239	0.064***	0.067***	0.064***	0.065***
		(4.280)	(2.030)	(0.960)	(4.230)	(4.360)	(4.180)	(4.24)
N		3288	3288	3288	3288	3288	3288	3288
Adj. R^2		0.255	0.226	0.014	0.253	0.251	0.257	0.257
F		42.410***	32.730***	1.940**	41.830***	41.310***	39.430***	39.650***

2. 创新激励迎合行为与创新投入、研发补助的关系检验

根据表 8-9 中模型 (8-4) 的回归分析结果可以看出，创新激励迎合行为（Ingratiatory）与企业创新投入（R&D）的回归系数在1%的显著性水平上呈正相关，本书的假设8-4得到验证，这也说明了企业在高新技术企业认定过程中采取的迎合行为并非企业自愿进行的，只是企业为了获取政府的资源而采取的暂时性、策略性的行为，这种追求短期的简单创新行为并不能在长期对企业的创新投入产生激励作用。根据表8-9中模型（8-5）的回归分析结果可以看出，创新激励迎合行为（Ingratiatory）与政府研发补助（Subsidy）的回归系数在5%的显著性水平上呈正相关，本书的假设8-5通过验证，说明对于那些非自愿进行创新、存在迎合行为的企业来说，不存在迎合行为的企业能够获得更多的研发补助。根据表8-9中模型（8-6）的回归分析结果可以看出，创新投入（R&D）与企业创新效率（IE）的回归系数在1%的显著性水平上呈正相关，也说明高新技术企业创新投入能够正向促进企业创新效率。根据表8-9中模型（8-7）的回归分析结果可以看出，政府研发补助（Subsidy）与企业创新效率（IE）的回归系数在5%的显著性水平上显著呈正相关，也说明高新技术企业获得的政府研发补助能够正向促进企业创新效率。接下来，本书将检验在高新技术企业认定过程中如何通过创新投入和政府研发补助的内部传导机制来影响企业的创新效率。

3. 创新激励迎合行为与创新效率的实证检验：基于创新投入和政府研发补助的中介效应检验

根据因果逐步回归分析检验法，运用模型（8-3）发现创新激励迎合行为对企业创新效率存在显著的影响，即因果逐步回归分析检验中的检验系数 c 显著；随后，运用模型（8-4）和模型（8-5）验证得出创新激励迎合行为对创新投入与政府研发补助都存在显著的影响，即因果逐步回归分析检验中的检验系数 a 也显著；接下来，运用模型（8-6）和模型（8-7）验证得出创新投入和政府研发补助对企业创新效率都有显著的影响，即因果逐步回归分析检验中的检验系数 b 也显著；最后，运用模型（8-8）和模型（8-9）验证得出，自变量创新激励迎合行为（Ingratiatory）与企业创新效率（IE）的回归系数在1%的显著性水平上呈正相关，即因果逐步回归分析检验中的检验系数 c' 显著，并且中介变量创新投入（R&D）和政府研发补助（Subsidy）与企业创新效率的回归系数也分别在10%和5%的显著性水平上呈正相关，即因果逐步回归分析检验中的检验系数 b 显著。综上所述，根据方法介绍中的检验步骤，本书创新投入和政府研发补助在创新激励迎合行为与企业创新效率中为部分中介作用。假设8-6、假设8-7得到验证，也说明不存在迎合行为的高新技术企业能够通过创新投入与政府研发补助正向影响企业的创新效率。

三 实证结果分析

（1）高新技术企业不存在创新激励迎合行为与企业创新效率显著正相关。企业为了获取税收优惠、政府补助等政策，只需采取迎合行为在高新技术企业资质认定时达到政府制定的相关标准，成为伪高新企业。而这类伪高新企业的创新投入仅是达到相关的认定标准，因而相对于真高新企业来说，伪高新企业的创新投入水平较低，最终导致创新产出水平与创新效率都处于相对较低的水平上。而真高新企业在面对激烈的市场竞争时，为了提升自身创新能力，自愿进行创新，并未止步于高新技术企业认定，其更看重的是企业的创新产出与创新效率，因此不存在迎合行为的真高新企业的创新效率会更高。

（2）高新企业不存在创新激励迎合行为与企业创新投入与研发补助都显著正相关，存在创新激励迎合行为的伪高新企业所投入的研发资金与获得的政府研发补助相对较低。存在创新激励迎合行为的伪高新企业的相关指标游走于《认定办法》规定标准的边缘，伪高新企业一般只需投入较少的成本与精力就可以获得政府给予的大量的回报。在达到认定门槛之后，由于伪高新企业并非是自愿进行创新的，其没有足够的动力继续进行创新，一般只是将相关指标维持在《认定办法》的相关标准之上即可。而真高新企业是自愿进行创新的，面对激烈的竞争环境，更加关注创新能力的提高，并不会将创新投入的脚步停止在门槛规定之下。真高新企业一直致力于创新，更加注重创新相关的人力资源与财力资源配置，创新相关的指标能够更好地满足《认定办法》相关指标要求，从而相对于伪高新企业来说，能获得更多的政府研发补助。这说明我国政府研发补助的机制是有效的。

（3）创新激励迎合行为通过创新投入和政府研发补助的中介作用对企业创新效率产生影响。与以往大多数研究所认为的税收优惠的信号传递作用不同的是，本书发现了在真正的高新技术企业中创新激励迎合行为影响创新效率的作用机制——创新投入和政府研发补助。实证检验结果表明，与存在创新激励迎合行为的高新技术企业相比，不存在迎合行为的企业的创新投入、政府研发补助和创新效率都有更好的表现。通过因果逐步回归分析检验本书发现创新投入和政府研发补助均在创新激励迎合行为影响企业创新效率的过程中发挥了部分中介效应。

第九章 市场外部治理对企业创新的激励机制及其价值效应

第一节 关键概念界定和理论基础

一 关键概念界定

（一）市场外部营商环境

在经济转型中，外部市场化环境对企业创新产生了重要的影响，市场化制度的演化变革在我国企业创新中扮演了重要的角色。较少的政府干预，完善的法制监管与金融环境，发展水平较高的产品与要素市场，为企业创新提供了良好的市场营商环境。

（二）市场外部创新治理

市场外部创新治理是指为实现创新资源的集中优化配置，完善创新治理市场环境机制，优化创新治理的结构和机制，加强"产—学—研—用"等利益相关主体的对接，建立委托代理各方激励兼容的制度机制，激发创新主体活力，满足用户多变的需求，改善创新生态环境。

（三）产—学—研—用

产—学—研—用是创新成果产出、转化和应用的有效途径，是指企业、高校、政府、用户等共同实现科技成果的资本化与产业化，以市场为主导、企业为主体、高校为基础、政府来推动，利用其各自优势，按照"利益共享、风险共担、优势互补、共同发展"的原则形成的科技创新模式。现阶段产—学—研协同创新对企业创新的支持已经成为共识。另外，产—学—研—用一定要转换思维，跳出技术决定市场的限制，运用跨学科的系统化思维，从用户的角度出发，针对用户需求，建立市场优势，为高新技术产品市场化产业化奠定基础。用户对高新技术产品的认可和支持是生产方积极主动生产不可或缺的驱动力。

(四) 技术导向与市场导向

技术导向是指企业业务范围限定为经营以现有设备或技术为基础生产出的产品。技术导向把所有使用同一技术、生产同类产品的企业视为竞争对手。技术导向指生产技术是确定的，而用这种技术生产出何种产品、服务于哪些顾客群体、满足顾客的何种需求却是未定的，有待于根据市场变动去寻找和发掘。技术导向在不脱离原有设备和技术的基础之上，节约投资和新产品开发时间。不仅如此，技术优势和原有的产品信誉将直接促进技术导向的企业或者产品取得顾客信任。

市场导向是指企业以市场需求为中心进行生产经营活动的安排。相对于过去以企业为中心、以技术为中心的观念而言。市场导向以得到顾客的满意为目标，提高产品效用，提高服务质量，取得顾客认可，获取最大利润。坚持市场导向，是指企业的技术创新必须始终从市场需求出发，把准用户的脉搏，把立足点和归宿放在产品"卖出去"上。

作为引领发展的第一动力，技术创新还是推进生态文明建设的重要动力，但是现阶段技术创新的效果却不明显，例如，我国技术创新难以满足实际需要，成为绿色发展的"瓶颈"制约。党的十九大报告提出，"构建市场导向的绿色技术创新体系"。习近平总书记在两院院士大会上指出："要发挥市场对技术研发方向、路线选择、要素价格、各类创新要素配置的导向作用，让市场真正在创新资源配置中起决定性作用。"以市场为导向的创新体系是以市场主体、市场规则、市场体系、市场机制为基础，在高新技术领域促进高新技术项目的研发、设计、转化、应用。它聚焦社会热点需求和主要矛盾，将推进创新驱动发展作为"胜利靶心"，借助市场发力，追求经济效益、社会效益、可持续效益的全面提高。构建市场导向的高新技术创新体系是外部市场治理机制对高新企业创新的重要激励机制。

(五) 感知产品创新

感知产品创新是指用户对某个产品在新颖性等方面与其他同类产品区别程度的主观判断（陈姝，2014）。现阶段，感知产品创新对企业创新绩效和新产品开发绩效等内容的解释力和预测力较强，使其日益成为创新研究领域不可忽视的研究主题（Kunz et al., 2011）。现阶段，如何测量感知产品创新性的研究观点尚未统一。Radford 和 Bloch 采用单一题项直接测量感知产品创新性（Radford and Bloch, 2011）。Danneels 和 Kleinschmidt 提出从创新属性、行为变化和风险性三个维度对其进行测量（Danneels and

Kleinschmidt, 2001)。Goode 等从创新属性的多方面进行测量（Goode et al., 2013)。在用户购买决策过程中，创新属性最为直接地被感受，即关于创新属性的题项可以最有效地被测量。

本书结合中国情境下用户对高新技术产品的主观认知状态，确定了以下四个感知产品创新的维度。

（1）感知新颖性。在本书中，感知新颖性作为最重要的创新属性被确认为第一维度。感知新颖性指高新技术产品相对于现有产品的创新程度，创新程度由技术附加值所决定。感知新颖性可以通过技术创新来实现，这将作为外在的功能益处直接作用于用户（Davis, 1989），最终帮助用户获得效用。

（2）感知有意义。本书沿用技术接受模型理论确定感知产品创新的第二和第三维度。技术接受模型理论提出了决定技术能否被用户接受的两个主要因素：感知的有用性、感知的易用性，前者反映了一个人认为使用产品和服务对其工作业绩或是消费效用的提高程度，后者则反映了一个人认为使用产品和服务的便利程度。高新技术产品具有高技术附加值，是新技术和新产品的一种形式。因此，本书沿用技术接受模型理论中影响用户购买意图的两个主要因素，将感知有意义设为第二维度。感知有意义可能与用户认为高新技术产品可以节省他们的时间、精力或者获得更好的产品体验有关（Dwivedi et al., 2017）。

（3）感知便利性。即第三维度，是了解和使用新产品的相对复杂程度。Davis（1989）认为用户使用高新技术产品的便利程度会影响他们采用这种产品的意愿。实际上，高新技术产品一般为一种新技术，这要求顾客具有一定的经验和知识，才能安全有效地使用它。Matutes 和 Regibeau 认为，产品便利性越高，用户购买该产品获得的效用越大（Matutes and Regibeau, 2014）。此外，有研究发现感知便利性对顾客购买这种产品的意愿或者使用此种技术的意图存在影响（Arpaci, 2016）。

（4）感知风险性。第四维度，感知风险性，指个人对特定事件或行为可能产生负面后果的看法（Jacobs and Worthley, 1999）。Pavlou（2003）认为，用户在购买过程中更倾向于避免错误，而不是选择最大化的效用，但是用户行为都存在不确定性的后果。因此，用户感知风险在解释用户行为中扮演着重要角色（Forsythe and Shi, 2003）。高新技术产品在价格、购买信息以及最终的使用上都存在一定的风险。因此，本书将感知风险性作为第四维度进行测量，并将其定义为用户购买和使用高新技术产品时认为自身面临某些损失或危险的程度。

(六) 购买意图

购买意图指个人想要购买某种产品的倾向，是任何购买行为的必需过程，是实际购买行为发生的前提条件。企业发展新技术或者新产品的不懈动力是用户购买行为所带来的企业创新绩效的提升（Park，2014）。Hubert 的研究表明，感知产品创新与用户购买意图之间存在正向关系（Hubert，2017）。朱强和王兴元通过对 154 位用户进行问卷调查研究发现，感知产品创新对新产品购买意愿具有显著正向影响。

(七) 行为态度、主观规范和知觉行为控制

行为态度是用户对实施购买行为做出的正面或负面评价。在高新技术产品销售的过程中，用户的态度起着至关重要的作用（Franceschinis et al.，2017）。Hong 发现感知产品创新能够积极影响用户对产品的态度（Hong，2014）。

主观规范反映了影响用户决策的参照群体影响力的大小。具体来说，如果一个人认为他的参照群体大比例支持这种行为，那么这个人更有可能达成他们的期望；反之，他则可能没有动力进行这种行为。参照群体的意见主要是由其对创新的感知、态度或用户用后评价来决定的，影响的强度主要源于个人或团体在用户决策中的地位。

知觉行为控制是个人对实际行为的难易程度的看法，这种困难可能来自时间、金钱或者机会。本书中，高新技术产品出现后其他厂商可能会采取跟进策略，这将会有特别明显的趋同现象，导致用户对产品甄别的难度加大。不仅如此，企业研发中的技术亮点被市场中各种炒作概念所掩盖，令用户对产品的实际效果产生怀疑，花费精力因此增加。

(八) 消费者创新性

用户的创新性是指在个人社会系统中，此人比其他成员相对较早地采用新创意的程度。消费者创新性是无法直接观测的人格天性，是个体对创新的倾向和认知风格的反映，它们决定了人们对新思想、新产品和新服务的接受程度（Midgley et al.，1978）。罗杰斯（Rogers）根据用户的采用行为将用户划分为五种类型，即创新者、早期采用者、早期大众、晚期大众、落后者，这些反映了用户在价值导向、购买动机、接受新观念或尝试新事物上存在的差异（Rogers，1995）。

现阶段的研究少有在衡量用户购买意图的同时强调特定文化背景下消费者创新性和感知产品创新。因此，本书旨在弥补上述研究空白，努力探索中国用户的高新技术产品购买意图。为实现此目标，本书使用 TPB 作为研究高新技术产品购买意愿影响因素的框架。此外，通过引入感知产品创

新和消费者创新性来修改和扩展模型,并检验其配适度。此项研究结果有助于企业了解影响用户高新技术产品购买意图的因素,并据此制定相应的营销策略,旨在推进高新技术成果的市场化和商品化,促进企业创新收益的提升。此外,本书同时为用户感知产品创新对购买意图影响的研究做出文献补充。

二 理论基础

(一) 多重螺旋理论

多重螺旋理论是近几年国际创新研究领域出现的新理论范式,该理论从知识背景出发,探讨新经济下"高校—产业—政府—公众—创新生态环境"的相互依存、螺旋递进的关系。该理论认为,在知识经济背景下,"高校—产业—政府—公众—创新生态环境"多方应当相互协调,以推动知识进行生产、转化、应用、实现产业化并完成升级,促进该创新系统在多方相互作用的动态环境中不断成长提升。

多重螺旋理论中比较有代表性的是三螺旋理论。高校、产业、政府机构都可能成为知识资本化的来源,当知识被转变成资本的时候,来自这些来源组织的人也就都有可能成为潜在的企业家和公司形成者。三螺旋能在三股螺旋相互作用中发展通信、网络和组织交叉重叠:竖直方向的综合进化和水平面上的循环 (Etzkowitz and Leydesdorff, 1993)。三螺旋理论的根本意义在于深化大学—产业—政府在宏观层次上的战略合作,追求三方思想通识,并努力为以知识为基础的创新铺路。

多重螺旋理论中"公众"的加入体现出企业技术创新越发重视顾客对产品的态度和市场对技术的反馈作用。现阶段,技术发展仍存在一定的被动性,同时这种技术创新的内在驱动力不足,那企业只能通过成功的营销策略吸引一部分客户,例如商场的促销、节假日的优惠活动,抑或是竞争双方赤裸裸的价格战,即使通过这些手段获得一部分消费者的支持,但是不可否认的是它们从根本上无法提高用户效用,更无法从本质上提升产业竞争力。而产学研三方的积极互动,从用户层面驱动企业创新,各方利益主体相互影响渗透,形成良性的动态平衡。

市场是检验政府引导和企业创新的"试金石",市场通过提出新问题、提供新需求为企业带来利润空间,进而拉动技术创新。因此,需了解市场行情与消费需求,积极适应市场是企业竞争制胜的法宝。只有当企业创新成果被市场接受、满足消费者需求时,才具备源源不断的动力。技术创新是以企业为主体,以市场为导向,以政府为主导,高校、科研院所及市场消费者共同参与的系统性活动。市场供求机制有助于协调各参与主体的功能及资源，进而实现供需对接。具体而言，发挥企业在技术创新的主体作用，有机整合政府的政策要素、高校的创新知识要素，最终实现系统价值创造。市场作为顾客市场需求的"感应器"，能够通过价格机制、供求机制及竞争机制等收集绿色技术创新对各类要素的需求信息，并通过相应平台将这些需求信息传递到技术创新主体。市场将绿色技术创新要素需求信息传递给各类主体。对应主体在接收到需求信息后根据自身属性和功能做出相应决策。换言之，该过程主要包括以下关键问题：企业如何通过市场机制整合要素提供绿色创新产品？高校、教师如何分配技术转让收益？消费者如何看待创新产品，企业能否从中获利？可以看出，市场治理为企业创新过程中各个利益主体的行动规则指明了方向，各类主体以此为导向提供满足市场需求的创新要素。要素对接过程不断优化，因为随着市场需求的升级，将会带来创新要素质量或者类型的改变，因此此过程是循环往复、螺旋上升的。

（二）计划行为理论

本书应用计划行为理论（Theory of Planned Behavior，TPB）作为研究高新技术产品购买意愿影响因素的框架，并采用TPB模型作为框架分析高新技术产品的购买行为。

TPB理论由西方发达国家提出，在跨文化的行为预测中，文化背景容易被忽略（Mancha and Yoder，2015）。因此，本书引入消费者创新性这一个体特征变量。在不同文化背景下，用户个体特质不尽相同。例如，在中国，儒家最为提倡中庸思想，所以用户趋向于保守、折中、调和。不仅如此，高新技术产品在中国通常被用户视为高品质、高价格、高知识附加和高风险的代表，因此，融入消费者创新性可以完善高新技术产品特征对用户购买意愿的影响。

第二节 市场外部营商环境治理对企业创新的激励机制

一 研究假设

随着市场化程度的发展，政府对企业的监管力度加大，企业的"寻租"行为会逐渐减少，企业进行创新活动的风险降低，创新效率会随之提高。而在市场化程度提高的同时，市场会对企业的创新提出新的要求，市场化程度促使地区知识产权的保护程度也会更高,在多重激励作用之下企业会进行更多的创新活动,创新产出也会随之增加。与市场化程度较低的地区相比,市场化进程较高地区的企业会将关注点更多地放在技术创新的投入和质量水平上,促进企业进行更多的技术创新活动(Yang et al.,2009)。因此,本书认为在市场化程度高的地区企业会更加重视创新产出。

市场化程度与企业创新投入是直接的因果关系,无论前者是正向激励还是负向抑制企业创新投入,企业创新投入对企业创新产出总是存在显著的正向激励作用。从理论上分析,在市场化程度较高的地区,在相关政策支持与市场要求下,企业会更加地重视企业创新,因此会相应地增加创新活动资金的投入,进一步会增加企业创新产出。但市场化程度对企业创新产出的促进作用或许是间接的,需要通过中介变量企业创新投入来实现其具体功能。本书提出如下假设:

假设9-1:市场化程度较高地区的企业更加重视企业创新产出。

假设9-2:市场化程度较高地区的企业更加重视企业创新投入。

假设9-3:企业创新投入在市场化程度与企业创新产出之间具有中介效应。

二 样本选择与数据来源

(一)样本选择

本书选取2012—2017年A股上市的高新技术企业为研究样本,具体数据筛选及样本收集程序与第三章保持一致。

(二)数据来源

本书数据来源如下:①主要的财务数据基本来源于CSMAR数据库和Wind数据库;②高新技术企业的样本主要来自CSMAR认定资质数据库和税率数据库;③CSMAR数据库中研发投入数据缺失过多,所有研发投入缺失数据均通过手工翻阅年报收集;④市场化指数来自王小鲁等的《中国分省份市场化指数报告(2016)》;⑤上海银行间同业7日拆借利率的日度数据来自"上海银行间同业拆放利率"官网。本书主要使用Excel 2019和Stata15.0软件进行数据处理和统计分析。

三 变量定义与模型设定

(一)变量定义

(1)市场化进程($M-Index$)。本书中市场化指数源于王小鲁等的《中国分省份市场化指数报告(2016)》,因2016年版关于市场化进程的研究只截至 2014 年，因此本书以历年市场化指数的平均增长幅度作为计算 2015—2017 年市场化指数的依据。该指数从政府对市场的影响、非国有经济的成长、产品要素市场的发展与资本市场中介组织等方面来反映市场化进程，鉴于绝对数指标能更好地反映变量的内在关联，因而采用绝对数指标。

（2）创新投入变量定义。本书用企业当年的研发投资额除以营业收入来衡量创新投入（R&D）。

（3）创新产出变量定义。本书选择专利申请数的对数作为创新效果（Patent）的衡量指标，选择发明专利申请数的对数作为创新质量（Patenti）的替代变量。

（4）控制变量定义。本章主要变量定义见表 9-1。

表 9-1　　　　　　　　　　　变量定义

变量类型	变量名称	变量符号	变量定义
关键变量	市场化程度	$M-Index$	王小鲁等（2016）市场化指数中的"市场化进程总体评分"
	政府与市场	$M-Index1$	王小鲁等（2016）市场化指数中的"政府与市场关系评分"
	非国有经济	$M-Index2$	王小鲁等（2016）市场化指数中的"非国有经济的发展评分"
	产品市场	$M-Index3$	王小鲁等（2016）市场化指数中的"产品市场的发育程度评分"
	要素市场	$M-Index4$	王小鲁等（2016）市场化指数中的"要素市场的发育程度评分"
	中介组织	$M-Index5$	王小鲁等（2016）市场化指数中的"中介组织的发育程度评分"
	创新投入	$R\&D$	研发投入/营业收入
	创新效果	$Patent$	专利申请数量的对数
	创新质量	$Patenti$	发明专利申请数量的对数
控制变量	企业成长性	$Growth$	营业收入增长率
	两职合一	$Dual$	当董事长和总经理两职合一时取 1，否则取 0
	销售规模	$Sales$	本年营业收入的自然对数

续表

变量类型	变量名称	变量符号	变量定义
控制变量	资产负债率	Lev	负债总额/资产总额
	现金持有量	Cash	经营活动产生的现金流净额/期初总资产
	总资产收益率	Roa	净利润/总资产
	"四大"审计	Big4	如果是"四大"审计取1，否则取0
	股权制衡	S	第二大股东至第十大股东股权比例之和/第一大股东持股比例
	独董比例	Indir	独立董事人数/董事人数
	管理层薪酬激励	Lnms	董事、监事及高管年薪总额取对数

（二）模型设定

借鉴陈瑞等（2013）、Zhao等（2010）和Hayes（2013）采用逐步回归方法检验市场化指数对企业创新产出的直接效应，以及市场化指数是否会通过创新投入产生中介效应，同时衡量创新投入中介效应的作用程度，本书建立以下模型来研究市场化指数对企业创新投入与创新绩效的影响。模型（9-1）主要检验市场化指数与企业创新产出的关系；模型（9-2）用来解释市场化指数与创新投入的关系。

$$Patent(Patent_i)_{i,t} = \beta_0 + \beta_1 M\text{-}Index_{i,t} + \sum \beta_i Controls + \varepsilon \quad 模型（9-1）$$

$$R\&D_{i,t} = \beta_0 + \beta_1 M\text{-}Index_{i,t} + \sum \beta_i Controls + \varepsilon \quad 模型（9-2）$$

为进一步考察市场化指数影响企业创新产出的内部作用机制，在模型（9-1）中加入创新投入变量进行检验，建立以下模型：

$$Patent(Patent_i)_{i,t} = \beta_0 + \beta_1 M\text{-}Index_{i,t} + \beta_2 R\&D_{i,t} + \sum \beta_i Controls + \varepsilon \quad 模型（9-3）$$

四 实证分析

表9-2与表9-3中模型（9-1）检验市场化进程对高新技术企业创新产出的影响。市场化进程（$M\text{-}Index$）与企业创新效果（$Patent$）（$\beta = 0.104$）、市场化进程（$M\text{-}Index$）与企业创新质量（$Patenti$）（$\beta = 0.143$）的系数均在1%的水平上显著为正，说明在市场化程度越高的地区，高新技术企业越重视创新，创新产出越多。并且，通过系数可以看出，市场化进程（$M\text{-}Index$）对企业创新质量（$Patenti$）的影响显著大于企业创新效

果($Patent$),说明在市场化程度较高的地区,企业更加重视创新质量。具体分析各个分指标,政府干预($M-Index1$)与企业创新效果($Patent$)、政府干预($M-Index1$)与企业创新质量($Patenti$)的系数为正,但均不显著,这支持了政府中性的说法,说明企业的创新产出并不受政府主观干预的影响,支持了政府在支持企业创新中应保持中性的角色定位的说法(唐清泉等,2009)。非国有经济的发展($M-Index2$)与企业创新效果($Patent$)($\beta=0.093$)、非国有经济的发展($M-Index2$)与企业创新质量($Patenti$)($\beta=0.121$)的系数均在1%的水平上显著为正,说明民营企业相对于国有企业更看重企业创新,通过系数比较可以发现,民营企业对创新质量的重视程度更高。这可能是由于国有和民营企业资源禀赋以及资源获取机制方面的表现存在差异,民营企业在组织和管理能力上较有优势,而这些优势能使民营企业更有效地将已有的创新资源转化为创新产出。产品市场($M-Index3$)与企业创新效果($Patent$)、产品市场($M-Index3$)与企业创新质量($Patenti$)的系数为正,但均不显著。要素市场($M-Index4$)与企业创新效果($Patent$)、要素市场($M-Index4$)与企业创新质量($Patenti$)的系数均在1%的水平上显著为正,说明随着要素市场的发育,高新技术企业的创新产出会逐渐增加。中介组织和法律制度($M-Index5$)与企业创新效果($Patent$)、中介组织和法律制度($M-Index5$)与企业创新质量($Patenti$)的系数均在1%的水平上显著为正,说明随着中介组织的发育和法律制度的健全,高新技术企业的创新产出会逐渐增加。综合看来,市场化程度的提高确实促进了高新技术企业创新产出,并且对创新质量的促进作用更强,从而验证了本书提出的假设。

表9-2　　　　市场化指数与企业创新效果的关系研究

变量		模型(9-1)	模型(9-1)	模型(9-1)	模型(9-1)	模型(9-1)	模型(9-1)
因变量		$Patent$	$Patent$	$Patent$	$Patent$	$Patent$	$Patent$
自变量	$M-Index$	0.104*** (2.76)					
	$M-Index1$		0.032 (0.68)				
	$M-Index2$			0.093*** (3.37)			
	$M-Index3$				0.031 (0.72)		

续表

变量		模型(9-1)	模型(9-1)	模型(9-1)	模型(9-1)	模型(9-1)	模型(9-1)
因变量		Patent	Patent	Patent	Patent	Patent	Patent
自变量	$M-Index4$					0.064***	
						(3.96)	
	$M-Index5$						0.032***
							(3.82)
控制变量	Growth	-0.054***	-0.060***	-0.056***	-0.059***	-0.048***	-0.052***
		(-2.92)	(-3.23)	(-2.97)	(-3.18)	(-2.59)	(-2.91)
	Dual	0.104*	0.105*	0.110*	0.105*	0.100*	0.112**
		(1.82)	(1.85)	(1.94)	(1.85)	(1.77)	(1.99)
	Sales	0.529***	0.583***	0.521***	0.581***	0.479***	0.485***
		(7.61)	(9.42)	(7.53)	(9.28)	(6.84)	(7.04)
	Lev	0.053	-0.016	0.076	-0.007	0.120	0.117
		(0.21)	(-0.07)	(0.31)	(-0.03)	(0.49)	(0.47)
	Cash	-0.069	-0.077	-0.071	-0.078	-0.030	0.006
		(-0.26)	(-0.29)	(-0.27)	(-0.29)	(-0.12)	(0.02)
	Roa	-0.412	-0.655	-0.353	-0.658	-0.260	-0.275
		(-0.91)	(-1.42)	(-0.78)	(-1.42)	(-0.57)	(-0.61)
	Big4	-0.262	-0.280	-0.290	-0.289	-0.269	-0.279
		(-1.17)	(-1.22)	(-1.27)	(-1.24)	(-1.19)	(-1.24)
	S	0.123***	0.126***	0.127***	0.127***	0.114***	0.112**
		(2.78)	(2.81)	(2.89)	(2.83)	(2.58)	(2.51)
	Indir	0.089	0.126	0.034	0.132	-0.033	0.008
		(0.18)	(0.25)	(0.07)	(0.26)	(-0.07)	(0.02)
	Lnms	0.148***	0.183***	0.130**	0.181***	0.126**	0.128**
		(2.63)	(3.24)	(2.33)	(3.20)	(2.19)	(2.25)
N		3306	3306	3306	3306	3306	3306
Adj R^2		0.132	0.128	0.134	0.128	0.137	0.136
F		18.47***	14.99***	18.27***	15.03***	18.00***	17.49***

表9-3　　市场化指数与企业创新质量的关系研究

	变量	模型 (9-1)	模型 (9-1)	模型 (9-1)	模型 (9-1)	模型 (9-1)	模型 (9-1)
	因变量	*Patenti*	*Patenti*	*Patenti*	*Patenti*	*Patenti*	*Patenti*
自变量	$M-Index$	0.143*** (3.66)					
	$M-Index1$		0.067 (1.37)				
	$M-Index2$			0.121*** (4.22)			
	$M-Index3$				0.067 (1.59)		
	$M-Index4$					0.075*** (4.69)	
	$M-Index5$						0.036*** (4.24)
控制变量	*Growth*	-0.040** (-2.19)	-0.048** (-2.56)	-0.042** (-2.27)	-0.046** (-2.42)	-0.033* (-1.81)	-0.038** (-2.13)
	Dual	0.067 (1.11)	0.069 (1.15)	0.075 (1.25)	0.069 (1.15)	0.063 (1.05)	0.077 (1.28)
	Sales	0.535*** (7.64)	0.610*** (9.66)	0.528*** (7.56)	0.604*** (9.44)	0.485*** (6.77)	0.498*** (7.13)
	Lev	-0.187 (-0.77)	-0.289 (-1.21)	-0.162 (-0.67)	-0.270 (-1.13)	-0.120 (-0.50)	-0.131 (-0.54)
	Cash	-0.056 (-0.21)	-0.071 (-0.28)	-0.058 (-0.23)	-0.075 (-0.29)	-0.010 (-0.04)	0.029 (0.11)
	Roa	-0.900** (-2.05)	-1.222*** (-2.74)	-0.842* (-1.92)	-1.226*** (-2.74)	-0.770* (-1.74)	-0.809* (-1.85)
	Big4	-0.191 (-0.94)	-0.212 (-1.03)	-0.228 (-1.13)	-0.231 (-1.10)	-0.203 (-1.03)	-0.214 (-1.08)
	S	0.098** (2.22)	0.104** (2.31)	0.104** (2.35)	0.106** (2.37)	0.088** (2.01)	0.087* (1.96)
	Indir	0.145 (0.32)	0.199 (0.44)	0.076 (0.17)	0.212 (0.47)	0.007 (0.02)	0.063 (0.14)

续表

变量		模型 (9-1)	模型 (9-1)	模型 (9-1)	模型 (9-1)	模型 (9-1)	模型 (9-1)
因变量		Patenti	Patenti	Patenti	Patenti	Patenti	Patenti
控制变量	Lnms	0.127**	0.176***	0.107**	0.171***	0.108*	0.113**
		(2.25)	(3.08)	(1.91)	(2.99)	(1.90)	(2.01)
N		3306	3306	3306	3306	3306	3306
Adj. R^2		0.136	0.129	0.138	0.129	0.140	0.137
F		18.37***	15.46***	18.14***	15.52***	19.32***	17.52***

表 9-4 检验模型 (9-2) 中市场化进程对高新技术企业创新投入的影响。市场化进程 ($M-Index$) 的系数在 1% 的水平上显著为正，说明在市场化程度越高的地区，高新技术企业更加重视创新，创新投入越多。具体分析各个分指标，政府干预 ($M-Index1$) 的系数为正，但均不显著。非国有经济的发展 ($M-Index2$) 的系数在 1% 的水平上显著为正，说明民营企业相对于国有企业更看重企业创新，会投入更多的资金到企业创新中。产品市场 ($M-Index3$) 的系数在 5% 的水平上显著为正，要素市场 ($M-Index4$) 的系数在 1% 的水平上显著为正，说明随着产品市场和要素市场的发育，高新技术企业的创新投入会逐渐增加。中介组织和法律制度 ($M-Index5$) 的系数在 1% 的水平上显著为正，说明随着中介组织的发育和法律制度的健全，高新技术企业的创新投入会逐渐增加。综合来看，市场化程度的提高确实促进了高新技术企业创新投入，从而验证了本书提出的假设。

表 9-4　　市场化指数与企业创新投入的关系研究

变量		模型 (9-2)	模型 (9-2)	模型 (9-2)	模型 (9-2)	模型 (9-2)	模型 (9-2)
因变量		R&D	R&D	R&D	R&D	R&D	R&D
自变量	$M-Index$	0.004***					
		(4.15)					
	$M-Index1$		0.001				
			(0.60)				
	$M-Index2$			0.004***			
				(5.82)			
	$M-Index3$				0.003**		
					(2.13)		

续表

变量		模型 (9-2)	模型 (9-2)	模型 (9-2)	模型 (9-2)	模型 (9-2)	模型 (9-2)
因变量		R&D	R&D	R&D	R&D	R&D	R&D
自变量	$M-Index4$					0.002***	
						(4.60)	
	$M-Index5$						0.001***
							(3.99)
控制变量	$Growth$	-0.001	-0.001*	-0.001	-0.001*	-0.001	-0.001
		(-1.53)	(-1.80)	(-1.60)	(-1.68)	(-1.29)	(-1.55)
	$Dual$	-0.001	-0.001	-0.001	-0.001	-0.001	-0.001
		(-0.66)	(-0.62)	(-0.45)	(-0.62)	(-0.77)	(-0.45)
	$Sales$	-0.009***	-0.007***	-0.010***	-0.007***	-0.011***	-0.010***
		(-3.86)	(-3.37)	(-4.22)	(-3.42)	(-4.66)	(-4.28)
	Lev	-0.010	-0.012*	-0.008	-0.012*	-0.007	-0.008
		(-1.37)	(-1.74)	(-1.21)	(-1.73)	(-1.04)	(-1.14)
	$Cash$	0.002	0.002	0.002	0.001	0.004	0.005
		(0.45)	(0.40)	(0.44)	(0.29)	(0.66)	(0.78)
	Roa	-0.064***	-0.073***	-0.060***	-0.072***	-0.059***	-0.062***
		(-4.15)	(-4.52)	(-3.97)	(-4.55)	(-3.98)	(-4.15)
	$Big4$	-0.005*	-0.006*	-0.006**	-0.006**	-0.005*	-0.006**
		(-1.86)	(-1.95)	(-2.18)	(-2.12)	(-1.93)	(-2.17)
	S	0.003***	0.003***	0.003***	0.003***	0.003**	0.003**
		(2.86)	(2.96)	(3.03)	(3.18)	(2.53)	(2.57)
	$Indir$	0.015	0.016	0.013	0.018	0.011	0.013
		(1.32)	(1.44)	(1.12)	(1.50)	(0.96)	(1.14)
	$Lnms$	0.005***	0.006***	0.0004***	0.006***	0.004***	0.004***
		(3.29)	(4.06)	(2.72)	(4.03)	(2.65)	(2.98)
N		3306	3306	3306	3306	3306	3306
Adj. R^2		0.100	0.088	0.109	0.095	0.109	0.101
F		6.78***	6.23***	8.59***	6.33***	9.02***	7.91***

表9-5与表9-6中的模型(9-3)检验创新投入在市场化进程与高新技术企业创新产出中的中介作用。从创新效果($Patent$)和创新质量($Patenti$)的中介效应检验结果中可以看出，市场化指数($M-Index$、$M-$

Index1、M-Index2、M-Index3、M-Index4、M-Index5）与企业创新投入（R&D）的系数在1%的水平上显著为正。具体来说，中介变量企业创新投入的系数在1%的水平上显著为正；自变量市场化指数（M-Index、M-Index2、M-Index4、M-Index5）均在1%的水平上显著为正。这说明中介变量企业创新投入（R&D）在自变量市场化指数（M-Index、M-Index2、M-Index4、M-Index5）与因变量创新产出（Patent、Patenti）中起到了部分中介作用，即自变量市场化指数（M-Index、M-Index2、M-Index4、M-Index5）对创新产出（Patent、Patenti）的影响有一部分是通过企业创新投入（R&D）实现的，也有一部分是自变量市场化指数（M-Index、M-Index2、M-Index4、M-Index5）对创新产出（Patent、Patenti）直接产生的。

表9-5　　市场化指数与企业创新效果的关系研究

变量		模型(9-3)	模型(9-3)	模型(9-3)	模型(9-3)	模型(9-3)	模型(9-3)
因变量		Patent	Patent	Patent	Patent	Patent	Patent
自变量	$M-Index$	0.081** (2.15)					
	$M-Index1$		0.027 (0.58)				
	$M-Index2$			0.070** (2.53)			
	$M-Index3$				0.010 (0.23)		
	$M-Index4$					0.052*** (3.20)	
	$M-Index5$						0.027*** (3.20)
	$R\&D$	5.980*** (3.92)	6.252*** (4.12)	5.853*** (3.84)	6.242*** (4.10)	5.720*** (3.81)	5.853*** (3.89)
控制变量	$Growth$	-0.047** (-2.51)	-0.051*** (-2.73)	-0.048*** (-2.57)	-0.051*** (-2.70)	-0.042** (-2.25)	-0.045** (-2.48)
	$Dual$	0.108* (1.93)	0.109* (1.96)	0.113** (2.02)	0.109* (1.96)	0.105* (1.89)	0.115** (2.08)

续表

变量		模型 (9-3)	模型 (9-3)	模型 (9-3)	模型 (9-3)	模型 (9-3)	模型 (9-3)
因变量		Patent	Patent	Patent	Patent	Patent	Patent
控制变量	Sales	0.587***	0.631***	0.581***	0.629***	0.543***	0.546***
		(8.30)	(10.14)	(8.23)	(10.02)	(7.58)	(7.76)
	Lev	0.113	0.062	0.128	0.068	0.166	0.168
		(0.46)	(0.26)	(0.52)	(0.28)	(0.68)	(0.69)
	Cash	-0.086	-0.093	-0.087	-0.090	-0.054	-0.022
		(-0.32)	(-0.35)	(-0.32)	(-0.33)	(-0.20)	(-0.08)
	Roa	-0.028	-0.194	0.001	-0.203	0.082	0.092
		(-0.06)	(-0.42)	(0.00)	(-0.44)	(0.18)	(0.20)
	Big4	-0.230	-0.242	-0.252	-0.246	-0.236	-0.243
		(-1.06)	(-1.10)	(-1.15)	(-1.11)	(-1.08)	(-1.12)
	S	0.106**	0.108**	0.109**	0.107**	0.099**	0.097**
		(2.43)	(2.44)	(2.52)	(2.43)	(2.29)	(2.21)
	Indir	-0.002	0.022	-0.041	0.022	-0.097	-0.069
		(-0.00)	(0.05)	(-0.09)	(0.05)	(-0.20)	(-0.14)
	Lnms	0.120**	0.146***	0.108**	0.145***	0.103*	0.102*
		(2.18)	(2.60)	(1.97)	(2.59)	(1.83)	(1.83)
N		3306	3306	3306	3306	3306	3306
Adj. R^2		0.148	0.145	0.148	0.145	0.151	0.150
F		18.39***	15.71***	17.88***	15.52***	17.62***	17.53***

表 9-6 市场化指数与企业创新质量的关系研究

变量		模型 (9-3)	模型 (9-3)	模型 (9-3)	模型 (9-3)	模型 (9-3)	模型 (9-3)
因变量		Patenti	Patenti	Patenti	Patenti	Patenti	Patenti
自变量	M-Index	0.119***					
		(3.10)					
	M-Index1		0.062				
			(1.30)				
	M-Index2			0.098***			
				(3.39)			
	M-Index3				0.046		
					(1.11)		

续表

变量		模型 (9-3)	模型 (9-3)	模型 (9-3)	模型 (9-3)	模型 (9-3)	模型 (9-3)
因变量		Patenti	Patenti	Patenti	Patenti	Patenti	Patenti
自变量	$M-Index4$					0.063***	
						(3.92)	
	$M-Index5$						0.031***
							(3.63)
	$R\&D$	5.921***	6.315***	5.767***	6.238***	5.677***	5.870***
		(3.67)	(3.95)	(3.57)	(3.85)	(3.55)	(3.67)
控制变量	$Growth$	-0.032*	-0.038**	-0.035**	-0.037**	-0.027	-0.031*
		(-1.87)	(-2.17)	(-1.96)	(-2.08)	(-1.56)	(-1.82)
	$Dual$	0.072	0.074	0.078	0.074	0.068	0.080
		(1.21)	(1.25)	(1.32)	(1.24)	(1.15)	(1.35)
	$Sales$	0.592***	0.658***	0.586***	0.652***	0.549***	0.559***
		(8.30)	(10.31)	(8.18)	(10.11)	(7.41)	(7.81)
	Lev	-0.128	-0.210	-0.111	-0.194	-0.076	-0.080
		(-0.54)	(-0.91)	(-0.47)	(-0.84)	(-0.32)	(-0.34)
	$Cash$	-0.072	-0.088	-0.073	-0.086	-0.033	0.0002
		(-0.28)	(-0.34)	(-0.29)	(-0.33)	(-0.13)	(0.00)
	Roa	-0.520	-0.756*	-0.492	-0.772*	-0.430	-0.441
		(-1.20)	(-1.72)	(-1.13)	(-1.75)	(-0.98)	(-1.02)
	$Big4$	-0.159	-0.173	-0.190	-0.188	-0.170	-0.179
		(-0.82)	(-0.89)	(-0.99)	(-0.95)	(-0.90)	(-0.94)
	S	0.081*	0.085*	0.086**	0.86**	0.074*	0.072
		(1.88)	(1.93)	(2.00)	(1.97)	(1.71)	(1.65)
	$Indir$	0.054	0.093	0.002	0.102	-0.055	-0.014
		(0.13)	(0.22)	(0.01)	(0.24)	(-0.13)	(-0.03)
	$Lnms$	0.100*	0.138**	0.085	0.135**	0.086	0.088
		(1.80)	(2.45)	(1.55)	(2.40)	(1.53)	(1.58)
N		3306	3306	3306	3306	3306	3306
Adj. R^2		0.151	0.146	0.152	0.146	0.154	0.152
F		17.78***	15.48***	17.52***	15.35***	18.69***	17.20***

第三节　市场外部治理对技术转移成功率的影响分析

"科技成果"一词是从"科学"一词演化而来的,此模型中所指的高校科技成果均为教师的职务发明,在现有高校科技管理体制下,教师应"遵守规则",即及时向学校披露其最新科研成果,由学校技术转移部门备案并实施成果转化或许可事宜,但在实际操作过程中,由于监管和追查困难,高校教师普遍存在"投机"行为,即教师越过高校直接与企业联系或自办企业转化其科技成果。高校科技成果转化分为直接和间接两种转化途径,本书主要探讨通过高校、科研机构设立的科技成果转化机构与企业开展合作或合同交流从而实施科技成果转化,在此过程中通常涉及教师、教师所在高校及企业三方,其博弈过程如下:高校作为主管部门确定是否对科技成果转化进行监管,并且确定高校教师的收益分配系数,教师和企业作为科技成果的供应方和需求方,分别决策遵守规则的概率和技术交易价格,整个决策过程符合博弈的要求。

在科技成果转化过程中,教师先判断是否"遵守规则",即是否向高校披露科技成果。若选择"遵守规则",则高校向企业发送成果供应信号;若选择"投机",则教师直接与企业进行联系或自办企业。企业分析信号内容后再向高校或教师发出交易价格信号,最终高校或教师根据企业的价格信号选择最优转化路径。高校、教师和企业博弈的具体过程如图 9-1 所示。

```
┌──────┐  J、γ   ┌──────┐   $p_s$    ┌──────────────┐
│ 高校  │ ──────▶ │ 教师 │ ◀────────  │     企业      │
│ T、$C_r$│ ◀──────  │  n   │  ──────▶  │ $p_{12}$、$p_{11}$、$C_t$│
└──────┘    p    └──────┘   1-p    └──────────────┘
```

图 9-1　高校、教师、企业的技术转让过程

为了说明图 9-1 中科技成果转化中三方之间的博弈过程,模型博弈变量如下。

(1) 博弈主体:高校和教师参与首轮博弈;教师和企业参与第二轮博弈,其中教师是博弈主方。

(2) 行动策略:高校可以选择对教师的科技成果进行监管或者不监管,教师遵守规则时高校一定会接受其科技成果,且科技成果必须对外转化以服务社会,博弈双方信息对称。不考虑搜寻成本,教师总是先向企业发送成果转移信号,企业在分析期望收益后向教师发出价格信号p_s,教师再根据价格信号决定最优转化策略p,即教师以概率p遵守规则,通过高校转化其科技成果,以概率$1-p$采取投机行为,直接向企业转化其科技成果。

(3) 支付:高校不监管的概率为J,监管的概率为$1-J$,监管成本为C。若教师遵守规则,其所得收益为$\gamma p_s + T$,若教师采取投机行为,则得到全部成果转化收益p_s。对企业而言,高校科技成果转化成功的概率为x(以下简称转化成功率),科技成果转化成功意味着创新能力的提高,其产品创新的成功概率也随之提高,企业在教师遵守规则时收益函数为$p_{12}\pi - p_s - C_t$,在教师选择投机时收益函数为$p_{12}\pi - p_s$;而转化失败则相当于自主创新,此时若教师遵守规则,企业收益函数为$p_{11}\pi - S - C_t$,若教师投机,企业收益函数则为$p_{11}\pi - S$;另外,由于教师职务发明属国有资产,审批手续复杂,若企业从高校处获取科技成果,则不论成败都将面临时间损失C_t,而如果从教师处获取科技成果且高校的监管力度较强,教师则将面临高校的惩罚C_r(包括接受罚款、信誉受损等形式,在此模型中都转化为罚款的金额)。

其中,γ表示高校转化收益分配系数(以下简称收益分配系数),T表示教师遵守规则的奖励(如职称评定、学术奖励等),本书假定教师越年轻,所获得奖励的未来收益就越大,考虑用年金表示高校的奖励,i表示年利率,A_1为每期奖励年金,n表示高校教师未来可工作年限,则T的表达式为$T = A_1 i^{-1}[1-(1+i)^{-n}]$,$p_{11}$表示企业自主创新成功的概率,$p_{12}$表示成果转化成功后企业的成功概率,显然$p_{12} > p_{11}$,且$p_{12} - p_{11}$可视为企业的期望收益差(以下简称期望收益差),$S$表示因竞争对手接受科技成果后企业的机会损失,$\pi$表示企业收益。

(4) 均衡:科技成果转化的博弈均衡是指高校和教师之间利益最大化的最优策略以及教师和企业最优策略的集合,第二轮博弈中本书仅考虑教师的科技成果被企业接受的均衡。

一 高校与教师间的演化博弈模型

(一) 构建模型

在多个利益团体中,高校或其下属科技成果转化部门作为直接管理教师科技成果的权力机构、教师科技成果转化的监管部门,其管理和监督是高校科技成果转化能否"合规"并转化顺利的前提条件。高校和教师间的博弈是科技成果转化中多利益主体博弈中的首轮博弈。因此，笔者首先选用高校和教师作为首轮博弈的局中人。在此过程中，教师通过衡量收益得失确定自己是否私自将职务发明的科技成果转卖给企业，高校通过衡量自身收益得失确定是否着力监管教师的科技成果。基于教师和高校的不同决策得到支付矩阵，见表9-7。

表9-7　　　　　　　　　　教师与高校的博弈模型

		高校	
		不监管（J）	监管（$1-J$）
教师	遵守规则（p）	$\gamma p_s + T, (1-\gamma)p_s - T$	$\gamma p_s + T, (1-\gamma)p_s - C - T$
	投机行为（$1-p$）	$p_s, 0$	$p_s - C_r, C_r - C$

在教师选择"遵守规则"策略的前提下，高校采取"不监管"与"监管"策略时，教师的期望收益值之和为：

$$F_1^1 = (\gamma p_s + T)J + (\gamma p_s + T)(1-J) \qquad 式（9-1）$$

在教师选择"投机行为"策略的前提下，高校采取"不监管"与"监管"策略时，教师的期望收益值之和为：

$$F_1^2 = p_s J + (p_s - C_r)(1-J) \qquad 式（9-2）$$

因此，教师的平均收益值为：

$$\begin{aligned}F_1 &= F_1^1 p + F_1^2 (1-p) \\ &= [(\gamma p_s + T)J + (\gamma p_s + T)(1-J)]p + \\ &\quad [p_s J + (p_s - C_r)(1-J)](1-p) \qquad 式（9-3）\end{aligned}$$

在高校选择"不监管"策略的前提下，教师选择"遵守规则"与"投机行为"策略时，高校的期望收益值为：

$$F_2^1 = [(1-\gamma)p_s - T]p + 0 \times (1-p) \qquad 式（9-4）$$

在高校选择"监管"策略的前提下，教师选择"遵守规则"与"投机行为"策略时，高校的期望收益值为：

$$F_2^2 = [(1-\gamma)p_s - C - T]p + (C_r - C)(1-p) \qquad 式（9-5）$$

因此，高校的平均收益值为：

$$\begin{aligned}F_2 &= F_2^1 J + F_2^2 (1-J) \\ &= \{[(1-\gamma)p_s - T]p + 0 \times (1-p)\}J + \{[(1-\gamma)p_s - C - T]p + \\ &\quad (C_r - C)(1-p)\}(1-J) \qquad 式（9-6）\end{aligned}$$

根据演化博弈基本原理，由式（9-1）和式（9-3），教师选择"遵守规则"策略的重复复制动态方程为：

$$\frac{\mathrm{d}p}{\mathrm{d}t} = p(F_1^1 - F_1) = p(1-p)[T - p_s(1-\gamma) + C_r(1-J)] \quad \text{式 (9-7)}$$

由式 (9-5) 和式 (9-7)，高校采取"监管"策略的重复复制动态方程为：

$$\frac{\mathrm{d}J}{\mathrm{d}t} = J(F_2^1 - F_2) = J(1-J)[C - C_r(1-p)] \quad \text{式 (9-8)}$$

由此，构成二维连续动态系统：

$$\frac{\mathrm{d}p}{\mathrm{d}t} = p(F_1^1 - F_1) = p(1-p)[T - p_s(1-\gamma) + C_r(1-J)] \quad \text{式 (9-9)}$$

$$\frac{\mathrm{d}J}{\mathrm{d}t} = J(F_2^1 - F_2) = J(1-J)[C - C_r(1-p)] \quad \text{式 (9-10)}$$

通过对该系统的雅克比矩阵 $\varphi = \begin{pmatrix} \frac{\partial \bar{p}}{\partial p} & \frac{\partial \bar{p}}{\partial J} \\ \frac{\partial \bar{J}}{\partial p} & \frac{\partial \bar{J}}{\partial J} \end{pmatrix}$ 进行局部稳定性分析，可以得到二维连续动态系统均衡点的稳定性。

其中：

$$\frac{\partial \bar{p}}{\partial p} = (1-2p)[T - p_s(1-\gamma) + C_r(1-J)] \quad \text{式 (9-11)}$$

$$\frac{\partial \bar{p}}{\partial J} = C_r p(p-1), \quad \frac{\partial \bar{J}}{\partial p} = C_r J(1-J), \quad \frac{\partial \bar{J}}{\partial J} = (1-2J)[C - C_r(1-p)]$$

$$\text{式 (9-12)}$$

动态系统同时满足 $\frac{\mathrm{d}p}{\mathrm{d}t} = 0$、$\frac{\mathrm{d}J}{\mathrm{d}t} = 0$，与系统的雅克比矩阵相结合，可得系统的 5 个奇点 $A(0,0)$，$B(0,1)$，$C(1,0)$，$D(1,1)$，$E\left(\frac{C_r - C}{C_r}, \frac{T - p_s(1-\gamma) + C_r}{C_r}\right)$。

（二）均衡结果分析

此系统中，$C_r - C < C_r$ 一定成立，本书对 T、$p_s(1-\gamma)$ 与 C_r 的大小比较进行分类讨论。演化博弈中稳定点为演化稳定策略的充分条件是 $det(\varphi) > 0$，$tr(\varphi) < 0$，此时稳定点为系统的局部渐进稳定点，即为演化博弈的 ESS。

情形一：当 $C_r - C < C_r$，$p_s(1-\gamma) - T > C_r$ 时。

（1）稳定点 $A(0,0)$ 的雅克比矩阵 $\varphi(0,0) = \begin{pmatrix} \frac{\partial \bar{p}}{\partial p} & 0 \\ 0 & \frac{\partial \bar{J}}{\partial J} \end{pmatrix} =$

$\begin{pmatrix} T-p_s(1-\gamma)+C_r & 0 \\ 0 & C-C_r \end{pmatrix}$,其特征值为 $\lambda_1 = T-p_s(1-\gamma)+C_r < 0$、$\lambda_2 = C-C_r < 0$,在该稳定点下,雅克比矩阵的特征值均为负,所以 A 点为此博弈的均衡点。

(2)稳定点 $B(0,1)$ 的雅克比矩阵 $\varphi(0,1) = \begin{pmatrix} \dfrac{\partial \bar{p}}{\partial p} & 0 \\ 0 & \dfrac{\partial \bar{J}}{\partial J} \end{pmatrix} =$

$\begin{pmatrix} T-p_s(1-\gamma) & 0 \\ 0 & C_r-C \end{pmatrix}$,其特征值 $\lambda_1 = T-p_s(1-\gamma) < 0$、$\lambda_2 = C_r - C > 0$,在此情况下,$B$ 点为鞍点。

(3)稳定点 $C(1,0)$ 的雅克比矩阵 $\varphi(1,0) = \begin{pmatrix} \dfrac{\partial \bar{p}}{\partial p} & 0 \\ 0 & \dfrac{\partial \bar{J}}{\partial J} \end{pmatrix} =$

$\begin{pmatrix} p_s(1-\gamma)-T-C_r & 0 \\ 0 & C \end{pmatrix}$,其特征值 $\lambda_1 = p_s(1-\gamma)-T-C_r > 0$、$\lambda_2 = C > 0$,因此 C 点为不稳定均衡点。

(4)稳定点 $D(1,1)$ 的雅克比矩阵 $\varphi(1,1) = \begin{pmatrix} \dfrac{\partial \bar{p}}{\partial p} & 0 \\ 0 & \dfrac{\partial \bar{J}}{\partial J} \end{pmatrix} =$

$\begin{pmatrix} p_s(1-\gamma)-T & 0 \\ 0 & -C \end{pmatrix}$,其特征值 $\lambda_1 = p_s(1-\gamma)-T > 0$、$\lambda_2 = -C < 0$,其特征值一正一负,所以 D 点为鞍点。

此时系统内部有四个均衡点 $A(0,0)$、$B(0,1)$、$C(1,0)$、$D(1,1)$,其中 A 点为稳定的均衡点,C 点为不稳定的均衡点,B 点、D 点为演化博弈系统的鞍点。在该情形中,科技成果转化的过程未能实现高校、教师利益分配的公平感,教师不愿通过高校进行科技成果转化,而是冒风险去采用"投机行为"的策略,这表明教师通过遵守规则所获得的收益小于教师进行投机的期望收益与风险成本之和。此时,即使高校获得再多的收益,但由于高校分配给教师的收益或奖励过少,并不能吸引教师选择合作,最终教师选择投机,高校选择监管。

情形二:当 $C_r - C < C_r$,$0 < p_s(1-\gamma) - T < C_r$ 时。

(1) 稳定点 $A(0,0)$ 的雅克比矩阵为 $\varphi(0,0) = \begin{pmatrix} \frac{\partial \bar{p}}{\partial p} & 0 \\ 0 & \frac{\partial \bar{J}}{\partial J} \end{pmatrix} =$
$\begin{pmatrix} T - p_s(1-\gamma) + C_r & 0 \\ 0 & C - C_r \end{pmatrix}$,其特征值为 $\lambda_1 = T - p_s(1-\gamma) + C_r > 0$、$\lambda_2 = C - C_r < 0$,在该稳定点下,雅克比矩阵的特征值一正一负,所以 A 点为此博弈的鞍点。

(2) 稳定点 $B(0,1)$ 的雅克比矩阵 $\varphi(0,1) = \begin{pmatrix} \frac{\partial \bar{p}}{\partial p} & 0 \\ 0 & \frac{\partial \bar{J}}{\partial J} \end{pmatrix} =$
$\begin{pmatrix} T - p_s(1-\gamma) & 0 \\ 0 & C_r - C \end{pmatrix}$,其特征值 $\lambda_1 = T - p_s(1-\gamma) < 0$、$\lambda_2 = C_r - C > 0$,在此情况下,$B$ 点为鞍点。

(3) 稳定点 $C(1,0)$ 的雅克比矩阵 $\varphi(1,0) = \begin{pmatrix} \frac{\partial \bar{p}}{\partial p} & 0 \\ 0 & \frac{\partial \bar{J}}{\partial J} \end{pmatrix} =$
$\begin{pmatrix} p_s(1-\gamma) - T - C_r & 0 \\ 0 & C \end{pmatrix}$,其特征值 $\lambda_1 = p_s(1-\gamma) - T - C_r < 0$、$\lambda_2 = C > 0$,因此 C 点为鞍点。

(4) 稳定点 $D(1,1)$ 的雅克比矩阵 $\varphi(1,1) = \begin{pmatrix} \frac{\partial \bar{p}}{\partial p} & 0 \\ 0 & \frac{\partial \bar{J}}{\partial J} \end{pmatrix} =$
$\begin{pmatrix} p_s(1-\gamma) - T & 0 \\ 0 & -C \end{pmatrix}$,其特征值 $\lambda_1 = p_s(1-\gamma) - T > 0$、$\lambda_2 = -C < 0$,其特征值一正一负,所以 D 点为鞍点。

(5) 稳定点 $E\left(\dfrac{C_r - C}{C_r}, \dfrac{T - p_s(1-\gamma) + C_r}{C_r}\right)$ 的雅可比矩阵

$\varphi\left(\dfrac{C_r - C}{C_r}, \dfrac{T - p_s(1-\gamma) + C_r}{C_r}\right) = \begin{pmatrix} 0 & \frac{\partial \bar{p}}{\partial J} \\ \frac{\partial \bar{J}}{\partial P} & 0 \end{pmatrix} =$

$$\begin{pmatrix} 0 & \dfrac{C(C-Cr)}{C_r} \\ p_s(1-\gamma)-T-\dfrac{[p_s(1-\gamma)-T]^2}{C_r} & 0 \end{pmatrix}, \text{其特征值 } \lambda =$$

$$\pm\sqrt{\dfrac{(C_r-C)[T-p_s(1-\gamma)+C_r]}{C_r^2}}, \text{此时 } E \text{ 为鞍点。}$$

情形三：当 $C_r - C < C_r$，$p_s(1-\gamma) - T < 0$ 时，此时系统内部有四个均衡点，即 $A(0,0)$、$B(0,1)$、$C(1,0)$、$D(1,1)$。

（1）稳定点 $A(0,0)$ 的雅克比矩阵 $\varphi(0,0) = \begin{pmatrix} \dfrac{\partial \bar{p}}{\partial p} & 0 \\ 0 & \dfrac{\partial \bar{J}}{\partial J} \end{pmatrix} =$

$\begin{pmatrix} T-p_s(1-\gamma)+C_r & 0 \\ 0 & C-C_r \end{pmatrix}$，其特征值为 $\lambda_1 = T-p_s(1-\gamma)+C_r > 0$、$\lambda_2 = C-C_r < 0$，在该稳定点下，雅克比矩阵的特征值一正一负，所以 A 点为此博弈的鞍点。

（2）稳定点 $B(0,1)$ 的雅克比矩阵 $\varphi(0,1) = \begin{pmatrix} \dfrac{\partial \bar{p}}{\partial p} & 0 \\ 0 & \dfrac{\partial \bar{J}}{\partial J} \end{pmatrix} =$

$\begin{pmatrix} T-p_s(1-\gamma) & 0 \\ 0 & C_r-C \end{pmatrix}$，其特征值 $\lambda_1 = T-p_s(1-\gamma) > 0$、$\lambda_2 = C_r-C > 0$，在此情况下，$B$ 点为不稳定均衡点。

（3）稳定点 $C(1,0)$ 的雅克比矩阵 $\varphi(1,0) = \begin{pmatrix} \dfrac{\partial \bar{p}}{\partial p} & 0 \\ 0 & \dfrac{\partial \bar{J}}{\partial J} \end{pmatrix} =$

$\begin{pmatrix} p_s(1-\gamma)-T-C_r & 0 \\ 0 & C \end{pmatrix}$，其特征值 $\lambda_1 = p_s(1-\gamma)-T-C_r < 0$、$\lambda_2 = C > 0$，因此 C 点为鞍点。

（4）稳定点 $D(1,1)$ 的雅克比矩阵 $\varphi(1,1) = \begin{pmatrix} \dfrac{\partial \bar{p}}{\partial p} & 0 \\ 0 & \dfrac{\partial \bar{J}}{\partial J} \end{pmatrix} =$

$$\begin{pmatrix} p_s(1-\gamma)-T & 0 \\ 0 & -C \end{pmatrix}$$，其特征值 $\lambda_1 = p_s(1-\gamma) - T < 0$、$\lambda_2 = -C < 0$，在该稳定点下，所以 D 点为 ESS。

此时，A 点、C 点为博弈系统的鞍点，B 点为不稳定均衡点，D 点为稳定点。

在对教师和高校群体的重复复制动态方程进行分析之后，本书可以将这两类群体进行决策的比例变化在坐标图中表示，如图 9-2 所示。

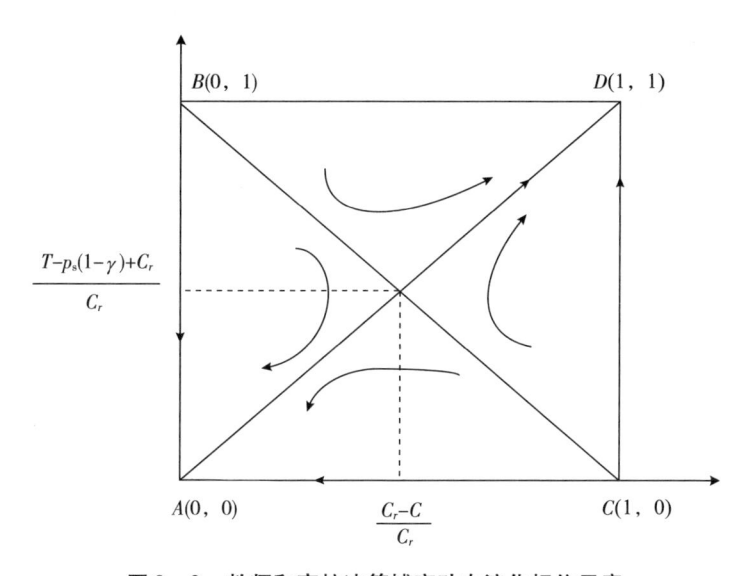

图 9-2 教师和高校决策博弈动态演化相位示意

从图 9-2 中可以看出，策略组合 D 是教师和高校博弈过程所期望达到的最优结果，即教师倾向于遵守规则，高校倾向于不监管策略。这时，教师可以通过高校的科技转化机构合规并顺利地进行科技成果的转化，高校选择信任教师，从而节约监管成本。通过对重复复制动态方程的分析，本书也可以得到相同的结论：D 点为该博弈模型的局部渐进稳定点，双方可以达到利益最大化。但当大多数教师主动向高校披露自己的科技成果，高校不对教师的行为进行监管时，教师群体中就会出现投机者，旨在从中获得更大的利益，此时高校又将加大监管力度，这一动态过程使图中 A 点的出现。

为了使博弈模型总体趋向于最优均衡解，高校需要调整收益分配系数、惩罚力度等相应参数。综合有以下方式：一是提高高校对教师的惩罚、降低高校的监管成本。高校对教师的惩罚能够有效限制教师的投机行为,一旦教师认为高校对投机行为所实施的惩罚力度过大,教师就会主动放弃投机,通过高校中介机构来进行科技成果的转化。此外,高校必须有效控制自身监管成本,适当缩减成本,对教师的行为做到有效监督,保证教师的科技成果能够成功转化。二是提高教师的收益分配系数、增大对教师成果转化成功的奖励。高校给予教师的收益越少,教师更倾向于承担更大的风险去选择投机行为;反之,如果教师从高校处可以得到更高的期望收益,那么遵守高校规则的意愿越强。

二 教师与企业间的主从博弈模型

(一) 构建模型

教师选择"投机行为"后,直接向企业发送科技成果的供应信号,企业衡量成本收益后向教师发出交易价格信号,合作成功即科技成果转化成功;反之,科技成果转化失败。因此,本书建立教师与企业的主从博弈模型。

当教师遵守规则时,企业必须间接从高校处获取科技成果,其期望收益为:

$$E_1^1 = (p_{12}\pi - p_s - C_t)x + (p_{11}\pi - S - C_t)(1-x)$$
$$= [(p_{12} - p_{11})\pi - p_s + S]x + p_{11}\pi - S - C_t \quad \text{式}(9-13)$$

当教师投机时,企业可直接从教师处获取科技成果合作,其期望收益为:

$$E_1^2 = (p_{12}\pi - p_s)x + (p_{11}\pi - S)(1-x)$$
$$= [(p_{12} - p_{11})\pi - p_s + S]x + p_{11}\pi - S \quad \text{式}(9-14)$$

因此,企业从两种科技成果接受渠道得到的期望收益为:

$$E_1 = E_1^1 p + E_1^2 (1-p)$$
$$= [(p_{12} - p_{11})\pi + S - p_s]x + p_{11}\pi - C_t p - S \quad \text{式}(9-15)$$

企业达成交易的均衡条件为期望收益不小于自主创新收益,因此企业的最优决策须满足:

$$\max_{p_s > 0} E_1(p_s) = [(p_{12} - p_{11})\pi + S - p_s]x + p_{11}\pi - C_t p - S$$

s.t. $E_1 \geq p_{11}\pi - S$

运用拉格朗日法可求得交易价格 p_s 满足如下条件:

$$p_s \leq (p_{12} - p_{11})\pi + S - \frac{C_t p}{x} \quad \text{式}(9-16)$$

在多家企业公平竞争情况下,企业的最优技术交易价格为:

$$p_s^* = (p_{12} - p_{11})\pi + S - \frac{C_t p}{x} \qquad 式（9-17）$$

对教师而言，其遵守规则和投机行为的期望收益为：

$$E_2 = (\gamma p_s + T)p + (p_s - C_r)(1-p) \qquad 式（9-18）$$

将 p_s^* 代入式（9-18）可得：

$$E_2 = (1 - p + p\gamma)\left[(p_{12} - p_{11})\pi + S - \frac{C_t p}{x}\right] + Tp - C_r(1-p)$$

教师遵守规则的最优概率满足以下条件：

$$\frac{\partial E_2}{\partial p} = (\gamma - 1)p_s - \frac{C_t(1 - p + p\gamma)}{x} + T + C_r = 0$$

可求得：

$$p^* = \frac{x(T + C_r)}{2C_t(\gamma - 1)} + \frac{1}{2(1-\gamma)} + \frac{x[S + (p_{12} - p_{11})\pi]}{2C_t} \qquad 式（9-19）$$

将式（9-19）带入式（9-17）可得：

$$p_s^* = (p_{12} - p_{11})\pi + S - \frac{C_t p}{x}$$

$$= \frac{(p_{12} - p_{11})\pi + S}{2} + \frac{T + C_r}{2(1-\gamma)} - \frac{C_t}{2x(1-\gamma)} \qquad 式（9-20）$$

（二）均衡结果分析

由式（9-7）、式（9-8）可知，博弈双方的决策行为受到转化成功率、收益分配系数、期望收益差、教师未来工作年限、惩罚系数的影响，下面笔者将对这些影响因素进行详细分析。

结论 1 教师遵守规则意愿、技术交易价格与转化成功率的关系如下：

当 $0 < \gamma \leq 1 - \frac{C_r + T}{S + (p_{12} - p_{11})\pi}$ 时，教师遵守规则意愿与转化成功率成正比；当 $1 - \frac{C_r + T}{S + (p_{12} - p_{11})\pi} < \gamma \leq 1$ 时，教师遵守规则意愿与转化成功率成反比。

技术交易价格与转化成功率成正比。

证明：对式（9-7）求转化成功率 x 的导数可得：

$$\frac{\partial p^*}{\partial x} = \frac{S + (p_{12} - p_{11})\pi}{2C_t} - \frac{T + C_r}{2C_t(1-\gamma)}$$

因此，当 $0 < \gamma \leq 1 - \frac{C_r + T}{S + (p_{12} - p_{11})\pi}$ 时，$\frac{\partial p^*}{\partial x} > 0$；当 $1 -$

$\dfrac{C_r+T}{S+(p_{12}-p_{11})\pi}<\gamma\leq 1$ 时，$\dfrac{\partial p^*}{\partial x}<0$，得证。

对式（9-8）求转化成功率 x 的导数，可得：

$$\frac{\partial p_s^*}{\partial x}=\frac{C_t}{2x^2(1-\gamma)}>0$$

因此，p_s 与 x 成正比，得证。

由此可知，教师遵守规则意愿与转化成功率的关系与收益分配系数等参数相关。当收益分配系数低于某临界值时，往往适用于凭借教师个人难以转卖的科技成果或者企业接受率较低的科技成果，如基础理论成果或创新程度不高的应用性研究成果等，此时教师更愿意遵守规则。在高校与企业对接、完成科技成果转化工作后，教师在这一动态过程中越倾向于遵守规则，科技成果转化成功的概率也就随之增加。反之，当收益分配系数高于某临界值时，科技成果较容易转化，教师更倾向于从自身利益出发，采取投机行为，即直接与企业对接或自办企业进行成果转化，这一点笔者在对国内几所重点高校的调研中也得到了进一步证实。结论1同时表明，科技成果技术交易价格与转化成功率正相关；自身利益的多少是教师和高校在进行科技成果转化所考虑的首要问题，所以企业适当提高技术交易价格有利于科技成果的顺利转化。

结论2 收益分配系数与教师遵守规则意愿、技术交易价格关系如下：

当 $0<x\leq C_t(C_r+T)^{-1}$ 时，收益分配系数与教师遵守规则意愿成正比，与技术交易价格成反比；

当 $C_t(C_r+T)^{-1}<x\leq 1$ 时，收益分配系数与教师遵守规则意愿成反比，与技术交易价格成正比。

证明：对式（9-7）、式（9-8）求收益分配系数 γ 的导数，可得：

$$\frac{\partial p^*}{\partial \gamma}=\frac{1}{2(1-\gamma)^2}\Big[1-\frac{x(T+C_r)}{C_t}\Big],\quad \frac{\partial p_s^*}{\partial \gamma}=\frac{1}{2(1-\gamma)^2}\Big(C_r+T-\frac{C_t}{x}\Big)$$

因此，当 $x\leq C_t(C_r+T)^{-1}$ 时，$\dfrac{\partial p^*}{\partial \gamma}\geq 0$，$\dfrac{\partial p_s^*}{\partial \gamma}\leq 0$；当 $x>C_t(C_r+T)^{-1}$ 时，$\dfrac{\partial p^*}{\partial \gamma}<0$，$\dfrac{\partial p_s^*}{\partial \gamma}>0$，得证。

结论2表明，收益分配系数与教师遵守规则意愿、技术交易价格的关系由转化成功率决定。当转化成功率高于某一临界点时，科技成果较容易转化给企业，随着收益分配系数的提高，技术交易价格提高，这使教师更倾向于通过投机行为获取全部转化利益；而当转化成功率低于这一临界点时,情况则正好相反。值得一提的是,临界点由企业时间成本、惩罚系数及教师遵守规则奖励共同决定。

结论3 教师遵守规则意愿、技术交易价格均与期望收益差成正比。

证明:对式(9-7)、式(9-8)求期望收益差($p_{12} - p_{11}$)的导数,可得:

$$\frac{\partial p^*}{\partial (p_{12} - p_{11})} = \frac{\pi x}{2C_t} > 0, \quad \frac{\partial p_s^*}{\partial (p_{12} - p_{11})} = \frac{\pi}{2} > 0$$

因此,p^*与p_s^*均与$p_{12} - p_{11}$成正比。也就是说,期望收益差越大,教师遵守规则的概率越大,同时,企业和科技成果转让方所达成的技术交易价格越高;结论3同时表明,期望收益差较大意味着教师与企业存在一定程度的技术差距,企业技术承接能力较低,这种情况下高校成果转化部门或教师本人在帮助企业承接科技成果方面将花费更多的精力,技术交易价格也就必然提高。

结论4 教师遵守规则意愿与其未来工作年限成反比。

证明:对式(9-7)求教师未来工作年限n的导数,可得:

$$\frac{\partial p^*}{\partial n} = \frac{\partial p^*}{\partial T} \frac{\partial T}{\partial n} = \frac{xA_1 n i^{-1}(1+i)^{-n-1}}{2C_t(\gamma - 1)} < 0$$

因此,教师遵守规则概率p与教师未来工作年限n成反比,得证。

结论4表明,教师遵守规则意愿与其未来工作年限反向变动。教师越年轻,其未来工作的年限越长,越倾向于投机,教龄高的教师因为一次投机行为所付出的成本较高。

结论5 高校教师所面临的惩罚系数与教师遵守规则意愿成反比、与技术交易价格成正比。

证明:对式(9-7)、式(9-8)求惩罚系数C_r的导数,可得:

$$\frac{\partial p^*}{\partial C_r} = \frac{x}{2C_t(\gamma - 1)}, \quad \frac{\partial p_s^*}{\partial C_r} = \frac{1}{2(1-\gamma)}$$

因此,$\frac{\partial p^*}{\partial C_r} < 0$,$\frac{\partial p_s^*}{\partial C_r} > 0$,得证。

结论5表明:一方面,随着高校对教师职务发明监管和追查力度的提高,高校在科技成果供应过程中成本有所增加,那么其期待受益也会相应增加,则高校对技术交易价格有所要求,若科技成果对企业收益的影响是一定的,那么企业可能会拒绝高校对其的价格要求,从而在一定程度上降低了高校科技成果转化的成功率;另一方面,随着交易价格的提高,教师或许会不惜"冒险"进行体外循环,在这种情况下高校提高惩罚系数并不能有效约束教师的投机行为。

三 数值仿真模拟

根据笔者走访几所重点高校后获取的调研资料,高校为推进科技成果转化工作,奖励给教师个人(不包括教师团队及所在院系)的转化收益比例一般介于0.4与0.7之间,少数高校甚至达到0.8,也有部分高校是按照学校横向课题管理办法对教师科研成果转化收益进行分配,表9-8列出了几所典型高校的科技成果转化收益分配情况。

表9-8　　　　　　几所重点高校的转化收益分配系数　　　　　单位:%

高校	发明人(团队)	学校	院系
复旦大学	50	40	10
浙江大学	70	20	10
东南大学	40	40	20
同济大学	50—80	20—50	—
华南理工大学	40	40	20

为分析转化成功率、收益分配系数、期望收益差等参数对教师遵守规则意愿和技术交易价格的影响,文中其他参数假定为:$p_{11}=0.4$,$p_{12}=0.8$,$\pi=250$,$C_r=40$,$C_t=40$,$S=10$,$T=30$,$A_1=1$,$x=0.7$,$i=0.01$,$n=30$,下面逐一讨论这些因素对教师和企业决策行为的影响。

(一)转化成功率 x 对博弈双方决策行为的影响

由结论1和图9-3可以看出:一是高校科技成果的转化成功率与教师遵守规则意愿负相关,即高校大部分容易转化的科技成果均被教师通过"投机"行为直接对外转化,这直接导致高校所持有科技成果普遍难以成功转化,并使高校的科技成果转化率始终处于低水平;二是当高校为了缓解教师的投机行为而提高惩罚系数时,教师遵守规则意愿不升反降,可见惩罚并不能从根本上遏制教师的投机行为,尤其在本算例中,随着转化成功率和惩罚系数的共同提高,可看出最终仅有少于30%的教师愿意遵守规则,这说明高校不应该采用提高惩罚系数的手段来控制科技成果转化的路径,因为惩罚系数对拥有高转化成功率成果的教师行为作用非常有限。

由结论1、结论5和图9-4可知,技术交易价格与转化成功率和高校惩罚系数均正相关。对于一项比较容易实现产业化的科技成果,高校科技管理部门对教师职务发明监管力度的提高不仅不能有效约束教师的投机行为,反而会因为间接提高了技术交易价格而对企业接受科技成果转化工作有一定负面影响；另外，教师职务发明属国有资产，高校的"不作为"又将导致国有资产大量流失，因此，高校应从社会服务角度出发，在保护国有资产和促进科技成果转化之间维持平衡，可以保持适当的监管力度，尤其要对重大科技成果予以重点监管，积极推进科技成果转化工作的全面展开。

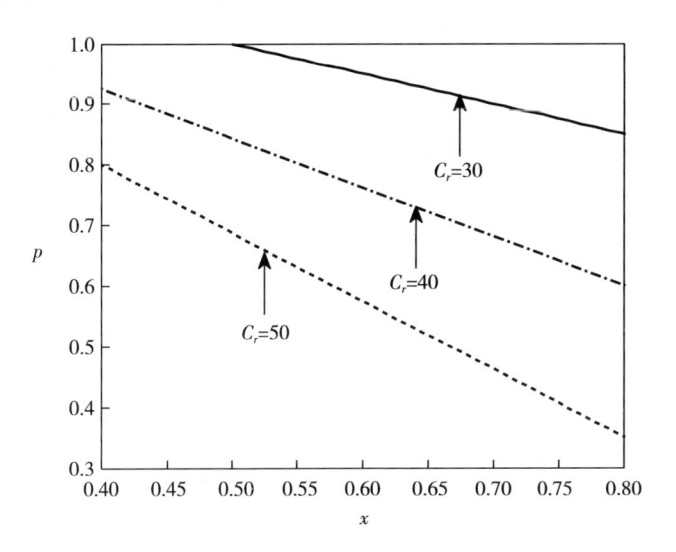

图 9-3 转化成功率 x 对教师遵守规则意愿 p 的影响

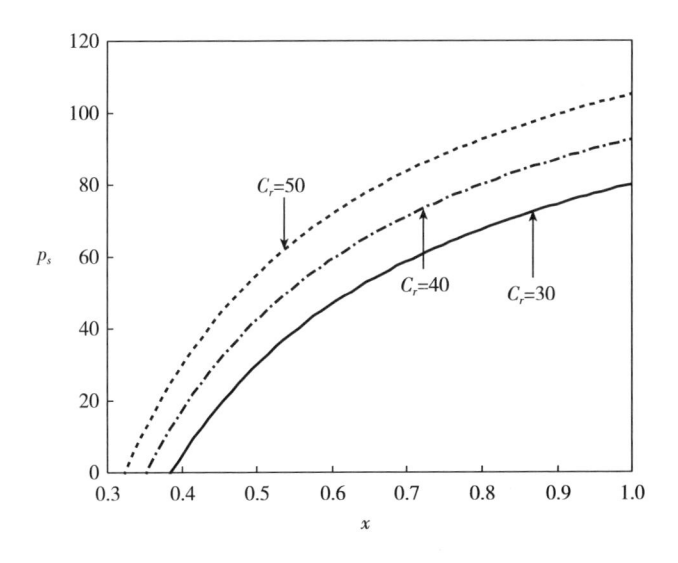

图 9-4 转化成功率 x 对技术交易价格 p_s 的影响

（二）收益分配系数 γ 对博弈双方决策行为的影响

收益分配系数 γ 对教师遵守规则意愿、技术交易价格的影响取决于转化成功率。由图 9-5 和图 9-6 可知，本算例中当临界点 $x=0.571$ 时，收益分配系数对技术交易价格和教师遵守规则意愿基本无影响；但当 $x>0.571$，即科技成果容易转化时，技术交易价格将随之提高，且提高幅度会快于高校提供的转化收益增幅，教师更倾向于通过投机行为获取全部转化收益；而 $x<0.571$ 意味着科技成果转化成功率较低，其交易价格一般也较低，在这种情况下，随着收益分配系数的提高，教师更倾向于遵守规则。值得一提的是，临界点取决于博弈双方惩罚系数、时间成本和教师遵守规则所获得的奖励。因此，高校作为收益分配系数的决策者，必须综合考虑这三个因素对教师遵守规则意愿的影响，以确定最有利于科技成果转化的决策。对于转化成功率较高的应用型科技成果，高校应降低其转化收益分配系数，而对于转化成功率较低的基础研究类科技成果，高校则应保持较高的收益分配系数，以鼓励教师的科学研究和遵守规则行为，同时避免国有资产的过多流失。

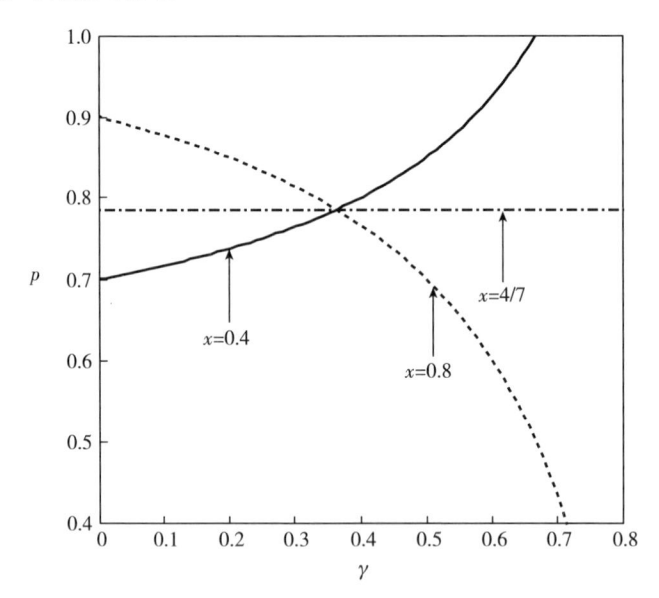

图 9-5　收益分配系数 r 对教师遵守规则意愿 p 的影响

（三）其他参数对博弈模型的影响

假定收益分配系数为 0.6，转化成功率为均衡值 0.571。结合结论 4 和图 9-7，当教师未来工作年限为 20 年时，教师将普遍选择遵守规则。教师未来工作年限越短，越倾向于通过高校或高校技术转移办公室来完成

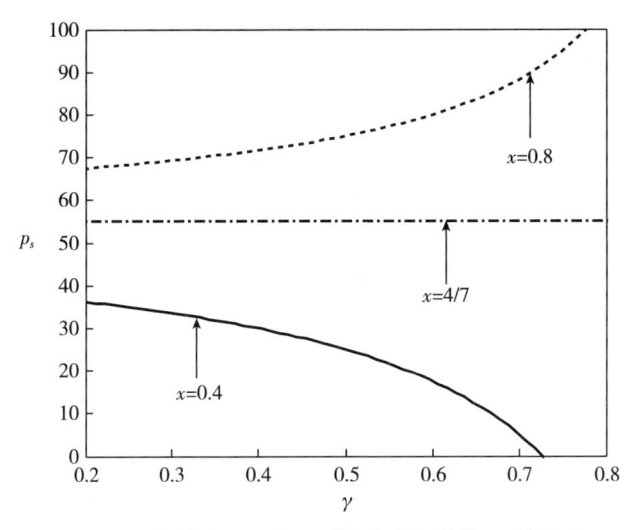

图 9-6　收益分配系数 γ 对技术交易价格 p_s 的影响

科技成果的转化，这在一定程度上可以减少教师对自身科技成果成功转化所付出的时间成本，同时，避免了在高校监管的情况下所面临的惩罚。但当教师比较年轻时，教师有更多的精力去选择成果的转化途径，此时投机的概率有所增大，以获得更大的收益。另外，由结论3和图9-8可知，博弈双方技术交易价格与期望收益差成线性递增关系；期望收益差代表教师所持有科技成果对企业的贡献度，亦即教师与企业之间的技术差距，其值越大，企业所需支付的技术交易价格越大。

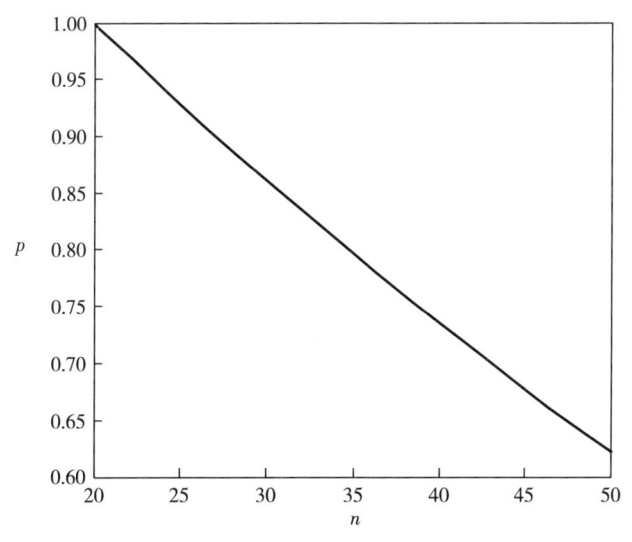

图 9-7　教师未来工作年限 n 对其遵守规则意愿 p 的影响

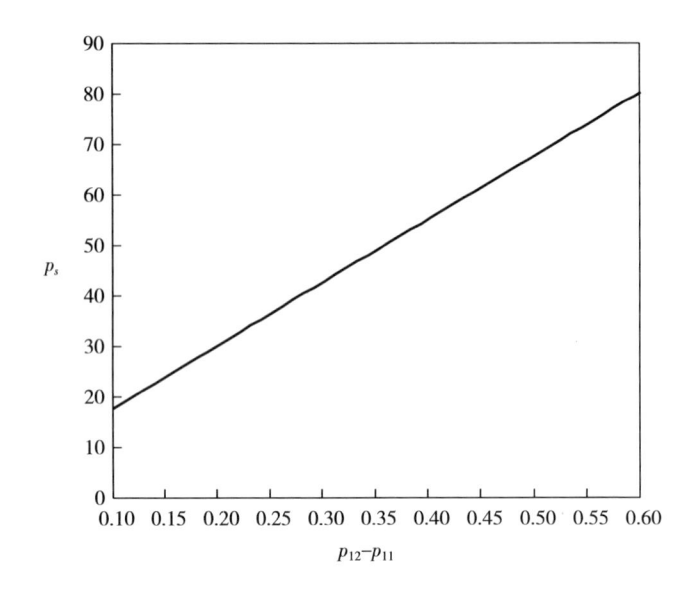

图 9-8 期望收益差 $p_{12}-p_{11}$ 对技术交易价格 p_s 的影响

第四节 市场外部治理对顾客购买意图的影响分析

一 研究假设

（一）感知产品创新

本书中，感知产品创新是用户可以感受到的产品特性的综合反映，产品的技术创新可以有效提升产品的某项性能，给予用户更多的效用。只要用户认为创新性产品更有用、更有效或者说新产品与社会中个人价值和经验相吻合的程度更高，用户的购买意图也就更高。因此，本书提出以下假设：

假设 9-1：感知产品创新对购买意图有积极影响。

（二）行为态度、主观规范、知觉行为控制的中介作用

1. 行为态度

本书中，用户作为有情感的个体，在观察、了解或试用高新技术产品时会留下或好或坏的顾客体验，一旦高新技术产品得到用户的认可，与用户主观感受和情感相关的部分将会发生积极的变化。因此，本书提出以下假设：

假设9-2：感知产品创新对行为态度有积极影响。

多个文献研究证明个体对目标的态度影响其行为意愿。Cooke、Sniehotta 与 Schüz 在研究暴饮暴食意图时认为改变行为态度是减少大学生酗酒意愿最有效的策略（Cooke et al.，2007）；Lee 在研究中发现人们使用网上银行的意图主要受到态度的正面影响（Lee，2009）；Groot 和 Steg 在研究中发现积极的态度与使用停车换乘设施（转移）的意图有关（Groot and Steg，2010）。在本书中，用户对高新技术产品的行为态度反映了用户对购买行为正面或负面评价：当用户对高新技术产品的态度是正面的，即认为高新技术产品能给予其更多的顾客效用，那么用户购买新产品的可能性就更大；但是，如果用户对高新技术产品的评价是负面的，那么用户将在主观上规避购买。因而，本书提出以下假设：

假设9-3：用户的行为态度正向影响购买意愿。

2. 主观规范

本书中，假设某个高新技术产品质量高、受家人朋友以及专家用户的高度认可，那么，参照群体的态度将影响进行购买决策的用户的主观规范。因此，本书提出以下假设：

假设9-4：感知产品创新对用户的主观规范有积极影响。

根据计划行为理论，主观规范直接影响购买意图主要取决于两个原因，一是用户的参照群体是否支持及其支持程度；二是用户是否愿意接纳他人意见及其接纳的程度。本书中，当参照群体或者当政府等外界力量合理引导用户购买高新技术产品时，用户听取相关建议，服从政府的规范引导，倾向于接受社会期望，从而产生购买意向。因此，本书提出以下假设：

假设9-5：用户的主观规范正向影响用户的购买意愿。

3. 知觉行为控制

知觉行为控制是个人对实际行为的难易程度的看法，这种困难可能来自时间、金钱或者机会。本书中，高新技术产品出现后，其他厂商可能会采取跟进策略，这将会有特别明显的趋同现象，导致用户对产品甄别的难度加大。不仅如此，企业研发中的技术亮点被市场中各种炒作概念所掩盖，令用户对产品的实际效果产生怀疑，花费精力因此增加。综上可知，高新技术产品的某些特征使用户信息获取难度增加、购买成本增加、使用复杂程度增加，最终可能阻碍用户的购买意愿。因此，本书提出以下假设：

假设9-6：感知产品创新对用户的知觉行为控制有积极影响。

戈丁（Godin）和瓦洛瓦（Valois）证实了知觉行为控制对吸烟意图具有解释作用，还提出知觉行为控制是实际行为的最重要预测因素（Godin et al. , 1992）；劳可夫证实了用户绿色消费的态度、主观规范和知觉控制对用户的绿色消费意向的影响（劳可夫，2013）。在本书中，如果用户主观上对购买高新技术产品有较强的信心，且客观上具有购买的资金和知识，用户很容易产生购买的想法，并产生实际购买行为。当用户缺乏知识、资金、时间，或者存在其他困难时，用户的购买意图则会减少。因此，本书提出以下假设：

假设9-7：知觉行为控制正向影响用户的购买意愿。

回顾文献可知，行为态度、知觉行为控制和主观规范在用户自我感知概念与行为意愿的关系中起到显著的中介作用。Mancha 和 Yoder（2015）研究发现，行为态度、知觉行为控制和主观规范在独立自我、依存自我和绿色行为意愿中起到显著的中介作用。薛永基等在研究用户绿色购买意图中发现用户的态度、主观规范在感知价值、预期后悔影响行为意向的过程中起部分中介作用（薛永基等，2016）。行为态度、主观规范、知觉行为控制作为心理学相关研究的重要变量，对行为意图的中介作用已经被多次验证。因此，本书提出以下假设：

假设9-8：行为态度在感知产品创新和购买意愿中起到中介作用。

假设9-9：主观规范在感知产品创新和购买意愿中起到中介作用。

假设9-10：知觉行为控制在感知产品创新和购买意愿中起到中介作用。

（三）消费者创新性的调节作用

Dowling 和 Staelin（1994）的研究表明，用户对风险的感知大相径庭。本书中，感知风险性是感知产品创新的第四维度，它作为行为研究中的重要心理变量对个人态度有重要的影响（Leiserowitz，2006）。在选购过程中，风险爱好型用户相较于其他用户能接受更高风险的产品。研究表明，当消费者创新性更高，风险倾向更高，他们更愿意承担意见领袖的角色（Beldona et al. , 2004）。不仅如此，部分学者指出，高创新性用户热爱冒险，更容易接受新想法和新事物，对风险较高的高新技术产品同样保持着一定的信任和支持，其购买高新技术产品的潜力也越大（Bartels，2011）。相反，创新性较差的用户会对高风险和消极态度进行联系，表现出对高新技术产品的抵触。综上所述，本书提出以下假设：

假设9-11：消费者创新性负向调节感知风险和行为态度之间的关系。

对于高新技术产品而言，由于存在信息不对称与机会主义者，用户并不知晓其全部特征，因此会依赖高新技术产品的外在特征信号来进行第一步的认知（Lee and O'Connor，2003），从而形成对高新技术产品的态度。

高新技术产品的感知新颖性是创新属性中最易观察的特征，它最大限度地反映了区别于传统产品，用户对高新技术产品的判断和认知。在本书中，高创新性的特质会刺激、引导用户搜寻新产品，关注新技术，这使他们相较于其他低创新性用户更为熟悉新产品或新服务，从而减弱了感知新颖性对态度的影响。因此，本书认为用户的创新性越强，高新技术产品的感知新颖性对用户行为态度影响越小，假设如下。

假设9-12：消费者创新性负向调节感知新颖性和行为态度之间的关系。

二 研究设计

（一）变量选择

本书共涉及感知新颖性、感知有意义、感知便利性、感知风险性、行为态度、主观规范、知觉行为控制、购买意愿和消费者创新性9个核心变量。在国外研究成果的基础上，本书设计了符合我国实际情况及研究目标的量表，感知新颖性的量表借鉴 Acharias 和 Rogers 的量表进行修订，包含3个题项，如"我认为，该产品与已有产品相比具有显著的差别"；感知有意义的量表借鉴 Goldsmith 的量表进行修订，包含3个题项，如"无论从目前还是长远来看，该产品的创新都是有用的"；感知便利性的量表借鉴 Davis 的量表进行修订，包含3个题项，如"该产品易于使用"；感知风险性的量表借鉴 Jarven、Peter、Todd、Bhatnagar 和 Ghose 进行修订，包含3个题项，如"该产品的相关信息获取难度较大、花费资金较多、花费精力较多"；行为态度的量表借鉴 Eagly、Chaiken、Walsh 的量表进行修订，包含3个题项，如"拥有该产品让我感到很愉悦"；主观规范的量表借鉴 Ajzen 的量表进行修订，包含3个题项，如"我的家人支持我购买该产品"；知觉行为控制的量表借鉴徐贞锋和张思思的量表进行修订，包含3个题项，如"我可以自己决定是否购买该产品"；购买意图的量表借鉴 Dodds、Monroe 和 Grewal 的量表进行修订，包含3个题项，如"我打算购买该产品"；消费者创新性的量表借鉴 Goldsmith 的量表进行修订，包含4个题项，如"当我听说一款新产品上市且可购买时，我想立刻买下来"。此外，本书均采用李克特七级量表，赋值1—7表示"完全不同意"到"非常同意"。

（二）数据来源

汽车是普通用户最常接触的高新技术产品，用户对其认知水平较高，知识较为丰富。不仅如此，各大汽车生产商的创新水平不断提高，更新换代迅速，符合本书研究目标。因此，本书选取无人驾驶汽车这一创新性产品为实证对象，以受到过良好教育的消费群体为调查对象，调查时间持续一个月，共收回325份问卷，剔除问题答案漏填以及存在明显逻辑错误的废卷，最终获得可用于分析的有效问卷307份，有效问卷的回收率为94.46%。

样本数据的统计结果显示：受调查群体男女比例基本相同，被调查者中女性占比较大（占比52.68%），男性占比较小（占比47.32%），年龄多为18—39岁（占比72.24%），学历多为本科及本科以上（占比91.17%），这部分群体个人素质较高，对高新技术产品的认识更为全面。

三 实证检验

（一）共同方法偏差检验

问卷研究有同样的数据来源、同样的测量环境，易造成共同方法偏差，为避免此问题，本书采用Harman单因素检验。通过SPSS 22.0软件进行探索性因子分析，结果显示萃取的第一个因子的解释量为31.467%，符合Hair（1998）提出的小于50%的临界值标准，因此，数据没有共同方法偏差的问题。

（二）量表信度、效度检验

为检测问卷是否稳定精确，本书依据克隆巴哈系数（Cronbach's α）检测其信度水平，值越大说明量表的信度越高。通过SPSS 22.0进行数据分析，9个构面的Cronbach's α系数均高于标准值0.7，且整体的Cronbach's α数值为0.926，远远超出0.7的衡量标准，因此，量表具有高度的内部一致性。同时，本书针对所有构面进行验证性因子分析，具体见表9-9。

表9-9　　　　　　　　　　量表信度和收敛效度验证

构面	编号	题项	参数显著性估计				因素负荷量	题目信度	组成信度	收敛效度	Cronbach's α
感知新颖性	CPI1	CPI12	1.000				0.791	0.626	0.892	0.733	0.890
		CPI13	1.258	0.074	17.104	***	0.909	0.826			
		CPI14	1.143	0.068	16.717	***	0.865	0.748			
感知有意义	CPI2	CPI22	1.000				0.698	0.487	0.863	0.680	0.855
		CPI23	1.257	0.094	13.386	***	0.933	0.870			
		CPI24	1.091	0.081	13.450	***	0.826	0.682			

续表

构面	编号	题项	参数显著性估计				因素负荷量	题目信度	组成信度	收敛效度	Cronbach's α
感知便利性	PC	PC2	1.000				0.743	0.552	0.891	0.732	0.877
		PC3	1.315	0.083	15.924	***	0.916	0.839			
		PC4	1.203	0.076	15.867	***	0.898	0.806			
感知风险性	PR	PR1	1.000				0.729	0.531	0.793	0.489	0.793
		PR2	1.014	0.098	10.308	***	0.711	0.506			
		PR3	1.029	0.103	9.967	***	0.665	0.442			
		PR4	1.098	0.109	10.104	***	0.691	0.477			
行为态度	ATT	ATT1	1.000				0.842	0.709	0.870	0.692	0.868
		ATT2	0.771	0.052	14.729	***	0.757	0.573			
		ATT3	1.073	0.065	16.446	***	0.891	0.794			
主观规范	SN	SN1	1.000				0.829	0.687	0.871	0.696	0.862
		SN2	1.095	0.065	16.787	***	0.955	0.912			
		SN3	0.879	0.063	13.893	***	0.700	0.490			
知觉行为控制	PBC	PBC1	1.000				0.714	0.510	0.825	0.614	0.822
		PBC2	1.228	0.104	11.823	***	0.754	0.569			
		PBC3	1.322	0.111	11.870	***	0.873	0.762			
购买意图	PI	PI1	1.000				0.787	0.619	0.857	0.666	0.856
		PI2	1.148	0.081	14.253	***	0.824	0.679			
		PI3	1.092	0.076	14.327	***	0.836	0.699			
消费者创新性	CI	CI1	1.000				0.806	0.650	0.835	0.561	0.830
		CI2	1.040	0.075	13.872	***	0.831	0.691			
		CI3	0.810	0.069	11.749	***	0.684	0.468			
		CI4	0.906	0.080	11.285	***	0.659	0.434			

由表 9-9 可知，所有构面的负荷量都在 0.665 和 0.955 之间，且显著，组成信度在 0.793 和 0.892 之间，收敛效度通过平均变异数萃取量（AVE）检测，均在 0.489 和 0.733 之间，符合 Hair 等（2010）及 Fornell 和 Lacker（1981）的标准：①因素负荷量大于 0.5；②组成信度大于 0.6；③平均变异数萃取量大于 0.5。本模型中，大多数指标都符合标准，仅感知风险的 AVE 稍低于 0.5，却也仍处于可接受范围。因此，九个构面均具有收敛效度。此外，区别效度见表 9-10。

表 9 – 10　　　　　　　　　　区别效度矩阵

	AVE	CI	PBC	PI	SN	ATT	PR	PC	CPI2	CPI1
CI	0.592	0.769								
PBC	0.614	0.689	0.784							
PI	0.666	0.74	0.685	0.86						
SN	0.696	0.714	0.695	0.856	0.834					
ATT	0.692	0.501	0.395	0.727	0.765	0.832				
PR	0.489	0.127	0.163	0.103	0.084	0.251	0.699			
PC	0.732	0.318	0.415	0.443	0.496	0.487	0.324	0.856		
CPI2	0.68	0.411	0.206	0.451	0.479	0.664	0.353	0.553	0.825	
CPI1	0.733	0.37	0.252	0.421	0.458	0.621	0.375	0.49	0.693	0.856

根据表 9 – 10 可知，大部分变量间相关系数值小于 AVE 平方根，只有主观规范的 AVE 平方根略低于主观规范与购买意愿之间的相关系数值，但仍属于可接受范围。因此，构面有较好的区别效度。不仅如此，本模型符合常态分布，且不存在违反估计。综上所述，本书可以进行结构方程模型的拟合。

四　实证分析

（一）二阶验证性因子分析

在执行结构模型前，应当检验测量模型，若测量模型的配适度达到了可接受标准，则再进行完整的 SEM 模型评估。根据 Kline（2011）的二阶段模式，进行测量模型变数的缩减。同时，为精简模型，减少结构模型的估计参数，构建感知产品创新的二阶模型，模型中一阶因子为用户感知新颖性、感知有意义、感知便利性、感知风险性，二阶因子为感知产品创新。当二阶模型有四个一阶因子时，二阶模型的卡方值必然会大于一阶因子的相关卡方值。

根据表 9 – 11 可知，一阶因子的相关卡方值和二阶模型卡方值的比值为 0.987。不仅如此，二阶模型的自由度有所提高，因此本书中二阶模型具有较好的代表性，可以运用二阶因子模型进行精简分析。

第九章 市场外部治理对企业创新的激励机制及其价值效应

表 9-11 因子模型配适度比较

	χ^2	df	χ^2/df	GFI	AGFI	CFI	RMSEA
一阶因子模型	150.186	59	2.546	0.926	0.886	0.961	0.070
二阶因子模型	152.170	61	2.495	0.926	0.890	0.961	0.069

根据表 9-12 可知，CPI 由 CPI1、CPI2、PC、PR 四个维度构成，四个维度均显著，根据标准化系数可知，感知有意义对感知产品创新影响最为强烈，标准化系数是 0.762，其次是感知新颖性，标准化系数是 0.724。

表 9-12 感知产品创新的二阶因子模型回归系数

路径	非标准化估计				标准化估计
CPI - - - > CPI1	1.000	1.042	1.209***	2.536***	0.724
CPI - - - > CPI2	0.960	1.000	1.16***	2.435***	0.762
CPI - - - > PC	0.827	0.862	1.000	2.098***	0.648
CPI - - - > PR	0.394	0.411	0.477	1.000	0.34

（二）模型拟合

模型修正通过 Amos22.0 软件输出项中的 MI 来完成。若增加主观规范和知觉行为控制残差之间的相关路径，模型卡方值就会减小。基于计划行为理论，主观规范与知觉行为控制之间存在相关关系（Ajzen，1985），那么主观规范不能被其测量变量解释的部分就可能与知觉行为控制不能被测量变量解释的部分之间存在相关。具体来说，用户的购买决策是否听取参照用户群体的意见与用户能否独自决定购买决策有一定的相关关系。综上所述，确定增加主观规范和知觉行为控制残差之间的相关路径。修正后模型配适度指标见表 9-13。

表 9-13 修正后模型配适度指标

	统计指标	拟合度标准	实证结果	模型拟合判断
绝对拟合度指标	χ^2	P > 0.05	831.271	较差
	RMSEA	RMSEA < 0.08	0.770	理想
	AGFI	> 0.8	0.800	理想
增值拟合度指标	NFI	> 0.9	0.863	接近
	IFI	> 0.9	0.906	理想
	CFI	> 0.9	0.906	理想

续表

统计指标		拟合度标准	实证结果	模型拟合判断
简约拟合度指标	PGFI	>0.5	0.680	理想
	PNFI	>0.5	0.759	理想
	PCFI	>0.5	0.797	理想
	χ^2/df	1<NC<3	2.851	理想
	CAIC	理论模型值<独立模型值	1164.932<5653.814	理想
		理论模型值<饱和模型值	1164.932<2196.643	理想

当样本数大于 200 时，卡方检验的 P 值普遍显著。因此，根据模型配适度指标的标准值（Iacobucci，2010）观测其他模型配适度指标。如表 9-13 所示，本模型中 NFI 稍低于标准值，但仍属于可接受范围，其余配适度指标符合标准。综上所述，模型拟合情况良好。

（三）假设检验

本书在结构效度及信度都符合统计学要求的基础之上，提出理论框架，构建了结构方程模型。通过 Amos22.0 软件对筛选出的 307 份问卷数据建立 SEM 模型，求解 6 条路径的非标准化回归系数及各自的显著性，从而了解各个变量之间的相关关系，具体见图 9-9、表 9-14。

表 9-14　　　　　结构模型路径系数的显著性结果

路径	非标准化估计	标准化估计	S.E.	C.R.	p	结论
CPI --- > ATT	1.111	0.868	0.107	10.365	***	假设 9-2 支持
CPI --- > SN	1.009	0.711	0.113	8.923	***	假设 9-4 支持
CPI --- > PBC	0.551	0.396	0.101	5.432	***	假设 9-6 支持
ATT --- > PI	0.260	0.261	0.071	3.650	***	假设 9-3 支持
SN --- > PI	0.454	0.505	0.085	5.347	***	假设 9-5 支持
PBC --- > PI	0.225	0.246	0.066	3.435	***	假设 9-7 支持

表 9-14 的结果具体表述为：①感知产品创新与用户对高新技术产品的态度、主观规范、知觉行为控制存在显著的正相关关系（$p<0.01$），非标准化路径系数分别 1.111、1.009 和 0.551。因此，假设 9-2、假设 9-4 和假设 9-6 成立。②态度、主观规范、知觉行为控制对购买意图存在显著的正相关关系（$p<0.01$），非标准化路径系数分别 0.260、0.454 和 0.225。

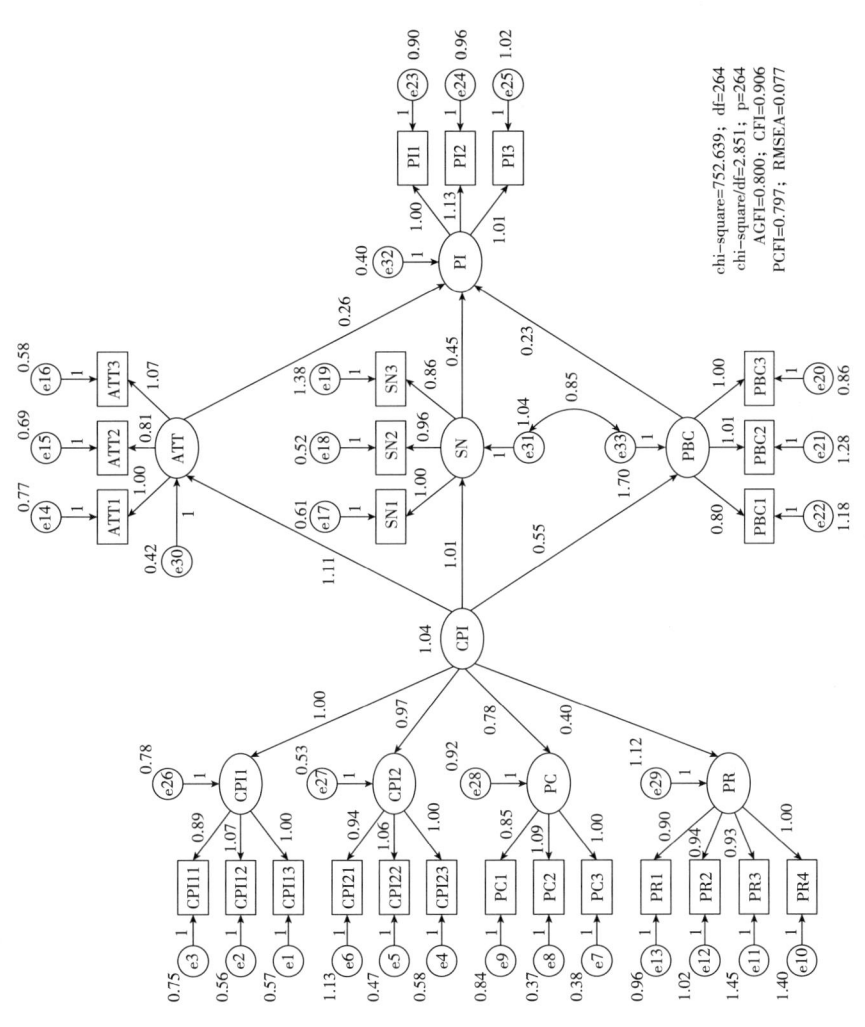

第九章 市场外部治理对企业创新的激励机制及其价值效应　263

图 9-9　结构方程模型非标准化路径系数

因此，假设 9-3、假设 9-5 和假设 9-7 成立。

借鉴 Baron 和 Kenny（1986）提出的逐步检验法进一步验证中介作用，在 Amos22.0 中使用 Bootstrap 方法运行 5000 次，得出 Bias - Corrected 与 Percentile 在 95% 的置信区间。应用 Bootstrap 技术计算置信区间时，若置信区间不包括零，表示总效应、直接效应、间接效应成立。中介效果检验结果见表 9-15。

表 9-15　　　　　　　　结构模型中介效果显著性结果

关联	点估计	SE	Bootstrapping			
			BC 95% CI		Percentile 95% CI	
			最小值	最大值	最小值	最大值
总效应						
CPI - - PI	2.201	1.608	1.185	6.174	1.176	6.157
直接效应						
CPI - - PI	0.000	0.000	0.000	0.000	0.000	0.000
间接效应						
CPI - - ATT - - PI	0.274	0.137	0.036	0.576	0.016	0.551
CPI - - SN - - PI	0.537	0.143	0.304	0.857	0.310	0.869
CPI - - PBC - - PI	0.179	0.063	0.084	0.348	0.071	0.314
差异值						
ATT - SN difference	-0.262	0.233	-0.760	0.158	-0.774	0.140
SN - PBC difference	0.358	0.157	0.067	0.674	0.090	0.712
PBC - ATT difference	-0.095	0.142	-0.382	0.169	-0.377	0.173

通过表 9-15 可知，感知产品创新对购买意愿的总效应显著，直接效应不显著；行为态度、主观规范、知觉行为控制在感知产品创新和购买意愿之间存在显著完全中介效应，点估计值分别为 0.274、0.537 和 0.179。因此假设 9-1、假设 9-8、假设 9-9、假设 9-10 成立。不仅如此，结果还表明态度与另两者中介效果的差异不显著。但是，主观规范和知觉行为控制在感知产品创新对购买意愿之间中介效果的差异显著，其点估计值为 0.358。根据点估计值可知，主观规范在感知产品创新和购买意图中的中介影响最强，知觉行为控制的中介影响最弱。

最后，检验消费者创新性在感知新颖性和感知风险性对行为态度之间关系的调节作用。同时，为避免潜在的多重共线性问题，本书对感知新颖性、感知风险性和消费者创新性进行中心化处理，再进行交乘项的计算，最后采用层次回归的方法进行检验。结果如表9-16所示，变量的方差膨胀因子均未超过10，不存在多重共线性问题。具体见表9-16。

表9-16　　感知新颖性和感知风险性对态度的影响：消费者创新性的调节作用

模型	方程	自变量	因变量	非标准化系数	标准化系数	t值	R	调整R	ΔR	VIF
模型一	方程一	CPI1	ATT	0.480	0.499	10.075***	0.459	0.455		1.084
		CI	ATT	0.301	0.313	6.318***				1.084
	方程二	CPI1	ATT	0.678	0.705	5.848***	0.466	0.460	0.005	1.155
		CI	ATT	0.58	0.603	3.711***				1.084
		CPI1×CI	ATT	−0.051	−0.421	−1.874*				1.072
模型二	方程一	PR	ATT	0.253	0.230	4.321***	0.295	0.289		1.002
		CI	ATT	0.443	0.460	8.647***				1.002
	方程二	PR	ATT	0.586	0.532	4.124***	0.312	0.304	0.015	1.023
		CI	ATT	0.897	0.932	4.874***				1.007
		PR×CI	ATT	−0.082	−0.610	−2.566**				1.027

如表9-16所示，模型一中方程一的感知新颖性和消费者创新性对行为态度有显著的积极影响（$\beta=0.480$，P=0.000；$\beta=0.301$，P=0.000）；方程二中的交互项（CPI1×CI）对行为态度有显著的负向影响（$\beta=-0.051$，P=0.062）。因此，消费者创新性对感知新颖性与行为态度之间具有显著的负向调节作用，假设9-11成立。模型二中方程一的感知风险性对行为态度有显著的积极影响（$\beta=0.253$，P=0.000；$\beta=0.443$，P=0.000）；方程四中的交互项（PR×CI）对行为态度有显著的负向影响（$\beta=-0.082$，P=0.011），因此假设9-12成立。

第十章 研究结论与政策建议

第一节 研究结论

中国经济经历着由要素驱动、投资驱动向创新驱动转变的结构性变革,高新技术企业作为创新主体,其研发活动模式相较发达国家存在"大而不强、多而不优"等问题。因此,通过完善内外部创新治理中的激励机制,促使高新企业实现高质量的、和经济转型发展模式相匹配的创新,是提高我国整体科技实力的关键所在。

在创新激励效应方面,本书系统论证影响创新资源配置的公司内部治理、政府治理和市场治理等内外部治理机制对高新技术企业创新的激励作用机制;在创新经济后果方面,为准确区分实质性创新与策略性创新,本书采用创新产出中的专利申请数衡量企业创新经济后果,其中以全部专利申请数衡量企业创新效果(创新"量"的计量),以发明专利申请数衡量企业创新质量(创新"质"的计量)。与此同时,本书还发现,企业也存在以信息优势,为实现个体私利,发送创新利好信号,表面迎合政府部门创新激励政策,实质降低经济绩效的"伪创新"行为。

因此,为实现创新主体"量质齐升",促使高新技术企业高质量发展和经济结构转型升级,本书通过探究内外部创新治理中的激励效应,系统梳理内部治理机制、政企关系、税收政策、货币政策、环境规制、企业迎合行为以及市场化治理对企业创新激励的影响机理及其经济后果,通过理论分析与实证验证,得出以下研究结论。

一 内部治理机制对高新企业创新绩效的激励效果具有结构和周期异质性

本书从股东治理、董事会治理、管理层治理三个层面,实证选取股权制衡、独董比例、管理层薪酬作为三个层面的替代变量，论证公司内部治理机制对企业创新绩效（包括创新效果和创新质量）的直接激励效应，以及创新投入在公司内部治理机制影响企业创新过程中的中介作用。在此基础上，基于企业生命周期视角，探索内部治理机制对创新投入与创新产出的作用后果。

（一）内部治理机制对高新企业创新的激励效应及其传导机理

1. 科学的内部治理机制直接显著提升高新企业的创新绩效

本书将内部治理机制细分为股东治理、董事会治理、管理层治理三个层面，实证发现股权制衡、独董比例、管理层薪酬激励水平的提升完善了公司内部治理机制，降低了治理主体间的代理成本，优化了公司内部资源配置和利益分配，为企业技术创新提供了良好的制度保障，从而有效激励企业创新产出的增长。

不同层面的治理机制，由于其在治理环节、影响方式上的差异，对企业创新效果和创新质量的激励作用在不同的创新水平上表现出了异质性。在内部治理机制影响高新技术企业创新绩效的分位数回归分析中，25%分位数代表低创新水平，50%分位数代表一般创新水平，75%分位数代表高创新水平。股东治理层面的股权制衡虽然对企业创新效果和创新质量均存在正向影响，但是对企业创新效果的激励作用在一般创新水平上更加显著；在对企业创新质量的激励作用上，在低创新水平上更加显著。董事会治理层面的独董比例的提升能有效激励企业创新产出的增加，对企业创新效果的激励作用在位于中高位创新水平的企业上更加明显，对企业创新质量的激励作用在高创新水平与低创新水平更加明显。管理层治理层面的管理层薪酬激励与企业创新产出水平显著正相关，对企业创新效果和创新质量的激励作用均在高水平创新的企业上更加显著。

2. 创新投入是内部治理机制影响企业创新绩效的中介变量

如前所述，股权制衡、独董比例及管理层薪酬水平的提升有效激励企业加大创新投入，而创新投入作为企业整个创新链条的最前端，内部治理机制通过创新投入的中介效应，也极大地推动了企业创新产出水平的提升。具体体现在：①科学的股权制衡结构促进股东治理效率的提升，抑制大股东通过种种正当及不正当手段侵蚀中小投资者利益的"隧道行为"。充足的优质资金被留在企业内部为研发活动提供融资支持，从而加大了企业创新投入水平，带来创新产出的增加。②独董比例的提升使董事会独立性和客观性增强，决策方向更倾向于与企业长远发展目标一致，促进企业通过加大创新投入力度引发创新产出的增加。③由于企业很多研发活动投入高、风险大、周期长,科学的管理层薪酬激励机制增加了管理层的风险承担能力和违约成本。为了维持高薪的稳定性,管理层更加关注企业的长期发展,提高了企业对研发创新活动投入和创新绩效的重视程度。

(二)内部治理机制在不同生命周期对高新企业创新的激励效果具有异质性

在不同生命周期阶段,由于公司面临不同的问题,不同的内部治理结构在战略目标、财务、经营等方面都发挥着不同的作用,在企业不同生命周期对企业创新发挥着不同的作用。

1. 公司成长期内部公司治理机制对创新的激励效应最为全面

本书发现,在公司成长期,股权制衡、独董比例、管理层薪酬对企业创新产出有显著的激励作用,且创新投入是企业创新产出的中介变量。因为处于成长期的企业,为了打造核心竞争力和扩大产品市场份额而专注于企业技术创新,其公司治理结构中的股权制衡、独董比例、管理层薪酬也将以此战略为目标,通过公司组织方式和管理制度的完善对企业战略部署、创新决策等发挥着重要作用。

2. 公司成熟期内部公司治理机制对创新的激励仅停留于管理层治理层面

在公司成熟期,实证发现股权制衡、独董比例未能有效激励企业创新,仅有管理层薪酬激励对企业创新产出有显著的直接激励作用。这是因为企业进入成熟期后,公司战略趋于保守,股权结构和董事会结构趋于稳定,仅能通过激励公司管理层,带动高新技术企业实现显著的创新产出,此时公司治理机制对企业创新的激励作用整体减弱。

3. 公司衰退期内部公司治理机制对创新投入的中介效应不存在

在公司衰退期,股权制衡、独董比例仅对企业创新产出中的创新质量有显著的激励作用,但创新投入的中介效应不存在。管理层薪酬激励对企业创新产出有显著的直接激励作用,但同样对创新投入的中介效应不存在。这是因为企业进入衰退期后,产品市场竞争力逐渐下降,内部运营效率也比较低,组织结构变得僵化、回避创新等,此时组织内部治理机制的优化能够一定程度上改变公司运营现状,以创新变革为企业带来新的发展机遇。

二 政府外部治理机制的不完备,影响创新资源配置

本书将政府外部治理机制细分为政企关系、税收政策、货币政策以及环境规制政策,结合内部治理因素,论证其对企业创新活动的激励作用及

其效果。

（一）政企关系有助企业获得研发补助，增大创新投入并提升创新质量

本书以地方政治权力转移影响政企关系为起点，实证检验了政企关系的政治环境影响因素以及政治关联对企业获得研发补助以及自身融资约束的影响。进一步研究发现了研发补助、融资约束在政治关联对创新投入影响中的遮掩效应，以及融资约束在研发补助影响研发投入过程中的中介作用，并且在此基础上分析高新技术企业创新投入对创新产出异质性的激励效应。

1. 地方政治权力转移促使企业重新建立与政府之间的联盟关系

当高新技术企业所在地区政治环境发生变化时，企业会增加官员型董事的比例来重新建立或维持与政府之间的这一不稳定关系。因市委书记变更而导致的地方政治权力转移能够激发高新技术企业与政府建立关联的积极性。管理层为了熟悉政策走向，获取政府创新资源分配的优先权，往往渴望寻求稳定的政治依靠，从而与政府之间形成一种隐形关联，通常这种关联体现为企业中的官员型董事所占比例的多少。

2. 政治关联促进企业加大创新投入，向市场传递利好信息

政治关联成为高新技术企业为获取更多研发补助、缓解融资约束的重要途径。相较于无政治关联的企业，当高新技术企业与政府建立了关联关系时，能够获得更多的研发补助，并且能够有效缓解企业自身的融资约束。在政府的庇护和支持下，高新技术企业能够了解到政策的发展方向、获得政策倾斜。同时，政府为追求政绩，也会将更多的资源投放于发展较快的高新技术企业，以推行国家政策、推动当地经济发展。但是，由于高新技术企业与市场中银行等金融机构以及外部投资者间的信息不对称，企业在需要研发投入时可能无法及时获得足够的融资，但高新技术企业与政府之间的关联能够向市场传递利好信号，降低企业的融资约束程度。

3. 政治关联有助于企业获得研发补助，并缓解融资约束

研发补助与融资约束在政治关联对研发投入的影响过程中均表现为遮掩效应。当高新技术企业与政府建立关联时，势必要耗费大量的时间和精力，甚至大量的人力资源，对于发展中的企业来说，这种关系成本的增加并不会显著提升企业对研发创新的投入额。但建立政治关联能够取得政府的扶持，获得所属地区更多经济资源的分配额度，并且更易拥有外界各方的资金支持，这在一定程度上淡化了企业的研发风险，从而激励企业的研发动力。由此，政治关联企业获得的研发补助、缓解的融资约束远胜于非

政治关联企业，这种优势掩盖了政治关联对整个研发投入的负面影响。

融资约束在研发补助对研发投入的影响过程中表现为部分中介作用。融资约束的存在是由企业资金短缺，融资成本较高导致。一方面，政治关联为高新技术企业提供了更多的融资渠道与融资机会，间接性地缓解了融资约束，促进了创新投入；另一方面，研发补助的取得直接为高新技术企业技术创新提供了资金，降低了企业融资约束程度，为加大企业的创新投资提供了机会。

4. 创新投入的增多显著提升高新技术企业创新产出

高新技术企业作为国家创新政策的优先激励对象，通过有效利用政府给予的创新资源，提升企业高附加值产品技术水平，提高专利质量，增强企业核心竞争力。由此可见，政企关系促使高新技术企业的研发投入达到了期望效果，提高了企业的实质性创新产出而非策略性创新，提高了我国整体创新能力。

（二）间接、直接税收优惠政策均激励高质量创新产出，且存在互补效应

本书在梳理和分析影响企业创新产出的税收激励相关文献和理论的基础上，结合我国高新技术企业税收激励的现状，实证检验了整体税收优惠强度和具体税收优惠政策（加计扣除与优惠税率）对企业创新产出的激励作用，并基于制度环境异质以及企业特征异质展开进一步分组回归分析。本书得到的研究结论如下。

1. 税收优惠强度显著激励高新企业创新质量的提升

税收优惠强度对高新技术企业的创新产出存在正向激励作用，其中对创新质量的激励效果更为明显。税收优惠的强度越大，企业创新活动因税收优惠节约的成本就越多，从而调动了企业投身创新活动的热情和信心，在提升企业创新产出方面有显著的成效。而创新质量代表着企业实质性的创新，达到了税收优惠政策激励的既定目标。

2. 间接、直接税收优惠政策对企业创新产出存在互补效应

研发费用加计扣除政策和优惠税率政策的实施均能够显著提升企业的创新产出，且两种政策在对创新的影响上存在互补效应。对企业而言，加计扣除政策作为间接优惠工具，通过非债务税盾来减少研发支出的实际成本以达到避税效果，促进创新产出增加。而优惠税率作为最有力的直接优惠工具，能够在即期降低参与创新活动企业的税收负担，增加企业现金流量，取得立竿见影的效果，进而有效地激励企业开展创新活动。间接与直接税收优惠政策相辅相成，共同促进我国高新技术企业创新产出水平的

提升。

3. 在市场化程度较高的地区，税收优惠政策对企业创新激励效果更明显

基于制度环境异质性视角，在政府干预程度高的地区，政府职能的越位、错位分散了企业的大量精力和资源，企业往往创新动力不足。税收优惠政策作为一种比较透明、公正的正式制度，能够缓解制度缺失对该地区企业创新的阻碍作用，从而在促进企业创新发展的作用上更加突出。而在法律约束程度高，知识产权保护有效的地区，侵权行为得到有效抑制，创新政策的执行成本大大降低，为税收优惠政策的实施提供了良好的制度保障，极大地激励企业更好地投身科技创新活动。因此，在政府对市场干预程度更低、法律约束水平更高的地区，税收优惠政策的激励效应更加明显。

4. 税收优惠政策激励对企业创新存在规模与产权异质性

基于企业特征异质性视角，从企业规模分组来看，规模较大的企业常常拥有税收优惠政策范围外的资源优势与积累的研发能力，而规模较小的企业面临着研发资金不足、科技人员缺乏、设备落后等限制，因而税收优惠政策对大型企业的创新绩效发挥着更强的促进作用。从企业产权性质分组来看，整体而言对创新产出在非国有企业起到更有效的激励作用，但不同优惠政策类型的激励作用存在产权性质上的差异，税收优惠强度及加计扣除政策对创新效果的激励在国有企业更加明显。国有企业拥有更多的政府补贴及较小的竞争压力，因而税收优惠政策对企业整体创新产出的影响较弱；但是税收优惠强度及加计扣除政策对创新效果表现出更显著的激励作用。这可能是由于国有企业承担着就业等各种社会责任以及面临更复杂的委托代理问题所带来的经营管理上的低效率，使其实际税负较重，因而更可能采取迎合性的创新行为来获取税收优惠上的优待。

（三）货币政策不确定性影响企业创新资源的重新配置

本书以新古典学派创新理论、实物期权理论、信息不对称理论、信贷配给与信贷歧视理论和替代性融资理论作为理论基础，实证检验了货币政策对企业创新投入与创新产出的影响、企业创新投入在货币政策与企业创新产出之间的中介作用、信用资源在货币政策不确定性和创新投入之间的中介作用及其在异质性企业中的不同表现。本书得到的研究结论如下。

1. 货币政策适当紧缩正向促进企业的创新投入与创新产出

紧缩型货币政策对企业研发投入、创新产出具有促进作用，且企业研发投入是货币政策影响企业创新产出的中介变量。在货币政策宽松时期，

银行信贷总量增加、贷款利率降低，企业能够获得更多的流动资金，而由于通货膨胀的加剧，企业更愿意将资金投入"短平快"的投资项目，不愿意将资金投入企业技术创新这种高投入、高风险且收益期较长的投资项目。与之相反，在货币政策紧缩时期，银行信贷总量变少，贷款利率上调，企业可获得的银行信贷资金减少，由于"短平快"的投资项目较少，企业便更愿意将资金投入企业创新投资等活动，虽然短期没有收益或者较低，但是在长期的投入与研发中，也会有高产出。

2. 货币政策不确定性提高会减少企业研发投入

货币政策在一定程度上是通过改变公众预期来调整的。由于转型期国家往往需要根据不断变化的经济政策目标不断平衡各种目标，货币政策往往更加多样化，且难以预测。如果货币政策高度不确定，企业很难判断未来的资金供应是否稳定。由于研发项目的高风险和持续投资的需要，外部资金环境的不确定性将促使企业规避研发投资，带来资金不足等风险。当货币政策不确定性增加时，企业的研发投资决策也会受到管理层对宏观环境的预期影响。货币政策不确定性将打乱研发投资项目的原有预期。基于等待期权理论，货币政策不确定性的提高会增加企业决策的等待价值。等待期权价值来自研发投资项目决策的延迟，可以给企业获取更多信息的机会，因此为了获取研发投资项目等待期权的价值，管理层会推迟研发投资决策的时间，等待货币政策的不确定性减弱后再决定是否进行研发投资。因此，当货币政策不确定性增加时，企业的创新投入就会下降。

3. 货币政策不确定性会减少企业获得信用资源

银行信贷是企业进行外部融资的重要途径。但由于银企之间的信息不对称，企业获取银行信贷资源的难度较大。货币政策不确定性的增加，将进一步加深银企之间的信息不对称程度，使银行更难客观评价研发投资项目的成功率。货币政策不确定性的增加，也将打乱银行对自留资金的预期，同时，银行将通过减少信贷额度来提高业务的稳定性。此时，从规避风险的角度来看，银行的贷款条件将更加严格，导致企业银行信贷资源减少，研发项目缺乏足够的资金支持，企业创新投入明显下降。因此，信贷资源在货币政策不确定性与创新投入之间起着重要的中介作用。

同时，当货币政策的不确定性增加时，供应商很难准确估计经济形势。一般来说，供应商会为了降低经营风险来增加货币资金的充足率，以保护自身的稳定经营，减少商业信贷资源的提供，企业获取商业信贷难度加大，用于研发项目的资金减少从而导致创新投入下降。

对于高新技术企业来说，在货币政策不确定性增加的情况下，对高新技术企业商业信贷资源的抑制要高于对银行信贷资源的抑制，这是因为高新技术企业本身是由政府扶持的。相对而言，它们仍有一些银行信贷资源的倾斜。然而，这种资源倾斜可能无法完全抵消货币政策不确定性带来的商业信贷资源的不利影响。因此，相对于商业信用资源而言，高新技术企业的信用资源受到的影响较小。

4. 货币政策不确定性与创新投入的传导机制在企业间具有异质性

对于融资约束程度较高的企业来说，货币政策不确定性和企业研发投入的传导机制更为显著。商业信贷资源渠道对融资约束程度有显著的门槛效应，而银行信贷资源渠道对融资约束没有显著的门槛效应。

当企业面临的融资约束程度较高时，货币政策不确定性会降低商业信贷对企业创新投入的正向影响，但这种影响对于融资约束程度较低的企业并不显著。这说明当高新技术企业面临高融资约束时，货币政策的不确定性会通过商业信贷渠道抑制企业的研发投入；当高新技术企业面临较低水平的融资约束时，货币政策不确定性不会通过两种信贷渠道。

5. 货币不确定性通过创新投入影响创新产出

创新投入在货币政策不确定性与创新产出之间具有显著的中介效应。当货币政策不确定性增加时，企业管理层会延迟研发投资，导致创新投入下降。只有研发项目成功，创新产出才会继续增加。由于研发项目的成果需要足够的资金支持，一旦研发项目资金链断裂，项目无法继续进行，或者资金不足导致项目质量下降，创新产出就会下降。其中，货币政策不确定性的增加对发明专利产出的抑制作用要大于对非发明专利产出的抑制作用，因为高质量的研发产出常常需要更持久、更有力的资金支持，因此货币政策不确定性的负面影响将更大。

（四）环境规制工具异质性对企业创新绩效的激励效果存在显著差异

本书以环境规制工具异质性为视角，从环境规制工具类型出发，探讨了地区层面的环境规制对企业创新活动的影响。首先研究不同类型环境规制对企业创新投入的作用，然后探究不同类型环境规制对企业创新效果和质量的影响及其作用机制。主要结论如下：

1. 命令控制型环境规制不能显著促进企业创新产出

命令控制型环境规制对企业技术创新投入存在积极的影响，但对企业创新效果影响并不显著。虽然三种环境规制工具对企业创新效果存在差异，但都有助于提升企业创新质量。与以往大多数研究机构的研究结果大相径庭的是，对于企业创新来说，命令控制型环境规制只规定了环境保护的下限，不足以激励技术创新，甚至对整个社会的环保水平会产生"劣币驱逐良币"的后果,而环境技术标准的突然提高可能迫使公司暂停投资项目,对创新资源存在挤出效应。虽然命令控制型环境规制对企业创新绩效不存在显著影响,但是对企业创新投入存在激励效应,即环保法规规章的制定考虑了创新的作用。

2. 市场激励型和自愿型环境规制工具促进企业创新产出

市场激励型环境规制和自愿型环境规制对企业创新投入以及企业创新效果和质量均存在正面影响,且企业技术创新投入在市场激励型环境规制和自愿型环境规制下,与企业创新效果和质量之间起完全中介作用,这一结果再次验证"波特假说",即适当的环境规制将刺激高新技术企业技术创新。市场激励型环境规制和自愿型环境规制具有更大灵活性,给予企业更多自由选择权,更好地使企业在创新成本和惩罚成本之间做出选择,激励企业加大创新投入,进行更有利于环保领域的技术创新产出。

3. 不同类型环境规制工具不存在交互效应

当控制市场激励型环境规制和自愿型环境规制时,虽然交互项对创新投入显著正向影响,但命令控制型环境规制对企业技术创新投入的激励效应均失效。市场激励型环境规制和自愿型环境规制交互项对企业创新投入的正向影响也不显著。这表明不同类型环境规制工具之间不存在交互效应,环境规制组合工具对企业创新的激励效应有待商榷。

三 创新激励政策迎合行为引发伪高新企业的低效率创新

本书研究了高新技术企业认定过程中创新投入迎合行为的存在性和特征,结合《高新技术企业认定管理办法》对研发强度的客观性认定门槛,利用门槛回归模型等方法,验证了我国高新企业存在创新激励迎合行为,通过分析企业对创新激励机制的迎合行为,以及其对企业财务绩效的影响,并进一步剖析企业创新投资迎合行为的内部作用机理。

(一)环境制度会影响高新技术企业在认定过程中的创新迎合行为

在高新技术企业认定过程中,的确存在创新投入迎合现象,这种迎合行为随着环境的变化而变化。通过对门槛回归模型的实证检验,发现对高新技术企业的研发强度存在门槛效应,并运用《认定办法》确定了研发强度为6%、4%、3%的高新技术企业的客观标准,并以此门槛值为限,把高科技企业分为存在创新投入迎合行为和不存在创新投入迎合行为两类。实证结果表明,"一刀切"的客观认定标准确实会鼓励部分企业采取迎合行为,支持创新投入迎合假设。

在此基础上,本书继续检验了不同的制度环境对于创新投入迎合行为的差异化影响。研究发现，在市场化程度越低的地区，高新技术企业认定过程中的创新投入迎合行为越普遍。具体来说，创新投入迎合行为在市场化程度低、政府干预程度弱的地区的高新技术企业更普遍；相对于民营企业，国有企业将通过更多的迎合行为来达到高新技术企业的认定标准；随着产品市场的不断发展，要素市场、中介组织的法律制度的健全，高新技术企业的迎合行为会逐渐减少。这都说明了高新技术企业的迎合行为的确会被环境制度所影响。总体而言，本书研究支持了高新技术企业认定的创新投入迎合行为假说，且该行为因制度环境而异。

（二）高新企业通过研发投入和研发补助的传导机制影响创新效率

企业创新激励迎合行为通过研发投入和研发补助的中介作用来影响企业创新效率。与以往研究认为的税收优惠的信号传递作用不同，本书发现真正影响高新技术企业创新效率的作用机制为研发投入和研发补助。

实证检验发现，不存在创新投入迎合行为的高新技术企业在研发投入和创新效率方面表现良好，而且获得了更多的研发补贴。通过逐步回归检验，本书发现研发投入和研发补贴在创新投入与企业创新效率的关系中起部分中介作用。研究发现，高新技术企业通过研发投入和研发补助的传导机制影响企业的创新效率。研究表明，高新技术企业不但注重外部资源的获取，也注重研发投入和研发补贴对企业创新效率的间接影响，从而有效提高企业创新效率。

四 外部市场化机制有助于提升创新成果转化成功率和消费者创新感知

本书研究了市场化程度与企业创新投入、创新效果、创新质量的关系，并详细阐述了市场化治理机制对两种典型创新活动的激励效应："产—学—研—用"一体化过程中的科技成果转化成功率问题和消费者（用户）购买意图。

（一）市场化程度通过创新投入影响创新产出

外部市场化环境对企业创新存在重要的影响，特别是我国正处于经济转型中，以市场化为导向的制度改革在我国企业创新中扮演了重要的角色。在市场化程度高的地区，高新技术企业的主要关注点都在创新投入与提高质量水平上，从而促进了创新产出。因此，在市场化程度高的地区，企业更重视创新产出，且创新投入在市场化程度与创新产出之间具有中介效应。

从产权角度看，由于国有企业与民营企业在资源禀赋和资源获取机制上的差异，民营经济在组织管理能力上具有比较优势，这些优势使私营企业能够更有效地整合现有的创新资源迅速转化为创新产出。所以，民营企业比国有企业更注重企业创新产出，也更注重创新质量。

（二）高校采取"不监管"的市场化治理机制，可有效提高技术转移成功率

本书运用演化博弈、主从博弈模型（Stackelberg, 1952）探讨了教师与高校、教师与企业之间的科技成果转化决策问题，发现在教师科技成果转化中，高校采取"不监管"的市场化运作机制，可以为创新成果供需双方达到利益最大化的决策结果。通过数值模拟发现，①科技成果转化成功率与教师遵守规则意愿成反比，与技术交易价格成正比；同时，高校加大惩罚力度会进一步降低教师遵守规则意愿、提高技术交易价格。②收益分配系数对教师遵守规则、企业交易价格的影响取决于转化成功率；同时，教师未来工作年限与遵守规则意愿成反比。当转化成功率高于某一临界点时，科技成果较容易转化给企业；随着收益分配系数的提高，技术交易价格提高，这使教师更倾向于通过投机行为获取全部转化利益；而当转化成功率低于这一临界点时，情况则正好相反。③高校教师面临的惩罚系数和期望收益差与技术交易价格成正比，高的惩罚系数意味着教师对外转换其成果时需要付出更高的成本代价，因而提高期望收益。期望收益差较大意味着教师与企业存在一定程度的技术差距，企业技术承接能力较低，这种情况下高校成果转化部门或教师本人在帮助企业承接科技成果方面将花费更多的精力，技术交易价格也就必然提高。

（三）消费者感知产品创新提升高新技术企业创新的品质

首先，通过探究市场化机制，感知产品创新由四个因素构成，包括感知新颖性、感知有意义、感知便利性、感知风险性，其影响路径如下："感知产品创新性→感知新颖性、感知有意义、感知便利性、感知风险性"，其中"感知有意义"这一维度对感知产品创新影响最为强烈。

其次，感知产品创新通过行为态度、主观规范、知觉行为控制的中介作用对消费者（用户）购买意图产生积极影响，其影响路径如下："感知产品创新→行为态度→购买意图""感知产品创新→主观规范→购买意图""感知产品创新→知觉行为控制→购买意图"。

最后，消费者创新性负向调节用户感知风险性和感知新颖性对用户行为态度的影响。当消费者创新性高时，对于承受风险较高的高新技术产品的能力较强，同时也给予产品一定的信任与支持。

对于高新技术企业而言，高创新性的特质将会刺激、引导用户搜寻新

产品，关注新技术，这使他们相较于其他低创新性用户更为熟悉新产品或新服务，从而减弱了感知新颖性对态度的影响。所以，在市场化治理机制下，用户的创新性越强，高新技术产品的感知新颖性对用户行为态度的影响越小。

第二节 政策建议

一 完善多层次、不同周期内部治理机制，使其对企业创新激励效应最大化

（一）完善多层次内部治理机制，激发企业创新活力

1. 增加股权制衡度，以合理的股权结构激励企业提升技术创新绩效

随着股权制衡的增加，更多股东以强烈的利益动机参与公司治理，从而能够对大股东的"掠夺之手"形成制约，克服个人决策引发的自利动机所导致的非理性因素和信息知识能力不足的缺陷，对管理者形成有效的监督，督促其做出更多科学客观的、有利于公司长期发展的创新决策。因此，上市公司有必要提高股权制衡度，实现股权的多元化，为企业创新绩效的提升营造良好的内部治理环境。

2. 提高独董权限，通过增强董事会的独立性影响企业创新资源的合理配置

现代公司的所有权和经营权分离、信息不对称等造成的代理问题，无法从根本上消除管理层对信息的操纵和对公司利益的侵蚀，因而需要提高独董比例，更好地发挥独立董事的职责，最大限度地避免董事会被内部人操纵。同时，加大对管理层的制衡力量，提升公司治理有效性，优化企业创新资源合理配置。公司在董事会结构设计中，应适度提高独立董事的比例及其权限，并通过健全独立董事聘任机制、完善奖惩制度等，增强独立董事工作的尽职度和监督的积极性，进一步提高董事会制定创新投资决策的规范性。

3. 加大管理层薪酬激励强度，充分发挥货币薪酬激励对企业创新的激励作用

管理层薪酬激励强度的增加，有助于降低管理层的道德风险，激发管理层的创新动力，提高管理效率，最大限度发挥薪酬激励对企业技术创新的支持作用。因此，上市公司应进一步强化管理层货币薪酬激励，同时也

应考虑多种形式的激励方式，将显性激励与隐性激励、短期激励与长期激励综合运用，促使管理层做出有利于企业长期发展的行为和决策，全面提升企业创新效果和创新质量。

（二）在不同生命周期，调整内部治理策略，激励企业创新

在不同生命周期阶段下，股权制衡、独董比例、管理层薪酬激励对企业创新的影响作用是不同的，可以根据企业所处不同生命周期调整内部治理激励策略，使公司内部治理机制对企业创新的促进作用最大化。当企业处于成长期，股权制衡、独董比例、管理层薪酬激励都能对企业创新发挥显著激励作用，此时企业可以综合运用这些治理机制；当企业处于成熟期，提高独董比例和对管理层的薪酬激励，能更好地推动企业创新决策实施以及企业创新活动的展开。因此，企业应结合自身所处阶段，调整内部治理激励策略，充分发挥公司内部治理机制的创新激励作用。

二 强化创新宏观激励约束机制，最优化政府创新资源配置

（一）改善创新营商环境，提升企业自主创新动力

1. 严控政企关系边界，完善政府资源分配制度

我国的政治晋升机制决定了地方官员会或多或少地干预当地企业和市场，这也使企业高管渴望与政府达成政企关系利益联盟。因此，我国政府需要提高政策透明度，尽可能公开政府创新激励决策过程及其适用范围，减少官员的"信息租金"，缩减政府对微观经济的自由裁量权，进一步完善政府创新资源分配制度，将政企关系正常化、规范化、对等化。

2. 拓宽企业创新融资渠道，强化市场化融资机制建设

我国许多高新技术企业都面临"融资难、融资贵"的问题，这已经成为制约其持续、健康发展的重要因素。市场中严重的信息不对称减缓了外部金融机构对高新技术企业的资金支持进程，影响了融资的效果；资金的短缺使企业管理者不得不放弃一些回报周期长的研发投资项目，从而难以实现技术创新的核心突破。为此，高新技术企业不应拘泥于某一类融资渠道，而是应该转变融资思路，寻求新的融资途径，同时，应尽可能消除市场中的信息不对称、优化信息披露制度，引导金融机构更多地将资金投向更具潜力的研发创新项目。

3. 制定创新宏观激励机制，提升企业自主创新动力

建设创新型国家的关键在于提升企业的自主创新能力，这需要国家给予足够的研发支持，构建良好的创新营商环境，通过规范创新宏观激励机制，引导高新技术企业完善研发投入、提高研发人员待遇等切实可行的创

新激励举措，不断优化其创新效率、提升市场竞争力、推动产业转型升级，进而实现建设创新型国家的宏观目标。

（二）优化税制结构，细化税收优惠程度与方式

1. 调整和优化税收优惠政策体系结构，逐渐推广间接优惠方式

本书研究发现，加计扣除等间接优惠方式对企业创新产出的促进作用要优于税率优惠的直接优惠方式。因此，政府应逐渐提高间接优惠方式在税收优惠方式中的比重，加大间接优惠扶持力度，进一步扩充税收间接优惠政策种类在我国税收结构中的适用范围。政府可针对企业研发投入的规模制定不同的税前扣除率，通过实施差异化的研发费用加计扣除政策，确保企业研发投入强度越高，相应地税前扣除比例也越高。同时，为解决高新技术企业面临的创新活动资金匮乏问题，可以用税收优惠的形式鼓励企业按投资额的比例计提技术开发基金，并予以税前扣除，从而使企业开发技术的风险下降到可以接受的程度，不断激发企业技术创新活力。

2. 推动税收优惠对象、受惠程度与创新绩效相挂钩

我国实施创新激励型税收优惠政策是为了切实提升企业的创新能力和创新产出，从而引领我国经济转型和产业升级。本书实证也进一步验证了当前税收优惠政策对企业的创新绩效确实存在正向的激励作用，但税收优惠对企业创新产出激励效果存在很大的提升空间，尤其是对国有企业的激励作用更是微乎其微。因此，政府在制定税收优惠政策时应将优惠对象、受惠程度与创新绩效挂钩。政府可以根据企业上一年创新成果的产出情况以及对预期技术创新计划的实现情况决定企业当年是否可以继续享受到税收优惠政策的扶持，或者可以对企业的新产品收入执行更低的所得税率，从而鼓励企业对创新成果的应用。虽然政府通过让渡税收收入为企业创新活动提供资金支持，但却难以对企业创新行为的有效性进行监督。因此，政府可以考虑将税收优惠作为"事后"激励措施，将税收支出纳入政府财政预算，从实质上使税收优惠政策的激励过程和实施效果得到更加细致的监督和管理。

3. 因地制宜制定创新激励动态实施方案，降低创新活动的风险与外部性

首先，无形的制度环境在政策的执行过程中有举足轻重的作用。这启示税收优惠政策的制定不应是"一刀切"式、固定不变的，政府应根据地区制度性因素的特点因地制宜地为不同地区的企业制订最有效的激励方案，并根据不同时期地区资源状况、人才结构、市场化水平对税收优惠政策做出动态调整，使税收政策更好地契合当地的制度背景，达到更好的扶

持效果。其次,加强对落后地区制度环境的建设刻不容缓。虽然本书实证发现政府干预较多的地区,税收优惠政策在一定程度上弥补了正式制度的缺失,对企业创新产出的影响似乎更加明显,但这样的优势是没有根基且不可持续的,也无法真正提升企业的创新能力并激发创新型经济的活力。因此,我国应进一步深化市场体制改革,减少政府对市场的直接干预,着力税收法制水平建设,使企业更多地从市场获取资源且其创新成果也能得到较好的保护,降低创新活动的风险与外部性,推动企业依靠技术进步构建自我的核心竞争力。

4. 消除规模歧视,加大对中小企业的税收政策扶持力度

企业规模大小是影响税收优惠政策发挥激励效果的重要因素。由于税收激励政策鼓励采用的是事后激励方式,对企业经营活动成果进行减税,大规模企业因其创新能力强、产出多,能够享受到明显的减税。而小规模企业往往位于初创期或成长期的研发积累阶段,企业此时的研发活动无法带来大量的创新成果产出并成功实现创新成果市场化,即使享受着15%的优惠税率,减税的扶持效果也是非常有限的。事实上,无论整体经营规模如何,企业的技术创新活动都是得到政府政策支持的,但是支持的方式和节点存在差异。任何企业都是在成长中规模不断壮大的,作为创新活力的来源以及未来高新技术产业中的主力军,我国政府应重视中小企业的技术创新活动,并在税收优惠层面加大对中小规模企业的政策扶持力度。具体可以表现为:加大小规模企业加计扣除比率、延长其亏损的结转年限以及扩大小企业可以享受的税收优惠政策类型等,实质性地降低中小企业税收优惠资格门槛,为中小型高新技术企业量身定制更为有效的税收优惠激励政策,最终通过提升小企业技术创新的积极性与绩效产出,为我国创新驱动发展战略的实施培育有力的后备力量。

(三) 完善金融扶持体系,缓解货币政策不确定性对创新资源的抑制作用

1. 构建更健全的金融体系,提高信用资源分配的公平性

货币政策传导渠道是否有效决定了高科技企业能否获得足够的研发资金。若要解决高科技企业面临的融资约束,首先必须建立更加完善的金融体系,优化资本市场信贷资源配置。在中国现有的银行体系中,国有银行是主要的贷款提供者,而国有银行则坚持"产权重于产业"的主导思想,在向企业提供贷款时,往往把大型国有企业的资金需求放在首位,但为一些非国有企业设置较为严格的贷款条件,导致非国有企业的融资约束程度较高。政府应建立健全金融体系,摒弃"产权重于产业"的主导思想,提

高高科技产业金融的效率，减少对非国有企业的信贷歧视，并为高科技企业提供更高效、更便捷的融资条件。

2. 保持货币政策的透明性与持续性，缓解货币政策不确定性对信用资源的抑制作用

货币政策的不确定性将影响高新技术企业管理层对未来经济形势的预期。不确定性程度越高，企业就越难预测获得信贷资源的难度，也很难制定有效的对策，对公司的创新投入和研发产出产生不利影响。政府在调整货币政策时不仅要考虑宏观经济的调控，还要考虑货币政策对高新技术企业研发决策的不确定性。政府应尽可能确保货币政策的透明度、稳健性和可持续性，积极引导企业的创新投资预期，缓解货币政策不确定性对企业信贷资源和创新投资的抑制作用，使企业能够对未来的经营环境做出有效的判断，确保公司研发项目的长期健康发展。

3. 构建全面的企业信用评级系统，降低银企之间的信息不对称程度

银行与企业之间的信息不对称导致银行无法获得高风险创新贷款的公司和贷款项目的完整信息。通过建立全面的企业信用评级体系，可以大大提高银企之间的信息透明度，降低信息不对称程度，使银行能够根据企业信用评级体系快速有效地判断自身的偿债能力，为银行节省了大量为了收集贷款企业信用信息而使用的资金。同时，可以帮助银行制定更加现实的贷款利率，使企业更容易获得银行信贷资源。

4. 企业拓展融资渠道，减少金融市场环境变化对研发决策的干扰

中国现有的金融体系并不完善。企业的主要融资方式是向银行借款，但是，货币政策不确定性会减少企业可利用的银行信贷资源和商业信贷资源。如果企业不能有效拓展融资渠道，将面临非常严重的融资约束。因此，企业应主动拓展新的融资方式，充分利用资本市场，以保证资金的充足性，尽量不让企业的研发项目因外部金融环境的变化而中断或推迟，减少外部资本环境变化对研发决策的干扰，确保研发项目进展顺利。

(四) 优化环境规制政策与工具组合，实施稳定、透明的环境规制政策

1. 重视环境规制对创新的正向激励，坚持环保和创新发展的两相均衡

在我国经济高质量发展阶段，环境保护仍然是政府工作中的一项重要任务。本书验证了"波特假说"，认为环境规制可以激发企业的创新活动或行为，在面对政府强制性的规制政策时，高新技术企业可以通过利用自身优势，积极主动地通过自主研发来应对政府的环境规制，从而在短期内

显著提高企业的经营绩效。另外，环保压力引发的创新问题根源于社会进步、环保和发展永远存在两相均衡的问题，北京的"APEC 蓝"以及杭州的"G20 峰会蓝"均验证了这一点。因此，我国政府既要继续重视环境保护的重要性，又要通过有效的环境规制政策，充分调动企业创新的积极性，实现环保和创新两相均衡的可持续性发展。

2. 完善地方政府政绩考核体系，实施稳定、透明的环境规制政策

目前，一些地方政府的绩效评价还处于"以 GDP 为关键环节"的阶段，地方环境治理和创新绩效尚未真正纳入绩效评价体系。因此，中央政府的环保导向与地方政府的"唯 GDP"存在矛盾和冲突。尽管中央政府不断加强对环境的监管，但出于对区域经济增长的利益考虑，地方政府会不断调整环境监管力度，"游击式"地响应中央政府的环境监管要求，各地区的环境规制力度将有较大波动，环境规制不确定性高。然而，环境规制的不确定性不利于企业技术创新活动的开展，因此，为避免地方政府片面追求 GDP 增长以应付政绩考核，中央政府应建立更加科学合理的绩效考核体系，进一步弱化 GDP 增长率在政绩考核中的地位。同时，在绩效考核体系中，将环境保护和治理指标纳入地方政府绩效考核，建立重大环境事故调查方法，防止地方政府不断调整环境监管力度，损害环境利益。此外，政府应倡导实施稳定、透明的环境监管政策，提高环境监管政策的透明度，在政策出台或变更前征求社会意见，并为企业预留足够的信息接收时间，避免环境监管带来不确定性而导致企业创新风险。

3. 积极引导环境自愿性监管，加强监管方式创新

市场上绿色消费需求的程度取决于公众的环保意识，当公众将环境意识内化为消费行为时，在选择产品时会下意识地选择绿色产品，公众的绿色消费行为会积极引导企业开展技术创新，提高产品技术水平，减少产品污染，树立良好的社会形象。因此，自愿性监管能够对企业的环境污染行为起到一定的制约作用。当前，政府需要积极正确引导环境自愿性监管，逐步完善环境自愿性监管在促进企业技术创新中的作用，使企业顺利度过产业转型升级期。同时，政府还应建立健全环保技术创新公开机制，加强对企业绿色研发活动的监督指导，规避企业为树立良好的社会形象而进行的虚假创新宣传。

4. 优化环境规制工具设计，注重环境规制工具组合

政府在制定和实施环境规制政策时，应注意不同类型环境规制工具的互补效应，逐步建立具有中国特色的环境规制体系。环境监管工具的设计和实施不应是系统的、无干扰的。不同的环境规制工具各有利弊，单一的

环境规制工具不能同时实现创新激励、污染控制和能源约束的作用。因此，优化环境规制设计要求注重环境规制工具的组合，综合运用不同环境规制工具的机制和方式，相互借鉴，最大限度地发挥政策工具的有效性。因此，政府应逐步建立以市场激励环境规制和自愿环境规制为主体的综合性环境规制工具体系，加强市场激励环境规制在企业技术创新活动中的积极作用，并逐步弱化指挥型环境规制。同时，加强对企业技术创新活动的监督指导。通过建立合理的环境规制工具体系，可以更好地促进企业开展技术创新活动，达到环境保护的目的，最终实现我国环境、经济和社会的可持续发展。

5. 充分调动企业和公众在环保过程中的积极性

在面对政府的环境规制政策时，企业一般有两种选择，一种是先考虑自身发展，后期通过对污染的治理来被动地应对政府的环境规制政策，最低程度地达到规制标准，但是无疑会挤出企业部分正常的生产经营投资。另一种选择是主动地应对政府规制，充分利用自身作为高新技术企业的创新优势，通过自主研发提高自己的创新水平，从源头上解决企业自身的污染问题，最大限度地满足政府规制标准。并且，通过主动应对和积极创新可以部分抵消环境规制政策给企业带来的不利影响。因此，在面对政府的环境规制政策时，企业应从理性的角度出发，转变环保管理理念，变被动为主动，积极利用自身优势进行研发创新。

环境问题既属于国家问题，又属于公众问题，而且和社会公众密切相关。因此，社会上的每一位公众均应积极地参与对企业的环保监督，公众的参与可以降低政府对污染企业的环境监管成本。为了提高公众的环保监督参与意识，建议政府以法律的形式保障社会上每一位公众参与和监督环境保护的权利，促使公民更积极主动地对企业的环保行为做出独立性监督，进而敦促企业主动地应对外部的环境。

三 以企业自身为出发点，助推企业主动谋求提升创新效率

（一）发挥企业的主观能动性，提高企业自主创新意识

在当前的经济发展模式下，政府配置资源还有一条路要走。为了在激烈的竞争中更好地生存和发展，企业有足够的动力主动或被动地赢得政府官员的信任，这也是政府的资源所有权使然。但是，积极寻求政治联系，获得政府研发补贴，只能在一定程度上保证技术创新的资金来源。为了真正发挥研发补助政策的激励作用，企业在获得资源后，应按规定将资金落实到研发项目中，避免其滥用。通过合理使用研发补贴，可以保证一定的

投入产出比,提高政府研发补贴的效率,促进公司的创新发展。

发挥企业的主观能动性,提高自主研发的积极性,是企业真正通过技术创新谋求发展的关键。因此,企业应利用企业资源进行公司业务发展和技术创新,充分参与市场竞争,通过多种渠道解决融资约束,而不是依靠政治关系从政府获得必要的资金。毕竟,政府和企业之间的关系是不可持续的,靠政治关系保证研发资金能够得到满足是不可能长期的。同时,企业还应实施技术创新激励机制,引进研发人员,提高研发效率,提高公司创新能力。

(二) 技术创新和研发补助推动企业创新效率

从企业自身来看,单纯依靠迎合行为来获得高科技资质,无法从根本上解决企业创新能力不足的问题,有必要考虑更深层次的影响因素,不局限于眼前的短期利益,而应以技术为基础。创新和研发补贴将提高企业的创新效率。同时,在企业发展过程中,必须不断关注制度环境带来的不确定性,不断动态调整经营战略。

四 提高创新治理的市场化进程,提升实质性创新效果

(一) 提升市场化程度,关注企业实质性创新

良好的外部环境能够促进高新技术企业创新驱动发展水平的提高。首先要加快市场化进程,减少对企业的经营与投资活动干预,完善法制监管与金融环境,提高产品市场与要素市场的发展水平,为企业进行创新投入和创新产出提供良好的市场环境。但在提高市场化程度的同时,市场也会对企业的创新提出新的要求。在市场化程度高的地区,知识产权的保护程度也会更高,在多重激励作用之下企业会进行更多的创新活动,创新产出也会随之增加。与市场化程度较低的地区相比,市场化程度较高地区的企业,需要将关注点放在提高创新质量的水平上,促进企业进行更高效率的实质性创新活动。

(二) 完善"产—学—研—用"一体化协同市场机制,提高科技成果转化成功率

高校对教师科技成果的态度和政策在一定程度上影响着教师的行为,进而决定高校成果能否得到有效利用,高校应该根据科技成果的具体情况适当调整收益分配系数,保证教师利益不受损,最大限度提高教师科技成果通过中介机构进行市场化转化的比率。作为科技成果的受让方,企业确定的技术交易价格在很大程度上影响着教师的主观选择。高校与企业适当配合,当科技成果较易转化或教师与企业技术差距较大时,企业可以适当

提高交易价格以促进科技成果的成功对外转化；当教师与企业技术差距较小时，企业同意支付的交易价格可以适当减少。同时，高校对教师职务发明监管和追查力度应当适当调整，促使更多的企业能够获得教师所持有的科技成果，不造成资源浪费。

（三）注重消费者感知产品创新水平，培育高新技术产品的市场优势

企业不仅要积极响应政府创新驱动政策的号召，加大研发投入，加快新产品的开发，还要加大营销力度，从而使消费者（用户）能够快速全面地感知产品的创新。所以，企业在产品创新过程中应该更加注重开发高新技术产品的"感知有意义"，提高用户感知产品创新的整体水平。相较于一般产品，高新技术产品具有价格较高、技术附加值较高、信息获取难度较大等特征。企业在营销过程中，可以根据用户对感知有意义的心理认知，强化产品在功能或精神上的意义，来弥补高新技术产品价格高、信息获取难度大等劣势问题。此外，在信息沟通过程中，企业应该强调在保证产品基本性能的基础上，增加了额外的创新功能。由于用户仅能借助专家型用户或领袖型用户的建议来完善个人对该产品的整体评价，因此，企业在营销中应注意与用户之间信息的沟通以及相应的新宣传，避免创新性较低的用户因为价格较高、精力花费较多、信息搜寻难度大等感知风险而产生负面态度。

第三节 研究不足与未来展望

一 研究不足

首先，虽然本书选取了高新技术公司作为研究样本，且研发支出也是这类公司披露的重要数据，但不排除部分企业因各种原因未披露研发支出的金额和类型。另外，在手工整理过程中发现，企业对研发支出的披露方式不同，在一定程度上可能影响对研发支出数据实证分析的全面性和准确性。

其次，现有研究对创新产出的测度没有形成统一的定论，本书对创新产出的度量主要采用的是企业专利申请数和发明专利申请数指标。由于我国的专利及知识产权保护制度尚不完善、披露水平不高，专利申请数指标作为非财务指标，在衡量创新产出方面存在一定的不足。企业技术创新投资不仅包括研发经费的支出，还包括研发人员的投入。本书仅以研发费用

之对数作为衡量创新投入强度之指标；由于研发人员数据收集困难，研发人员并没有用作研发投入的指标。

另外，在考虑高新技术企业的经济后果时，本书只对企业的创新产出进行测试，没有深入考察企业价值等影响，并考虑到中国资本市场的非有效性约束，没有考虑高新技术企业创新投资行为的逆向选择问题。虽然研究资本市场对高新技术企业创新行为的反应也是一个热点问题，但这一课题并没有进一步涉及，未来还需要加强。

二 未来展望

在未来高新技术企业披露的财务报告中，研发相关数据的信息披露将越来越完善，创新投入的数据量也将越来越多，创新投入的变量可以从资本投入和人员投入的多维视角来衡量。研究内容可以更加充实。因此，未来的研究可以考虑引入研发人员指标作为解释变量，从人力投入和财务投入两个角度出发，更全面地研究内外部治理机制对企业技术投入和产出的影响。同时，未来研究可以建立起创新绩效的综合指标评价体系，进而全面分析内外部治理工具对企业创新效果的影响。

未来的研究中，在考虑高新技术企业创新激励的经济后果时，可以从市场绩效和创新产出绩效多方面角度进行分析，而不是仅着眼于目前研究的企业创新效果和创新质量，可以更加全面地分析高新技术企业在创新活动过程中的迎合行为及市场反应。

参考文献

白俊红、李婧：《政府 R&D 资助与企业技术创新——基于效率视角的实证分析》，《金融研究》2011 年第 6 期。

鲍树琛：《产权性质、所得税税负与企业价值》，《首都经济贸易大学学报》2018 年第 3 期。

蔡地、黄建山、李春米等：《民营企业的政治关联与技术创新》，《经济评论》2014 年第 2 期。

曹春方：《政治权力转移与公司投资：中国的逻辑》，《管理世界》2013 年第 1 期。

陈德球、金雅玲、董志勇：《政策不确定性、政治关联与企业创新效率》，《南开管理评论》2016 年第 4 期。

陈冬华：《地方政府、公司治理与补贴收入——来自我国证券市场的经验证据》，《财经研究》2003 年第 9 期。

陈国权、付旋：《公共政策的非公共化：寻租的影响》，《中国行政管理》2003 年第 1 期。

陈建林：《家族所有权与非控股国有股权对企业绩效的交互效应研究——互补效应还是替代效应》，《中国工业经济》2015 年第 12 期。

陈静、宋玉：《寻租、政府补助与公司成长性》，《财会通讯》2016 年第 36 期。

陈昆玉：《创新型企业的创新活动、股权结构与经营业绩——来自中国 A 股市场的经验证据》，《产业经济研究》2010 年第 4 期。

陈瑞、郑毓煌、刘文静：《中介效应分析：原理程序 Bootstrap 方法及其应用》，《营销科学学报》2013 年第 4 期。

陈姝、刘伟、王正斌：《消费者感知创新性研究述评与展望》，《外国经济与管理》2014 年第 10 期。

陈套、尤超良：《我国科技创新系统的治理与创新治理体系建设》，《科学管理研究》2015 年第 4 期。

陈维、吴世农、黄飘飘：《政治关联、政府扶持与公司业绩——基于中国上市公司的实证研究》，《经济学家》2015年第9期。

陈兴、韦倩：《寻租活动、行政距离与政府补助——基于上市公司数据的实证研究》，《山东大学学报》（哲学社会科学版）2017年第4期。

陈修德、梁彤缨、雷鹏等：《高管薪酬激励对企业研发效率的影响效应研究》，《科研管理》2015年第9期。

陈志军、赵月皎、刘洋：《不同制衡股东类型下股权制衡与研发投入——基于双重代理成本视角的分析》，《经济管理》2016年第3期。

程曦、蔡秀云：《税收政策对企业技术创新的激励效应——基于异质性企业的实证分析》，《中南财经政法大学学报》2017年第6期。

仇云杰、魏炜：《研发投入对企业绩效的影响——基于倾向得分匹配法的研究》，《当代财经》2016年第3期。

崔贤奕：《寻租、财政补贴与企业绩效》，《商业经济研究》2017年第6期。

戴晨、刘怡：《税收优惠与财政补贴对企业R&D影响的比较分析》，《经济科学》2008年第3期。

戴跃强、达庆利：《企业技术创新投资与其资本结构、规模之间关系的实证研究》，《科研管理》2007年第3期。

董雅琴：《政府研发补助、企业研发支出与企业研发绩效——基于创业板企业的实证研究》，《会计师》2015年第10期。

董直庆、焦翠红：《环境规制能有效激励清洁技术创新吗？——源于非线性门槛面板模型的新解释》，《东南大学学报》（哲学社会科学版）2015年第2期。

杜勇、陈建英：《政治关联、慈善捐赠与政府补助——来自中国亏损上市公司的经验证据》，《财经研究》2016年第5期。

杜勇、鄢波、张欢等：《慈善捐赠、政府补助与扭亏绩效——基于中国亏损上市公司的经验证据》，《经济科学》2015年第4期。

段淑迅：《股权集中度、股权制衡度与公司绩效的关系》，硕士学位论文，东北财经大学，2015年。

冯根福、温军：《中国上市公司治理与企业技术创新关系的实证分析》，《中国工业经济》2008年第7期。

冯海红、曲婉、李铭禄：《税收优惠政策有利于企业加大研发投入吗？》，《科学学研究》2015年第5期。

高厚宾、吴先明：《新兴市场企业跨国并购、政治关联与创新绩效——

基于并购异质性视角的解释》,《国际贸易问题》2018 年第 2 期。

高展军、袁萌:《民营企业私有和集体政治关联对研发投入的影响——基于制度情境的研究》,《华东经济管理》2018 年第 9 期。

谷丰、张林、张凤元:《生命周期、高管薪酬激励与企业创新投资——来自创业板上市公司的经验证据》,《中南财经政法大学学报》2018 年第 1 期。

关涛、张丽娟:《银行风险和信贷环境的关系:基于经济周期的分析及其现实意义》,《成都理工大学学报》(社会科学版) 2006 年第 1 期。

关月琴:《生命周期视角下公司治理对企业效率的影响研究》,硕士学位论文,中国矿业大学,2015 年。

郭剑花、杜兴强:《政治联系、预算软约束与政府补助的配置效率——基于中国民营上市公司的经验研究》,《金融研究》2011 年第 2 期。

郭平:《政策不确定性与企业研发投资:"延迟效应"还是"抢占效应"——基于世界银行中国企业调查数据的分析》,《山西财经大学学报》2016 年第 10 期。

郭玥:《政府创新补助的信号传递机制与企业创新》,《中国工业经济》2018 年第 9 期。

韩国高:《政策不确定性对企业投资的影响:理论与实证研究》,《经济管理》2014 年第 12 期。

韩平飞:《税收优惠、研发投入与企业绩效实证研究》,硕士学位论文,吉林大学,2017 年。

郝威亚、魏玮、温军:《经济政策不确定性如何影响企业创新?——实物期权理论作用机制的视角》,《经济管理》2016 年第 10 期。

何兴邦:《环境规制、政治关联和企业研发投入——基于民营上市企业的实证研究》,《软科学》2017 年第 10 期。

何玉润、林慧婷、王茂林:《产品市场竞争、高管激励与企业创新——基于中国上市公司的经验证据》,《财贸经济》2015 年第 2 期。

洪嵩:《政府 R&D 资助、企业 R&D 投入与高技术产业创新效率的关系研究》,硕士学位论文,中国科学技术大学,2015 年。

胡浩志、黄雪:《寻租、政府补贴与民营企业绩效》,《财经问题研究》2016 年第 9 期。

胡元木:《技术独立董事可以提高 R&D 产出效率吗?——来自中国证券市场的研究》,《南开管理评论》2012 年第 2 期。

黄国平、孔欣欣:《金融促进科技创新政策和制度分析》,《中国软科学》2009 年第 2 期。

黄建欢、杨宁、尹筑嘉：《股权制衡对上市公司绩效的非线性影响——基于股权制衡度的新测算》，《财经理论与实践》2015 年第 2 期。

黄送钦、吴利华、陈冉：《政企关系维护及其效率性研究：来自中国的逻辑》，《山西财经大学学报》2016 年第 1 期。

黄艺翔、姚铮：《风险投资对上市公司研发投入的影响——基于政府专项研发补助的视角》，《科学学研究》2015 年第 5 期。

贾瑞跃、魏玖长、赵定涛：《环境规制和生产技术进步：基于规制工具视角的实证分析》，《中国科学技术大学学报》2013 年第 3 期。

江飞涛、李晓萍：《直接干预市场与限制竞争：中国产业政策的取向与根本缺陷》，《中国工业经济》2010 年第 9 期。

江珂、卢现祥：《环境规制与技术创新——基于中国 1997—2007 年省际面板数据分析》，《科研管理》2011 年第 7 期。

江雅雯、黄燕、徐雯：《市场化程度视角下的民营企业政治关联与研发》，《科研管理》2012 年第 10 期。

蒋伏心、王竹君、白俊红：《环境规制对技术创新影响的双重效应——基于江苏制造业动态面板数据的实证研究》，《中国工业经济》2013 年第 7 期。

蒋雨思：《外部环境压力与机会感知对企业绿色绩效的影响》，《科技进步与对策》2015 年第 11 期。

解垩：《环境规制与中国工业生产率增长》，《产业经济研究》2008 年第 1 期。

解维敏、唐清泉、陆姗姗：《政府 R&D 资助、企业 R&D 支出与自主创新——来自中国上市公司的经验证据》，《金融研究》2009 年第 6 期。

景维民、张璐：《环境管制、对外开放与中国工业的绿色技术进步》，《经济研究》2014 年第 9 期。

柯文岚、沙景华、闫晶晶：《山西省环境库兹涅茨曲线特征及其影响因素分析》，《中国人口·资源与环境》2011 年第 S2 期。

劳可夫：《消费者创新性对绿色消费行为的影响机制研究》，《南开管理评论》2013 年第 4 期。

乐菲菲、张金涛、齐莹莹：《外部资源、技术决策偏好与政治关联企业研发投资——来自创业板上市公司的经验证据》，《科技进步与对策》2017 年第 24 期。

乐菲菲、张金涛、修浩鑫：《高管政治关联会导致创业板企业上市后创新绩效"变脸"吗?》,《经济与管理》2018 年第 1 期。

雷光勇、李书锋、王秀娟:《政治关联、审计师选择与公司价值》,《管理世界》2009 年第 7 期。

黎文靖:《所有权类型、政治寻租与公司社会责任报告:一个分析性框架》,《会计研究》2012 年第 1 期。

黎文靖、郑曼妮:《实质性创新还是策略性创新?——宏观产业政策对微观企业创新的影响》,《经济研究》2016 年第 4 期。

李春涛、宋敏:《中国制造业企业的创新活动:所有制和 CEO 激励的作用》,《经济研究》2010 年第 5 期。

李凤羽、杨墨竹:《经济政策不确定性会抑制企业投资吗?——基于中国经济政策不确定指数的实证研究》,《金融研究》2015 年第 4 期。

李昊洋、程小可、高升好:《税收激励影响企业研发投入吗?——基于固定资产加速折旧政策的检验》,《科学学研究》2017 年第 11 期。

李后建:《政治关联、地理邻近性与企业联盟研发投入》,《经济评论》2016 年第 4 期。

李麟、索彦峰:《经济波动、不良贷款与银行业系统性风险》,《国际金融研究》2009 年第 6 期。

李梅、余天骄:《海外研发投资与母公司创新绩效——基于企业资源和国际化经验的调节作用》,《世界经济研究》2016 年第 8 期。

李腾:《环境规制对企业技术创新的影响研究》,硕士学位论文,中国矿业大学,2019 年。

李万福、杜静:《税收优惠、调整成本与 R&D 投资》,《会计研究》2016 年第 12 期。

李巍、郗永勤:《创新驱动低碳发展了吗?——基础异质和环境规制双重视角下的实证研究》,《科学学与科学技术管理》2017 年第 5 期。

李维安、李浩波、李慧聪:《创新激励还是税盾?——高新技术企业税收优惠研究》,《科研管理》2016 年第 11 期。

李伟铭、崔毅、陈泽鹏等:《技术创新政策对中小企业创新绩效影响的实证研究——以企业资源投入和组织激励为中介变量》,《科学学与科学技术管理》2008 年第 9 期。

李艳华:《R&D 补贴、税收激励与企业创新新颖度提升——基于企业规模的比较研究》,《科技管理研究》2015 年第 5 期。

李影:《政企关系重建对企业技术创新的影响研究》,硕士学位论文,中国矿业大学,2018 年。

李增福、董志强、连玉君：《应计项目盈余管理还是真实活动盈余管理？——基于我国2007年所得税改革的研究》，《管理世界》2011年第1期。

梁莱歆、严绍东：《中国上市公司R&D支出及其经济效果的实证研究》，《科学学与科学技术管理》2006年第7期。

梁权熙、田存志、詹学斯：《宏观经济不确定性、融资约束与企业现金持有行为——来自中国上市公司的经验证据》，《南方经济》2012年第4期。

廖瑞斌：《集聚区的环境规制技术进步与企业绩效》，《经济问题》2016年第1期。

林润辉、谢宗晓、李娅等：《政治关联、政府补助与环境信息披露——资源依赖理论视角》，《公共管理学报》2015年第2期。

林洲钰、林汉川、邓兴华：《所得税改革与中国企业技术创新》，《中国工业经济》2013年第3期。

刘凤朝、默佳鑫、马荣康：《高管团队海外背景对企业创新绩效的影响研究》，《管理评论》2017年第7期。

刘慧龙、张敏、王亚平等：《政治关联、薪酬激励与员工配置效率》，《经济研究》2010年第9期。

刘楠楠：《促进企业自主创新的税收政策研究》，硕士学位论文，江西财经大学，2017年。

刘圻、何钰、杨德伟：《研发支出加计扣除的实施效果——基于深市中小板上市公司的实证研究》，《宏观经济研究》2012年第9期。

刘绍娓、万大艳：《高管薪酬与公司绩效：国有与非国有上市公司的实证比较研究》，《中国软科学》2013年第2期。

刘胜强、常武斌：《货币政策、会计稳健性与企业R&D投资——基于沪深A股上市公司的经验证据》，《华东经济管理》2016年第7期。

刘胜强、刘星：《公司治理对企业R&D投资行为的影响研究综述》，《科技管理研究》2010年第1期。

刘小元、李永壮：《董事会、资源约束与创新环境影响下的创业企业研发强度——来自创业板企业的证据》，《软科学》2012年第6期。

柳光强：《税收优惠、财政补贴政策的激励效应分析——基于信息不对称理论视角的实证研究》，《管理世界》2016年第10期。

卢佳友、谢巧芳：《政府补助、资本结构与研发投入——基于创业板上市公司的经验证据》，《财会通讯》2017年第15期。

卢君生、张顺明、朱艳阳：《高新技术企业所得税优惠多多益善吗？——基于 CGE 模型的分析》，《华东经济管理》2017 年第 6 期。

卢馨、张乐乐、李慧敏等：《高管团队背景特征与投资效率——基于高管激励的调节效应研究》，《审计与经济研究》2017 年第 2 期。

鲁桐、党印：《公司治理与技术创新：分行业比较》，《经济研究》2014 年第 6 期。

逯东、王运陈、王春国等：《政治关联与民营上市公司的内部控制执行》，《中国工业经济》2013 年第 11 期。

吕晓军：《政府补贴对企业技术创新的影响研究》，硕士学位论文，武汉大学，2015 年。

罗党论、刘晓龙：《政治关系、进入壁垒与企业绩效——来自中国民营上市公司的经验证据》，《管理世界》2009 年第 5 期。

罗明新、马钦海、胡彦斌：《政治关联与企业技术创新绩效——研发投资的中介作用研究》，《科学学研究》2013 年第 6 期。

马富萍、郭晓川、茶娜：《环境规制对技术创新绩效影响的研究——基于资源型企业的实证检验》，《科学学与科学技术管理》2011 年第 8 期。

马伟红：《中小板高新技术企业竞争力评价的实证研究》，《南京财经大学学报》2011 年第 5 期。

马文聪、侯羽、朱桂龙：《研发投入和人员激励对创新绩效的影响机制——基于新兴产业和传统产业的比较研究》，《科学学与科学技术管理》2013 年第 3 期。

马晓璇、鲁虹：《高管团队外部社会资本对企业技术创新的影响——以高管激励为调节变量》，《科技管理研究》2019 年第 1 期。

马悦：《完善我国科技创新税收优惠政策的对策研究》，《经济纵横》2015 年第 12 期。

毛昊：《我国专利实施和产业化的理论与政策研究》，《研究与发展管理》2015 年第 4 期。

孟庆斌、师倩：《宏观经济政策不确定性对企业研发的影响：理论与经验研究》，《世界经济》2017 年第 9 期。

孟祥薇：《高新技术企业税收优惠政策运行与优化研究》，硕士学位论文，山东大学，2016 年。

聂颖、杨志安：《企业研发投资财税激励检验的实证分析》，《财经问题研究》2011 年第 8 期。

欧纯智：《税收征管中寻租行为的机理及对策分析》，《北京工商大学学报》（社会科学版）2017 年第 2 期。

潘孝珍：《高新技术企业所得税名义税率优惠的科技创新激励效应》，《中南财经政法大学学报》2017 年第 6 期。

潘越、宁博、肖金利：《地方政治权力转移与政企关系重建——来自地方官员更替与高管变更的证据》，《中国工业经济》2015 年第 6 期。

逄淑媛、陈德智：《专利与研发经费的相关性研究——基于全球研发顶尖公司 10 年面板数据的研究》，《科学学研究》2009 年第 10 期。

彭红星、毛新述：《政府创新补贴、公司高管背景与研发投入——来自我国高科技行业的经验证据》，《财贸经济》2017 年第 3 期。

彭星、李斌：《不同类型环境规制下中国工业绿色转型问题研究》，《财经研究》2016 年第 7 期。

钱俊明：《政府补贴对上市公司创新绩效的影响研究》，硕士学位论文，安徽财经大学，2015 年。

钱燕、万解秋：《银行产权、货币政策调整与银行信贷行为——基于我国商业银行面板数据的分析》，《南方金融》2013 年第 6 期。

乔瑞红、王伯娟：《政府补助、盈余管理与研发投入——基于创业板上市公司的经验证据》，《财会通讯》2017 年第 12 期。

邱兆祥、王保东：《宏观经济的不确定性与商业银行信贷行为研究》，《财贸经济》2008 年第 12 期。

饶品贵、姜国华：《货币政策波动、银行信贷与会计稳健性》，《金融研究》2011 年第 3 期。

任广乾、汪敏达：《中国上市公司政治关联度与绩效的实证研究》，《山西财经大学学报》2010 年第 9 期。

任曙明、王艳玲：《制度环境、政治关联与家族企业研发投入》，《软科学》2017 年第 6 期。

邵敏、包群：《地方政府补贴企业行为分析：扶持强者还是保护弱者？》，《世界经济文汇》2011 年第 1 期。

沈红波、寇宏、张川：《金融发展、融资约束与企业投资的实证研究》，《中国工业经济》2010 年第 6 期。

沈能、刘凤朝：《高强度的环境规制真能促进技术创新吗？——基于"波特假说"的再检验》，《中国软科学》2012 年第 4 期。

石晓军、李杰：《商业信用与银行借款的替代关系及其反周期性：1998—2006 年》，《财经研究》2009 年第 3 期。

苏屹、陈凤妍：《企业家地方政治关联对技术创新绩效影响研究》，

《系统工程理论与实践》2017 年第 2 期。

隋静、蒋翠侠、许启发：《股权制衡与公司价值非线性异质关系研究——来自中国 A 股上市公司的证据》，《南开管理评论》2016 年第 1 期。

孙慧、王慧：《政府补贴研发投入与企业创新绩效——基于创业板高新技术企业的实证研究》，《科技管理研究》2017 年第 12 期。

孙浦阳、李飞跃、顾凌骏：《商业信用能否成为企业有效的融资渠道——基于投资视角的分析》，《经济学（季刊）》2014 年第 4 期。

孙兆斌：《股权集中、股权制衡与上市公司的技术效率》，《管理世界》2006 年第 7 期。

谭劲松、郑国坚：《产权安排、治理机制、政企关系与企业效率——以"科龙"和"美的"为例》，《管理世界》2004 年第 2 期。

唐清泉、罗党论：《政府补贴动机及其效果的实证研究——来自中国上市公司的经验证据》，《金融研究》2007 年第 6 期。

唐书林、肖振红、苑婧婷：《上市公司自主创新的国家激励扭曲之困——是政府补贴还是税收递延？》，《科学学研究》2016 年第 5 期。

唐松、孙铮：《政治关联、高管薪酬与企业未来经营绩效》，《管理世界》2014 年第 5 期。

陶长琪、琚泽霞：《金融发展视角下环境规制对技术创新的门槛效应——基于价值链理论的两阶段分析》，《研究与发展管理》2016 年第 1 期。

田利辉：《国有股权对上市公司绩效影响的 U 型曲线和政府股东两手论》，《经济研究》2005 年第 10 期。

田轩、孟清扬：《股权激励计划能促进企业创新吗》，《南开管理评论》2018 年第 3 期。

王德祥、李昕：《政府补贴、政治关联与企业创新投入》，《财政研究》2017 年第 8 期。

王飞飞：《税收优惠政策对我国中小企业技术创新的激励效应研究》，硕士学位论文，东北师范大学，2016 年。

王化成、刘欢、高升好：《经济政策不确定性、产权性质与商业信用》，《经济理论与经济管理》2016 年第 5 期。

王俊：《我国政府 R&D 税收优惠强度的测算及影响效应检验》，《科研管理》2011 年第 9 期。

王克敏、杨国超、刘静等：《IPO 资源争夺、政府补助与公司业绩研究》，《管理世界》2015 年第 9 期。

王雷、赖玉霜:《金融创新、资本配置与企业技术创新——来自战略性新兴产业上市公司的实证》,《科技进步与对策》2017年第10期。

王丽丽:《大股东间股权制衡对上市公司绩效影响研究》,《财会通讯》2013年第5期。

王渺熠、陈国民:《董事会特征对IPO效应的影响研究》,《经营与管理》2018年第12期。

王维、郑巧慧、乔朋华:《金融环境、政府补贴与中小企业技术创新——基于中小板上市公司的实证研究》,《科技进步与对策》2014年第23期。

王贤彬、徐现祥:《地方官员来源、去向、任期与经济增长——来自中国省长省委书记的证据》,《管理世界》2008年第3期。

王贤彬、徐现祥、李郇:《地方官员更替与经济增长》,《经济学(季刊)》2009年第4期。

王小鲁:《中国分省份市场化指数报告:2016》,社会科学文献出版社2017年版。

王昕、黎文靖:《政府补助、审计意见与盈余管理》,《财会通讯》2016年第21期。

王旭:《技术创新导向下高管激励契约最优整合策略研究——企业生命周期视角》,《科学学与科学技术管理》2016年第9期。

王燕妮、李爽:《基于自由现金流的高管激励与研发投入关系研究》,《科学学与科学技术管理》2013年第4期。

王一卉:《政府补贴研发投入与企业创新绩效——基于所有制企业经验与地区差异的研究》,《经济问题探索》2013年第7期。

王义中、宋敏:《宏观经济不确定性、资金需求与公司投资》,《经济研究》2014年第2期。

王永明、宋艳伟:《独立董事对上市公司技术创新投资的影响研究》,《科学管理研究》2010年第5期。

王芸、洪碧月、陈蕾:《研发费用加计扣除优惠强度、研发投入强度与创新绩效》,《财会通讯》2018年第12期。

魏长升、蒋琳:《政治关联、政府补助与技术创新投入关系研究》,《武汉理工大学学报》(信息与管理工程版)2017年第6期。

魏群、靳曙畅:《货币政策、商业信用与科技创新投资》,《科技进步与对策》2018年第11期。

魏志华、赵悦如、吴育辉:《财政补贴:"馅饼"还是"陷阱"?——

基于融资约束 VS. 过度投资视角的实证研究》，《财政研究》2015 年第 12 期。

温军、冯根福、刘志勇：《异质债务、企业规模与 R&D 投入》，《金融研究》2011 年第 1 期。

温忠麟、叶宝娟：《中介效应分析：方法和模型发展》，《心理科学进展》2014 年第 5 期。

巫景飞等：《高层管理者政治网络与企业多元化战略：社会资本视角——基于我国上市公司面板数据的实证分析》，《管理世界》2008 年第 8 期。

吴超鹏、唐菂：《知识产权保护执法力度、技术创新与企业绩效——来自中国上市公司的证据》，《经济研究》2016 年第 11 期。

吴梦婷：《政治关联、企业社会责任与研发投入》，《财会通讯》2017 年第 36 期。

吴延兵：《市场结构、产权结构与 R&D——中国制造业的实证分析》，《统计研究》2007 年第 5 期。

夏力：《税收优惠能否促进技术创新：基于创业板上市公司的研究》，《中国科技论坛》2012 年第 12 期。

肖利：《公司治理如何影响企业研发投入？——来自中国战略性新兴产业的经验考察》，《产业经济研究》2016 年第 1 期。

谢家智、刘思亚、李后建：《政治关联、融资约束与企业研发投入》，《财经研究》2014 年第 8 期。

谢乔昕：《环境规制扰动、政企关系与企业研发投入》，《科学学研究》2016 年第 5 期。

谢乔昕：《货币政策冲击对企业 R&D 投入的影响研究》，《科学学研究》2017 年第 1 期。

谢言、高山行、江旭：《外部社会联系能否提升企业自主创新？——一项基于知识创造中介效应的实证研究》，《科学学研究》2010 年第 5 期。

徐伟、尹元甲：《基于创新型企业的董事会与创新投入实证研究》，《科技管理研究》2011 年第 20 期。

徐文学、陆希希：《股权集中度与制衡度对上市公司绩效的影响——基于饮料制造业上市公司的实证检验》，《企业经济》2014 年第 3 期。

徐向艺、汤业国：《董事会结构与技术创新绩效的关联性研究——来自中国中小上市公司的经验证据》，《经济与管理研究》2013 年第 2 期。

徐业坤、钱先航、李维安：《政治不确定性、政治关联与民营企业投资——来自市委书记更替的证据》,《管理世界》2013年第5期。

许罡、朱卫东、孙慧倩:《政府补助的政策效应研究——基于上市公司投资视角的检验》,《经济学动态》2014年第6期。

许玲玲:《高新技术企业认定的经济后果研究》,硕士学位论文,武汉大学,2016年。

许士春、何正霞、龙如银:《环境规制对企业绿色技术创新的影响》,《科研管理》2012年第6期。

薛永基、白雪珊、胡煜晗:《感知价值与预期后悔影响绿色食品购买意向的实证研究》,《软科学》2016年第11期。

严若森、姜潇:《关于制度环境、政治关联、融资约束与企业研发投入的多重关系模型与实证研究》,《管理学报》2019年第1期。

杨晨:《融资约束对我国高新技术企业创新的影响研究》,硕士学位论文,东北师范大学,2016年。

杨德伟:《股权结构影响企业技术创新的实证研究——基于我国中小板上市公司的分析》,《财政研究》2011年第8期。

杨国超、刘静、廉鹏等:《减税激励、研发操纵与研发绩效》,《经济研究》2017年第8期。

杨建、王婷、孙丰文:《大股东控制与技术创新间关系的研究综述》,《科技管理研究》2014年第4期。

杨晔、杨大楷、刘安琪:《政府创新政策对企业创新行为和绩效的影响评估——以创业板上市公司为例》,《河北经贸大学学报》(综合版)2014年第4期。

杨战胜、俞峰:《政治关联对企业创新影响的机理研究》,《南开经济研究》2014年第6期。

姚耀军、董钢锋:《中小银行发展与中小企业融资约束——新结构经济学最优金融结构理论视角下的经验研究》,《财经研究》2014年第1期。

余明桂、回雅甫、潘红波:《政治联系、寻租与地方政府财政补贴有效性》,《经济研究》2010年第3期。

余明桂、潘红波:《政治关系、制度环境与民营企业银行贷款》,《管理世界》2008年第8期。

余伟、陈强、陈华:《环境规制技术创新与经营绩效——基于37个工业行业的实证分析》,《科研管理》2017年第2期。

袁建国、范文林、程晨:《税收优惠与企业技术创新——基于中国上市公司的实证研究》,《税务研究》2016年第10期。

张彩江、陈璐：《政府对企业创新的补助是越多越好吗?》，《科学学与科学技术管理》2016 年第 11 期。

张江雪、蔡宁、杨陈：《环境规制对中国工业绿色增长指数的影响》，《中国人口·资源与环境》2015 年第 1 期。

张金涛、乐菲菲：《政治关联激励悖论之惑——基于政府补助遮掩效应的新认识》，《现代经济探讨》2018 年第 2 期。

张静：《研发费用加计扣除对企业科技创新的影响效应研究》，硕士学位论文，华侨大学，2017 年。

张敏、马黎珺、张雯：《企业慈善捐赠的政企纽带效应——基于我国上市公司的经验证据》，《管理世界》2013 年第 7 期。

张敏、张胜、王成方等：《政治关联与信贷资源配置效率——来自我国民营上市公司的经验证据》，《管理世界》2010 年第 11 期。

张平、张鹏鹏、蔡国庆：《不同类型环境规制对企业技术创新影响比较研究》，《中国人口·资源与环境》2016 年第 4 期。

张其秀、冉毅、陈守明等：《研发投入与公司绩效：股权制衡还是股权集中？——基于国有上市公司的实证研究》，《科学学与科学技术管理》2012 年第 7 期。

张玉娟、张学慧、长青等：《股权结构、高管激励对企业创新的影响机理及实证研究——基于 A 股上市公司的经验证据》，《科学管理研究》2018 年第 2 期。

张元萍、刘泽东：《金融发展与技术创新的良性互动：理论与实证》，《中南财经政法大学学报》2012 年第 2 期。

张中元、赵国庆：《FDI、环境规制与技术进步——基于中国省级数据的实证分析》，《数量经济技术经济研究》2012 年第 4 期。

张子余、张碧秋、王芳：《高新技术企业认定过程中的会计信息质量研究》，《证券市场导报》2015 年第 8 期。

章子乐：《税收优惠政策对企业研发投入的激励效应研究》，硕士学位论文，东北师范大学，2016 年。

赵丹丹：《固定资产加速折旧政策对企业技术创新的影响研究》，硕士学位论文，青岛理工大学，2015 年。

赵坚：《我国自主研发的比较优势与产业政策——基于企业能力理论的分析》，《中国工业经济》2008 年第 8 期。

赵树宽、齐齐、张金峰：《寻租视角下政府补助对企业创新的影响研究——基于中国上市公司数据》，《华东经济管理》2017 年第 12 期。

赵晓丽、赵越、姚进：《环境管制政策与企业行为——来自高耗能企业的证据》，《科研管理》2015年第10期。

赵旭峰、温军：《董事会治理与企业技术创新：理论与实证》，《当代经济科学》2011年第3期。

赵玉民、朱方明、贺立龙：《环境规制的界定分类与演进研究》，《中国人口·资源与环境》2009年第6期。

郑春美、李佩：《政府补助与税收优惠对企业创新绩效的影响——基于创业板高新技术企业的实证研究》，《科技进步与对策》2015年第16期。

郑春美、余媛：《高新技术企业创新驱动发展动力机制研究——基于制度环境视角》，《科技进步与对策》2015年第24期。

郑绪涛、柳剑平：《促进R&D活动的税收和补贴政策工具的有效搭配》，《产业经济研究》2008年第1期。

郑志刚、吕秀华：《董事会独立性的交互效应和中国资本市场独立董事制度政策效果的评估》，《管理世界》2009年第7期。

钟熙、宋铁波、陈伟宏：《高管团队薪酬差距、董事会监督能力与企业研发投入》，《证券市场导报》2019年第7期。

钟兴：《独立董事制度与企业技术创新投资关系研究》，硕士学位论文，华中师范大学，2013年。

钟宇翔、吕怀立、李婉丽：《管理层短视、会计稳健性与企业创新抑制》，《南开管理评论》2017年第6期。

周根根：《我国企业研发的所得税税收优惠政策：激励效应及完善建议》，硕士学位论文，山东大学，2016年。

周海涛、张振刚：《政府研发资助方式对企业创新投入与创新绩效的影响研究》，《管理学报》2015年第12期。

周华伟：《企业R&D税收激励政策效应分析》，《财政研究》2013年第8期。

周江华等：《政府创新政策对企业创新绩效的影响机制》，《技术经济》2017年第1期。

周杰、薛有志：《公司内部治理机制对R&D投入的影响——基于总经理持股与董事会结构的实证研究》，《研究与发展管理》2008年第3期。

周黎安：《中国地方官员的晋升锦标赛模式研究》，《经济研究》2007年第7期。

周铭山、张倩倩：《"面子工程"还是"真才实干"？——基于政治晋升激励下的国有企业创新研究》,《管理世界》2016 年第 12 期。

周煊、程立茹、王皓:《技术创新水平越高企业财务绩效越好吗?——基于 16 年中国制药上市公司专利申请数据的实证研究》,《金融研究》2012 年第 8 期。

周优林:《高新技术企业税收优惠政策与管理问题及建议》,《北方经贸》2015 年第 11 期。

朱德胜、周晓珮:《股权制衡、高管持股与企业创新效率》,《南开管理评论》2016 年第 3 期。

朱卫平、伦蕊:《高新技术企业科技投入与绩效相关性的实证分析》,《科技管理研究》2004 年第 5 期。

祝继高、陆正飞:《货币政策、企业成长与现金持有水平变化》,《管理世界》2009 年第 3 期。

左平、姜歌:《研发支出会计政策选择与公司盈余管理》,《现代营销》(学苑版) 2011 年第 10 期。

Agrawal, A., "Engaging the Inventor: Exploring Licensing Strategies for University Inventions and the Role of Latent Knowledge", *Strategic Management Journal*, 2006, 27 (1): 63 – 79.

Ajzen, I., Fishbein, M., Lohmann, S., Albarracín, D., *The Influence of Attitudes on Behavior*, New York: Routledge, 2005.

Arpaci, I., "Understanding and Predicting Students' Intention to Use Mobile Cloud Storage Services", *Computers in Human Behavior*, 2016, 58 (5): 150 – 157.

Arqué – Castells, P., "Persistence in R&D Performance and Its Implications for the Granting of Subsidies", *Review of Industrial Organization*, 2013, 43 (3): 193 – 220.

Arrow, K. J., Hurwicz, L., "Competitive Stability under Weak Gross Substitutability: Nonlinear Price Adjustment and Adaptive Expectations", *International Economic Review*, 1962, 3 (2): 233 – 255.

Atanassov, J., Julio, B., Leng, T., "The Bright Side of Political Uncertainty: The Case of R&D", Unpublished Working Paper, https://ssrn.com/abstract=2648252.

Baker, S. R., Bloom, N., Davis, S. J., "Measuring Economic Policy Uncertainty", *The Quarterly Journal of Economics*, 2016, 131 (4): 1593 – 1636.

Balkin, D. B., Markman, G. D., "Is CEO Pay in High-Technology Firms Related to Innovation?", *Academy of Management Journal*, 2000, 43 (6): 1118-1129.

Bantel, K. A., Jackson, S. E., "Top Management and Innovations in Banking: Does the Composition of the Top Team Make a Difference?", *Strategic Management Journal*, 1989, 10 (S1): 107-124.

Baron, R. M., Kenny, D. A., "The Moderator-Mediator Variable Distinction in Social Psychological Research: Conceptual, Strategic, and Statistical Considerations", *Journal of Personality and Social Psychology*, 1986, 51 (6): 1173.

Barros, H. M., Lazzarini, S. G., "Do Organizational Incentives Spur Innovation?", *Bar-Brazilian Administration Review*, 2012, 9 (3): 308-328.

Bartels, J., Reinders, M. J., "Consumer Innovativeness and Its Correlates: A Propositional Inventory for Future Research", *Journal of Business Research*, 2011, 64 (6): 601-609.

Bartels, L. M., Brady, H. E., "Economic Behavior in Political Context", *American Economic Review*, 2003, 93 (2): 156-161.

Baum, C. F., Caglayan, M., Ozkan, N., "The Second Moments Matter: The Impact of Macroeconomic Uncertainty on the Allocation of Loanable Funds", *Economics Letters*, 2009, 102 (2): 87-89.

Beldona, S., Kline, S. F., Morrison, A. M., "Utilitarian Value in the Internet: Differences between Broadband and Narrowband Users", *Journal of Travel & Tourism Marketing*, 2005, 17 (2): 63-77.

Bencivenga, V. R., Smith, B. D., Starr, R. M., "Transactions Costs, Technological Choice, and Endogenous Growth", *Journal of Economic Theory*, 1995, 67 (1): 153-177.

Bergström, F., "Capital Subsidies and the Performance of Firms", *Small Business Economics*, 2000, 14 (3): 183-193.

Bhagat, S., Welch, I., "Corporate Research & Development Investments International Comparisons", *Journal of Accounting and Economics*, 1995, 19 (2): 443-470.

Blind, K., "The Influence of Regulations on Innovation: A Quantitative Assessment for OECD Countries", *Research Policy*, 2012, 41 (2): 391-400.

Bliss, M. A., Gul, F. A., "Political Connection and Leverage: Some Malaysian Evidence", *Journal of Banking & Finance*, 2012, 36 (8): 2344 – 2350.

Bloom, N., Bond, S., Van Reenen, J., "Uncertainty and Investment Dynamics", *The Review of Economic Studies*, 2007, 74 (2): 391 – 415.

Bloom, N., Griffith, R., Van Reenen, J., "Do R&D Tax Credits Work? Evidence from a Panel of Countries 1979 – 1997", *Journal of Public Economics*, 2002, 85 (1): 1 – 31.

Brennan, M. J., Maksimovics, V., Zechner, J., "Vendor Financing", *The Journal of Finance*, 1988, 43 (5): 1127 – 1141.

Bruneel, J., D'Este, P., Salter, A., "Investigating the Factors That Diminish the Barriers to University – Industry Collaboration", *Research Policy*, 2010, 39 (7): 858 – 868.

Brunnermeier, S. B., Cohen, M. A., "Determinants of Environmental Innovation in US Manufacturing Industries", *Journal of Environmental Economics and Management*, 2003, 45 (2): 278 – 293.

Bréchet, T., Meunier, G., "Are Clean Technology and Environmental Quality Conflicting Policy Goals?", *Resource and Energy Economics*, 2014, 38 (11): 61 – 83.

Burgstahler, D., Dichev, I., "Earnings Management to Avoid Earnings Decreases and Losses", *Journal of Accounting and Economics*, 1997, 24 (1): 99 – 126.

Byrne, J. P., Nagayasu, J., "Common Factors of the Exchange Risk Premium in Emerging European Markets", *Bulletin of Economic Research*, 2012, 64 (6): s71 – s85.

Cappelen, A., Raknerud, A., Rybalka, M., "The Effects of R&D Tax Credits on Patenting and Innovations", *Research Policy*, 2012, 41 (2): 334 – 345.

Cerqua, A., Pellegrini, G., "Do Subsidies to Private Capital Boost Firms' Growth? A Multiple Regression Discontinuity Design Approach", *Journal of Public Economics*, 2014, 109 (1): 114 – 126.

Chau, V. S., Gilman, M., Serbanica, C., "Aligning University – Industry Interactions: The Role of Boundary Spanning in Intellectual Capital Transfer", *Technological Forecasting and Social Change*, 2017, 123 (10): 199 – 209.

Chen, H., "Board Capital, CEO Power and R&D Investment in Electronics Firms", *Corporate Governance: An International Review*, 2014, 22 (5): 422-436.

Chennat, G., *Classic Papers in Natural Resource Economics*, UK: Palgrave Macmillan, 2000.

Coleman, J. S., "Social Capital in the Creation of Human Capital", *American Journal of Sociology*, 1988, 94: S95-S120.

Colyvas, J., Crow, M., Gelijns, A., "How Do University Inventions Get into Practice?", *Management Science*, 2002, 48 (1): 61-72.

Conrad, K., Wastl, D., "The Impact of Environmental Regulation on Productivity in German Industries", *Empirical Economics*, 1995, 20 (4): 615-633.

Cooke, R., Sniehotta, F., Schüz, B., "Predicting Binge-Drinking Behaviour Using an Extended TPB: Examining the Impact of Anticipated Regret and Descriptive Norms", *Alcohol and Alcoholism*, 2006, 42 (2): 84-91.

Coulibaly, B., Sapriza, H., Zlate, A., "Financial Frictions, Trade Credit, and the 2008-09 Global Financial Crisis", *International Review of Economics & Finance*, 2013, 26 (4): 25-38.

Danneels, E., Kleinschmidtb, E. J., "Product Innovativeness from the Firm's Perspective: Its Dimensions and Their Relation with Project Selection and Performance", *Journal of Product Innovation Management*, 2001, 18 (6): 357-373.

Davis, F. D., Bagozzi, R. P., Warshaw, P. R., "User Acceptance of Computer Technology: A Comparison of Two Theoretical Models", *Management Science*, 1989, 35 (8): 982-1003.

Debackere, K., Veugelers, R., "The Role of Academic Technology Transfer Organizations in Improving Industry Science Links", *Research Policy*, 2005, 34 (3): 321-342.

Debnath, S. C., "Environmental Regulations Become Restriction or a Cause for Innovation: A Case Study of Toyota Prius and Nissan Leaf", *Procedia - Social and Behavioral Sciences*, 2015, 195 (7): 324-333.

Dechenaux, E., Thursby, J., Thursby, M., "Inventor Moral Hazard in University Licensing: The Role of Contracts", *Research Policy*, 2011, 40

(1): 94 – 104.

Deutsch, Y., "The Influence of Outside Directors' Stock – Option Compensation on Firms' R&D", *Corporate Governance: An International Review*, 2007, 15 (5): 816 – 827.

Dickinson, V., "Cash Flow Patterns as a Proxy for Firm Life Cycle", *The Accounting Review*, 2011, 86 (6): 1969 – 1994.

Djankov, S., Murrell, P., "Enterprise Restructuring in Transition: A Quantitative Survey", *Journal of Economic Literature*, 2002, 40 (3): 739 – 792.

Dong, J., Gou, Y., "Corporate Governance Structure, Managerial Discretion, and the R&D Investment in China", *International Review of Economics & Finance*, 2010, 19 (2): 180 – 188.

Dosi, G., Llerena, P., Labini, M. S., "The Relationships between Science, Technologies and Their Industrial Exploitation: An Illustration through the Myths and Realities of the So – Called European Paradox", *Research Policy*, 2006, 35 (10): 1450 – 1464.

Drivas, K., Economidou, C., Karamanis, D., "Academic Patents and Technology Transfer", *Journal of Engineering and Technology Management*, 2016, 40 (C): 45 – 63.

Dwivedi, Y. K., Rana, N. P., Jeyaraj, A., "Re – Examining the Unified Theory of Acceptance and Use of Technology (UTAUT): Towards a Revised Theoretical Model", *Information Systems Frontiers*, 2019, 21 (3): 719 – 734.

D'Andria, D., Savin, I., "A Win – Win – Win? Motivating Innovation in a Knowledge Economy with Tax Incentives", *Technological Forecasting and Social Change*, 2018, 127 (2): 38 – 56.

Elschner, C., Ernst, C., Licht, G., "What the Design of an R&D Tax Incentive Tells about Its Effectiveness: A Simulation of R&D Tax Incentives in the European Union", *The Journal of Technology Transfer*, 2011, 36 (3): 233 – 256.

Faccio, M., "Politically Connected Firms", *American Economic Review*, 2006, 96 (1): 369 – 386.

Fan, J. P., Wong, T. J., Zhang, T., "Politically Connected CEOs, Corporate Governance, and Post – IPO Performance of China's Newly Partially Privatized Firms", *Journal of Financial Economics*, 2007, 84 (2): 330 –

357. Fazzari, S. M. , Hubbard, R. G. , Petersen, B. C. , "Financing Constraints and Corporate Investment", *Brookings Papers on Economic Activity*, 1988, 19 (1): 141 – 206.

Finkelstein, S. , Hambrick, D. C. , "Chief Executive Compensation: A Study of the Intersection of Markets and Political Processes", *Strategic Management Journal*, 1989, 10 (2): 121 – 134.

Forsythe, S. M. , Shi, B. , "Consumer Patronage and Risk Perceptions in Internet Shopping", *Journal of Business Research*, 2003, 56 (11): 867 – 875.

Franceschinis, C. , Thiene, M. , Scarpa, R. , "Adoption of Renewable Heating Systems: An Empirical Test of the Diffusion of Innovation Theory", *Energy*, 2017, 125 (4): 313 – 326.

Freitas, I. M. B. , Marques, R. A. , "University – Industry Collaboration and Innovation in Emergent and Mature Industries in New Industrialized Countries", *Research Policy*, 2013, 42 (2): 443 – 453.

Friedman, J. , Silberman, J. , "University Technology Transfer: Do Incentives, Management, and Location Matter?", *The Journal of Technology Transfer*, 2003, 28 (1): 17 – 30.

Frondel, M. , Horbach, J. , Rennings, K. , "End – of – Pipe or Cleaner Production? An Empirical Comparison of Environmental Innovation Decisions across OECD Countries", *Business Strategy and the Environment*, 2007, 16 (8): 571 – 584.

Geuna, A. , Nesta, L. J. , "University Patenting and Its Effects on Academic Research: The Emerging European Evidence", *Research Policy*, 2006, 35 (6): 790 – 807.

Godin, G. , Valois, P. , Lepage, L. , "Predictors of Smoking Behaviour: An Application of Ajzen's Theory of Planned Behaviour", *British Journal of Addiction*, 1992, 87 (9): 1335 – 1343.

Gomes, A. , Novaes, W. , "Sharing of Control versus Monitoring as Corporate Governance Mechanisms", Unpublished Working Paper, http://apps. olin. wustl. edu/faculty/gome – s/gomesnovaes. pdf.

Gomez, M. A. , Sequeira, T. N. , "Should the US Increase Subsidies to R&D? Lessons from an Endogenous Growth Theory", *Oxford Economic Papers*,

2013, 66 (1): 254-282.

Goode, M. R., Dahl, D. W., Moreau, C. P., "Innovation Aesthetics: The Relationship between Category Cues, Categorization Certainty, and Newness Perceptions", *Journal of Product Innovation Management*, 2013, 30 (2): 192-208.

Gray, W. B., "The Cost of Regulation: Osha, EPA and the Productivity Slowdown", *The American Economic Review*, 1987, 77 (5): 998-1006.

Griffith, R., Sandler, D., "Tax Incentives for R&D", *Fiscal Studies*, 1995, 16 (2): 21-44.

Gulen, H., Ion, M., "Policy Uncertainty and Corporate Investment", *The Review of Financial Studies*, 2015, 29 (3): 523-564.

Guo, L. L., Qu, Y., Tseng, M. L., "The Interaction Effects of Environmental Regulation and Technological Innovation on Regional Green Growth Performance", *Journal of Cleaner Production*, 2017, 162 (9): 894-902.

Hadlock, C. J., Pierce, J. R., "New Evidence on Measuring Financial Constraints: Moving beyond the KZ Index", *The Review of Financial Studies*, 2010, 23 (5): 1909-1940.

Hall, B. H., Lotti, F., Mairesse, J., "Evidence on the Impact of R&D and ICT Investments on Innovation and Productivity in Italian Firms", *Economics of Innovation and New Technology*, 2013, 22 (3): 300-328.

Hall, B. H., Montresor, S., "Financing Constraints, R&D Investments and Innovative Performances: New Empirical Evidence at the Firm Level for Europe", *Economics of Innovation and New Technology*, 2016, 25 (3): 183-196.

Hambrick, D. C., Mason, P. A., "Upper Echelons: The Organization as a Reflection of Its Top Managers", *Academy of Management Review*, 1984, 9 (2): 193-206.

Hansen, B. E., "Threshold Effects in Non-Dynamic Panels: Estimation, Testing, and Inference", *Journal of Econometrics*, 1999, 93 (2): 345-368.

Hayes, A. F., *Introduction to Mediation, Moderation, and Conditional Process Analysis: A Regression-Based Approach*, New York: The Guilford Press, 2014.

Hirshleifer, D., Low, A., Teoh, S. H., "Are Overconfident CEOs Better Innovators?", *The Journal of Finance*, 2012, 67 (4): 1457-1498.

Howell, A., "Firm R&D, Innovation and Easing Financial Constraints in China: Does Corporate Tax Reform Matter?", *Research Policy*, 2016, 45 (10): 1996 – 2007.

Hu, A. G., Jefferson, G. H., "A Great Wall of Patents: What is behind China's Recent Patent Explosion?", *Journal of Development Economics*, 2009, 90 (1): 57 – 68.

Hu, C. X., "Leverage, Monetary Policy, and Firm Investment", *Economic Review*, 1999, 2 (2): 9 – 32.

Hubert, M., Rousseeuw, P., Segaert, P., "Multivariate and Functional Classification Using Depth and Distance", *Advances in Data Analysis and Classification*, 2017, 11 (3): 445 – 466.

Von Stackelberg, H., *The Theory of the Market Economy*, London: Oxford University Press, 1952.

Iacobucci, D., "Structural Equations Modeling: Fit Indices, Sample Size, and Advanced Topics", *Journal of Consumer Psychology*, 2010, 20 (1): 90 – 98.

Jacobs, L., Worthley, R., "A Comparative Study of Risk Appraisal: A New Look at Risk Assessment in Different Countries", *Environmental Monitoring and Assessment*, 1999, 59 (2): 225 – 247.

Jensen, M. C., Meckling, W. H., "Theory of the Firm: Managerial Behavior, Agency Costs and Ownership Structure", *Journal of Financial Economics*, 1976, 3 (4): 305 – 360.

Jones, B. F., Olken, B. A., "Do Leaders Matter? National Leadership and Growth Since World War II", *The Quarterly Journal of Economics*, 2005, 120 (3): 835 – 864.

Judith, I. M., Steg, L., "Relationships between Value Orientations, Self – Determined Motivational Types and Pro – Environmental Behavioural Intentions", *Journal of Environmental Psychology*, 2010, 30 (4): 368 – 378.

Julio, B., Yook, Y., "Political Uncertainty and Corporate Investment Cycles", *The Journal of Finance*, 2012, 67 (1): 45 – 83.

Jung, H. S., Kim, K. H., Lee, C. H., "Influences of Perceived Product Innovation upon Usage Behavior for MMORPG: Product Capability, Technology Capability, and User Centered Design", *Journal of Business Research*, 2014, 67 (10): 2171 – 2178.

Kang, K., Hayoung, P., "Influence of Government R&D Support and Inter – Firm Collaborations on Innovation in Korean Biotechnology SEMs", *Technovation*, 2012, 32 (1): 68 – 78.

Kim, Y., Lui, S. S., "The Impacts of External Network and Business Group on Innovation: Do the Types of Innovation Matter?", *Journal of Business Research*, 2015, 68 (9): 1964 – 1973.

Kleer, R., "Government R&D Subsidies as a Signal for Private Investors", *Research Policy*, 2010, 39 (10): 1361 – 1374.

Kline, R. B., *Principles and Practice of Structural Equation Modeling*, London: Guilford Press, 2011.

Kneller, R., Manderson, E., "Environmental Regulations and Innovation Activity in UK Manufacturing Industries", *Resource and Energy Economics*, 2012, 34 (2): 211 – 235.

Krkoska, L., Teksoz, U., "How Reliable are Forecasts of GDP Growth and Inflation for Countries with Limited Coverage?", *Economic Systems*, 2009, 33 (4): 376 – 388.

Krusell, P., Rios – Rull, J., "Vested Interests in a Positive Theory of Stagnation and Growth", *The Review of Economic Studies*, 1996, 63 (2): 301 – 329.

Kulatilaka, N., Perotti, E. C., "Strategic Growth Options", *Management Science*, 1998, 44 (8): 1021 – 1031.

Kunz, W., Schmitt, B., Meyer, A., "How Does Perceived Firm Innovativeness Affect the Consumer?", *Journal of Business Research*, 2011, 64 (8): 816 – 822.

Lach, S., "Do R&D Subsidies Stimulate or Displace Private R&D? Evidence from Israel", *The Journal of Industrial Economics*, 2002, 50 (4): 369 – 390.

Lai, W., "Willingness – to – Engage in Technology Transfer in Industry – University Collaborations", *Journal of Business Research*, 2011, 64 (11): 1218 – 1223.

Lamond, D., Dwyer, R., Ramanathan, R. et al., "Impact of Environmental Regulations on Innovation and Performance in the UK Industrial Sector", *Management Decision*, 2010, 48 (10): 1493 – 1513.

Lamont, O., Polk, C., Saaá – Requejo, J., "Financial Constraints and Stock Returns", *The Review of Financial Studies*, 2001, 14 (2): 529 –

554.

Lee, M. , "Factors Influencing the Adoption of Internet Banking: An Integration of TAM and TPB with Perceived Risk and Perceived Benefit", *Electronic Commerce Research and Applications*, 2009, 8 (3): 130 – 141.

Lee, Y. , O'Connor, G. C. , "New Product Launch Strategy for Network Effects Products", *Journal of the Academy of Marketing Science*, 2003, 31 (3): 241.

Leiserowitz, A. , "Climate Change Risk Perception and Policy Preferences: The Role of Affect, Imagery, and Values", *Climatic Change*, 2006, 77 (1): 45 – 72.

Leonard, H. J. , *Pollution and the Struggle for the World Product: Multinational Corporations, Environment, and International Comparative Advantage*, London: Cambridge University Press, 2006.

Leydesdorff, L. , "Uncertainty and the Communication of Time", *Systems Research*, 1994, 11 (4): 31 – 51.

Li, H. B. , Zhang, J. S. , "Why Do Entrepreneurs Enter Politics? Evidence from China", *Economic Inquiry*, 2006, 44 (3): 559 – 578.

Lokshin, B. , Mohnen, P. , "How Effective are Level – Based R&D Tax Credits? Evidence from the Netherlands", *Applied Economics*, 2012, 44 (12): 1527 – 1538.

Ma, S. , Tian, G. G. , "Ownership and Ownership Concentration: Which is More Important in Determining the Performance of China's Listed Firms?", *Accounting and Finance*, 2010, 50 (4): 871 – 897.

Macho – Stadler, I. , Pérez – Castrillo, D. , "Incentives in University Technology Transfers", *International Journal of Industrial Organization*, 2010, 28 (4): 362 – 367.

Mancha, R. M. , Yoder, C. Y. , "Cultural Antecedents of Green Behavioral Intent: An Environmental Theory of Planned Behavior", *Journal of Environmental Psychology*, 2015, 43 (9): 145 – 154.

Markman, G. D. , Phan, P. H. , Balkin, D. B. , "Entrepreneurship and University – Based Technology Transfer", *Journal of Business Venturing*, 2005, 20 (2): 241 – 263.

Matutes, C. , Regibeau, P. , "Mix and Match: Product Compatibility without Network Externalities", *The Rand Journal of Economics*, 1988 (2):

221 – 234.

Mcmillan, J., Woodruff, C., "The Central Role of Entrepreneurs in Transition Economies", *Journal of Economic Perspectives*, 2002, 16 (3): 153 – 170.

Meyer, J. P., Paunonen, S. V., Gellatly, I., "Organizational Commitment and Job Performance: It's the Nature of the Commitment That Counts", *Journal of Applied Psychology*, 1989, 74 (1): 152.

Midgley, D. F., Dowling, G. R., "Innovativeness: The Concept and Its Measurement", *Journal of Consumer Research*, 1978, 4 (4): 229 – 242.

Miller, M. H., "Debt and Taxes", *The Journal of Finance*, 1977, 32 (2): 261 – 275.

Modigliani, F., Miller, M. H., "Corporate Income Taxes and the Cost of Capital: A Correction", *The American Economic Review*, 1963, 53 (3): 433 – 443.

Mojon, B., Smets, F., Vermeulen, P., "Investment and Monetary Policy in the Euro Area", *Journal of Banking & Finance*, 2002, 26 (11): 2111 – 2129.

Murphy, K. M., Shleifer, A., Vishny, R. W., "Why is Rent – Seeking So Costly to Growth?", *The American Economic Review*, 1993, 83 (2): 409 – 414.

Myers, S. C., Majluf, N. S., "Corporate Financing and Investment Decisions When Firms Have Information That Investors Do Not Have", *Journal of Financial Economics*, 1984, 13 (2): 187 – 221.

Myers, S. C., "The Capital Structure Puzzle", *The Journal of Finance*, 1984, 39 (3): 574 – 592.

Nakano, M., "Can Environmental Regulation Improve Technology and Efficiency? An Empirical Analysis Using the Malmquist Productivity Index", *Eaere*, 2003, 6: 28 – 30.

Nick, V., "Patents and Productivity", *Research Policy*, 1989, 18 (5): 300 – 301.

Oliner, S. D., Rudebusch, G. D., "Is There a Broad Credit Channel for Monetary Policy?", *Economic Review – Federal Reserve Bank of San Francisco*, 1996 (1): 3 – 13.

Organisation for Economic Cooperation and Development, *Turning Science into Business*: *Patenting and Licensing at Public Research Organisations*, OECD Science & Information Technology, Paris: OECD, 2003.

Pajuste, M., "Multiple Large Shareholders and Firm Value", *Journal of Banking & Finance*, 2005, 29 (7): 1813–1834.

Park, E., Baek, S., Ohm, J., "Determinants of Player Acceptance of Mobile Social Network Games: An Application of Extended Technology Acceptance Model", *Telematics and Informatics*, 2014, 31 (1): 3–15.

Pavlou, P. A., "Consumer Acceptance of Electronic Commerce: Integrating Trust and Risk with the Technology Acceptance Model", *International Journal of Electronic Commerce*, 2003, 7 (3): 101–134.

Pearce, J. A., Zahra, S. A., "The Relative Power of CEOs and Boards of Directors: Associations with Corporate Performance", *Strategic Management Journal*, 1991, 12 (2): 135–153.

Perkmann, M., King, Z., Pavelin, S., "Engaging Excellence? Effects of Faculty Quality on University Engagement with Industry", *Research Policy*, 2011, 40 (4): 539–552.

Porter, M. E., van der Linde, C., "Toward a New Conception of the Environment–Competitiveness Relationship", *Journal of Economic Perspectives*, 1995, 9 (4): 97–118.

Preacher, K. J., Hayes, A. F., "SPSS and SAS Procedures for Estimating Indirect Effects in Simple Mediation Models", *Behavior Research Methods, Instruments & Computers*, 2004, 36 (4): 717–731.

Quagliariello, M., "Macroeconomic Uncertainty and Banks' Lending Decisions: The Case of Italy", *Applied Economics*, 2009, 41 (3): 323–336.

Radford, S. K., Bloch, P. H., "Linking Innovation to Design: Consumer Responses to Visual Product Newness", *Journal of Product Innovation Management*, 2011, 28 (s1): 208–220.

Rasmussen, E., Gulbrandsen, M., "Initiatives to Promote Commercialization of University Knowledge", *Technovation*, 2006, 26 (4): 518–533.

Rogers, E. M., "Lessons for Guidelines from the Diffusion of Innovations", *Joint Commission Journal on Quality and Patient Safety*, 1995, 21 (7): 324–328.

Rosenbaum, P. R., Rubin, D. B., "The Central Role of the Propensity Score in Observational Studies for Causal Effects", *Biometrika*, 1983, 70

(1): 41-55.

Schmutzler, A., "Environmental Regulations and Managerial Myopia", *Environmental and Resource Economics*, 2001, 18 (1): 87-100.

Schwartz, M. G., Hugounenq, R., Clements, B., *Government Subsidies: Concepts, International Trends, and Reform Options*, Washington: International Monetary Fund, 1995.

Selznick, P., *Leadership in Administration*, Berkeley: University of California Press, 1957.

Sen, S., "Corporate Governance, Environmental Regulations, and Technological Change", *European Economic Review*, 2015, 80 (11): 36-61.

Shen, C., Lin, C., Wang, Y., "Do Strong Corporate Governance Firms Still Require Political Connection, and Vice Versa?", *International Review of Economics & Finance*, 2015, 39 (9): 107-120.

Sheng, S., Zhou, K. Z., Li, J. J., "The Effects of Business and Political Ties on Firm Performance: Evidence from China", *Journal of Marketing*, 2011, 75 (1): 1-15.

Shi, B., Feng, C., "Innovation Suppression and Migration Effect: The Unintentional Consequences of Environmental Regulation", *China Economic Review*, 2018, 49 (6): 1-23.

Siegel, D. S., Waldman, D., Link, A., "Assessing the Impact of Organizational Practices on the Relative Productivity of University Technology Transfer Offices: An Exploratory Study", *Research Policy*, 2003, 32 (1): 27-48.

Slater, J., Angel, I. T., "The Impact and Implications of Environmentally Linked Strategies on Competitive Advantage: A Study of Malaysian Companies", *Journal of Business Research*, 2000, 47 (1): 75-89.

Sohn, S. Y., Lee, W. S., Ju, Y. H., "Valuing Academic Patents and Intellectual Properties: Different Perspectives of Willingness to Pay and Sell", *Technovation*, 2013, 33 (1): 13-24.

Stein, L. C., Stone, E., "The Effect of Uncertainty on Investment, Hiring, and R&D: Causal Evidence from Equity Options", https://ssrn.com/abstract=1649108, October 4, 2013.

Stiglitz, J. E., Weiss, A., "Credit Rationing in Markets with Imperfect Information", *The American Economic Review*, 1981, 71 (3): 393-410.

Tadesse, S. , "Financial Architecture and Economic Performance: International Evidence", *Journal of Financial Intermediation*, 2002, 11 (4): 429 – 454.

Talavera, O. , Tsapin, A. , Zholud, O. , "Macroeconomic Uncertainty and Bank Lending: The Case of Ukraine", *Economic Systems*, 2012, 36 (2): 279 – 293.

Tang, S. , Lo, C. W. , Fryxell, G. E. , "Governance Reform, External Support, and Environmental Regulation Enforcement in Rural China: The Case of Guangdong Province", *Journal of Environmental Management*, 2010, 91 (10): 2008 – 2018.

Thursby, J. G. , Thursby, M. C. , "Are Faculty Critical? Their Role in University – Industry Licensing", *Contemporary Economic Policy*, 2004, 22 (2): 162 – 178.

Trandafir, A. , Ristea, L. , "R&D Tax Relief in the European Union", *Economics, Management and Financial Markets*, 2014, 9 (1): 431.

Wagner, M. , "On the Relationship between Environmental Management, Environmental Innovation and Patenting: Evidence from German Manufacturing Firms", *Research Policy*, 2007, 36 (10): 1587 – 1602.

Wallsten, S. J. , "The Effects of Government – Industry R&D Programs on Private R&D: The Case of the Small Business Innovation Research Program", *The Rand Journal of Economics*, 2000 (1): 82 – 100.

Wang, Y. Z. , Chen, C. R. , Huang, Y. S. , "Economic Policy Uncertainty and Corporate Investment: Evidence from China", *Pacific – Basin Finance Journal*, 2014, 26: 227 – 243.

Warda, J. , *Tax Treatment of Business Investments in Intellectual Assets: An International Comparison*, Paris: OECD Publishing, 2006.

Weckowska, D. M. , "Learning in University Technology Transfer Offices: Transactions – Focused and Relations – Focused Approaches to Commercialization of Academic Research", *Technovation*, 2015, 41 (7 – 8): 62 – 74.

Weitzman, M. L. , "Prices vs. Quantities", *The Review of Economic Studies*, 1974, 41 (4): 477 – 491.

Whited, T. M. , Wu, G. , "Financial Constraints Risk", *The Review of Financial Studies*, 2006, 19 (2): 531 – 559.

Yang, C. , Chen, Y. , "Environmental Regulations, Induced R&D,

and Productivity: Evidence from Taiwan's Manufacturing Industries", *Resource and Energy Economics*, 2012, 34 (4): 514 – 532.

Yang, Y., Wang, Q., Zhu, H., "What are the Effective Strategic Orientations for New Product Success under Different Environments? An Empirical Study of Chinese Businesses", *Journal of Product Innovation Management*, 2012, 29 (2): 166 – 179.

Yeh, M., Chu, H., "R&D Intensity, Firm Performance and the Identification of the Threshold: Fresh Evidence from the Panel Threshold Regression Model", *Applied Economics*, 2010, 42 (3): 389 – 401.

Zhang, C., He, W., Hao, R., "Analysis of Environmental Regulation and Total Factor Energy Efficiency", *Current Science*, 2016, 110 (10): 1958 – 1968.

Zhang, P., Cai, G., "Comparative Study on Impacts of Different Types of Environmental Regulation on Enterprise Technological Innovation", *China Popul, Resour, Environ*, 2016, 4: 8 – 13.

Zhao, X., Chen, J. G., "Reconsidering Baron and Kenny: Myths and Truths about Mediation Analysis", *Journal of Consumer Research*, 2010, 37 (2): 197 – 206.

Zhou, W., "Political Connections and Entrepreneurial Investment: Evidence from China's Transition Economy", *Journal of Business Venturing*, 2013, 28 (2): 299 – 315.